海外中国研究丛书

刘 东 主编

［美］贾志扬 著
赵冬梅 译

天潢贵胄
宋代宗室史

BRANCHES OF HEAVEN
A History of the Imperial Clan of Sung China

江苏人民出版社

图书在版编目(CIP)数据

天潢贵胄：宋代宗室史/(美)贾志扬著；赵冬梅译.—南京：江苏人民出版社，2005.10(2022.6重印)
(海外中国研究丛书/刘东主编)
书名原文：Branches of Heaven：A History of the Imperial Clan of Sung China
ISBN 978-7-214-04097-8

Ⅰ.天… Ⅱ.①贾…②赵… Ⅲ.宗室研究—中国—宋代 Ⅳ.D691

中国版本图书馆 CIP 数据核字(2005)第 084094 号

Branches of Heaven：A History of the Imperial Clan of Sung China by John W. Chaffee，was first published by the Harvard University Asia Center，Cambridge，Massachusetts，USA，in 1999.
Copyright ⓒ 1999 by the President and Fellows of Harvard College.
Translated and distributed by permission of the Harvard University Asia Center.
Simplified Chinese edition copyright ⓒ 2005 by Jiangsu People's Publishing House.
All rights reserved.
江苏省版权局著作权合同登记号：图字 10-2001-058 号

书　　名	天潢贵胄：宋代宗室史
著　　者	[美]贾志扬
译　　者	赵冬梅
责任编辑	王　田　李　旭
装帧设计	陈　婕
责任监制	王　娟
出版发行	江苏人民出版社
地　　址	南京市湖南路 1 号 A 楼，邮编：210009
照　　排	江苏凤凰制版有限公司
印　　刷	南京新洲印刷有限公司
开　　本	652 毫米×960 毫米　1/16
印　　张	27.75　插页 4
字　　数	341 千字
版　　次	2005 年 10 月第 1 版
印　　次	2022 年 6 月第 6 次印刷
标准书号	ISBN 978-7-214-04097-8
定　　价	88.00 元

(江苏人民出版社图书凡印装错误可向承印厂调换)

序"海外中国研究丛书"

中国曾经遗忘过世界,但世界却并未因此而遗忘中国。令人嗟讶的是,20世纪60年代以后,就在中国越来越闭锁的同时,世界各国的中国研究却得到了越来越富于成果的发展。而到了中国门户重开的今天,这种发展就把国内学界逼到了如此的窘境:我们不仅必须放眼海外去认识世界,还必须放眼海外来重新认识中国;不仅必须向国内读者迻译海外的西学,还必须向他们系统地介绍海外的中学。

这个系列不可避免地会加深我们150年以来一直怀有的危机感和失落感,因为单是它的学术水准也足以提醒我们,中国文明在现时代所面对的绝不再是某个粗蛮不文的、很快就将被自己同化的、马背上的战胜者,而是一个高度发展了的、必将对自己的根本价值取向大大触动的文明。可正因为这样,借别人的眼光去获得自知之明,又正是摆在我们面前的紧迫历史使命,因为只要不跳出自家的文化圈子去透过强烈的反差反观自身,中华文明就找不到进入其现代形态的入口。

当然,既是本着这样的目的,我们就不能只从各家学说中筛选那些我们可以或者乐于接受的东西,否则我们的"筛子"本身就可能使读者失去选择、挑剔和批判的广阔天地。我们的译介毕竟还只是初步的尝试,而我们所努力去做的,毕竟也只是和读者一起去反复思索这些奉献给大家的东西。

刘　东

献给巴巴拉

目 录

表格、图片索引　1

宋朝帝系　1

引用论著的缩略语　1

宗室谱牒编码说明　1

序　1

中文版序　1

致谢　1

第一章　开篇　1
　　两个故事　1
　　中国历史上的宗室　3
　　研究与史料　14
　　方法　19

第二章　皇室家族　23
家族的起源　23
太祖的宗室定义　25
权力和传承　29
宋初的皇室家族　35

第三章　文学与拘禁　42
真宗、仁宗与皇室宗亲　42
宗室机构　47
宗室授官　52
教育与文人文化　56
宗室生活　63

第四章　重新定位宗室　77
英宗入继大统　77
宗室人口增长带来的危机　80
改革宗室　82
重新定义宗室　85
无服族人对策　88
变革中的宗室机构　100
李逢事件　103
宗室的迷惘　109

第五章　开创次级中心　114
蔡京的改革　114
敦宗院　118

大宗正司及其分案　123
　　教育和入仕　125
　　做官的宗室　128
　　北宋末年的宗室　131

第六章　沦丧、抵抗与机遇　133
　　战争概况　133
　　囚禁与逃亡　138
　　战争中的宗室　146
　　宗室为官与冒牌宗室　153
　　1129年的危机　156
　　政坛上的宗室　161
　　新的政治戒约　164

第七章　居所与特权　166
　　分布类型　168
　　维护宗室的整体性　170
　　宗室中心　176
　　独立的宗室家庭　183
　　婚姻与姻亲　189
　　学校和教育　195
　　考试与入仕　201

第八章　政治与权力界限　210
　　孝宗的入选　210
　　孝宗与宗室　212

宗室宰相赵汝愚　222
　　宁宗朝的宗室官员　230
　　理宗的即位　238
　　理宗朝的宗室与政治　242
　　宗室与南宋政治　253

第九章　成熟与溃烂　256
　　成熟之患　257
　　家族认同的发展　262
　　泉州南外宗正司　268
　　海外贸易和宗室　275
　　南宋末年的政治与战争　285
　　宗室与忠义事业　290
　　宋元之际的宗室　296

第十章　结论：中国历史上的宋代宗室　307
　　皇帝、社会与宗室　307
　　高雅文化与宗室　313
　　宋朝宗室的遗产　319

附录　325
　　A　有传记资料的宗室名单　325
　　B　宗室谱牒机构　349

引用论著目录　353

索引　388

表格、图片索引

表　格

表 2.1　太祖、太宗和魏王的儿子　32

表 2.2　宋朝宗室的排行字和人数　36

表 2.3　宋朝宗室的生卒年代　37

表 4.1　宗室通婚对象：禁婚之家　98

表 6.1　1131 年南外、西外宗室人数　145

表 6.2　一州一县宗室官员最高额　155

表 7.1　有传宗室占全体宗室的比例　167

表 7.2　宗室墓地及 1256 年宗室进士户贯的地理分布　169

表 7.3　宗子岳父的地位（按宗子生年分组）　192

表 7.4　宗子女婿的地位（按宗子生年分组）　192

表 7.5　宗女之夫的地位（按宗女生年分组）　194

表 7.6　1213 年宗室在文武四选名籍中的比例　207

表 9.1　泉州的宗室成员，1131—1232　269

表 9.2　泉州南外宗正司宗室补助钱米　271

表 9.3　南宋福建的宗室进士　273

表 9.4　南宋泉州的宗室进士　274

图　片

太宗第八子赵元俨像　55

泉州的宋代大船　279

九日山石刻　283

厓山和后代所修宋祠庙　289

宋朝帝系

太祖,960—976　　　　　赵匡胤(927—976)

太宗,976—997　　　　　赵炅(本名匡义,937—997),太祖之弟。

真宗,997—1022　　　　赵恒(968—1022),太宗之子。

仁宗,1022—1063　　　赵祯(1010—1063),真宗之子。

英宗,1063—1067　　　赵曙(本名宗实,1032—1067)。允让(BCB,995—1059)之子,1062年过继给仁宗,立为皇太子。

神宗,1067—1085　　　赵顼(1048—1085),英宗之子。

哲宗,1085—1100　　　赵煦(1077—1100),神宗之子。

徽宗,1100—1126　　　赵佶(1082—1135),哲宗之弟,禅位给钦宗。为女真所掳,死于囚禁。

钦宗,1126—1127　　　赵桓(1100—1161),徽宗之子。为女真所掳,死于囚禁。

高宗,1127—1162　　　赵构(1107—1187),钦宗之弟。在南方重建宋朝。禅位给孝宗。

孝宗,1162—1189	赵昚(本名伯琮,ABBACEAB,1127—1194)。1153年立为皇太子。禅位给光宗。
光宗,1189—1194	赵惇(1147—1200),孝宗之子。被迫禅位给宁宗。
宁宗,1194—1224	赵扩(1168—1224),光宗之子。
理宗,1224—1264	赵昀(本名贵诚,1205—1264)。赵希瓐(AABDEAEABB)之子。宁宗死后被立为太子。
度宗,1264—1274	赵禥(本名与芮,AABDEAEABBA,1240—1274)。理宗之侄。1260年立为太子。
恭帝,1274—1276	赵㬎(1271—1323)。为蒙古所俘,死于囚禁。
端宗,1276—1278	赵昰(约1268—1278)。恭帝之兄。
帝昺,1278—1279	赵昺(1272—1279)。恭帝与端宗之弟。

引用论著的缩略语

完整的引文资料,见引用论著目录。

CCC 杨万里《诚斋集》

CKWC 陈宓《复斋先生陈公文集》

CMC《名公书判清明集》

CSTP 赵锡年《赵氏族谱》

CWCKWC 真德秀《西山先生真文忠公文集》

CWKWC 朱熹《朱文公文集》

CWTC 慕容彦逢《摛文堂集》

CYTC 李心传《建炎以来朝野杂记》

HCC 袁燮《絜斋集》

HCLAC 潜说友《咸淳临安志》

HCP 李焘《续资治通鉴长编》

HNYL 李心传《建炎以来系年要录》

HTCTC 毕沅《续资治通鉴》

HYC 王珪《华阳集》

HYLP 史浩编《仙源类谱》

KKC 楼钥《攻媿集》

KSC 刘敞《公是集》

LCC 张方平《乐全集》

NWTYCSTP 赵世通《南外天源赵氏族谱》

OYWCKWC 欧阳修《欧阳文忠公文集》

SCHMCM 刘光祖《宋丞相忠定赵公墓志铭》,载傅增湘《宋代蜀文辑存》

SHY：CJ《宋会要辑稿》"崇儒"

SHY：CK《宋会要辑稿》"职官"

SHY：HC《宋会要辑稿》"选举"

SHY：TH《宋会要辑稿》"帝系"

SS《宋史》

TTSL 王称《东都事略》(台北文海出版社"宋史资料萃编")

WCC 周必大《文忠集》

WHTK 马端临《文献通考》

WWC 杨傑《无为集》

YCC 郑獬《陨溪集》

YSC 叶适《叶适集》

宗室谱牒编码说明

《宋史》卷215—241的宗室世系表包括了20 000—30 000宗子的名字，以及他们在宗室中的准确位置，对于宗室研究而言，具有极高价值。但是它规模庞大，查一个特定宗室需要浏览上千页，即使找到，如果不给出他父系祖先的名字，也很难描述他的位置，因此用起来很难。在这本书的准备过程中，我根据宗室世系表中的地位对我研究涉及的宗室进行了编码。世系表按照标准的中国做法，每一代为一行，最上面一行代表第一代，第二行代表第二代，依此类推，长子的所有后裔都排在次子之前。编码按字母顺序，字母多少表示特定个人距离始祖一代的行辈数。第一个字母表示奠定了宗室基础的三兄弟，太祖(A, 927—976)、太宗(B, 939—997)和魏王(C, 947—984)。自此以下，A表示长子，B为次子，C为第三子，依此类推。例如，赵仲爰(BCBFB, 1054—1123)是宗晖(BCBF, 1024—1094)的次子，宗晖是允让(BCB, 995—1059)的第六子，允让是元份(BC, 968—1004)的次子，元份是太宗(在位期间, 976—997)的第三子。

序

我认识贾志扬(John Chaffee)教授,还是通过已故前辈学者、著名的爱国宋史专家刘子健先生的介绍。刘先生认为,贾志扬先生是美国杰出的宋史专家之一,他的治史特点是思维条理明晰,研究细致深入。后来,我有幸到贾志扬先生家中做客,参观了他的书房,见到他经过细心整理的有关宋朝宗室的史料,不由感叹说,在中国大陆,只怕还没有一位学者对此课题下了如此深的功夫。所以刚一得到此书的英文版时,就向赵冬梅等先生建议,此书值得译成中文,介绍给中国同行,必有教益。经过赵冬梅先生严肃认真的翻译和整理,如今此书的中文版可以付梓了。赵冬梅先生要我为此书写一序言,其实,序言并不好写,只能勉为其难。

宋朝的官方历史记录无疑比明、清两朝丰富,可惜大多数失传,但保留至今者,仍十分可观。光就宗室而言,《宋史》卷164《职官志》宗正寺条说:"凡修篡牒、谱、图、籍,其别有五。"参照同卷的玉牒所条,《宋会要》职官20之5、13,计有《皇帝玉牒》《宗藩庆系录》《宗支属籍》《仙源类谱》《仙源积庆图》五种,而南宋时又

"重加修纂《仙源庆系属籍总要》,合图、录、属籍三者而一之"。①今人要做《宋史》的人名索引,就不难发现,此书的绝大部分人名,竟是在二十六卷《宗室世系表》中,依贾志扬先生的统计,此表所载赵氏宗室人名即有3万。其史源依贾志扬先生的考订,大致应取材《宗藩庆系录》。然而《宋史》卷204《艺文志》中仅开列"《宋玉牒》三十三卷,《仁宗玉牒》四卷,《英宗玉牒》四卷","宋敏求《韵类次宗室谱》,司马光《宗室世表》","《宋仙源积庆图》一卷,《宗室齿序图》一卷,《天源类谱》一卷,《祖宗属籍谱》一卷"。这些显然不是元人修《宋史·宗室世系表》的主要史源。元人修《宋史》十分草率,不可能对各种记载加以详密的归纳和整理,而元朝史官掌握的《宗藩庆系录》,又未编入《艺文志》。

贾志扬先生为研究宋朝宗室,首先是付出了极大的工夫来搜集史料。例如他在北京国家图书馆中找到了宋朝《宗藩庆系录》22卷和《仙源类谱》30卷的残本,又使用了我至今未曾见到的《南外天源赵氏族谱》等书,以集腋成裘的方式,系统地网罗了宋朝宗子和宗妇的二百余篇墓志,进行了细致的整理,如此等等。人们可以从本书附录A中,看到他将宋朝的宗室世系作了英文编码,光依这一项十分繁琐的工程而论,就需要耗费很大的精力,人们不能不敬佩他治史所下的苦功。

既有如此丰厚而扎实的史料积累,此书对宋朝宗室的论述,自然比以往的中外论著,达到了"更上一层楼"的水平。依我个人的体会,此书可说是一部全方位论述宋朝宗室的专著。就纵剖面而论,此书并不限于天水一朝的宗室研究,并且对前朝后代的宗

---

① 关于宋朝向皇帝进奉《玉牒》《仙源类谱》《仙源积庆图》之类需要举行隆重仪式,可参见《宋史》卷102,卷114《礼志》。

室,以至日本的皇族,作了对比研究。就横断面而论,鉴于宋朝的宗室是个特殊的复杂的社会群体,贾志扬先生又是从政治史、制度史、军事史、社会史、经济史、文化史、教育史等各个角度加以论述,体现了此书的系统、全面和深入。

此书给我印象尤深者,一是书中所开列的一些统计表格。准确的统计,对现代史学而言,是最具有全面性、普遍性和代表性,因而也是最具说服力的实证。但囿于中国古代的有限史料,中华古史作品能够作出统计表者不易,也不多。此书所设置的统计表,无疑是凝聚和浓缩了作者的大量艰辛劳动。二是贾志扬先生所作的小注,其中有不少属于细致的考证,有的小注纠正以往研究的失误,或是发表异论。这些小注无疑是反映了他的治史深度和功力。

当然,尽管贾志扬先生已经在网罗史料方面下了极大的功力,但本书运用的史料尚未达到罗掘穷尽的地步,一些零星的史料,如《夷坚志》之类,尚有开发的余地。从论述的角度看来,社会经济史方面稍嫌薄弱。对宋朝宗室如何成为社会的赘疣,宗室的贫富分化,部分宗室沦为鸡鸣狗盗之徒,[①]还有些特殊的宗王和人物,似可作进一步的论证。例如《淳祐临安志》卷7《桥梁》:"黑桥:秀王府解库前。"说明南宋的王府也开设解库,放高利贷。当然,这些问题对于一部相当成功的作品,只是白璧之瑕。

这里还想顺便谈一下史学家易犯错误的问题。记得有一回,我和美国朋友、杰出的宋史专家田浩(Hoyt Tillman)与一位研究生谈话,我说,自己治史容易犯错误。如果回顾自己作品中已知的错误,大致有两方面,一是对史料研读得不仔细,这本来是可能

[①] 参见拙作《宋朝阶级结构》第259—260页。

避免的；二是由于自己知识面和学力不足，这在当时就难免了。田浩说，他很注意听我这番表白，但他认为，西方人治中国史，还须加一条因素，就是翻译可能出错误。田浩先生作为一位十分严谨的学者，此说可谓深中治史的三昧，涉及不同民族之间的语言障碍问题。

由于不同民族之间的语言障碍，外国人治中国史，中国人治外国史都会发生问题。即使如日本与中国，虽然语言较近，也有此问题。例如汉朝皇帝刘邦是个流氓，自称"而公"，中国人易于联想到现代流氓语言"你老子"，而日本人因为语言障碍，就不容易作此联想。关于此书中有一些语言障碍问题，赵冬梅先生另作小注，这对译稿而论是十分必要的。

外国人治中国史，既有语言障碍，就更多了一重困难。但是，特别是西方的汉学家，他们治中国史也有独特的长处，就是能够将西方史与中国史作有深度的对比。这又是中国治史者值得向他们虚心学习的。中国人往往对外国史的知识相当欠缺，是其所短。

最后，还应当补充说明一下，贾志扬先生对中国可说是有特殊的关系和感情。他的父亲曾在中国传教，而贾志扬先生即是在中国的安徽省出生。我曾有幸拜会过他的父母，这两位老人对中国，对中国人有着十分友善的亲情。衷心祝愿贾志扬先生今后发表更多更好的成果，也要感谢赵冬梅先生为翻译这部成功之作，而支付的辛劳。

王曾瑜

中文版序

为《天潢贵胄》的中文版作序，让我感到由衷的光荣和喜悦。英文版的读者群以西方学者为主，这是一个重要而活跃的群体。但是中国研究的中心无疑在中国，中国的读者群，包括学者和有兴趣的外行读者，必然要大大超过西方读者。感谢赵冬梅教授的忠实劳动，我现在终于有机会把我的作品奉献给这个广大的读者群。我对此充满感激。

在这样一个现代化（一些人觉得是后现代）、大众文化与共和制政府的时代，阅读——更不要说写作——一部有关宋代宗室的书，可能会让许多人感到离谱。即使是对于专研宋史的学生来说，他们耳熟能详的宋代，也是一个伟大的士大夫的时代，那段历史留传下来的是范仲淹、司马光、苏轼、二程、朱熹的名字，而不是什么王子皇亲。

对于以上看法，我不无同感，然而我还是要说，对于宋代历史，甚至往大处说，对于中国帝制社会来说，宋代宗室可以向我们提供许多启示。

第一，宋代宗室的发展是一个多侧面的过程，在许多方面都引人注目。起初，宋代宗室采取了唐代宗室的模式，但是很快，它就发展出自己的行为规范和机构，比如大宗正司（请勿与承自唐制的宗正寺相混）。更重要的是，到了神宗朝，当新一代宗室成员与皇帝的关系超出五服，问题出现了——是否应当像唐代一样，给这些宗室以平民身份，不再提供廪禄？经过反复争论，皇帝决定维持他们的宗室地位、继续提供廪禄（降低了额度），其结果是出现了一个生长不息的宗族，到宋朝灭亡为止，达到十二代。宋朝的决定在本质上追随了周代"宗"的模式，按照这个模式，宗族关系在本"宗"初祖的所有男性后裔之间无限延伸。这一模式为明清宗室所继承，它展示了一个"宗"在大量国家资财支持下的运行情况，任何关心中国宗族组织性质的人理应会对此发生兴趣。

第二，宗室在政治上是重要的。在北宋，当宗室被隔绝在宫廷的高墙深院之中，得到徒有虚名的高阶，并不享有任何政治权力时，宗室在政治上确实并无任何重要性可言。但是到了南宋，情形则大不相同。1126年，当大约三千名宗室成员被女真人掳掠到北方时，也有几百名宗室设法南渡，在高宗的朝廷重建中发挥了重要作用。在接下来的150年里，宗室在科举考试中时有优异表现，在各级各类政府中供职，他们中甚至有人——赵汝愚——做到了宰相。与此同时，宗室仍然是一个特权集团，登名《玉牒》，得到政府的财政支持，在科举和做官等方面享有法律特权。倘若将宗室的作用置之阙如，人们便很难全面理解南宋政府的运作状况。

第三，我想指出，应当从更广阔的、宋代帝制政体的角度来观察和理解宗室。宗室绝非自然的宗族组织，我强烈主张它在本质上是专制政体的延伸，是皇帝出于皇权目的的造物，并为政治因素所塑造。我认为,宋代的皇权统治具有两大基本原则:抬升皇权,以扩大皇帝与其他社会成员的鸿沟;加强对历史上曾为篡权力量的内廷集团——宦官、外戚家庭、宫廷武装和宗室——的控制。宗室正体现了这两条原则。

最后,我要向促成本书出版的人们致以谢忱:王曾瑜教授不仅鼓励本书的翻译而且慷慨赐序;刘东教授和芙瑞达·默克(Freda Murk)博士,以及前文曾经提到的赵冬梅教授。加州的王氏基金会为中文版的出版提供了资金支持,我对此谨表感激。当然,本书的错误应当由我来负责,我要祈求读者的原谅。

贾志扬
2004年10月于宾汉姆顿大学(Binghamton University)

致　谢

这项研究要从一个群体说起。在探讨宋代科举制度,在《棘闱》的写作过程中,我对宗室产生了浓厚的兴趣,他们在南宋的科举中占有非常醒目的地位。比如,宗室拥有自己的解试、甚至省试,在1256年及第的进士当中,宗室占据了12.5%。南宋历史学家李心传的统计也是我所熟悉的,他记下了北宋宗室在六代之中,从三兄弟发展到5 000人的惊人增长;也记下了他们在1203年的官僚中所占的比例,文官3%,武选官17%。这样一个重要性显而易见的群体,却被以往的历史学家完完全全地忽略了。这究竟是怎样的一群人?他们在宋代社会和政治中的作用如何?我在思考。

随后的研究所涉及的不仅有常用的资料汇编、史书、文章,还有我所能找到的所有宗子、宗女的传记资料,其中墓志铭就有两百篇左右。随着认识的加深,我对宗室的疑问也在成倍增长。既然宗室的实际用途微乎其微,那么,是什么让政府甘心投入巨额开销来养活它?在北宋的大部分时期,宗室深锁宫宅,过着奢华的生活,但却无所事事——在这样一种状态下,会发生什么?南宋宗室官员众多,对他们来说,宗室身份究竟起着怎样的作用?宗室的姻亲关系又如何?

我越来越意识到,只有在皇帝制度的背景下,才能理解宗室。这也许是最重要的。宗室开始呈现其自身的制度特点,而宗室成员也建立了自己的社会特征,但是无论如何,宗室首先是皇帝的造物,是广义的皇帝制度的一部分。在宋王朝三百余年的宗室发展史上,宗室之于皇帝关系的特点发生过相当大的变化,但是,宗室之为皇帝造物、隶属于皇帝制度的事实始终是第一位的。这些问题不仅对宋代历史有意义,宋代宗室还为明清两代确立宗室制度树立了重要典范。而从更广阔的意义上看,帝室(王室)宗亲待遇是君主政治比较研究的一项重要议题。

我从1986—1987年在京都的长假期间开始这一项目的研究,在此后的12年间,为我提供帮助的机构、给予我建议的个人不断增加,构成一个长度惊人的名单。美国学术社团委员会(The American Council of Learned Societies)所提供的奖学金使我能够在京都小住,而美国哲学学会(The Ameriacan Philosophical Society)的资助则使我1996年的中国考察之旅得以成行。宾汉姆顿大学(Binghamton University)提供的为期两年的学术假期给了我研究和写作所必需的时间。本书的研究主要在京都、康奈尔、哥伦比亚、宾汉姆顿等大学的图书馆中进行,我还利用了中国大陆的北京国家图书馆、杭州大学图书馆以及台湾中研院图书馆的书籍。我感谢所有这些图书馆馆员的亲切帮助。

在京都的那一年,衣川强不仅对我和我的家人热情相待、百般照拂,而且还就宋代宗室与我讨论,给我提供许多建议。在本

致 谢

项目的最初阶段,黄开来、黄望来是我的研究助理。李新峰把我关于宗室婚姻类型的文章译成中文。李玉昆为我提供了泉州宋代大船的照片,萧婷(Angela Schottenhammer)提供了泉州九日山石刻的照片。韩森(Valerie Hansen)查明宋代宗室族谱的残片确实在北京国家图书馆。柯胡(Hugh Clark)提供了福建农村赵氏族谱孤本目录的照片。里克·舒马克(Rick Shumaker)帮我从计算机硬盘的废墟里抢救出第九章的一半。1996年我去访问厓山宋代海战遗址时,李社燦、刘程方,还有考古学家李锡鹏给予我盛情款待。罗友枝(Evelyn Rawski)、裴志昂(Christian de Pee)、何复平(Mark Halperin)和安吉拉·梁(Angela Leong)送来他们还在修改中的著作,为我提供了极大帮助。我还与中国已故的邓广铭先生,以及杨渭生、王曾瑜、张希清、陈智超、包伟民、傅宗文、王瀰茂、张范之诸先生;日本的斯波义信、梅原郁、伊原弘、小岛毅、杉山正明、柳田节子诸先生;欧洲的闵道安(Achim Mittag)、海尔姆特·施密特-格林茨(Helmut Schmidt-Glintzer)先生;美国的伊沛霞(Patricia Ebrey)、韩明士(Robert Hymes)、李弘祺(Thomas H. C. Lee)、谢康伦(Conrad Schirokauer)、柏清韵(Bettine Birge)、柏文莉(Beverly Bossler)、何瞻(James Hargett)、蔡涵墨(Charles Hartman)诸先生进行了广泛的讨论。对上述诸位,我深表谢意。

我还要对以下诸位致以特别的感谢。我在宾汉姆顿大学的同事、唐代文学权威陈祖仁先生帮助我攻克了宋代文献中不计其数的语言难点,解决了许多中文句读问题,甚至还把我的一篇关于宋代宗室的文章译成中文。杰拉德·卡迪什(Gerald Kadish)、史乐民(Paul Smith)、里发艾特·阿布尔海(Rifa'at Abou-El-Hai)和包弼德(Peter Bol)通读了本书的部分或全部草稿,并提出批评。约翰·茨默(John Ziemer)是我在哈佛出版社的编辑,跟他合作实在是一桩乐事。所有这些从各个方面丰富了最后的作品,当然,剩下的问题和失误都属于我一个人。

在结束之前,我还要对我的家人道一声感谢,感谢他们多年来永恒的支持。在这本书的写作过程中,我的儿子康拉德(Conrad)、菲利浦(Philip)和提默思(Timothy)又长大了许多。我的妻子巴巴拉(Barbara)常年用她的爱支持我的工作,我把这本书献给她。

贾志扬

第一章 开　篇

两个故事

　　皇帝被触动了。御座前这七名与自己年龄相近的青年宗室，满怀热忱请求报效朝廷。时在 1038 年，西夏首领赵元昊（1003—1048）率二十二州之地，宣布独立，威胁着宋朝的西北边境。① 赵元昊虽然被赐姓赵，但毫无疑问他没有一丁点儿皇室血统。七名青年宗室踌躇满志，要发动远征、平息叛乱。他们中有赵从式（ABBB，1007—1071），赵世融（AADAB，1016—1055），最引人注意的是赵世永（AABAA，1010—1068）——仁宗（1010—1063，在位期间，1022—1063）还是太子的时候，他曾经在资善堂伴太子读书。仁宗皇帝褒赏了七名宗室的远征计划和进取心，但却拒绝他们的请求，而宁愿用各种高贵的头衔来收买元昊。②

---

①《宋史》卷 485，13994—14000 页，特别是 13994—13995 页。又见昌彼得编《宋人传记》，4 册 3399 页。元昊本姓李，宋朝为示宠遇，赐其姓赵。

② 关于世永，见《郧溪集》卷 20 之 1a—3a；从式，见韩维《南阳集》卷 29 之 1a—3b；世融，见《欧阳文忠公文集》卷 37 之 3a—4a。我曾仔细比对他们的记载，没有人提到其他四人的名字（诣阙宗室的人数见于世融墓志），但是在每一段记载当中，捉拿元昊的计划都遭遇了礼貌地拒绝。

整整两百年之后，1238年，赵以夫（CECBCCDAD，1189—1256）被任命为沿海制置使兼知庆元府（即明州，属两浙路）。这两个职位通常联署，是帝国最重要的地方职位之一。①赵以夫一到州城就面临着骚乱。前任陈眈拖欠军饷，城中军队焦躁难驯。他的临时替代者、宗室赵善湘（BCBGFCJA，1242卒）曾经开仓帑发放粮饷，但是军人们却变得越发骄纵无礼，轻侮命令，密谋哗变，善湘只好逃往山区。以夫单车到任。军人们放下武器，将他迎进城里。以夫购买粮食发放军粮，自己却以仓库中已经变质的粮食为食。他又"具交承礼"邀请善湘返城。形势却仍然严峻。兵马都监、宗室赵潜夫依仗善湘的势力，擅自斩杀拒命军人，激起剩余军队密谋哗变。赵以夫逮捕了几名参与谋变的军官，械起来送到鄞县，让县令、宗室赵时诂审问。经过审问——刑讯的手段令人不寒而栗②——赵以夫得知所有谋变者的姓名，知道叛乱的时间就定在当天夜里三鼓。他下令延迟击鼓时间，自己则与客人对坐围棋，以示闲暇。与此同时，一支水军秘密入城，逮捕了所有叛乱者。天将破晓之际，一切恢复平静，城中百姓松了一口气。叛乱者中，三十余人被斩首，一百余人被监禁，剩下的则被释放。③

乍看起来，除了都与赵姓宗室有关之外，这两个故事似乎没有什么共同之处。吸引我们注意的是文字背后的信息：在第一个故事中，没有一个传记作者提到仁宗拒绝的原因，而仁宗的拒绝，其实代表着一个事实——从10世纪末开始，所有的宗室就只

---

① 《后村先生大全集》卷142之10a—13a。
② 原文无此描述，此盖著者想象中事。——译注
③ 《后村先生大全集》卷142之13a—b。就我所知，这是关于此次未遂兵变的唯一记载。《宋史》卷413《赵善湘传》对此事只字未提，12400—12402页。

能获得尊贵的头衔,而不能担任任何掌握实权的文武职位。在第二段记载中,四位官员都是宗室,而作者刘克庄(1187—1269)却无意强调这一点——原因很简单,到13世纪,不仅宗室获准担任实职,而且数以千计的宗室正在任职。

这两桩事件向我们提出许多问题:宗室地位的这一戏剧性变化是如何发生的?原因何在?做一名天潢贵胄究竟意味着什么?经历如此剧变之后,宗室和宗室成员这两个词的本来意义还能剩下多少?本书的目的就是给这些问题以及其他相关问题一个答案。

中国历史上的宗室

粗看起来,宗室(与帝室相区别)的含义似乎非常简单。不管怎么说,世袭君主——无论皇帝还是国王——都有宗族,有近支有疏族。然而就我所知,宋朝的宗室在世界上是独一无二的,他们是一个不限行辈的父系家族,皇权赋予他们特权和资助,国家设置法令对他们实行管理。即使是在宗室历史源远流长的中国,宋朝宗室的特点和范围仍然是史无前例的。宋朝皇帝和大臣以敏锐的眼光检讨前代对待宗室的经验教训,加以学习借鉴。在宋人看来,周、汉、唐三代尤其值得重视,这不仅是因为这是三个公认的伟大王朝,而且因为,这三个王朝的时间跨度足以使宗室成为一个问题。

西周(前1046—前771)时期,王族在政治秩序中扮演着中心角色。灭商之后,周突然从渭水河谷的一个小邦,变成了一个地域横跨中国北部平原的广大帝国。为了统治这个帝国,周发明了许倬云所谓的"卫戍制度",将大批王子、宗亲——根据史料记载,其人数超过 50①——以及王室家族以外的同盟者分封为封建领主,让他们去统治黄河下游河谷。②周王直接统治的只是帝国西部首都周围的地区。通过诸如父死子继的封受仪式、发动战争讨伐叛乱领主等机制,周成功地将它的统治维持了一个相当长的时期。这种靠层层封受产生的政治结构贯穿了整个西周时期,在东周(前 770—前 256),当中央权威成为明日黄花,诸侯纷争,这种结构却仍然存在。

把土地分封给子侄兄弟,用这种方法来安置王族,没有什么很特别的地方,类似的例子历史上多得是,特别是在欧洲中世纪。③同其他封建制度一样,周非常强调祖宗传下来的制度和语言。"习惯上,周王称呼同姓诸侯为伯,称呼异姓诸侯为舅。其他的同姓封建领主则通常被周王称为'兄弟','现在,你们——我家兄弟们按季节来聚会。'"④周朝比较有特色的制度当属它的宗法制,宗法制是一种线性传承制度,按照宗法制,长子一系在宗教地位和政治权力方面都享有崇高地位。张光直考察了鲁、晋、卫、虞等与周王同姓的诸侯国国君的情况,指出:"众所周知,他们在政治上的相对地位取决于所谓的宗法制度,至少在名义上如此。周代宗法制的最主要特征是,每一代的长子构成世系与政治权威传承的主干,以次诸子则另立门户,建立新的次一级权威。距离主干越远,政治权威也就越弱。"⑤

---

① 班固《汉书》,14 册 391 页。
② Hsu, *Ancient China in Transition*,5 页。
③ 可参看 Lewis, *Royal Succession in Capetian France*,该书是关于 10—13 世纪法国 Capetian 王朝中家族作用的出色研究。
④ Hsu, *Social Mobility in Ancient China*, 54 页。又可参看 Creel, *Origins of Statecraft in China*, 380—381 页。
⑤ Chang. K., *Early Chinese Civilization*, 187 页;53—54 页。

第一章 开篇

究竟周代政治、社会的实际情形是否真的符合宗法制的等级秩序，已经难以查考，但是，宗法制以清晰的组织原则界定了宗的模式，而宋代是一个宗族结构不断变动的时代，因此，对于身处其中，不得不在挣扎中接受现实的宋代学者来说，周的宗法制仍然具有吸引力。详情见本书第四章。宗法制的全面性与它的组织系统同等重要，它为宋朝宗室提供了一个宝贵的样板。魏了翁（1178—1237）曾经用理想化的语言描述周王族的宗："全体族人都服事宗庙，在宗庙中，族人按照灵位昭穆排列次序，向祖先的神灵敬酒……他们有的被封为诸侯，有的获得俸禄，有的担任公卿大臣。等级按照亲疏划分，所以人们知道敬宗；族与族区别有界，因此人们不会产生觊觎之心。"①引文选自一位宗室的神道碑。理想化的叙述使其史料价值大打折扣，但是，这种理想化的叙述口吻却揭示了一个现实：自从帝制时代（前221年起）以来，历代宗室的组织原则远不如周代全面系统，因此宋人为了给本朝的宗室制度树立一个样板，不得不乞灵于上古黄金时代。

秦将帝国划分为郡县。秦朝（前221—前206）短命而亡之后，汉朝建立（前206—公元220），采取了一项重要举措，改革郡县制，建立王国、侯国，分封宗室和刘邦（汉高帝，在位期间，前206—前195）的功臣为王侯，后者在秦汉之际的内战中给了刘邦至关重要的支持。从表面上看，这与西周对待王族的做法十分相像，但是，这种相像背后却是实质差别：汉代的皇帝妒忌诸侯王的权力，想尽办法要削弱它。②汉朝建立之后还不到半个世纪，

---

① 魏了翁《重校鹤山先生大全集》卷73之18a。
② 在这里，我遵从汉史学家的习惯，将"王"翻译成"King"；但是，宋代之受封为"王"爵者，我却要把它翻译成"prince"，因为宋代的王既无土地也无权力。

异姓王就已经被尽数铲除,代之以同姓王。① 接下来,同姓王也受到一系列制度约束。通过任命王国的全部高级官员,用对皇帝负责的王国相和军事长官来统治王国,中央政府剥夺了诸侯王的自治权。武帝(在位期间,前140—前87)时,又更进一步,停止了先前以长子继承封爵和王国的做法,命令赐予已故诸王的每一个儿子侯爵,将王国的土地分成小块,分封给他们。②

拥有王国和爵位,构成了汉代宗室的中心特征,由此,限制了宗室从政府得到的帮助。宋代哲学家朱熹(1130—1200),对宋朝政府对宗室无休止的支持持批评态度,他描述了一个从王孙迅速降为匹夫的过程,认为这才是汉代宗室的特质:

> 根据汉代法令:只有天子之子才配称宗室,得以裂土封王;王之子,嫡子一人继承王位,其余庶子皆封侯;侯之嫡子一人继世为侯,其余诸子皆无封号。如此几代之后,所有(皇帝后裔)就会变得与寻常百姓无异,倘若自己不能取得权势,则不免要躬耕度日。③

如果用以下两个标准来衡量汉代的宗室政策,它的成功是毫无疑问的:第一是看它是否成功防止皇室后裔变成一个政治问题;第二,当皇帝的直系后裔由于某种原因无法即位时,看它是否能够提供潜在的继承人。总之西汉一代,大批皇家后裔在农村过着普通人的生活。他们最著名的聚居地是河南南部的南阳地区。在王莽新朝(9—23)的短暂统治时期里,南阳刘氏是反对派的核

---

① 参见 Loewe, *The Former Han Dynasty*, 139—144 页。
② 同上书,157—159 页;Choyun Hsu, *Han Social Structure* (Seattle: University of Washington Press, 1972), 165—167 页。
③ 朱熹《朱子语类》,7 册 2721 页。

心。① 公元 8 年王莽篡位前夜,他们便起兵反对,以后,又领导了公元 22 年爆发的大规模反抗。他们虽然目标一致,但远非团结。公元 23 年,刘玄领导推翻王莽,称更始皇帝。他的统治却被前粮商刘秀打断。公元 25 年,刘秀得到赤眉军的帮助,在长安击败刘玄。因此,后汉王朝(25—220)世所公认的奠基人是光武帝刘秀(在位期间,25—57)而非更始帝刘玄。②

对于汉宗室来说,汉朝的复兴意味着一个隔绝的高潮,通常而言,他们不能担任任何有实际意义的政治角色。尽管西汉和东汉都不乏宗室为官的例子,但其数量非常有限。光武帝自觉亲族对自己贡献良多,因此慷慨授予他们崇高名分,但不在政府中起用他们。③ 皇室家族由九卿之一的宗正掌管,这一职务通常由宗室担任。他的主要职责是,维护皇室族谱的登记,并在皇位后继乏人时遴选一位宗室入主宫廷,当然这种事情极少发生。④ 汉代宗室不在首都居住,这使得他们少有机会参与"内廷"政治。在中国和其他许多前现代官僚帝国中,内廷群体与皇帝本人有着最直接的联系,是皇帝用来与正式的官僚机构相抗衡的力量。⑤ 因此,在汉代历史上几次为争夺皇位而进行的血腥斗争中,虽然也

---

① Bielenstein, *Wang Mang*, 244 页。
② Bielenstein, *Wang Mang*, 245—250 页。有关细节,可读氏著 *Restoration of the Han Dynasty*。
③ 顾炎武《日知录》卷 9 之 23a—b,24b—25a。就我所知,顾氏所著"宗室"一文虽作于 17 世纪晚期,但却是迄今为止唯一的关于中国宗室历史的通论。
④ Loewe, *Structure and Practice of Government*, 469 页;Bielenstein, *The Institutions of Later Han*, 497 页。
⑤ "比如,统治者要么力图在官僚机构和派系之外维持一个由私人官员和谋士组成的小圈子(当然,官僚机构对这个圈子总是试图加以渗透、施加影响);要么广泛使用宦官和其他在政治斗争中地位矛盾的'孤立'人士(比如教士);要么力图建立一个在自己直接控制之下、不会被官僚体制所吸收的'内廷'核心官僚群。"(Eisenstadt, *Political Systems of Empires*, 160 页。)

有宗室成员参与其中,但他们的作用微不足道,远不如外戚和宦官这两个最活跃的汉代内廷集团。①

汉唐之间的四个世纪当中,各个政权停止了汉代严格限制宗王分享政治权力的做法,宗王因而成为更加活跃的角色。从三国吴(222—280)开始,经西晋(265—316)、南朝(420—589),宗王在朝政和军事两方面都是举足轻重的角色。② 唐代(618—907)初期,宗王的权力更为令人瞩目,皇位的第一次承继便是由626年的一次兄弟厮杀所决定的,在那场斗争中,李世民(太宗)杀死了他的两个成年弟兄。

在对这一事件的研究中,安德鲁·艾森伯格(Andrew Eisenberg)认为,当时的皇帝高祖(在位期间,618—626)是遵从了游牧社会的习俗,有意让儿子们通过竞争夺取皇位,他自己则尽量努力阻止这一过程出轨。③ 一些学者对此说持保留态度,④不管这是否高祖本意,竞争传位确有其优势,它便于产生一位经过考验的成年统治者——几百年之后,在奥斯曼土耳其帝国的早期,皇位的继承正是通过战争实现的。正如莱斯利·皮尔斯(Leslie Peirce)指出的,当奥斯曼帝国从"扩张性的军事体制转化为以治民为主的官僚体制",皇位的传承方式也转变为长子继承制。在这一过程中,后宫妇女权力大增。⑤ 同奥斯曼帝国一样,

---

① 例如昭帝(在位期间,前87—74)死后的皇位之争。昭帝22岁时神秘死亡,没有留下继承人。两大后宫家族之间斗争的结果,先是导致了昌邑王刘贺的即位,27天后刘贺被废黜,前任太子的孙子刘病已登上皇位,是为宣帝,在位直到前49年。在这场斗争中,共有约两百人被处死。(Loewe, *Former Han Dynasty*, 183—184页)

② Holmgren, *Imperial Marriage*, 71—72页。

③ Eisenberg, *Kingship*, 231页。

④ 例如,Twitchett, *T'ang Imperial Family*, 20页,注58。

⑤ Peirce, *Imperial Harem*, 24—25页,及第二章全部。

唐帝国也走出了以兄弟厮杀来决定皇位继承人的时代。尽管争夺皇位的斗争频繁而血腥，也常有急不可耐的皇太子卷入其中，但是，同汉代一样，争位斗争的关键角色却不是皇室成员，而是宦官、后妃和外戚。武则天凭着野心、冷酷和才智，从秉政的皇后、太后，进而称帝，君临天下（690—705）。武后统治时期，宗室的反叛以流产告终，并带来灾难性后果，大部分皇族男女遭到杀戮。① 当然，这个家族仍然得以存续，武后最终也还是被迫又一次将权力交还诸李。但是这个结局却与宗室自身的努力关系不大。

唐代宗室与汉代宗室在许多重要方面存在差异。第一，尽管唐代起初也像汉代那样将皇子们分封到各地，②但是，到了8世纪初期，诸王及其子孙都被迁到首都，安置在十个王宅和一百个孙院里。③ 根据唐代晚期的记载，这些宅院的使用时间并不长，750年代安禄山叛乱之后，王宅就没能继续维持。④ 然而，唐代在京城安置宗室的做法却为后代开创了一个重要的榜样。第二，670年，唐代设置宗正寺，这是第一个专为监管宗室事务而建立的机构。⑤ 第三，汉代的宗室，如果不能继承王、侯之爵，实质上便与常人没什么差别；与汉相比，唐代根据丧礼的五服，为宗室成员创制了宗正寺掌管下精细的五等制。这就使得宗室成为一个含义更为确定的实体，宗谱的谱系也较前代远为深广。⑥

---

① Guisso，*Reigns of the Empress Wu*，*Chung-tsung and Jui-tsung*，303—304页。
② Twitchett，*T'ang Imperial Family*，44—46页。
③《文献通考》卷259，2054页。原文接下来还提到，每一个王宅住着400多人，每一个孙院有居民30—40人。纪事时间上起8世纪40年代。
④ 顾炎武《日知录》卷9之25a，引晚唐李衢语（译注：原文作"十六宅诸王竝殪于竖逆之手也"，未直接提及王宅机构的命运）。
⑤ 王溥《唐会要》卷65，1140页。初名司宗寺，始建于660年，670年改名宗正寺。
⑥《文献通考》卷259，2055页。

唐代在以上方面为宋代,特别是北宋的宗室制度探索了道路。当然,二者还是有一些关键性差别。例如,唐代宗室成员的定义似乎要比宋代更宽泛,五等之中甚至包括一些姻亲,即皇后的亲戚。① 唐高祖几次将李姓赐给功臣,这些受赐者也包括在皇家族谱之内。② 还有,唐代明确规定"超出五等之外者便不被视为亲族"(过五等辄不为亲),③尽管751年皇帝曾格外施恩,给予300名五等以外者以宗室地位,④但是,总的来说,宗室的含义绝不像宋代那样向五等以外延展。

最后,唐代不仅乐于在政府中广泛起用宗室,⑤而且还委以高官,这一点在中华帝国的历史上是绝无仅有的。不少于11名宗室做到宰相,宋朝的历史学家对这一事实非常感兴趣。⑥ 11世纪的《新唐书》为这批宰相立了专门的"宗室宰相传",加以表彰。然而,这笔祖传的财富是好是坏却也难说,这11人之中就包括玄宗的宰相、声名狼藉的李林甫(752年卒),宋朝人把他视为招致安禄山叛乱之灾的罪魁祸首,将他的传归入"奸臣传"一类。⑦

---

① 《文献通考》卷259所载五等定义包括皇后的亲族,但在每一等级之中,皇后亲族在丧服中的等级必须高于皇帝的亲族。2055页。王溥《唐会要》卷65也记载了皇后亲族的等级。1140—1141页。
② 王溥《唐会要》卷65,列举了619—620年间的六次赐姓,1141页。
③ 《文献通考》卷259,2055页。
④ 王溥《唐会要》卷65,1141页。
⑤ 关于唐代宗王出镇地方,见 Twitchett, *Tang Imperial Family*,35—36、46页。Richard Guisso(*Empress Wu, Chung-tsung, and Jui-tsung*,303页)指出,690年,即唐代建国不到75年之后,就在那场不成功的针对武后的叛乱的前夜,大多数宗室,"正在国家分散的各个地方作着刺史"。
⑥ 欧阳修《新唐书》。南宋史学家王明清认为,正确的人数应当是13名(《文献通考》卷259引,2055页)。
⑦ 王明清对李林甫的评价,见《文献通考》卷259,2055页。他还批评了另两位宗室宰相李程和李知柔。抛开他的坏名声,李林甫为相初期,至少前19年的表现,还是很得历史学家赞赏的。值得一提的是,李林甫的死对头之一是另一名宗室宰相李适之(747卒)。见 Twitchett, *Hsuan-tsung*,409—446页。

唐代安置宗室的做法对奈良后期以及平安时代的日本产生了深远影响。天皇模仿隋唐建立制度，引进唐代的丧服规定，将五服以外的天皇亲属赐姓源氏及平氏，按规定迁往农村，从而把他们排除出宗室。此举长时间的重要后果，是11—12世纪，各地的源氏、平氏重返首都，控制朝廷。但是，这一制度还是显示了自身的生命力。到平安时代，它开始施加于五服以内的宗亲，甚至天皇的子女。①

正如历史学家们早就指出的，宋代的政体，除了机构本身的巨大惯性以外，同唐代差别极大。差别之一源自宋朝开国诸帝在控制武人方面所取得的成功。这一政策通常被描述为"重文轻武"，它结束了武将操控中央和地方政府的历史，其代价则是军事上的长期软弱。第二种解释是宋代皇权的增长导致专制主义抬头，宋代由此成为近世中国的开端，这种说法由日本学者内藤湖南首先提出，人们常将它与压制武人说挂钩。

上述解释大大推进了我们对宋代国家的理解，也留下许多有待解答的问题。如果宋代的武人真的被捆上了手脚，那么，又如何解释宋代陆军和水军的空前规模，他们的技术发明，还有他们在13世纪成功抗拒蒙古人达数十年之久的事实？更重要的问题也许是，宋代的"弱"究竟在多大程度上不是由内部因素，而是由边境以外——从西边的藏族到东北的辽这样一些强大而成熟的政权的存在造成的呢？至于专制主义说，如果说皇帝已经从平等中的第一上升成为独裁者，那么，又怎么解释宋代皇帝之下的诸多权相，特别是像13世纪的史弥远这样——第八章将要谈到

---

① Hurst, *Minamoto Family*, 176—177. Hurst 认为，其目的是建立强大的宗族势力，以抵制 Fujiwara 家族势力的崛起。

他——敢于跟垂死的宁宗争辩继嗣问题,让皇帝收回成命的宰相呢?

在宗室研究中引入皇帝制度的问题,是非常恰当的,宗室是皇帝制度最重要的产物之一,因此只有在更宏大的制度背景之下,才能真正理解宗室。在最近一篇关于清代帝制的综述中,帕梅拉·克罗斯雷(Pamela Crossley)指出,现行种种关于皇帝制度的研究模式——比如划分内、外官——虽不算错误但却不够充分。作为替代,她提出了一种多侧面的研究模式:

> 可以将皇帝制度看做是多种乐器的大合奏,这些乐器包括皇帝个人,他的宗族;还包括他所举行的礼仪;为他提供教育、健康、性活动、服饰、财产、日常生活服务的机构;以及他的秘书,他们搜集情报,延展他的视听;他的御用写作班子,他们草拟军事命令、民政诏书,帮助他为重印或者新修的书籍写作御制序言,延展他的口舌。所有这些乐器互相协调,构成一个有机体。这种合奏构成施政过程的动力——或者说是人们所认为的动力。①

尽管克罗斯雷教授说的是清朝,她的论断却普遍适用于中国帝制时代,特别是宋代这个皇权急剧加强的时期。

宋太祖(在位期间,960—976)、太宗(在位期间,976—997)两朝的确出现了压制武人的情况,但压制武人绝非孤立政策。宦官和外戚这两个曾经在帝国历史中显要、横极一时的集团,到宋代也明显变得驯服温顺起来。外戚的情况尤为值得深思,太祖要求武将们放下兵权的时候,曾许诺与之结为婚姻,作为回报。从事

---

① Crossley, *Rulerships of China*, 1471 页。

实来看,王朝的头一百年里,绝大多数宗室成员的婚姻对象都来自这些武将家族(见第二章)。珍妮弗·赫尔姆格仁(Jennifer Holmgren)敏锐地指出,这同时意味着宗室家族的"配偶来自地位正在下降的精英家族",皇后因而失去了汉、唐两代皇后曾经拥有的地位权势。① 士大夫成了帝国官僚机构的主体,这可能是皇权增长的最重要标志。太宗时期科举规模激增的效果之一是,它使得科举成了入仕最显要的正当途径,削弱了依靠家族势力入仕的门径。皇帝,作为殿试的主考官、科举成功的最终主宰,是这一变化的当然受益者。②

所有这些变化加强了宋代皇帝对抗潜在对手的能力,但是,真正的受益者却不是哪一个皇帝个人,而是皇帝制度。以上所述都是制度层面的、机构性的变化,它们限制了皇帝周围的人,同时也限制了皇帝。这就如同明治、昭和时代的日本一样,皇帝在概念上拥有绝对权力,而这种权力不等于任意行使权力的能力,最可能的情形是,皇帝性情温顺,允许宰相大权在握,高效行使皇权。

在这样的背景下观察,宋代头一百年的宗室可以说是皇帝制度刻意栽培的产物。全体宗室在首都过着富足的生活,却不能拥有任何政治权力,这是最重要、最根本的交易。这种交易使得皇帝乐于追封他们的祖先,厚赐他们的家族,虽然他们是皇位潜在的竞争者。最引人注意的是,除了在祖先祭祀和宫廷典礼中的礼仪功能以外,宗室其实是百无一用的皇家造物。宗室耗费昂贵,靠着宋代国家空前绝后的富足,宗室才得以如此这般地维持了四

---

① Holmgren, *Imperial Marriage*,73 页。
② 见 John Chaffee, *Thorny Gates of Learning in Sung China*,47—51 页。日本学者认为,规模扩大后的科举赋予皇帝的权力是宋代专制主义增长的重要组成部分。

到五代。如第四章所示,由于人口不断增长,耗费日增,再加上构成宗室的服纪规定遭到破坏,到 11 世纪晚期,宗室不得不作出调整,重新定义,改组结构。尽管如此,重组后的宋代宗室还是要比汉唐宗室的规模大得多,所有宋朝列祖列宗的男性后裔,不论服纪都包括在内。随着时间的推移,越来越多的宗室成员开始进入官僚集团和精英社会,但是,直到王朝灭亡,宗室作为一个群体也没有失去与众不同的身份地位,仍然是皇帝制度的一个侧面,是它的工具。

研究与史料

在宋朝灭亡之后的七百年间,历史学家们对宋朝宗室没有显示出任何兴趣。没有一部专著或专题论文是专论宗室问题的,只有一些文章零零散散谈到它,中、日、英文都有。[①] 我和我的同行,特别是东亚的同行曾多次谈到这种忽视。在交谈的基础上,我想指出,忽视的原因恐怕是人们通常不把宗室当作重要的历史因素。宋代的宗子宗女被局限在宫殿之中,既与皇帝分隔,也不属于任何一个重要的社会群体,比如士大夫、商人、武人,甚至宦官、后妃,自然无法激起学者的兴趣。

与现代学者的忽视构成反讽的是,宋代著者以浩繁的卷帙记下了宗室的机构、宗室的历史,还有宗室成员的生平。这些围绕

[①] 中文论文有:汪圣铎关于宗室制度的出色概述《宋朝宗室制度考》;张邦炜的著作《宋代皇亲与政治》中谈到宗室问题的一节;张希清就宗室应举问题写的篇幅虽小但却非常有用的《宋代应举制度述论》,台北会议,1995 年 12 月;傅宗文、李与昆、王濂茂(论文见引用论著目录)等福建学者长期致力于泉州南宋宗室研究,泉州是南宋宗族最重要的中心。日文论文主要有诸户立雄的《宋代の對宗室策について》。最后,请参看我在过去十年里所发表的英文论文。

着一个独立的血缘集团的记载,篇幅之大、范围之广,使我们可能进行一场前近代历史领域中罕见的多角度研究。问题是,怎样把握史料,如何在浩如烟海的材料中决定取舍。

尽管宋代的每一种文章体裁中都有关于宋代宗室及其成员的材料,本书的研究却主要建立在制度史资料、当代的历史记载、传记和族谱的基础上。记载宗室机构——特别是宗正寺和大宗正司——的史料主要有:官修《宋史》①的相关志书,私人记载比如李心传的《建炎以来朝野杂记》②和马端临的《文献通考》。③尤其珍贵的是,《宋会要辑稿》这部大书的几个门类之中包含了关于宗正寺、大宗正司、宗学、宗室应举、宗室族谱编纂的材料,还有六节"杂记",④涉及宗室男女生活、活动的方方面面,提供了丰富的信息。

编年历史是本课题资料来源中的另一大类,宗室的发展演变与王朝的历史不可避免地交织在一起,而本书首要关注的正是变化的主题。值得庆幸的是,有宋一代留下了两部史学编纂史上最杰出的断代史:李焘的《续资治通鉴长编》涵盖了北宋的大部分时期,李心传的《建炎以来系年要录》则记载着南宋最初 36 年的历史。这两部书记载了宋朝的大部分。在这两部书的记载之外,特别是南宋最后一百年的历史,研究困难较多,只有一些史料价值较差的次要史书可资利用,比如通常被视为二等史料《宋史》本纪。

已有的宋代宗室研究全都取材于上述史料,但是却没有人想

---

① 《宋史》卷 164,3887—3891 页。
② 《朝野杂记》甲乙两集的最初几卷有许多关于宗室和宗室机构的条目。
③ 《文献通考》卷 259 是关于宗室的通史,关于宋代部分,见 2055—2057 页。
④ 见《宋会要》。

到系统利用大量的宗室传记资料。而在我看来,离开这些材料,就无法看清宗室人性化的一面。有鉴于此,我试图阅读、分析所能找到的所有宗子、宗女传记,以及许多宗子妻室的传记。许多宗室传记来自《宋史》的四卷宗室传和一卷公主传,值得一提的是这些传记的作者喜欢搜集传主的负面材料。① 方志和晚出的族谱中也有不少传记,但大多文字平庸、篇幅短小,极少例外。我最终采用了从文集中选取的两百多篇宗子和宗室妇女的墓志铭。②

墓志铭总是倾向于赞颂死者,因此其真实性与史料价值理应受到质疑,需要批判地使用。安吉拉·肖顿海默(Angela Schottenhammer)通过对宋代的墓志铭的仔细分析,令人信服地论证了墓志铭中所传达信息的可靠性。她指出,宋代的墓志铭比以往更强调性格的刻画。③ 而事实上,在 11 世纪,当宗室们被局限在宫墙以内、同外面的社会彼此隔绝的时候,他们的墓志铭中极少有性格描写。第三章将要谈到,朝廷官员奉命为全体宗室成员撰写墓志铭,其结果是格式化的千篇一律,基本上只有基本的统计学价值(出生、死亡的日期),所能提供的只有世系和婚姻关系的信息。北宋晚期,宗室成员逐渐走出孤立状态,他们的墓志铭开始越来越多的由相熟的学者执笔。于是,墓志铭的内容变得越来越丰满,越来越有价值了——当然,也就更像肖顿海默(Schottenhammer)所分析的那些墓志铭。

这些形形色色的传记资料在本项研究中的价值难以估量,如

---

① 宗室传,见《宋史》卷 244—247;公主传,见《宋史》卷 248。
② 墓志铭是刻在石头上的丧葬铭文,包括一篇传记(墓志)和一首诗(铭),置于墓地。但是,墓志铭的作者通常会保留其文字。关于本书所使用的墓志铭及其来源,见《引用书目》第一部分,附录 A 是所有传记存世的宗室名单。
③ Schottenhammer, "Characteristics of Song Epitaphs".

果没有它们,我们恐怕只能局限在制度领域,偶尔才能涉及一两个在历史记载中露过脸的人物。当然,应当承认,这些传记资料的主人公只能代表宗室成员的一小部分。我们目前所拥有的这批特定的传记资料的背后隐藏着各种各样的筛选过程,因此不能断言其中所描述的人生就代表着宗室的全体。在以下各章,特别是第六章婚姻关系变化模式的讨论中,我们还要经常遇到这个问题。

有关汉唐宗室的论述清楚地表明,维护官修族谱是宗正官员的中心责任,宋朝也是如此。宗正寺玉牒所专门负责跟踪记录每一名宗室成员,并为不断增长的宗室纂集各式各样的谱牒。目前所能看到的谱牒材料有两类:一类或者从官修宗室谱牒中节取,或者至少与官修谱牒有直接渊源;另一类则是赵宋宗室后裔的近来所编纂的家族谱。前一类包括《宋史》中收录全面而记载简单的宗室世系表,以及宋代官修族谱现存的两段残片。

《宋史》世系表在卷 215—241,是一部大型文献,在中华版《宋史》中占了差不多 2 000 页,按顺序记录有 30 000 个名字。它按 13 条平行线排列,太祖和他两个弟弟(他们的后裔构成宗室)的儿子在最上面一行,以下诸行是他们的 12 代子孙。这种编排使我们可以循父子关系的线路,精确地判定每一个宗室在族谱中的位置。我采用字母顺序的编码系统,为我在研究中用到的绝大部分宗室制定编码,来代表他在谱系位置。遗憾的是,这个世系表除姓名之外几乎没有提供什么信息,因此它的用处实在有限。①

---

① 在许多情形下,它提供了最初几代的爵位和/或名誉官位,但这只是特殊的例子,并未形成通则。

玉牒所编制的详细族谱大半已经散失,但是北京国家图书馆却保留了它的两个残片——《宗藩庆系录》(现存 22 卷)和《仙源类谱》(现存 30 卷)。前者的功能是"区别宗室的各个支脉,按顺序排列子孙,以便赐名授官"。相比之下,后者则更强调姻亲,"正宗室男、女、夫人、姻亲家族之顺序,【记录】其官、爵、功业、赏罚、生、死"。① 1991 年,我考察了两部残谱,发现《宗藩庆系录》只载有姓名和阶官,没有超出《宋史》世系表的内容。《仙源类谱》(以下简称 HYLP)则信息量较大,凡载一宗室,必记其子、女、女婿,许多时候还给出了出生和死亡的日期,内容丰富。这部文献的主要局限是它的残缺不全,现存卷帙所记为太祖、太宗第六、七代后裔的情况。所存虽为片段,然而所记人物却都资料完整、内容可信,呈现了宗室发展的一个横切面。其中有关人口统计和宗室婚姻关系的结论性数据对第三、七两章的分析至关重要。②

在本书所使用的材料中,赵氏后裔的家族谱是最成问题的。我在亚洲和美国的各个图书馆里零散找到了大约两打此类的家族谱,但尚未一一加以考察。我所考察过的那些则有一些共同特点:首先,明明是明清两代的家谱,却将本家族的源头上溯至宋代的宗室,上溯到一位宋末元初的特定始祖;其次,序言里常常使用明朝甚至元朝的纪年,但其实多半作于晚清乃至民国;最后,它们的大半篇幅在追踪明清两代家族成员的情况,但也都花了不少笔墨来记述宋代的皇帝和宗室。

这些材料不仅晚出,而且极有可能有非赵宋后裔假托为皇室后裔,因此使用起来必须谨慎。但是,既然我还没有发现任何一

---

① 《鹤林玉露》pt2,卷 3;转引自汪圣铎《宋朝宗室制度考论》,174 页。
② 关于 HYLP 的进一步讨论和介绍,见拙文 "Two Sung Imperial Clan Genealogies"。

例经证明是伪托的宗室后裔,那也没有理由将它们弃之不用。最好的家族谱,比如成书于20世纪初的广东赵锡年的《赵氏族谱》和清初泉州的《南外天源赵氏族谱》,内容丰富而详实,细节描述合乎情理,部分可以得到证明。① 这些家族谱提供了别处找不到的珍贵资料,特别是关于宋朝的灭亡,多数材料都三缄其口,这里却有迹可循。因此,只要用审慎的怀疑态度来使用它们,并与其他材料配合起来,家族谱资料便能帮助进一步丰满我们对宗室的认识。

方　法

宋代宗室材料的范围之广正适于按专题组织论述,而我此前关于宗室的大多数文章也正是专题研究,但是,这本书的方法却是历史的,关注的焦点是宗室在它存在的三个世纪中所经历的变化:从与世隔绝的血缘集团到大批特权官僚,从首都到乡村。理解宗室的历史,对于恰如其分地评价宗室的机构、教育与科举实践、政治辉煌、社会地位、婚姻关系和文化活动至关重要,而所有这一切都有待考察。

以下八章按照北宋(960—1127)和南宋(1127—1279)平分秋色,只是在这两个时期当中,宗室有着性质迥然不同的遭遇,因此需要用不同的方法来研究。在北宋,由于人口的迅速增长和政府策略的改变,宗室经历了一系列巨变,以下四章按年代顺序排列。第二章是北宋的开端,包括开国君主太祖和太宗两朝,这时候,还

---

① 《南外天源赵氏族谱》的版本经过了精心编辑,含有其清初稿本的影印照片和许多与泉州宗室有关的其他资料。

无所谓宗室,有的只是两位皇帝及其弟弟魏王(947—984)的近亲家族。这一时期对宗室后来的发展至关重要。太祖认为宗室包括三兄弟后裔的宽泛宗族概念,设定了未来宗室的界限。太宗本人的继位疑点重重,因此他对兄弟和侄子的猜忌,在很大程度上可以解释严禁宗室分享政权的政策。第三章记述真正意义上的宗室的出现,宗室机构的设置,以及11世纪上半叶真宗、仁宗统治时期(997—1063)的宗室生活。在许多方面,此期是宗室的黄金时代。尽管宗室与社会的其他部分互相隔绝,除了在各种典礼上行礼如仪和发展个人爱好之外,基本上无所事事,但却过着豪华的生活,所有人都能跟皇帝认识。此期的宫廷,宗室成员的生活方式和文化趣味越来越向文人精英靠拢,当然,最根本的不同在于,宗室青年的学习有时会走向科场,但却永远不会走向官场。

11世纪晚期,宗室遭遇了第一个重大转折,这是第四章的主题。宗室的规模像蘑菇一样地疯长,朝廷在经济(维持宗室变得越来越昂贵)、社会(宫殿太过拥挤)和谱系(皇帝五服以外的一代宗室出现了)方面遇到危机。其中最重要的是谱系危机。按照唐代的先例,这些人早就不应该被算作宗室成员了。政府一度停止了对无服青年宗亲的赐名和授官,允许他们通过科举考试获取官职,看来似乎打算精简这些宗亲。但是不久,朝廷就收回成命,建立无服宗亲资助制度,重新将他们的名字记录在玉牒上。这种做法实际破坏了按服纪确认宗族的惯例,更倾向于建立一种谱系边际开放的宗族结构。而后,徽宗皇帝(在位期间,1101—1126)在王朝的西京河南府(今洛阳)和南京应天府(今商丘)为无服宗亲分别创立了两个卫星居所,巩固了新型的宗室观念。新生代宗室已经开始进入官僚机构,但却大多局限在不起眼的位置上。他们究竟扮演了怎样的政治角色尚不清楚。以上是第五章的内容。

第一章 开 篇

第六章写南宋初年,女真占领了北部中国,开封陷落,逊位和在位的两位皇帝以及大多数宗室沦为俘虏,朝廷和宗室的幸存者南迁,在长江以南重建王朝。显而易见,在王朝灭亡之前,这是宗室生活最为悲惨的时期,不少悲剧故事可以作证。但是,对于那些成功地逃脱俘虏命运的宗室来说,这又是一个机遇绝佳的时期,高宗(在位期间,1127—1162)领导的南方朝廷如饥似渴地需要有能力的官员,起用宗室成员担任军事和民政职位。一些宗室也的确在抗金战争中起到了重要作用。

南宋初期的宗室与北宋差别惊人。第七章勾勒了南宋第一个百年当中宗室的概况,从中可以看到其全新存在形式的基本要素:朝廷创立了几个宗室中心,其中最重要的不在首都临安,而在福建的泉州和福州;许多宗室家族在远离所有中心的地方安家;宗室越来越深地渗入帝国的地方精英集团;出现了宗室科举、入仕的特别渠道。本章不同于以上各章,不再按时间顺序推移,而更多采取综合分析的方法。其原因是南宋没有发生此前那样由宗室的扩大和政府政策所引起的不断变化。在南宋,这些新的结构性要素,一旦就位,就几乎不再发生改变。

变化较多的是宗室在政府,特别是高级职位上的作用,这是第八章的论述对象。这一章利用 12 世纪中期到 13 世纪中期——孝宗、宁宗、光宗、理宗统治时期杰出宗室官僚的传记,研究他们的仕宦类型和行为模式,他们与皇帝(有两个人本身就是被选来继承无后的皇帝的)的联系(或者说名义上的联系),特别是曾经遭到激烈争论的议题——宗室是否应当在中央政府中占据高位,这场争论由于赵汝愚(BAAKFBDAA,1140—1196)出任首相变得非常现实。

第九章关注走向成熟和末路的宗室。到宋朝后期,宗室受到人数膨胀等问题的困扰,族谱记录难以为继,申请宗室地位的要求遭到争议,控制宗室成员困难重重。在宗室最大的聚居地泉州,这些问题最为突出。本章对大泉州中心,以及宗室对该城赖以闻名的海外贸易正负两方面的影响予以特别关注。最后,重估宗室成员对蒙古入侵的反应,他们在抵抗运动中的作用,泉州的宗室大屠杀,幸存家族在失去皇家宗亲地位之后对新政权采取的对策。

最后,第十章是简短的结论,重归宋代宗室的地位这一话题,全面论述宗室的贡献,证明宗室成功地进入了宋代的精英社会和高雅文化。本章还认为,赵宋宗室的遗产为明、清两代提供了宗室制度的样板,它的某些方面,直到今天仍有其影响力。

第二章 皇室家族

辉煌的日子姗姗来迟。直到北宋中期,宗室才变得异常显赫。当然,皇室家族早期的历史对于它后来的发展是至关重要的。宗室不同于中国社会的其他宗族,从一个普通的家族变成宗室是一个复杂而困难的过程。开国皇帝赵匡胤(太祖,927—976;在位期间,960—976)对这一过程思虑良多,希望创建一个能够天长地久的宗室,来表达自己对族人的爱与慷慨;培养出诚实正直能干的宗室成员,来维护皇室的血脉和至高无上的皇权。他的弟弟、继任皇帝匡义(太宗,939—997;在位期间,976—997)更是如此。他们及其顾问还是历史的学生,洞悉以往的王朝对待宗室的教训。这一群人的决定在很大程度上决定了北宋宗室的特质。未来宗室的形态发生了出人预料的转变,而开国皇帝仍然影响巨大。

家族的起源

后来,赵宋皇族自称是源出道教神祇的高贵家族,[1]但是,实

---

[1] 这是所谓天书的说法,这些天书于1008—1017年间被陆续"发现"。由此导致了真宗皇帝(在位期间,997—1022)饱受争议的封禅活动。见 Cahill, *Taoism at the Sung Court*,特别是该书的33页和40页。20世纪初,一份出自广东的赵氏族谱用了相当长的篇幅,将家族的历史一直追溯到黄帝(《赵氏族谱》卷1之7a—8b)。

际上,这个家族成为皇族以前的历史并无十分特出之处。其确凿可考的历史从太祖算起,只可以上溯四代,到晚唐的赵朓(828—874),他在河北北部的涿州境内当过三任县令,涿州正是这个家族的居住地。① 赵朓的次子赵珽(851—928)、孙子赵敬都作过河北的地方官,后者做过三任州刺史,其中包括涿州。到了赵敬之子、赵匡胤之父弘殷(后来被尊为宣祖,899—956)时,家族传统出现断裂,弘殷转而对武艺表现出热爱(传记说他在文学方面也受到了良好教育)。这一转变对弘殷的成功至关重要。他在923年通过后唐的武进士考试,并得到了陈州节度使王镕的庇护,成为一名将军。

尽管有这些做地方官的历史,涿州赵氏的社会地位在当时人眼里仍然是卑微的。一个广为人知的故事说,弘殷年轻时,被大雪困在路上,只好躲到杜姓豪族的大门底下。这户人家对他非常友好。这家的家长、节度使杜让十分欣赏这个年轻人,将自己的第四个女儿嫁给了他。这就是未来的杜太后(899—961)。② 当然,到赵匡胤和他的两个弟弟匡义(太宗)、匡美(947—984)③成年的时候,这个家族已经成为武力精英集团的一分子。

匡胤对父亲为他和两个兄弟安排的经典教育缺乏耐心,他投

---

① 以下记载主要依据《东都事略》卷1,《宋史》关于王朝最初历史的记载主要取自该书;以及《赵氏族谱》卷1之41b—43b。我还利用了竺沙雅章的《宋の太祖と太宗》,39—53页,这目前仍是关于两位皇帝最公允和最丰富的成果。

② 见竺沙氏的《宋の太祖と太宗》,44页。至于该故事的英文版本,见丁传靖《宋人轶事汇编》英文版 Compilation of Anecdotes of Sung Personalities,2页。

③ 由于这个家族的皇室地位,两兄弟的名字都改了又改。太祖登位之后,为了避开皇帝名字中的同一个字,匡义改名光义,到他自己变成皇帝之后,光义又改成了炅。太祖即位后,匡美的名字改成光美,太宗即位,又改为廷美,许多历史记载都称他为魏王。见 Sung Chang-lien 与竺沙雅章合著的太宗传,Chikusa Masaaki 的赵廷美传。

到节度使王彦超麾下,并迅速攀升为后周禁军的殿前都点检,这是一个握有兵权的显要职位。① 如此一来,当雄才大略的后周世宗骤然离世,留下个孩子当继承人时,匡胤便得以摩拳擦掌,准备亲自掌握皇权。不过,传统记载都强调,他是在哗变军队的逼迫之下,不得已而为之的。

太祖的宗室定义

起初,宋朝看起来只不过是北方一系列短命王朝中的第六代,当时几乎没有任何迹象表明它会比此前的五代成功。然而反观历史,我们还是可以找到一些使宋朝厕身于伟大朝代之列的因素:此前的王朝重新加强了中央权力,这是太祖建立宋朝的基础;②他采取强有力的动作,迅速加强了对武人——特别是禁军将领的控制;他以战争与外交笼络两手相结合,逐渐平定南方诸国;再有,宋初三十七年都是成年君主在位,这就使得宋朝绝无重蹈后周命运的可能,这一点也相当重要。宋朝自称得天命,这天命看起来也许还不是那么保险,但是,王朝的设计师——太祖却对历史教训心怀警惕,处处以子孙后代为计,采取了许多行动,要将宋朝带向长治久安。

皇室的待遇是一个贴切的议题。表面上简单而清楚的概念下隐藏着一系列复杂的社会和政治问题。首要的问题是,哪些人

---

① 见 Wang Gung-wu, *Structure of Power in North China During the Five Dynasties*,第七章;Worthy, *The Founding of Sung China*。
② 这是 Wang Gung-wu, *Structure of Power* 的中心观点,Worthy(*Founding of Sung China*)在许多重要的方面使 Wang 的论点更加具体化,特别是涉及太祖作用的部分。

构成了皇室？从赵朓开始,太祖的祖先已经繁育了数不清的子孙,①太祖五服以内的赵姓宗亲就不计其数。其次,尽管历朝历代的宗室都由开国皇帝的后代组成,但是,太祖登上皇位时,他本人却不是自己家族的家长。自从956年他父亲去世之后,母亲杜太后一直拥有这一荣誉,这就意味着他的弟弟们也是核心皇室家族的成员。

《太祖皇帝玉牒大训》(亦即宗室族谱)的日期是964年夏历十一月十二。② 太祖的前任家庭教师、③宰相赵普(922—992)可能帮助了这篇文献的起草,④但《大训》却是以皇帝的第一人称口吻写成,它提供了有关太祖家族观念的宝贵资料。

一开头,太祖以水为喻,说道:"人之于祖先,就像水之于源头。水流远而有支脉,人渐疏而分宗枝。这是固定的自然法则。"接下来,他描述了高祖(赵朓)子孙的离散,指出由于缺乏公认的谱系排行,神主的昭穆次序已经变得混乱。普通家族告慰祖先的

---

① 赵朓有四个儿子,赵珽有两个,赵敬有三个,上文还提到,赵弘殷有五个,其中三个活到了成年(《赵氏族谱》卷1之8b)。
② 《赵氏族谱》卷1之11a《太祖皇帝玉牒大训》。又见于赵思濂《续修山阴华舍赵氏宗谱》(1882)。尽管这篇文献不见于《宋史》《宋会要》和其他宋代史料,只见于赵氏宗族谱,但是,我们有理由相信它的真实性,因为赵氏宗族谱通常谈到要珍惜所有年代久远的宗族文献。再有,《赵氏宗谱》的质量不同一般地好。我们下面要提到,三江(广东)赵氏自称源自太祖后代中杰出的一支。他们的共同祖先是北宋末年的赵必迎(1225—1289),1270年代,他在广东,同宋朝朝廷保持着密切联系,1279年之后,他又得以在广东保聚家族,广营地产(同上书卷2之10b—12a)。因此,这个家族拥有大批宗族文献,看起来是合理的,这就可以解释《赵氏宗谱》篇幅很长的第一卷文献丰富(106大页)的原因。再说,尽管这些文献大多是孤本,因此无法自己证明自己,它们却都有着宋代的文献样式,其中所记录的信息也已经被证明是可信的。
③ 据英文former tuter直译,有误。赵普是赵匡义的幕僚,匡义任宋州节度使,以普为掌书记,所以后来杜太后习惯上称他"赵书记"。——译注
④ 文献最后提到,赵普受命接过文献,将它存放到金匮中。

最好办法,是让族中才俊去读书、应举、做官。那么,帝王家又当如何?《大训》转向周朝,谈到,在周朝开创者的睿智与开明指导下,晚出的王族被分封为公侯,分派到领地上去。

这并不违背祖先的意志。但不幸的是,他们没有设定排行字(用在名字中),以便为子孙后代区别昭穆。以至到春秋战国之时,同族相争,甚而视同仇雠。这是多么不幸啊!

太祖接着说,而这种不幸正是他对自家子孙的担心。为此,他开出了如下药方:

> 我和晋王匡义、秦王匡美为三支,《玉牒》将为每支设立十四字(作为排行字),以彰显源流,排立昭穆。这样,我们的子孙永远也不会迷失行辈次序,纵使时间悠长、血缘日渐疏远。

最后,太祖重申,不管后代子孙的血缘关系变得多么疏远,维护宗族的一统都是非常重要的。未来宗族的社会成分可能会变得相当复杂,因此他要求未来的族人:

> 不管水流得多远,你们都要尊奉《玉牒》。不管做官,还是行商,不管在何处,只要彼此相遇,你们都应当互相承认,照行辈论交。不要嫌贫爱富,不要扬贵抑贱。倘若有贫穷之人或无以自存之家遭遇横祸,富裕的族人理当施以援手,免其流离失所,辱没祖先。每一个人都应当牢记我的话。不要违背我的训言!

与太祖《大训》一起的,还有赵普所作的《御制玉牒派序》,日期在同一天。[①] 序言提供了三组排行字,每支一组,每组 14 字,

---

[①]《赵氏族谱》卷1 之 11b—12a《御制玉牒派序》。

按照行辈顺序使用,这样,同支、同辈男性的名字当中就都有了一个相同的字。这些字取自下面这首42字的诗:

若夫元德允克

令德宜崇

师古希孟

时学光宗

良友彦士

登汝必公

不惟世子

与善之从

伯仲叔季

承嗣由同①

这两篇文献合起来,界定了未来宗室的成分(太祖及其两个弟弟的后嗣),规定了排行字,排行字是未来宗室成员资格的最外在特征。②三兄弟的所有后裔都是宗室成员,使用同一序列的排行字,这一规定相当激进,与此前否认皇帝五服以外亲属宗室资格的习惯背道而驰。下一章中将要谈到,这一规定在11世纪晚期颇受争议,其后果则对宗室的未来产生了重要影响。最后,需要指出,这首诗特别强调孟子、士和学,似乎预言了宗室未来的发展——接受教育、接近文人,这一趋势在仁宗皇帝时期时最为突出。

然而,这两篇文献当中显然少了某种东西,根本没有提到宗

---

① 《赵氏族谱》卷1之11b。
② 《赵氏族谱》的编者提到了排行字后来的某些变化,但是这些变化只涉及第十三、十四代,那些不在宋代使用的名字。前十代的名字见于表2.2。

室及宗室成员个人的政治角色。在此后的三十年中,特别是太宗统治时期,宗室最重要的发展便是,禁止宗室成员占据任何重要政治职位。这种禁约与皇位的传承密切相关。

权力和传承

怎样使用或者不用皇族特别是皇子,是君主政体生而与俱的麻烦,正如我们在上一章中看到的,此前中国的历朝历代都曾努力对付这个麻烦。厚待亲族,培养有经验而能干的皇帝,使帝位的传承和平进行,避免对抗和兄弟相争——这几大需求互争雄长,想要彼此调和,即使不是绝无可能,也是相当困难的。

太祖没有仿效汉代以及后来的明朝的做法,将宗王派到他们自己的封地上去,但是,他却使用最亲近的家人掌握重权职位。赵匡义(未来的太宗)担任开封府尹多年,在皇帝频繁的亲征期间,负责首都事务。973年,他被封为晋王,获得高于宰相的礼仪待遇。① 他的弟弟匡美以同样的原因先后担任兴元府(利州路治所)和京兆府(唐朝的首都,永兴军路治所)的府尹。② 973年,太祖诸子中唯一成年的德昭(AA,979年卒)继匡美之后任兴元府尹。③

976年夏历十月,太祖半夜暴崩。根据司马光(1019—1086)富于戏剧性、令人疑窦丛生的记载,宋皇后命令随侍宦官王继隆

---

① 《东都事略》卷3之1a—b;《宋史》卷3,40页、卷4,53页;Franke, *Sung Biographies*,3册992页。
② 《宋史》卷244,8666页;Franke, *Sung Biographies*,1册83页。
③ 《宋史》卷244,8676页。

去宣召她的儿子德芳(AB,959—981),显然是想让德芳即位。但是,王继隆"明白人所共知太祖想要传位给晋王(即匡义)",因此去的是晋王的府邸。当匡义进宫,宣布继承皇位时,皇后表现出震惊,说:"我和我儿子的性命就托付给你了。"匡义含泪作答:"不必忧虑,让我们共同保有富贵荣华。"①就这样,皇位传给了太祖的弟弟,而不是他的儿子。

这桩横向的传位实在不同寻常,因为太祖留下了四个儿子。这究竟是不是太祖的本意?原因何在?历史学家们对此议论纷纷。最早的辩词出自太祖和他母亲杜太后之间的一次谈话。据杜太后传记载,961年,太后在垂危之际问太祖:"你知道你为什么能够取得帝位吗?"太祖起初拒绝回答,在太后逼问之下,太祖才说:"全凭祖宗和母亲的德行。"太后的反应是:"错!真实的原因是周世宗留下个小孩来统治帝国。要是他留下的是个成年皇帝,这帝国还能是你的吗?为后代子孙着想,你应当把帝位传给你的弟弟。"太祖泪眼婆娑地表示赞同(我敢不遵从太后的指示吗?!),然后,太后命令当时在场的赵普记录这场谈话,把记录文件藏在一个金色的柜子里。②

许多历史学家认为上述记载是太宗后来为了证明其即位的合法性编造出来的。一些学者还搜集证据,围绕所谓"烛影

---

① 《续资治通鉴长编》卷 17,380—381 页。这个故事又见载于 Ting chúan-ching, *Compilation of Anecdotes of Sung Personalities*,15—16 页。两者都取材于司马光《涑水纪闻》。正如李焘在评论中指出的,宋皇后和德芳的传都没有说她们是亲母子。而且,据我所知,没有任何材料表明德芳曾经被立为太子,考虑到他的哥哥德昭与太祖的良好关系,这样的举动实在太不正常了。

② 《宋史》卷 244,8666 页;《东都事略》卷 13 之 1b。

斧声",①论证太宗就算没有亲手下手,也是假手他人谋杀了兄长。② 杜太后临死前那一幕很可能是篡位君王的编造,尽管如此,我们还是至少有三个理由可以相信它。第一,太祖之接受兄终弟及方案,可与他在《大训》中将匡义、匡美两支都包含在宗室以内相印证;第二,973年,匡义升为晋王似乎可以看做是将他作为皇太子,因为无论德昭还是他的任何一个兄弟都没有封王;③第三,一些学者根据《宋史》的赵廷美传,认为杜太后和太祖都希望匡义传位给匡美,依此类推,最终将帝位传给太祖的儿子德昭。④ 这样的传递顺序不会对太宗本人的帝位产生任何影响,但却有可能在实际运作中将他的亲生儿子们排除出继承顺序——这样看来,编造这么一个故事对他毫无意义。

即位之后,太宗很快提升了廷美和德昭(见表2.1)。廷美被任命为开封府尹(太宗以前的职位),先封齐王,又封秦王。⑤ 德昭接替廷美任京兆府尹,封武功郡王。太宗还赋予两人在朝会时列班在宰相之上的荣誉。⑥ 然而,接下来,这两个人就从备受恩宠跌入了悲剧性的结局。

---

① 见丁传靖,《宋人轶事汇编》英文版,17—18页。竺沙雅章《宋の太祖と太宗》,134—136页。除了我们在正文中提到的轶事以外,司马光还记载了两件怪事。一是当王继隆到达匡义的宅邸时,发现有一个宫廷医生正等在那里,说自己是奉召到王府来的。再有就是,得知皇帝驾崩的消息之后,匡义坚持要先跟家人商量,王继隆一再催促,说时间紧迫,匡义上路去宫中。
② 见方豪《宋史》,1册24—27页。
③ 这一点是Sung Ch'ang-lien 和竺沙雅章在 *Biography of T'ai-tsung* 中提出来的,见该书3册992页。
④《宋史》卷244,8669页。
⑤《东都事略》卷15之1b;《宋史》卷244,8666页。
⑥《东都事略》卷15之3b;《宋史》卷244,8676页。

表 2.1　太祖、太宗和魏王的儿子

父　　亲	儿　　子
太祖（匡胤,927—976,在位期间,960—976）	德昭（AA,979年卒） 德芳（AB,959—981） 德秀（AC,979—1008） 德林（AD,生卒年不详）
太宗（匡义,939—997,在位期间,976—997）	元佐（BA,962—1023） 元僖（BB,992年卒） 元侃,后改名恒（968—1022,真宗,在位期间,997—1022） 元份（BC,968—1004） 元杰（BD,972—1003） 元偓（BE,977—1018） 元偶（BF,981—1014） 元俨（BG,987—1044） 元亿（早夭,《宋史》宗室表未载）
魏王（匡美,后改廷美,947—984）	德恭（CA,956—984） 德隆（CB,964—986） 德钧（《宋史》宗室表未载,965—1003） 德彝（CC,967—1015） 德雍（CD,生卒年不详） 德润（CE,1007年卒） 德钦（CF,974—1004） 德文（CG,975—1046） 德愿（《宋史》宗室表不载,976—999） 德存（CH,982—1011）

979年,在宋与契丹争夺幽州（河北）的战斗中,太宗要撤回首都,又怕敌人阻击,只带了小股随从秘密离开大营。当夜,人们发现皇帝不见了,谣言开始在不满的军队中流布,要立德昭为帝。这让太宗后来大为不满。军队回到首都之后,因为远征以惨败告终,太宗迟迟不论功行赏。德昭提出疑问,太宗大怒,嘲弄他说：

"要是我们等你来干,行赏就不会等那么久了。"①德昭回到自己房中,割喉自尽。太宗的反应不说是悔恨也是悲伤。他跑到尸体边,大哭道:"痴儿,你怎么会走到这一步呢?"②

廷美的遭遇更为复杂。982年夏历三月,太宗接到报告说他弟弟和一小批军官密谋造反。他不愿太过无情,于是只将廷美调离开封,改任京兆尹。③ 廷美的合谋者遭到降职处分,一人流放。不久,赵普复任宰相,他报告说廷美密谋杀害太宗,这一次是和兵部尚书④卢多逊(934—985)等人。74名大臣廷议,主张处死所有的谋反者。但是太宗只是流放了卢多逊,幽禁了廷美,处斩了6名谋反者。廷美的儿子、女儿、女婿都受到了降级处分。廷美抱怨自己的命运,结果被流放到湖北,很快就病倒,死在当地。太宗对他的死感到悲伤,给了廷美死后哀荣,但是言语之间仍然相信他有罪且不知悔改。⑤

这些阴谋究竟在多大程度上对太宗构成威胁,已经难以得知。《宋史》的作者们认为,是赵普翻云覆雨的手腕决定了廷美的

---

① 此句照英文 If we wait for you to make them, the rewards will not take long 译出。似与太宗原话"待汝自为之,赏未晚也"(《宋史》卷244,第8676页)意思有出入。——译注

② 《宋史》卷244,8676页。关于太宗从幽州逃跑的经历,请参看 Sung Ch'ang-lien 和竺沙雅章, Biography of T'ai-tsung,3:992。

③ 此照英文 prefect of Ching-chao 直译,误。据《宋史》卷244,《廷美传》,第8666页,廷美所授官为西京留守,北宋都汴梁,以洛阳为西京。——译注

④ 此照英文 the minister of war, Lu Tuo-hsun 直译,有误。据《宋史》卷210《宰辅年表一》(16册,第5423—5425页)、卷244《廷美传》(25册,第8667页)及卷264《卢多逊传》(26册,第9118页)的记载,卢多逊于太宗太平兴国元年(976)迁"中书侍郎、同中书门下平章事、集贤院大学士",一直到太平兴国七年(982),因赵普告发他"交通秦王廷美",才罢相责授兵部侍郎。因此,此处卢多逊官衔应当是宰相而不是兵部侍郎。又,北宋前期兵部侍郎为虚衔,不统兵。——译注

⑤ 《宋史》卷244,8666—8669页。

命运,因为,众所周知赵普反对兄终弟及。① 还有人谴责太宗对待手足的态度冷酷无情。然而,从结构的角度看,德昭和廷美的命运都肇端于如下事实——他们拥有皇位继承人的地位,又积极地参与了政治,从而对皇帝构成威胁。事实上,廷美谋反的阴谋正表明存在一个与皇帝的权力相对抗的权力中心。这种结构实际存在于中国历史的其他主要朝代中,并常常引发血腥阴谋。② 不过,廷美的个案却几乎是独一无二的,而且看起来正是在此案的背后,蕴含着将皇族从政治中排除出去的决定。

  变化的细节并不清楚,就我所知,当时的人没有留下有关讨论的记载。早在983年,廷美受到贬斥之后,太宗下令宰相的礼仪地位升在宗王之上。宰相宋琪(917—996)和李昉(925—996)表示反对,太宗回答:"宰相日理万机。……元佐(太宗长子,BA;962—1023)和他的弟弟们都还年轻。我希望他们知道谦虚之道,大臣不必对他们礼让。"992年,宰相吕蒙正(946—1011)请求太宗重新考虑其决定,再次遭到拒绝。③ 太宗的8个成年儿子之中,出任官职的只有2人,都是当开封尹:一个是赵元僖(BB,992年卒),于985年任职;另一个是赵恒(968—1022,未来的真宗),于994年任职。二人的任期都短得不值一提。④ 980年代中期,廷美也有四个儿子担任次级州的知州,他们的例子耐人寻味。984年末,赵德恭(CA,962—1006)、德隆(CB,964—986)兄弟被任命为知州。太宗为他们安排了通判,指示说:"德恭和他弟弟就

---

① 《宋史》卷244,8669页。
② 见第一章关于汉、唐传位问题的讨论。
③ 《宋史》卷245,8697页。
④ 《宋史》卷245,8697页;卷6,103—104页。关于赵恒在开封的政绩,只提到了一件事,说他成功地使首都的监狱维持相对狱空,并因此受到太宗夸奖。

要做知州了。他们干得好,应当受到表扬,干得不好,应当尽力纠正,而你们则会承担罪责。"①我所能找到的宗室掌握实权职位的最后一个例子,是太宗的第五个儿子赵元偓(BE,977—1018)。997年,他担任西北两个州的桥道顿递使,协助接待了新皇帝真宗(在位期间,997—1022)的临幸。② 在此后的70年间,一项传统逐渐形成:可以授予宗室崇高的官阶(通常是贵族头衔),但是却不能让他们掌握权力,担任实职。

宋初的皇室家族

太祖在《大训》中明确规划了一个无限延伸的庞大宗室,但是,在他和太宗统治期间,皇家却还算不上宗族,而只是一个人丁兴旺的大家庭。

这个家庭的多产是著名的。三个奠定了家族规模的兄弟共生了23个儿子,59个孙子,226个玄孙(见表2.2)。太宗去世的时候,儿子们都已成年,孙子(还有他们的姐妹)还都是孩童。第三代的曾孙还没有来到这个世界上(见表2.3)。尽管如此,多个小家庭里的一百多个孙男孙女,再加上无数的仆人、卫士,已经使皇室家族成为一个庞大的群体。

---

① 《宋史》卷245,8671页。另外的例子,德彝(CC,967—1015)、德存(CH,982—1011),分别见于《宋史》卷245,8673、8675页。
② 《宋史》卷245,8703页。

表 2.2　宋朝宗室的排行字和人数

行辈	太祖系 排行字	太祖系 人数	太宗系 排行字	太宗系 人数	魏王系 排行字	魏王系 人数	总计
一	德	4	元	9	德	10	23
二	惟	8	允	19	承	32	59
三	从/守	24	宗	75	克	127	226
四	世	129	仲	338	叔	561	1 078
五	令	564	士	1 499	之	1 425	3 488
六	子	1 251[a]	不	2 130	公	1 774	5 155
七	伯	1 645	善	2 431	彦	1 824	5 900
八	师	1 490	汝	1 022	夫	1 666	4 178
九	希	1 140	崇	143	时	253	1 806
十	与	110	必	19	若	24	153
总计		6 365		8 005		7 695[b]	22 066

说明：本表不包括第十一、十二代已经获得赐名的宗子，以及英宗、徽宗的直系后代，即所谓南班官宗室。

CSTP 也按支系给出了前四代宗室的人数，第一代与上表相同，第二至四代的数字如下：

	太祖	太宗	魏王	总计
二	8	21	34	63
三	25	64	124	213
四	120	390	552	1 062

a. WHTK的数字为 1 221，然与太祖一系十代子孙的总数不符，误。

b. CYTC 的数字为 7 296，全体总计为 21 666，但魏王一系的总数为 7 696，全体总计为 22 066。

资料来源：CYTC 甲集卷 1，24 页。CYTC 不包括最后一栏中的总数。同样的资料又见于 WHTK 卷 259，第 2056—2057 页，然有误。CYTC 可能是 WHTK 的来源。而 CYTC 的来源是官方宗室谱牒《仙源类谱》。

表2.3 宋朝宗室的生卒年代

行辈	生年范围(样本数量)	卒年范围(样本数量)	生卒年中间值
一	959—987(15)	979—1046(18)	971—1007
二	966—1022(12)	1010—1070(18)	994—1035
三	998—1043(34)	1034—1109(45)	1022—1068
四	1010—1095(51)	1041—1137(62)	1049—1084
五	1049—1134(28)	1056—1202(45)	1078—1126
六	1059—1144(18)	1059—1224(28)	1115—1176
七	1103—1155(21)	1161—1242(23)	1132—1194
八	1109—1193(19)	1167—1256(22)	1159—1221
九	1160—1230(14)	1212—1276(16)	1183—1238
十	1179—1267(8)	1169—1330(10)	1218—1270
十一	1192—1286(3)	1220—1332(4)	1244—1270

说明：以上数字取材于我所搜集到的所有宗室传记资料(见附录A)。许多人只有生年或者卒年,因此样本的数量(圆括号中所标注)各不相同。第十代宗室可知的第一例卒年要早于第一例生年的奇怪现象,由此可以得到解释。

妻、妾和女儿常常会遭到忽视,但她们确是皇室大家庭的重要成员。此期关于她们的材料非常有限,我们对皇室的联姻策略和妻子们的情况却有一定了解。很明显,在王朝的早期,皇家血脉的婚姻是能引起皇帝个人关心的。普端茜勒·荆·钟(Priscilla Ching Chung)曾经提请学界注意,太祖在他著名的酒宴上承诺,用婚姻联结皇室和将领。① 他的弟弟和继承人太宗非常明白太祖的意图,他的次子赵元僖娶的是边将李谦溥的女儿(915—976)。元僖结婚时,太宗说:"我有时会谈到我的儿子,现

---

① Ching Chung, *Palace Women*, 24页。

在我要全都给他们娶将相大臣家的女儿。①"②实际上,宋初不但皇子,还有宗子、宗女,所娶所嫁一般都是位高权重人家的子女,当然,其配偶大多来自武人而非文官背景。③

我没有发现此期宗室夫人的墓志铭。而赢得了《宋史》编者青睐的女人又都是因为名声太恶,她们显然不能反映宗室妇女的普遍情况。话虽如此,这些故事还是值得一提。太宗第四子赵元份(BC)之妻李氏是军官李汉斌(活跃期,976—983)的女儿,性格强悍暴躁,常常令人扫兴。根据《宋史》的描述,李氏是一个冷酷好妒的女人,会因为一点微不足道的小过失责打甚至杀害宫女,不只一次需要依靠赦免才渡过难关。她干过许多越礼非法的勾当:太宗来看望她病中的丈夫,她却没在身边服侍;太宗驾崩时她没有服丧;她送给丈夫的生日礼物上面有皇帝的象征性禁物龙和凤;1004年丈夫死的时候,她没有表现出应有的哀伤举止。这些毛病似乎让包括她丈夫在内的许多人大伤脑筋。虽然有众人的抱怨,但是,由于元份对妻子的热忱,真宗还是没有公开责罚李氏,而是把她削夺贵妇封号、别宅安置了事。④

992年发生的另一件事让皇帝更加愤怒。赵元僖——我们在前边提到过他的婚姻——刚死,有关其宠妾张氏的种种风言风语便开始浮现。人们指控她生性淫荡、生活糜烂,说她在元僖不知情的情况下,打死了一个女奴。更严重的是,她在首都西部的

---

① 此据英文直译,在语气上与太宗原话有出入。太宗原话是"朕尝语诸子,今姻偶皆将相大臣之家,六礼具备,得不自重乎?"同将相大臣家结婚是既成事实,而非未实现的意愿。——译注
② 《宋史》卷245,8697页。
③ Ching Chung, *Palace Women*, 24—35页,该文指出绝大多数驸马具有武人背景。又见 Chaffee, *Marriage of Sung Imperial Clanswomen*, 147—151页。
④ 《宋史》卷245,8695页。《赵氏族谱》卷2之6b。

一座佛寺里为自己的父母招魂,用度奢侈,逾越礼制。皇帝感到震怒。他派宦官王继恩(999年卒)前去调查,张氏却上吊死了。有关负责官员受到杖责,张氏父母的棺材被毁坏,所有与此事件有关联的人都遭到了流放。四名王府官员受到降级处分,元僖也被褫夺了身后哀荣,当然,下一任皇帝又予以了恢复。① 我们在下文中将要看到,妾在11世纪的巨型宗室家庭里无所不在。这些女人与宗室的结合是因为性的吸引,而不是出于家族的考虑(和皇帝的控制),因此,她们任何一点要爬到社会上层的企图,都被视为威胁。

这一时期的皇室家族住在哪里,我们知之甚少。皇帝的孩子最初是跟父亲一起住在宫中,到了青春期,则通常会被送往东宫居住。② 真宗时颁布了关于皇室大家庭其他成员居所的第一个规定。998年正月,他下诏宣布每一个王——奠基者的儿子——为一室之始,③新建南宅、北宅,附设教师。④

至少我们所能看到的有关宫廷生活的记载是平和欢愉的。太祖的孙子赵惟吉(AAB,966—1010)最受祖父宠爱,在宫中生活到18岁。有一次,皇帝射风筝,一射便中,惟吉欢喜雀跃。祖父非常高兴,让人铸了黄金的奇兽瑞雀送给他。他有一个小乘舆、一匹有小鞍子的马。太祖下令他可以自由通过黄门⑤入宫。⑥

然而,一些轶事却揭露了宫廷生活的阴暗面。太宗统治初

---

① 《宋史》卷245,8697—8698页。
② 有关例证,见《宋史》卷244,8678页;卷245,8693—8694页。
③ 此据英文直译。《长编》没有提到"室"的建立,原文为"癸酉,始令诸王府记室、翊善、侍读等官,分兼南、北宅教授。时南北宅又有伴读,然无定员。"——译注
④ 《长编》卷43,907—908页。
⑤ 这是一个小小的错误。原文"命黄门拥抱,出入常从",黄门指宦官,非Yellow Gate。——译注
⑥ 《宋史》卷244,8679页。

期,对赵德昭、赵廷美案件进行质疑和控诉的牺牲品,是他的长子赵元佐。元佐与廷美关系密切,廷美被流放之后,元佐是唯一公开为他辩护的人。984年廷美的死让元佐变得疯狂,为了一点鸡毛蒜皮的小事就戳伤侍从。一年以后,元佐的病似乎已经痊愈,太宗为表感激之情,还举行了大赦。但是,到了九九重阳的节日宴会那天,疯狂又发作了。元佐对自己没有受邀与宴感到愤怒,喝醉了酒,纵火焚烧宫殿。他被抓获,经过御史审问,被判降为庶人,流放筠州(江南西路)。在一百名官员的恳求下,太宗收回成命,将元佐留在首都。此后,他悄无声息地在南宫生活了许多年。三名对元佐负有责任的官员自请受罚,太宗答道:"这个儿子,我的教诲都不能改变他。你们又怎么能引导他呢?"①

任命官员督导年轻的皇子,自有其开始——至少就宋朝而言如此——983年,太宗为每一个王府任命了谕德和谘议。② 谕德姚坦(935—1009)对他的督导对象赵元傑(BD,972—1003)在很多方面都看不过去。从一开始,姚坦就经常严厉斥责年轻的王子懒惰和游手好闲,渐渐地,元傑开始鄙视姚坦。姚坦向皇帝抱怨,太宗说:"元傑知书好学,也足以成为一个贤王。他年轻,纵使有不合适的举动,也应当在嘲讽中隐含规劝。要是你没什么原因就打击他,那又怎么能帮助他呢?"一次,王子在朋友们的煽动下,假装生病,不去朝见皇帝。太宗每天都派人前来检视,一个月后,元傑的病还不好,皇帝感到担忧,便召来元傑的乳母询问情况。乳母回答道:"王本来没有病,只是因为姚坦检束,不能随心所欲,所以才病了。"皇帝生气地说:"我选择正直的学者,帮助王学好向

---

① 《宋史》卷245,8693—8695页。
② 《宋史》卷277,9418—9419页。

善。王却不能顺应规劝,还装病,想让我赶走这个好人,好让他自己为所欲为,我怎么能听他的呢?再说,王还年轻,这肯定都是你教他这样做的。"太宗命令将乳母拉到后苑,打了好多杖。然后,他召来姚坦,抚慰道:"你处身王府,纠正群小所做的坏事,实非细事。再有这样的事,你不要为流言所动,因为我一定不会听信的。"①

当元傑在诗歌和书法方面展现出某些才华,成了一个藏书家时,他和他的谕德之间最有名的交锋发生了。元傑建造图书馆来放置他的两万卷藏书,又耗费巨资,在周围的花园上修筑别墅和假山。竣工之后,他大设酒席邀请人们来观赏假山,唯独姚坦却不肯看那座假山。王感到惊讶,问他原因。姚坦说:"我在农村居住的时候,亲眼看见州县压迫百姓缴税,逮了父亲、儿子、兄弟,送到县里边拿鞭子抽,鲜血流淌,肢体残破。这假山全是用老百姓的税钱堆起来的。要说它不是血山,又是什么?"太宗听说后,下令毁掉假山。②

不管赵元傑和姚坦之间的关系是多么紧张,他们的故事却包含着几个对于后代宗室来说非常重要的主题:皇帝关心他们能否受到正当的教育,对文人技艺的关注,以及这样一群在无法想象的奢华中成长起来的人的挥霍放荡之患。

---

① 《宋史》卷 277,9419 页。
② 《宋史》卷 277,9419 页。这段记载主要选自姚坦的传。赵元傑的传(在《宋史》卷 245,8700—8701 页)也记载了这件事(没有记载前一件事),只是更简单。它记载姚坦说的是"我看到的是血山,这怎么是假山呢?"姚坦的传记作者所刻画的是一个真实形象,没有溢美。元傑死后,他的哥哥真宗感到深深的哀悼,姚坦去见真宗,大肆批评元傑,表彰自己的勇敢。他走了以后,真宗评论说,一个老师不能用正当的原则成功地引导学生,问题就出在这里。传记作者的结论是:"这就叫卖直取名"。

第三章　文学与拘禁

真宗、仁宗与皇室宗亲

到第三任皇帝真宗(968—1022;在位期间,997—1022)统治时期,王朝的初创期结束了。太祖,特别是太宗时期发生了许多重大变革,相形之下,真宗朝更以守成而非改革著称。历史地看,真宗最重要的举措是,他在1005年签订澶渊之盟,结束了宋与契丹之间旷日持久的战争,赢得了此后一百多年的和平,其代价则是同意对辽采取低人一等的礼仪地位。① 真宗时期进行了无比奢侈浮华的活动,比如"发现"褒扬赵氏家族及其先祖的"天书",对泰山等山岳进行不同寻常、饱受争议的封禅,以及在朝廷上抬升道教地位。② 在这些行为的背后,毫无疑问都隐含着对屈辱盟约寻求补偿的强烈愿望。对于宗室来说,这也是一个重要时期。正如我们在下文中将要看到的,宗正寺的职能在扩展,并且变得越来越制度化。尤其值得注意的是,真宗是第一个长于宫中、育于皇室宗亲之间的宋代皇帝,在他的善意关照下,宗室开始成为

---

① 见 Wang Gungwu, *The Rhetoric of Lesser Empire*。
② S. Cahill, *Taoism at the Heavenly Court*。此举的后果是对道教长期的过分恩宠,直到1020年代,才遭到仁宗的大力改正。

一个社会实体。

真宗之弟赵元偓（BE，977—1018）的传①描述了真宗与宗室交往的一些细节。"真宗即位以后，经常鼓励族中青年进行学术活动。作为族人的首脑，元偓也鼓励他们。当皇帝运思属文时，所有人都静默不语。皇帝经常和大臣们谈起这些。"一次，真宗带领侍从们来到元偓的府第，宴享赋诗。元偓祝皇帝健康，得到衣服、金带、钱和珍玩等赏赐。他们又与宗室们在西南亭聚会射箭。侍从官员离开之后，皇帝只带着宦官留下来，继续与宗室同乐。②

皇帝与亲戚间的交往是如此自由而平易，11 世纪早期许多宗室的传记都加深了我们的这种印象。传记告诉我们，"每当真宗来到（宗室的）宅邸，身边都聚集着子侄。"③他会亲自教导宗子，而且绝不限于近支。真宗的堂兄弟、出自魏王一支的赵承裔（CEF，997—1053）就曾经在宫中得到皇帝亲自指点诗艺。④

真宗与族人关系亲密的最生动例证是他与赵承庆（CAA，1039 年卒）的交往。承庆和承裔来自同一支脉，只不过年纪更大些。一次钓鱼的时候，真宗问从臣⑤（这可不是独钓）："钓鱼让你们快乐吗？"众人异口同声说快乐，唯独承庆例外，他说："臣一则

---

① 《宋史》卷 245，《赵元偓传》的相应文字为："真宗自即位以来，屡以学术勖宗子。元偓首冠藩戚，益自修励，上每制篇什，必令属和。一日，谓宰相曰：'朕每戒宗子作诗习射，如闻颇精习，将临观焉。'因幸元偓邸第，宴从官，官僚毕会，赋七言诗。元偓奉觞上寿，赐袭衣、金带、器币、缗钱，又与宗室射于西南亭。日晡，从官退，上独以中官从，幸元俨、元偁宫，如家人礼，夜二鼓而罢。"——译注
② 《宋史》卷 245，8702—8703 页。
③ 《华阳集》卷 39，《赵允弼（BEA，1008—1070）传》，546 页。
④ 《公是集》卷 52，627—628 页。真宗也曾问过赵世永（AABAA，1010—1068）会不会背书。他答道"能背《孝经》。""它说的是什么问题？""忠孝。"皇帝感到满意，赐给他珍奇的水果。世永没有吃，而是问是否能把它带回家。皇帝对此印象深刻（《郧溪集》卷 20 之 1a—b）。
⑤ 查《无为集》原文，这段对话发生在后苑赏花钓鱼之"翌日"，"宗室入谢"时。——译注

以喜，一则以忧。"据说，所有从臣都被他的无礼吓得脸色发白。皇帝问："那么，是什么让大王感到忧虑呢？"承庆回答说："昨天，我看到几百名侍从侧立在皇家别墅外的栏杆之上，这让我不能不感到忧虑。后来，御驾亲临花园参加宴会，每个人都拜舞歌唱。在这样的太平盛世，在这样一个充满幸福的地方，我不能不感到喜悦。"①皇帝对随从们说："大王爱我如此，你们应当向他学习。"而后，他赐给承庆书法作为礼物。②又有一次，在野外射箭，承庆将自己的箭正好射中在皇帝的箭之下（运气不错），以此来谕示君臣关系。真宗非常开心，称他是"神射手"，③赐给他两条金带、马匹和一首诗。④

根据记载，两人之间最后一次交谈发生在1022年真宗驾崩前夕，⑤场合是为宗室所举行的宴会，谈话也涉及了宗室本身。皇帝问："关于先朝，你们的所见所闻，是否都毫无保留地报告了呢？"承庆回答："先朝的许多事件都关系着统治的根本。"他指的是封泰山等事件，这些事件他不但参与其中，而且在事后都做了记录。他得到的指示是："你把它们，还有我们家族内部所发生的事件，都记下来吧，不要有任何回避，因为我很想了解。"承庆答道："请容许我告退，我将记录下每天、每周⑥发生的事情。"他也

---

① 《无为集》原文，赵承庆的原话是"臣昨日伏见御幄临渊，侍从数百人侧立危栏之上，臣不敢不忧。既而龙舆回辕赏花宴集，上下同欢，咏歌太平，时当丰（稔），和气充塞，臣不得不乐。"——译注
② 《无为集》卷12之3b—4a。
③ 据《无为集》原文，"它日，宣射。上曰：'先朝多以卿为神射，今日期必中鹄。'"此处，"上"指真宗。因此，严格说来，称承庆为神射手的是太宗而非真宗。——译注
④ 《无为集》卷12之4a—b。
⑤ 按《无为集》卷12的记载，这段对话发生在乾兴元年二月，乾兴元年二月戊午，真宗驾崩，仁宗即位。《无为集》没有记载对话的精确日期，但从交谈的内容看，对话的双方是仁宗（而非真宗）与承庆。——译注
⑥ 《无为集》原文为：公曰："容臣退而编录上进。"旬日，具所见闻进呈。——译注

第三章 文学与拘禁

正是这样做了的。①

仁宗(1010—1063,在位期间 1022—1063)在皇帝与宗亲友好交往的氛围中长大,即位之后,更致力于维护这项传统。凡是有所接触的宗室青年,他都一定会给予鼓励。比如赵世延(AABAB,1022—1065)还是孩子的时候,去拜访章宪皇太后,在那里遇到仁宗。仁宗对他酷爱读书②大加赞赏,当场考试,还命令他学诗。③

当然,皇帝与宗室最典型的交往形式是为宗室举办的宫廷宴会。除吃饭以外的宴会活动,有时是射箭,④最常见的则是诗歌的背诵与创作。赵宗颜(BACA,1008—1050)以在宴会上展示诗才和《易经》知识而闻名,在一次赛诗会上,皇帝曾经赐给他绸缎百匹。⑤ 关于皇帝在这类场合中的作用,赵克构(CCBA,1015—1056)的传有生动描写:

> 众宗室受召入官,每个人都在皇帝诗作的基础上赋诗一首。⑥ 侯爷(此指克构)的诗最好,因此受到皇帝颁诏嘉奖。

---

① 《无为集》卷12 之3a—b。
② 《华阳集》原文为:"仁宗因谓太后曰:'渠父好读书。'试令念诗,于是念唐名贤诗数十篇。"则仁宗印象中之好读书者非世延,而是世延之父;仁宗也无命令世延学诗之举。——译注
③ 《华阳集》卷39,543—544 页。世延背出了好多首唐诗——他后来正因对唐诗的了解而闻名——因而得到了赐名和官阶(关于命名,见下文)。
④ 赵宗立(BAAA,生卒年不详)在太清楼的皇家宴会的射箭比赛上赢得了仁宗的诗(《宋史》卷245,8695 页)。
⑤ 《欧阳文忠公文集》卷37 之1a—b。其他的例子,比如真宗曾经在一次宗族文会上表扬赵从郁(ABBA,998—1041)的一首诗(宋祁《景文集》卷58,770 页)。还有赵克己(CABA,1044 年卒)曾经在一次宴会上应皇帝的要求作诗(同上,卷58,770—771 页)。
⑥ 此处英文与《公是集》原文有出入。据英文,则皇帝要宗室们比试的是诗,而据《公是集》,比试的是书法,先帝的诗只是书法的内容。《公是集》卷52原文:"好虞世南书,学之几得其法。尝与宗室召对,合使写先帝所造歌诗,第其高下,侯所书第一。受诏敦奖。上与族人嘉善而矜不能,所以教育矫括之,惟恐不至,其有一善,辄加赐金帛以励其意教,侯尝以材见优,故于时受赐为多。"——译注

皇帝表扬了宗室诗作中的佳构,对缺乏诗才者表示遗憾。皇帝的教导鼓舞人心,唯恐不完全。遇有佳构,皇帝便会立即赏赐金银,来推动他的教育观念。侯爷自然是其中的佼佼者,因此得到了许多赏赐。①

像上文所描写的类似竞赛,采取了一般学习通常所采用的测验或者说考试形式。② 考试的目的不是做官,它所能带来的仅仅是皇帝的赏识和物质赏赐,但是,这类竞赛无疑是将宗室引入科举文化的重要步骤,而科举即将统治宋代的精英社会。

仁宗与其父对待宗室的最大差别在于不断增长的形式化倾向:宴会和竞赛取代了室外活动。这种差别在一定程度上反映出二人个性的不同,但是,毫无疑问,隐藏在这种差别背后的决定因素是人口的增殖。当初真宗要面对的是 59 名第二代宗子和 226 名第三代宗子,而到了仁宗朝,特别是在仁宗统治后期,1 078 名第四代宗子都已经长大成人。根据当时人的统计,仁宗驾崩时,宗子宗女的人数超过了 4 000。③因此,仁宗不可能认识所有的宗室,他跟宗室见面的场合也只能是盛大而非常正式的。

下一节中将要谈到,交往的形式化几乎没有限度。真宗特别是仁宗统治时期的环境催生了新的机构和越来越程序繁复的交往形式。当然,同北宋后期洋洋大观的条文规定相比,此期的形式化又是相对有限的。但是,到仁宗末年,标志宗室发育成熟的主要机构都已经准备就绪。

---

① KSC 卷 52,630—631 页。
② 举两个例子,HYC 卷 39(540—541 页)所载赵宗望传(BDAA,1020—1063)和 KSC 卷 52(631 页)所载赵克萧(CAAE)传,二人均是此类比赛的优胜者。
③ 江少虞《宋朝事实类苑》,422 页。江生活在北宋后期,曾经在玉牒所供职。

宗室机构

至少在形式上,宋代从唐代沿袭而来的宗室机构是宗正寺。至迟在973年,宋朝就建立了宗正寺,它的职掌是维护宗室谱牒,管理太庙、后庙、皇家陵寝等主要祭祀场所。① 在王朝的前半个世纪,宗正寺的活动局限在上述职掌中,似乎与宗室成员本身毫不相干。

早期宗正寺出人意料的显著特点是,其长官由非宗室的赵姓(宗姓)官员担任。事实上,我们所知道的第一个宗正少卿,②973年的赵崇济是一名环卫将军,他之所以获得任命,是因为当时找不到拥有高级文阶的赵姓官员。③ 太祖已经明确地将宗室限定为他本人及他两个兄弟的后裔,那么,这项任命背后的原因是什么?原因有二:第一,皇室家族的祭祀是从太祖向上倒推四代,这样,就有许多赵姓人士有理由参与祭祀,进而参与宗正寺的管理;第二,当宗正寺开始运行时,"宗子"人数不多,年龄偏轻,并且以皇子为主,因此不是宗正寺管理者的合适人选。

用赵氏宗亲掌管宗正寺的做法持续了相当长的一段时期,真宗朝共有5人。④ 此后的记载很少提到宗正寺官员的名字,但是,宗正寺两名最高级官员必用赵姓的规定,到元丰(1078—

---

① SHY:CK,20之1a。关于宗正寺的最早记载见于20之1b。
② 这是《宋会要辑稿》职官20中所记载的第一个宗正少卿,但不是史料中最早的宋代宗正少卿。《续资治通鉴长编》卷2建隆二年(961)六月丁巳条,"国子司业赵洙为宗正少卿",则宋朝开国之次年就已经有宗正寺,并以宗姓为宗正卿。事实上,后周就用"宗姓"来掌管宗正寺,比如建隆元年正月仍然在位的宗正少卿郭玘,见《续资治通鉴长编》卷1建隆元年正月丁巳条。——译注
③ SHY:CK,20之1b。
④ SHY:CK,20之1b—4a。

1085)年间才被废除。① 这种做法表明,宋朝的皇帝并没有把宗室以外的远亲疏族完全置之脑后。②

宗正寺经历了两次搬迁,第一次在999年,从邻近皇宫的狭窄坊巷中搬走;第二次是在1015年,本寺遭遇火灾之后,在开封的福善坊另建新址,设有两个中心大堂:一个用来存放玉牒,另一个用来存放宗室记录。③ 1040年,又新增神御库,用于储存祭祀用的珍贵器物。④

仁宗时期,宗正寺的主要职掌还是宗室谱牒和祭祀,但是,它也开始承担一项新职能——监督宗子宗女的婚姻。⑤ 这项职能是宗正寺谱牒管理职掌的自然延伸,因为谱牒所关注的正是出生、婚姻和死亡。我们在下文中将要看到,这项职能包括严格而繁复的程序,与每个宗族成员的生活直接相关。

宗正寺包括两个长官(宗正卿和少卿),其官阶与政府的政事堂两制官⑥相当或在其上;一名主簿,由京官以上担任;还有大约三十名其他官员,在各个部门、宗庙和陵寝担任编修等职位。其中不少是宦官——这没什么值得大惊小怪的,因为宗正寺的许多方面正是服务于专制帝王的内廷和私人利益。⑦

---

① SS卷164,3887页;SHY:CK,20之6a。
② 史料记载的另一个宗族集团是来自河北西路的"保州宗室"。他们是太祖的祖父赵敬的后裔。1139年,其中的几十人投奔到南宋朝廷,包括四名官员。皇帝热情地欢迎他们,赐予他们宗室地位,但他们的排行字是特别的(CYTC,甲集,卷1之25)。
③ SHY:CK,999年的搬迁,见20之1a—2b,1015年的搬迁,见3a—b。HCP卷84,1916页记载了导致搬迁的火灾。
④ SHY:CK,20之4b—5a。
⑤ 同上书,20之4b,5a。
⑥ 根据Charles Hucker (*Dictionary of Official Titles*,309页)的看法,两制包括翰林学士和名义上的中书省(Secretariat)官。
⑦ SHY:CK,20之1a—b。

第三章 文学与拘禁

1036年夏历七月,仁宗创设了一个新的宗室机构,作为宗正寺的补充,这就是大宗正司。设置诏书宣称,随着宗室人口的急剧增长和宗室居住地的越来越拥挤,必须设置大宗正司。诏书任命两位高年宗人——来自太宗一系的赵允让(BCB,995—1059)和来自太祖一系的赵守节(AABA,生卒年不详)——分别担任首任大宗正司长贰(知与同知大宗正司),①受命纠正宗室的过错与违法犯禁之事。

尽管又过了几十年,大宗正司的职掌才完全定型(见第四章),但是,诏书却赋予了它维护纪律的权威,这种权威又在1044年的一次单独裁定中得到重申,②从而奠定了大宗正司最高宗室管理机构的地位。遗憾的是,现存有关仁宗朝大宗正司活动的史料极少。然而,1061年的一则奏章却清楚地表明大宗正司是一个非常活跃的机构,奏章请求派两位王府教授编辑整理皇帝给大宗正司的指示和大宗正司所签发的规章制度(皇帝同意上述请求)。③

在仁宗朝的大部分时间里,允让、守节和赵允弼(BEA,1008—1070)领导着宗室。④ 这三个人选不是任意产生的。守节的父亲赵惟吉(AAB,966—1010)深得太祖宠爱,允让和允弼都是仁宗即位以前少年时的玩伴。⑤ 我们在第四章中将会看到,在

---

① SHY:TH,4之4b。
② SHY:CK,20之16a。
③ 同上书,20之16a—b。两位官员是周孟阳和李田。
④ 允让担任大宗正司的领导职位,起于1036年,最早可能止于1044年(很可能到1059年他去世为止)。允弼最初于1036年被任命为判大宗正司,任为1036至1061年。守节的任期不详——很遗憾,我们没有他的传记——但是,下一位来自太祖一系的大宗正司高官赵从古于1060年就任,由此看来,守节的任期应当也很长。
⑤ 关于允让,见《宋史》卷244,2678—2679页;《宋史》245,8708页;以及CSTP卷2之6b—7a。允弼,见HYC卷39,546—549页。

王朝此后的岁月中,宗室机构也总是掌控在宗室内部有限的几个精英世系手中。

宗族诸宅在字面上与寓意上都与家很接近,但却有着自己的规则和官僚机构。第二章中曾经谈到,在皇子的宫殿之外,为宗室置宅的第一次行动发生在998年,这就是北宅和南宅的建立。① 1011年,赵惟正(AAA,生卒年不详)的子孙被搬到由宦官监管的西宅。②

11世纪早期,宗室迅速繁殖,首都各处极有可能增设了不少新宅。按制度,除朝会和其他礼仪场合外,宗室不得与外界交通。然而,宫室诸宅散居首都各处的状况却使得隔离规定难以严格执行。因此,1035年,宋朝政府不得不在一所宫殿的旧址上为太祖、太宗的后裔动工兴建新的宅邸——睦亲宅。③ 一年以后,新宅落成启用,皇帝在鼓乐声中亲临剪彩。④

1047年,为了满足魏王(赵廷美)一系的要求,北宅更名为广亲宅,并将已故宰相王钦若(962—1025)的宅邸纳入其中,进行改造扩建,以缓解人满之患。⑤ 到了1064年,睦亲、广亲二宅均已拥挤不堪,为此,又修建了名为睦亲广亲北宅的附属建筑,以安置各系宗室。在此之前,皇帝曾经允许来自睦亲、广亲二宅的几个高阶宗室及其家庭迁入上清宫。但是,有大臣却提意见,认为用

---

① HCP,卷43,907—908页。根据邹道元的《汇书详注》的记载,南宅是太祖、太宗子孙的宅第,北宅是赵廷美后裔的宅第(转引自周城《宋东京考》,208页)。
② SHY:TH,4之3a。
③ HCP,卷117,2757—2758页;SHY:TH,4之4a—b;WHTK卷259,2055页。建睦亲宅使用的是玉清昭应宫的旧址。这座宫殿是大中祥符年间(1008—1016)建造的三座奢华帝宫之一,被许多大臣批评为奢侈浪费(周城《宋东京考》,29页引洪迈《容斋三笔》)。
④ HCP卷119,2802页;SHY:TH,4之5a。
⑤ HCP卷161,3887页;SHY:TH,4之8a。看样子王的宅邸与北宅相邻。

上清宫来安置宗室实在过于狭窄。而位于开封西北的芳林苑景色秀丽,"已经有一些宗室家庭居住在那里,苑中土地充足,用来安置宗室,可以不必扰民",基于这些诱人的理由,芳林苑被最终选定来安置宗室,那些已经搬到上清宫的家庭又搬到了芳林苑。①

后来,为安置个别皇帝的后裔,又增建了一些宅邸,②但是直到12世纪初,睦亲、广亲和附属的北宅仍然是最主要的宗室居所,绝大多数宗室都住在里边。政府试图将宗室幽禁在几个孤立的居所,但还是有一些宗室家庭在芳林苑住下来了,这一事实表明,政府限制宗室的能力终究有限。当然,也有人认为宗室统一居住有积极的好处。王珪(1019—1085)就指出,在睦亲宅建立以前,由于王府分散在首都各处,宗室成员除了新年以外很少见面,而睦亲宅则将人们拉近了。③

我们对宗室诸宅机构设置的了解相对较少。根据《宋史》,亲王府设有傅、长史、司马、谘议参军、友、④计室参军、王府教授和小学教授等一系列属官,可见组织之细密。《宋史》承认实际上许多职位都没有除授,但还是列举了一些王府属官的除授实例,比如983年太宗对翊善、谘议的任命。⑤ 关于睦亲、广亲诸宅的机

---

① HCP 卷 202,4892 页;SHY:TH,4 之 15b。两位极力促成此事的宗室应当是赵宗旦(BAAC,约 1064—1080)和赵克傑(CDAB,生卒年不详)。芳林苑曾经是太宗极喜爱的地方,见周城《宋东京考》,188 页。

② 根据李心传(CYTC,甲集,卷 2,37 页)的记载,后来建立的居所包括:为英宗二子建立的亲贤宅,为神宗五子建立的棣华宅,为徽宗诸子建立的蕃衍宅。

③ HYC 卷 39,547—548 页。此据赵元弼墓志铭。

④ Charles Hucker (*Dictionary of Official Titles*,585 页)解释说这是一个"负责提供道德规诫和陪伴的"僚属。

⑤ SS,卷 162,3826 页。太宗的诏令见本书第二章。1064 年,英宗任命了 8 名讲书和 13 名教授,来扩充已有的 6 名教授。

51

构建制,我们所了解的有限知识是关于教育的(详见下文)。很显然,诸宅不可能拥有像王府那样完备的官员建制,但是,它们也必然拥有一大批附属人员,作为监督者、会计、记录者、侍卫、婢女和其他服务人员。下文中将要谈到,其原因是政府对于宗子宗女既要维护又要控制。

宗室授官

北宋宗室传记的特点是,在大多数情形下,一个接一个的授官记录——所授全为武官,多数名称高贵——构成了大部分文本。官阶始授于童幼是典型的情况。当一个小男孩从皇帝那里得到名字和官阶(赐名授官),这种官阶不会有任何实际军事职掌。上一章曾经指出,实际上,太宗末年就已经打定主意,给宗室以有名无实的高官以及厚禄、美爵,但禁止他们担任任何实质性的政治职位。

1017年以前,宗室起家官的授予在某种程度上还要视具体情况而定。诸王子以卫将军之官起家,其余宗室则根据父亲的恩荫得到相应的官阶。1017年,真宗接受宗正寺卿赵安仁(958—1018)的建议,规范宗室起家官制度。根据诏令,太祖、太宗、宣祖①的孙子起家授卫将军,曾孙授右侍禁,玄孙授右班殿直;当然,有荫者也可以依据父荫授予更高的官阶。② 虽然有了这则诏

---

① 选择宣祖而非魏王的实际意义是,它使得魏王一系的宗室比其他两系受到了一代人的惩罚。原因是,既然在宋人眼中,宣祖具有皇帝的地位,因此,魏王系的宗室同其他两系比起来,与皇帝的关系就被挪远了一代。

② HCP,卷89,2043页;SHY:TH,4之3a—4b;SS卷245,8704页。本节广泛使用了汪圣铎的《宋朝宗室制度考》,该文对这个时常令人感到困惑的题目作了出色的研究,178—180页。

令,但是宗室任官仍然缺乏统一标准。不仅恩荫的使用会产生高低不同的起家官,南郊大礼慷慨的加官晋爵更增加了拥有高阶的人数,同时增加的还有政府的财政负担。1035年,统一的宗室起家官——率府副率以及相应的迁转官阶序列得以确立,所用官阶名义上都属于皇帝的卫官。为了放慢升迁的速度,迁转所必须的考课体系也开始规范化。① 180名已经拥有其他类别官阶者被改授环卫官序列中的相应官阶。②

带有环卫官官衔的宗室总称为"南班官","南班"指的是他们在朝会中处于殿廷南部的位置。这不是一个空名,它描述了普通宗室最基本的公共职能,奉朝请,作为一个有形而无声的整体出席朝会,缺席将受到惩罚。毫无疑问,这个名称有助于宗室集体身份的塑造。③

同南班诸官相比,皇帝的叔父以及大宗正司首脑等高级宗室能够在朝会中发挥更为实质性的作用。④ 比如,仁宗的叔父赵元俨(BG,987—1044)——这是唯一有画像存世的宗室(见图片1)——就曾定期出席朝会,对各种国家事务发表意见,直到年老体衰、无法入朝为止。⑤

南班官序列不仅赋予了宗室的官方礼仪角色,规定了他们在

---

① HCP,卷117,2763—2764页。根据《宋史》(SS,卷169,4033—4044页),全部官阶从最低到最高共有如下14个:太子右内率府副率,太子右监门率府率,右千牛卫将军,右监门卫大将军,遥郡刺史,遥郡团练使,刺史,团练使,防御使,观察使,节度观察留后,左右卫上将军节度使,节度使同中书门下平章事,节度使兼侍中。
② HCP,卷117,2763页。
③ 关于这一效果,见1053年诏书,见SHY:TH,4之9a。
④ 见SHY:TH,4之16a—b关于两位年迈的杰出宗室入朝频率的讨论。
⑤ SS,卷245,8705—8706页;宋祁:《景文集》卷58,767—769页。宋将元俨描述成一个有才华的侍从、有文采的人,遭遇厄运,1015年,他的王府因火灾被毁,他本人也遭到废黜。但是,这一切后来却都被遗忘了。

礼仪中的位次,而且还决定着他们的俸禄、料钱(比如食品、衣服和办公费开支),以及在出生、婚礼和大礼等场合应得的赏赐。环卫官中级别最低的太子右内率府副率每月可得到俸禄20贯,冬、春两季每季可得衣料绫2匹、绢5匹,冬季还有40两绵①和1匹罗。收入可与中级官员相比,只是所有宗子自幼就开始享受这份好处,并人人有望获得升迁。节度使是宗室所能获得的最高官阶,获任者每月可得钱400贯,每年两季各得绢100匹、大绫20匹、小绫30匹,春季又有罗10匹,冬季又有绵500两。②此外,那些受封或继承了爵位的宗室还可以获得一系列相应的额外好处。

恰如其分地说,朝廷给宗室待遇的确过于奢侈,但是,控制宗室待遇的努力却极少奏效,至少在仁宗朝如此。1035年授予所有宗室环卫官的意图之一,据称是要减缓升迁的速度,进而放缓税收流向宗室的速度。然而,在王淮看来,这项"改革"的结果却是宗室官员人数的剧增。③

十五年之后,1050年,仁宗主持了一场耗资巨大的庆典活动,对宗室大肆加官晋阶,又一次印证了皇帝的慷慨。这场庆典名为明堂典礼。明堂标志着"王朝的合法性与皇权",④其渊源据说可以追溯到黄帝。在汉唐两代,明堂都扮演过重要角色。⑤宋

---

① 原文作 cotton,误。此时冬服的填充物非棉絮,而是丝绵,对应的英文当为 silk floss。——译注
② SS,卷 171,4103—4105 页。见汪圣铎在《宋朝宗室制度考》所制的表格,193—194 页。这些表格非常有用,总结了各级环卫官的俸禄和礼品。这些数字反映了元丰年间的状况,但很可能与仁宗时的情况相近。
③ HYC,卷 39,536 页。据赵从信(AADF,1012—1062)墓志铭。
④ Hucker, *Dictionary of Official Titles*,334 页。
⑤ 见 WHTK 卷 73—75 关于明堂的 3 卷。下文叙述的仪式见于卷 74,674—675 页。关于现代人对于明堂的论述,见 James T. C. Liu, *The Sung Emperors and the Ming-t'ang*,以及 Howard Wechsler, *Offerings of Jade and Silk*。

第三章 文学与拘禁

朝使用大庆殿作为明堂,没有建造新的建筑,但却编定了新的明堂礼,以此作为向太祖、太宗、真宗作奢侈祭祀的依据。一万两千多名大臣、学士和宗室成员参加了前往明堂的游行和在堂内举行的仪式。宗室的角色引人注目。在庆典前的讨论中,一些大臣认为,明堂礼的重点应当放在皇帝对天与父亲的孝道上,以便与宗庙祭祀中对开国诸帝的礼仪相区别。仁宗本人却坚持将皇室的祖先都包括在内,这样一来,宗室就成了必不可少的角色。① 根据李

图片1 太宗第八子赵元俨(BG,987—1044)像,木版画。出自《赵氏家乘》(1919)。元俨是真宗、仁宗的友人,曾因所居宫殿大火而遭到降黜,是朝会活动的积极参与者,直到年老行动不便为止。

焘的记载,八十七名宗室因参与庆典获得升迁,②但是,许多宗室的墓志铭却显示赏赐要比这宽泛得多。赵承操(CDD,1022—1058)说:"所有参加明堂礼的宗室都获得了迁官",③而当时还是孩子的赵克壮(CDCI,1043—1059)却评说道:"皇帝祭祀明堂时,所有赞襄其事的宗室,无论年龄长幼,甚至那些还不能自己穿衣的小孩④,也都获得了加官晋爵。"⑤

---

① James T. C. Liu, *The Sung Emperors and the Ming-t'ang*,50—51 页。
② HCP,卷169,4063 页。受到迁官的宗室有17名来自第二代(皇帝的同辈),51名来自第三代,19名来自第四代。
③ KSC,卷52,629—630 页。
④ 《公是集》卷52,《故右监门率府率克壮石记》,本文为"胜衣冠者"。——译注
⑤ KSC,卷54,649—650 页。又见 HYC,卷39,533—535 页。

宗室在纪念皇帝个人的佛事活动中也是突出角色。这其中包括为皇帝忌日在首都寺庙举行的斋戒活动，不止一次，宗室们哭号嘈杂，令观者反感。① 宗室还参与皇家祖先画像②的崇拜仪式，比如供奉御容的景灵宫修复后的开启典礼。③ 尽管许多儒家大臣对佛（与道）在此类事件中的作用持反感态度，但是，活动的公共性质，以及皇帝对供奉御容的亲自参与，都减弱了反对的力度。相反，宗室在私家佛寺里供奉御容，就不是那么一回事了，而要遭到反对了。反对的结果是1071年起禁止私人持有御容。④

教育与文人文化

正如上面最后的例子所揭示的，宗室最基本的公共职能是参与种种仪式，包括朝会、宗庙祭祀和其他宗教仪式。在儒家国家以礼为维系君权与天理的基本要素的背景下，宗室的礼仪功能绝非无足轻重。但他们实际上的职掌却近乎没有，这不免让人感到焦虑和绝望，赵从贽（ABCC，1007—1050）正是如此：

> 他常常坐以待旦，他会跑到家庙去，拜伏在地上⑤。他知道，按照朝廷制度，宗室不能参与官吏之事，不承担哪怕有

---

① SHY，"礼"42之8b—9a, 10b；转引自 Mark Robert Halperin, *Pierties and Responsibilities*, 208页。
② 宋人称皇帝的画像为"御容"，但"御容"除画像外还包括塑像。英文portrait无法穷尽"御容"的内容。——译注
③ 仪式发生在1082年。见Patricia Ebrey引人回味的描述，*Portrait Sculptures in Imperial Ancestral Rites*, 42—45页。
④ SHY；TH, 4之25b；SHY, 礼13之4b。转引自Halperin, *Pierties and Responsibilities*, 245页。
⑤《华阳集》卷52，《赵从贽墓志铭》的原文是"未明俟朝，退伏家庙"，英文与之有出入，译文从英文。——译注

一点点重要性的实际责任,可能正是这种想法让他感到困扰。但是,在侍奉他们的宗亲皇帝时,宗室们却一天也不敢懈怠。①

这样的事不足为怪,宋朝的皇帝更不会对此感到惊讶,正是他们推行了让宗室在政治上无所作为的政策。但问题是,皇帝是怎样应付宗室的无为,又是如何赋予宗室存在的意义与人生的目的的呢?我认为,答案就在于他们对文人文化——教育、学术,甚至科举——不断的支持与推动。

王朝建立之初,皇帝就开始支持皇族教育。983年,太宗为王子任命了谕德和谘议,他们都是五十岁以上的朝官,饱读经书,博学多才。太宗召见了十名中选官员,对他们说:"我的儿子都生长在深宫之中,不通世俗之务,因此我必须为他们选择杰出的学者作为合格的向导,让他们每天都听到忠、孝之道。你们每个人都是我精心挑选出来的。要鼓励他们!"②995年,太宗又为侄子和堂兄弟们任命了教授,称为"教授"是为了与王子的教师有所区别。998年,北、南二宅落成,真宗下令为每宅设置三名教授。③从1010年起,开始推行命令,规定年龄在十虚岁及以上的宗子必须入学,在教授指导下读书。事实上,几天之后,南北宅的老师就向皇帝呈报了五名宗室青年的名字,建议送他们到书院去学习经史。真宗评论说:"我常常想,太宗最好的诫谕就是命令读书学习的。"④

---

① HYC,卷39,531—532页。墓志铭记载,他在一次宴席间告诉妻子和孩子说,他梦见有人告诉他,他已经来日无多。事实上,过了几天,他就死了。
② SS,卷277,9418页。
③ SS,卷244,8670页;CYTC,乙编,卷13,505—506页。
④ SHY:TH,4之2a—b。

此后五十年间宗室诸宅教育体系的情况，很少有人关注，然而根据一些零星记载来看，它仍然在发挥作用，只不过运行状态多少有些贫血和虚弱。① 1064 年，英宗对宗室教育进行了一次改革，下一章将要谈到改革的情况。此时，宗室诸宅只有六名教授，这个数目与 1010 年相等。② 大宗正司的两名早期领导人赵允良（BGB，1013—1067）和赵允让都对改善宗室学校状况作出了贡献。前者请求为宗室青年选择儒学之士，与之切磋讲习，使之广闻道义③，④后者的墓志铭则记载他"鼓励好学的宗子继续进步；警告那些成绩不佳的宗子，倘不思悔改，则施以责罚。"⑤

墓志铭材料表明，许多宗室青年跟随孙复（992—1057）、吕造（1024 年进士）⑥、王獵⑦、杨中和⑧等名师研习严肃的学问。其中最有名的是孙复。孙复科举不第，但却成了当世最杰出的《春秋》学权威、著名教师与皇帝老师。有两名宗室曾师从孙复，其中之一赵世崇（AADDA，1021—1052）就周代历史所提问题之深刻，

---

① 比如，赵从训（AADF，1012—1062）受命协助改革宗室教育，他抱怨说宗族学校里聘请的一些著名教师尸位素餐，并不讲课，此事后来得到纠正（HYC，卷 39，536—538 页）。
② SHY：TH，4 之 14a—15a。
③ 这段话节自《乐全集》卷 38，《赵允良墓志铭》："国朝之制，不属宗室以吏事，优其禄秩，异其宠章，列邸京师以奉朝请，为选儒学士切磋讲习，广之道义而已。所以笃亲亲之恩，不使任责；惇叙纠合，别于庶姓者也。然间有蕴才业、抱器虑者，不借于用，赍志以殁，故执册者无得而书。不然，属籍之功名岂直汉唐之比盛欤！"整段的意思是宋朝对宗室采取优待但不许掌握实权的政策，致使有才能、有抱负的宗室（比如允良）抱憾而终。"选儒学士"教导宗室目也很简单，就是要他们知晓君臣父子等纲常大义。根据《墓志铭》，无法判断"选儒学士"的建议是否出自允良。——译注
④ LCC，卷 38 之 7b—8a。
⑤ CSTP，卷 2 之 6b—7a。
⑥ YCC，卷 20 之 3a。宫廷教官吕是赵世永（AABAA，1010—1068）经学老师，他对世永的影响是如此之大，以至于吕死后，世永供奉着他的牌位。
⑦ HYC，卷 39，538—539 页。王獵，开封人，科举落第，受范仲淹的推荐成为宗室学校教授（昌彼德编《宋人传记》，1 册 231 页）。
⑧ HYC，卷 39，535—536 页。

据说连孙复都感到惊奇。① 既然1064年诸宅只有六名教授,那么各个家庭为孩子聘请家庭教师就不足为奇了。世崇死后,他的家庭正是通过这种渠道为他的儿子赵令蟦(AADDAA,1049—1082)提供了教育。② 以对《孟子》《诗经》和《易经》的理解而闻名的赵世衡(AADAF,1029—1059)则由母亲亲自教育,我敢肯定,这种情况绝非绝无仅有。③

仁宗在宗室内部推动文人文化,在很大程度上都不是通过正式制度,而是通过对文化的保护、竞赛等直观手段。这与他在整个社会中鼓励教育与文人文化的方式不无相通之处,这种方式,至少同神宗和徽宗的政策相比,具有象征性和非正式化的倾向。赵宗望(BDAA,1020—1063)墓志铭揭示了仁宗的意图:

> 一次,仁宗鼓励宗室子弟学习虞永兴的书法,宗望研究了他们的字法,呈交了一份千字的奏章④。皇帝喜爱他用笔技法精当,特别将他的阶官升为刺史。后来,宗正寺在延和殿比试宗室子弟的书法,宗望得了第一。皇帝问他想要什么,他回答说要国子监刻印的全套书籍,这样才能勉励宗室子弟的学业。⑤

---

① HYC,卷39,535—536页。简而言之,他的问题是,既然鲁国诸君拒绝参加每12年一次在周宗庙举行祭祀,又怎么能将文王作为祖先呢?赵世昌(AADAC,1020—1061)是孙复另一个宗室学生(同上书,卷39,538—539页)。

② WWC,卷14之14b。

③ OYWCKWC,卷37之5a—6a。欧阳修解释说,世衡早年丧父。

④ 根据《华阳集》卷54《赵宗望墓志铭》,宗望所写为《千字文》一卷,而非关于字法的千字奏章。《千字文》是练习书法的范本。参唐长孺《跋吐鲁番所出〈千字文〉》,《唐研究》第一卷,北京大学出版社,1995年1—9页。又,虞永兴即唐初名臣、著名书法家虞世南,世南初封永兴县子,加加至永兴县公。——译注

⑤ HYC,卷39,540—541页。刻印书籍当指宋初所刻监本《九经》,这套书分发到各个地方学校(见SHY:CJ,2之2b)。虞永兴的身份,我还不能断定。

还有什么比用文雅的书籍来酬奖文雅的行为更加恰如其分呢？皇帝愉快地答应了宗望的请求，又赐给他各种各样的礼物。上文曾经指出，仁宗喜好大排筵宴款待宗室，在堂皇的宴席之间，作诗是常有的活动。仁宗还喜欢对宗室的较大学术成就——比如写书——颁奖。

鼓励著述可以追溯到1044年的一则诏书。仁宗在诏书中命令诸宅教授呈报经学与文学方面的杰出成就。诏书开头强调宗室在更广大政体中的普遍象征意义："我以为，自古圣王为了维护皇室家族，对待族人无不慷慨大度。从家族以至于城邑，最终感化全天下。"在历数汉代以来的杰出王族之后，仁宗谈到了宋朝的宗室，谈到它的人丁兴旺，谈到列祖列宗对宗室的慷慨："选儒者（到宗室诸宅中）教授经学。忠、孝之道与勤奋之习蔚然成风，只是还缺少诗书之作"。他指示，要鼓励"六艺"的学习，应当把不学看做耻辱，尊重自律者。① 这则诏书颁布于1044年的正月，当时，范仲淹等改革派仍然在位，因此诏令的确带着新政教育改革措施的印记。② 同庆历新政一样，鼓励著述也需要一定时间才能验证成效。1046年，一名宗室因编录真宗的诗而受到赏赐。在1050年代，皇帝一共八次对这样或那样的编著书籍发布奖赏。③ 然而，没有一本书给作者在更广阔的文人世界中博得声誉。

作为奖励文学成就政策的一个部分，仁宗经常举行考试。有

---

① SHY：TH, 4之6a—b。
② 见Chaffee, *Thorny Gates of Learning*, 66—68页。
③《宋会要》记载了第一桩此类赏赐（SHY：TH, 4之2b, 8a—12a），它发生在真宗朝的1010年。但此后直到1047年，没有进一步的赏赐。

时,他考察那些推荐上来的人,予以赏赐;①有时,他为宗室举行公开考试,向名列前茅的人颁发优厚的奖赏。② 尽管这些奖赏大多只是物质,而非官阶升迁,但是,这些考试与科举仍然有许多类似之处。在赵叔韶(CABAA,活跃期为 1046—1055)的例子中,宗室的考试与科举甚至有了交集。1046 年,叔韶在一次仁宗亲自为宗室主持的考试中力拔头筹。1049 年,叔韶向皇帝进献自己的文章,皇帝命令学士院对他考试,而后授予他正式的"进士"头衔,并予以超擢。在一次朝会中,仁宗对叔韶赐座赐茶,说:"好学的宗室寥寥无几,只有你凭着美文得到了进士头衔,这是前所未有的事。我要让天下人都知道宗室中有你这样的贤者。不要忘记你的学业!"③四年之后,仁宗又颁布诏书,命令对通一经的宗室加以考试。④ 诏书与赐叔韶"进士"头衔的举动表明宗室在文人化的道路上迈出顺理成章的一步,也使得宗室的形象更贴近于文人精英。

宗室的文人化进程在许多方面都极为成功。毫无疑问,有许多宗室沉溺于奢侈享乐,也必须承认有传记存世的只是宗室中的一小部分,然而,这些传记和墓志铭中却充满了种种有关好学、求知的记载。有的藏书甚富,有的学习六经、诗歌、绘画、书法、音乐和历史,有的学习佛、道,有的研究医术、天文、地志和游戏,也有的是孙子的学生,只不过只学射箭,不习用兵之道。单看传记很

---

① 比如,赵克敦(CECA,1022—1090)受宗正司的推荐,中选参加了一次考试,得到 300 贯钱的赏赐。同样的,赵克继(CAAB,1090 年卒)则因书法方面的成就受到推荐参加考试(SS,卷 244,8674,8671 页)。
② 例如,赵宗辩(BAAM,1023—1068)和他的三个兄弟一起,在一次在学士院举行的考试中名列前茅。还有赵克萧(CAAE)的例子(KSC,卷 52,631—632 页)。
③ SS,卷 244,8672 页有完整的记载。又见王应麟《玉海》卷 116,27b—28a。
④ 王应麟:《玉海》卷 116,27b—28a。

难区分学者和票友,但是,我们却常常可以看到个人文集的记载。

角色所要求宗室的无非是奉朝请、习学问、参与其他奢侈活动,施展抱负的热望却促使一些宗室怀着忐忑不安的心情,向皇帝为宗室所界定的清规戒律发起挑战。本书《开篇》曾经谈到,1038年,赵从式、赵世永、赵世融与其他四名宗室打算对赵元昊的叛乱反动远征,其结果当然是徒劳无功。庆历(1041—1048)年间,世永(AABAA,1010—1068)又一次试图影响国策,上了一个关于国家改革的十点计划,其结果是他本人又一次受到赏赐,他的计划却无人问津。至于从式(ABBB,1007—1071),一生历事四帝,奉朝请五十年毫无懈怠,因而著称。他面对同宗所发的议论却颇为耐人寻味:"一个不负任何责任、仅仅是为了礼仪才去朝见皇帝的人,又怎么能偷懒呢?"①

仁宗朝宗室的最大特点,不是个别宗室在寻求更加积极的角色,而是皇帝政体为宗室编织的无为之茧竟然如此成功。宗室子弟在诗书中不断濡染的是儒家的积极入世伦理,而闲散无为正与之抵触。仁宗晚期,刘敞为幼年夭亡的宗室赵叔舍(CCFBA,1056—1059)作墓志铭,写下了这段关于宗室的敏锐观察:

> 这世上没有人是生来就高贵的。王的儿子也必须先学会自己穿衣,而后才能承袭爵位。他们怀有义务和责任,然而有时寿命(此指夭亡)却使他们不能完全享受皇家光荣所带来的恩泽。② 本朝改变了这种制度。尽管公孙同皇帝的

---

① YCC,卷20之1a—3a;韩维:《南阳集》卷29之1a—3b。
② 《公是集》卷54《叔舍石记》的原文是强调古代宗室能够参与国家事务的管理,但也因此有不能保全的,而宋朝一变古制,使宗室得以保全始终。兹移录如下,以供读者参考:天下无生而贵者,故虽王者之子,犹胜衣冠而后爵之,然亦任其事、责以职,时有不能以恩全者矣。——译注

第三章 文学与拘禁

血缘关系也许已经疏远,但却仍能获得官阶、俸禄,变得富有和尊贵。虽然说到底,他们不负任何责任,但是享受的绝对是无微不至的待遇,直到长大成人、结婚成家,更是如此①。因此,叔舍虽然还不会说话,却已有官阶。② 然而他终究还是夭折了。这就是命啊!③

下一节将考察宗子、宗女从出生到死亡的生活状况,看政府对宗室的待遇是如何的无微不至。

宗室生活

与所有的中国家庭一样,在宗室家庭中,孩子的出生毫无疑问是一桩值得庆贺的事情。而这个孩子开始获得政府的关注,确立宗室身份,却是在几年之后,当男孩获得赐名、女孩获得赐封时。许多孩子等不及活到那个年龄就夭折了。《仙源类谱》是13世纪官方宗室谱牒的一个残本,共有13卷,记载着629名宗子和465名宗女。我曾经研究过这份宗谱,发现72%的宗子未得到赐名(不赐名),69%的宗女未得到赐封(不赐封)④。这些数字是前近代社会最富裕集团婴幼儿高死亡率的明证。它们也解释了政府赐名、赐封行动迟缓的原因,唯其如此,才能保证只有活下来的孩子得到名字和封号。

宋代史料没有提到女孩的赐封,却有大量是围绕赐名的,这

---

① 此节英文有误读,原文如下:公族虽疏远,皆以官禄富贵之,而终不任以事,使之必全;其待长嫡又加异。——译注
② 作为本支宗室第四代的长男,他在两岁时就得到了赐名授官。
③ KSC,卷54,649页。
④ Chaffee,*Two Sung Imperial Clan Genealogies*,特别是105页table 3。《仙源类谱》残本收录在《北京国家图书馆善本书集》中。

主要是因为宗子的赐名与授官是同时进行的。政府之所以对赐名采取控制政策,是由于谱系的原因:每一辈宗子的双名中都有一个字是必须相同的排行字,因此为了给每一个宗子起一个独一无二的学名,其结果常常便是在另一字上使用特别冷僻的字。

1039 年,大宗正司上章奏请改变以往七岁赐名授官的做法,改为长子出生后的第一次三年大礼时赐名授官,幼子 5 岁。① 政府接受了这一建议,并于 1053 年加以重申。② 到了 1061 年,赐名授官制度发生重大改变,最低年龄定为 15 岁。③ 原因不详,最大的可能是大批授官所带来的巨额开支与宗室人口的增长。下一章将要谈到,到了神宗朝,当大多数宗室与皇帝不再有五服以内的关系时,正是出于同样的原因,赐名授官制度遭到剧烈争议。

对于宗室的幼年生活和早期教育,制度史资料与 11 世纪的宗室传记都言之甚少,有的只是一些文人传记中常见的自幼聪慧一类的老生常谈。一些宗室夫人的传记中提到她们持家有道,闺门整肃,④但没有涉及女儿的培养教育。许多家庭养育孩子的重心在男孩的教育,这与普通文人家庭几乎没什么两样。上文已经谈到,这种教育或在家庭或宅学中进行。

相比之下,宗室的婚姻行为却与社会大众差别巨大。随着宗室人口的增殖,第二章所记述的那种不那么正式的婚姻缔结方式变得过时,1029 年,最早的宗室婚姻规则出台。它要求宗室诸宅上报 18 岁的宗子、15 岁的宗女的名单,以便为他们考虑嫁娶之事。

---

① SHY:TH,4 之 4—6a。
② 同上书,4 之 9b。
③ 同上书,4 之 12a—b。
④ 比如,赵宗景(BEAD,1032—1097)之妻李氏(1030—1081)(王安礼《王魏公集》卷 7,4a—5a),赵克周(CEDB)之妻王氏(1024—1050)(KSC 卷 52,634 页)。

除了规定婚姻的运作程序包括任命太监作为监督,以及得到皇帝个人的批准外,诏令还强调婚姻对象应当从"衣冠士族"中选取"年龄与才干相当者",工、商、杂类、有叛逆行为的家族不得预选。①

这些规则在仁宗朝此后的岁月中继续发挥效能。有两点尤其值得注意:第一,宗室婚姻被明确视为国家或者说朝廷的事情,必须经皇帝亲自批准,这标志着它的重要性。这一点与非宗室(精英及非精英)家庭形成对照。对于后者来说,儿女婚姻通常是一桩教家长们念兹在兹、操心费力的大事,而宗室家庭却对儿女的嫁娶没有发言权。第二,规则特别关注,婚姻对象必须从正确的家族中选取。科举也规定举人不得出自工、商、杂类、叛逆之家,但却不要求他们非得出身于精英家族。精英家族意味着族中有人做过官,②王朝希望借此来确保它的所有联姻家族都来自统治精英。

至少到仁宗朝为止,宗室婚姻不成文的特点是无论皇帝还是宗室,其结婚对象绝大多数来自武官家族。③ 武官,这里指的是阶官为武阶而非文阶的官员,诚如罗文指出的,武官群体既包括实际的军官,也包括其他没有特定军事职能的官员。④ 武官虽然

---

① SHY:CK,20 之 4b。婚姻与婚姻关系是一个复杂的问题,更为详细的解释,可以参看我的论文"Marriage of Sung Imperial Clanswomen",未刊稿"Civilizing the Emperor's Family";以及张邦炜的《婚姻与社会》,114—120 页。
② 1058 年,这项要求被进一步明确。与宗室女结婚的白身人,其家族必须具有三代为官的历史;当然,如果新郎本人就是官员,那么,则不要求三代全部为官(SHY:CK,20 之 5a;HCP 卷 187,4511 页)。
③ 关于皇后的婚姻,见 Priscilla Ching Chung, *Palace Women in the Northern Sung*, 24—35 页。关于宗室婚姻的概况,见 Chaffee, *Marriage of Sung Imperial Clanswomen*, 147—151 页,以及本书第 7 章的讨论,特别是表 7.3—7.5。
④ Winston W. Lo, *An Introduction to the Civil Service of Sung China, with Emphaiss on Its Personnel Administration*, 27—28 页;以及 Lo, "New Perspective on the Sung Civil Service"。

在理论上可以拥有与文官相同的品位,但却通常被视为低人一等,他们不仅服务于军事及军事服务机构,而且服务于其他各类衙署,其来源多依靠恩荫和非正规手段。① 以上是历史学家对武官的共识。到 11 世纪,文官精英在文化、政治等方面取得主导地位,宗室婚姻开始刻意同武官集团拉开距离。刘敞为赵克淳(CEJA)之妻李氏(1035—1052)作墓志铭,有感而发,揭示了这一变化。他在描述了李氏对他人的关心、她的女红技巧、书写能力和文学知识之后,谈道:"这些好习俗在世代为官的人家和武人家族中是不存在的。"②而这些家族正是多数宗室夫人的娘家,言下之意,正是对大多数宗室夫人不算太高的评价。

从表面上看,1029 年诏令对宗子和宗女的婚姻要求是同等的,但是事实上,这两类婚姻却存在显著差别。宗女因结婚而离开宗室,对她们的婚姻,王朝最关心的是这桩婚配必须体面,婚礼的场面要配得上她们的高贵身份,当然,利用这些婚姻来巩固政治关系也是一个显而易见的因素。宗女在婚前获得国家的俸禄,结婚时获得丰厚的嫁妆,她们的夫婿如果是白身人,将可获武阶官,如果是官员,则可获升迁。③ 作为女性,按照儒家理论与宋代的社会实际,宗女是卑微的;但是,生为天潢贵胄,宗女的地位又

---

① 见 Edward Kracke, *Civil Service in Early Sung China*, 56 页;及梅原郁的《宋代官僚制度研究》,99—101 页。Winston W. Lo(*Civil Service of Sung China*,28 页)认为武阶官不构成一个独立的官僚集团,而是文官集团的一个部分。当然,他也承认武阶官与文官之间存在差别。前者倾向于承担文官体制中"具体的官吏职能",后者"却作为政治-文化精英,维护王朝的长治久安"。
② KSC,卷 52,635—636 页。
③ 见 Chaffee, *Marriage of Sung Imperial Clanswomen*, 142—144 页。有关嫁妆和宗室夫婿授官的材料是 1070 年代以后的,但是,1070 年代的法令是为削减以往过于丰厚的给赐而设计的,因此可以确认,仁宗时代给予宗室之女及其配偶的好处至少也是与之相等的。

高高在上,于是,宗女与她们的新家庭便常常挣扎在这一对矛盾之间,①宗女因此常常命运多舛。

不结婚就只有出家为尼或入道。我发现了超过半打以上的此类个案。这些个案中的宗女选择了出家,或者说,命运为她们做了选择。其原因通常不易索解,因为在多数情况下,我们所能看到的只是一个做了尼姑的女儿。② 当然,也有一些个案提供了更多的信息。赵克温(CEDA,1018—1053)在36岁时早逝,留下四个女儿,皇帝为表示恩宠和哀悼,赐其一女出家入道,其余三女育于宫中。③赵承训(CBA,生卒年不详)和张氏(994—1059)的三个女儿全都是太和殿的女道士;④而赵克构的六个女儿当中也有三人在延宁宫学道、出家,并得到皇帝钦赐的法名。⑤ 从后两个例子看起来,她们的道观应当是皇宫设施的一部分,因此受命出家很难说就意味着进入了外面的世界。

同宗女相比,宗室之妻则是从外面的世界进到宗室这个奢华的圈子里来的。一般而言,墓志铭总是赞誉她们对公婆的孝顺,对子女的成功抚育以及操持家务的本事。而这些美德正是文人家族妇女所崇尚的。墓志铭赞美某些女性在困境中所表现出的顽强,例如在丈夫夭亡之后独自抚育孩子。⑥ 一位受到所有人的爱戴的女子,死于22岁,没有留下一男半女,她的墓志铭则表露着哀伤。⑦ 前文曾经提到的张氏,她墓志铭的作者刘敞对宗室之

---

① Chaffee, *Marriage of Sung Imperial Clanswomen*, 151—159 页。
② 例如,OYWCKWC,卷37之2a—3a;王安礼《王魏公集》卷7之4a—5a;WWC,卷12之6b;以及KSC,卷52,634—635 页。
③ KSC,卷52,628—629 页。
④ 同上书,633—634 页。
⑤ KSC,卷52,630—631 页。
⑥ 沈遘等:《沈氏三先生文集》,卷37之51b—52b。
⑦ 王安礼《王魏公文集》卷7之5a—b。

妻所面临的双重限制表达了深刻的洞察:

> 宗室在官廷以外,不承担任何官方职责,因此无论才华多么出众,其言行也无从彰显。而宗室之妻在家族以外没有任何活动,就更加默默无闻。然而,只要想一想她(张氏)在祭祀和宗室内部的表现、她对子孙的教导,她的长寿与安详,谁都会欣赏她的美德。①

不和与纷争无疑应当是宗室生活的家常便饭,但是,传记总是充满了溢美之词,墓志铭尤其如此,因此我们很少见到不和的例子,某一次纷争有一件以上的材料可以证明,则更为罕见。因此,赵允迪(BGC,1014—1048)的例子是非常特出的。墓志铭记载,1044年其父死后,他因"执丧不合礼制"遭到降级处分(当然,经过改正之后,他的官阶又得到了恢复)。允迪的墓志铭还提到了他的续弦夫人(原配夫人已死),出身于南唐皇室的钱氏②,说"她野心很大③,不安于(允迪的)家庭,热切希望入道,最终得到了道冠与和正大师的名号。"④而通过其他资料,我们却发现这两件事情彼此相联。允迪终日在宫中与女奴游戏⑤,破坏丧制;他的妻子告发了他。允迪遭到降黜,不得参加朝会,而钱氏则作了女道士。⑥

女奴的出现是意味深长的,宗室诸宅中的大多数丑闻和纷争

---

① KSC,卷52,633—634页。
② 此误,钱氏当为吴越王族姓氏;南唐皇室姓李。《乐全集》卷38《允迪墓志铭》的原文为"继室昭国夫人钱氏,忠懿王之孙女"。——译注
③ 原文为"志尚清净,不安其家"。——译注
④ LCC,卷38,9a—12a。
⑤ 《宋会要辑稿》帝系4之7B的原文为"允迪居父丧,命奴女日为优戏宫中",倘无错简,确切的意思应当是允迪组织男女奴仆在宫中进行戏剧表演。——译注
⑥ SS,卷245,8707页。SHY:TH,4之7a也记载了这件事,包括有女奴牵涉其中的事实——《宋史》没有涉及这一情节。

第三章 文学与拘禁

看来似乎都有另外的女人——女奴,特别是妾牵涉其中。无须大惊小怪,这类女性正是宗室生活的主要成分。丰厚的财政基础使宗室得以雇用大批仆人,庞大的宗室家庭也不是单靠妻子们就繁殖得出来。

赵从信(AADF,1010—1060)生了37个儿子(24个得到了赐名)、19个女儿(13个得到了赐封),赵从说(BABA,1003—1075以后)生了23个儿子、25个女儿。① 当然,很少有其他宗室像这两位这么高产,但宗室家庭的平均规模都相当大。根据残存的《仙源类谱》,27位出身于太祖、太宗两系的第四代宗室父亲共育有257名儿子和157名女儿,平均每位父亲生育15个孩子(9.5个儿子,5.5个女儿)。② 这个数字要比表2.2所列李心传的统计高得多。根据李心传的统计,517名太祖、太宗两系的第四代宗室共有2 063名儿子,平均每人4个儿子。这种差别可以由两点得到解释:517名宗室中的许多人实际上没有生儿子,而2 063个儿子中也没有包括赐名前即夭折者。《仙源类谱》中的父亲们所生儿子是女儿的两倍,究竟是由于杀婴习俗,还是抚育行为导致婴儿死亡率呈现显著的性别差异,三言两语无法解释清楚。但是,女孩的数目确实要少得多。③

第二章曾经谈到太宗对赵元僖之妾胆大妄为的激烈反应,此

---

① 从信,见 HYC,卷39,536—538页。从说,见 LCC,卷38之16a—17b。
② Chaffee, *Two Sung Imperial Clan Genealogies*,对此及其他相关发现做了分析,但必须指出,该文的行辈标记方法与本书有所不同。文中的第六、第七代当为第四、第五代(该文采用了 HYLP 的标记方法,是将宣祖(太祖的父亲)视为第一代)。再有,27名父亲的数字与该文表1所列太祖一系的6名父亲和太宗一系的23名父亲(102页)不符,原因是有两名父亲的女儿未被列出,我将他们排除在外了。
③ 关于这个问题的更深入讨论,可以参看同上书,104—109页。又可参看李中清《两种不同的死亡限制机制:皇族人口中的婴儿和儿童死亡率》,该文指出,清代皇族的巨大性别失调是有意识的杀婴行为的结果。

举对于宗室的妾来说多少是一个警诫,但是,仍有证据证明妾与庶子之间的永久联系,以及后者为生母博得某些承认的努力。最著名的例子是,赵宗敏(BCAB,生卒年不详)在一次大礼时为其生母请求封赠,得到允准,并被引为先例。① 然而,赵宗景(BEAD,1032—1097)最终还是明白朝廷仍然严格恪守妻妾之别。在妻子去世、丧服已满之后,他将妾送出府去,目的只是为了三媒六礼地把她当作"良家女"娶回来。可是,皇帝知道后,却下令将宗景降一官,把那个女人遣送回娘家。②

妾在历史记载中的露面非常偶然,关于女奴的资料则更为罕见。她们通常是作为暴力的牺牲品而被提及,③比如被赵元僖的妾杀害的那些女奴。最突出是赵从说的例子,前文曾经提到,他是50个孩子的父亲。皇祐年间(1049—1053),他因好色,或者说"帷簿不修",遭到除名处分。后来,他杀害一个女奴的罪行败露,被置于外宅监管。数年之后,从说之子仲旻(BABAH,生卒年不详)在朝堂上声泪俱下地请求为年老体弱的父亲代罪。此时的皇帝神宗受到感动,但未立即答应他的请求。仲旻离开朝堂,已不能言语,在回家的路上死去。据说,从说死时孤独一人。④ 还有一个与性无关的例子,赵从傥(AAAA,生卒年不详)因杀害侍卫官遭到降级,于别宅隔离监禁。他年轻时曾经好学,但据说成年

---

① SS,卷245,8700页。又,赵世岳(AADBG,1042—1081)的墓志铭同时提到了他的母亲和生母。
② SS,卷245,8703—8704页。
③ 1071年的诏书是一个例外,它规定宗室诸宅之女奴所生子女没有宗室地位(SHY:TH,4之27b)。
④ 《宋史》卷245,8695页。本节的叙述取材于父子二人的传记,二者在同一页。有关宋代上层社会家庭中女奴和妾遭责打和虐待的情况,见 Ebrey, *Inner Quarters*, 166—170页。Ebrey认为,出自正妻之手的暴力最为典型。

之后却变得吝啬和奢侈,最后刎颈自杀。①

讲述这些轶事的目的,不是要证明此类行为就是宗室的特点,而是要指出,诸如此类令人震惊的问题确实存在,至少偶尔会发生,而这些问题正足以打破传记作者在谈到传主不良行为时的保留态度。除了上面提到不良行为以外,我们还可以加上家庭内的争斗和酗酒。② 当然,必须强调,这些例子在数量上远远少于前文提到的好学、孝顺等正面记载。

孝道在中国文化中理所应当地占据了如此中心性的地位,以至于所有的传记都少不了对孝行的称颂。此期宗室传记的突出之处是宗室在服侍生病父母时的极端表现。有人刺破自己的身体,用血来向神明祈祷,③有人以自己的血为墨抄写佛经。④ 最具争议性的行为是割下自己的肉给生病的父母——有一例是给兄弟——吃下去治病。⑤ 割肉给兄弟的事例发生在1027年,在朝廷激起了争论。仁宗被赵从质(AADE,1010—1052)的行动深深打动,想要重重赏赐,但是首相王曾等人却援引损伤身体为不孝的儒家观点加以反对,认为此类粗鄙的自残行为是不为先圣所赞同的。仁宗还是赏赐了从质,但不如他本来打算的丰厚。⑥ 当赵世永(AABAA,1010—1068)用血抄写佛经,而他父亲的病也

---

① SS,卷244,8678页。
② 前者,比如 SS,卷245,8700页,提到两兄弟之间的一场纠纷,其一遭到控告,说他偷了属于兄弟的宝器(译注:此说不确,按《宋史》原文,是兄怀疑弟的"家人子"偷了自己的宝器,弟"立偿其直",兄"愧不取,乃施诸僧。")。至于酗酒,王安石(《临川先生集》卷98之13b—14a)谈到,赵世仍(AAEBH,1047—1068)因酗酒在二十岁刚出头时就夭折的经过。
③ CWTC,卷14之6b—7a,9a—b。
④ WWC,卷12之6a;YCC卷29之3a。
⑤ CWTC,卷14之5a—b,7a—b;SHY:TH,4之3b—4a。
⑥ SHY:TH,4之3b—4a。HYC卷39,533—535页的从质传也记载了他的行为和赏赐,并证以他的兄弟获救的事实,但却没有提到这场讨论。

得到减轻之后,仁宗却开始担心这会让其他宗室群起效尤,都以损伤身体来表达内心的至诚。① 孝道的自残行为绝非宗室的专长(二十四孝的故事里早就供奉着此类行为),但是,开封宗室的温室生活却特别适于它的出现。

宗室对待死亡的态度与处理死者的方式,也与大众迥然不同。宗室成员被埋葬在靠近旧都洛阳的庞大葬地,而不是在家庭墓地。太祖、太宗的陵墓在河南府的永安县,这个县是 1007 年真宗谒陵时从巩县划分出来的。帝陵西边的一大块土地,便是太祖、太祖后裔的墓地。② 魏王的后裔则被葬在汝州梁县的次等墓地上。宗室成员也没有独立的葬礼,他们的棺木被暂时寄存在开封(典型的是在佛寺之中),分批运往 50—75 英里以外的葬地。一般而言,每一两年运送一次,但是间隔有时会长得多,1060 年的大葬就包括了已经存放了九年之久的棺材。③

这样看来,前近代中国家庭所关注的三件大事——置办不动产(房子和土地)、择偶成婚、葬礼和墓地的维护,没有一件是个体宗室家庭所能控制的。这就使得宗室家庭很难创造家族传统,来维护儒家的行为规范。尽管如此,还是有人努力这样做了。赵承庆(CAA,1039 年卒)是一个杰出的例子。他著有三卷《家训》,据说他死后五十年,儿孙们仍然将《家训》牢记在心。④ 但是,创造

---

① YCC,卷 20 之 3a。
② HCP,卷 65,1443—1444 页。河南省文物管理委员会和河南省巩县文物管理委员会编辑的《宋陵》(巩县:文物出版社,1982)一书的地图标明了宗室葬地的位置。1996 年 5 月我去访问宋陵,被告知宗室墓地还没有进行任何发掘工作,到达那里相当困难。
③ 婴儿赵化之(CABABA,1050—1051)死于 1051 年,1060 年才入土为安(KSC,卷 54,652 页)。他的例子不是绝无仅有的,我发现有超过一打的其他宗室和宗室夫人的棺木在 1060 年以前已存放多年。
④ WWC,卷 12 之 7a—b。杨记载了该书的细节,包括牌位的排列顺序,征引祖先的语录来加强家庭生活传统,管理教育和自我修养,以及《论语》中的箴言。

家族传统的努力必须同宗室家族的制度化缺陷与宗室成员迁移禁令的消极影响作斗争。

这些禁令始于何时,史无明文,但是仁宗中期它们就已经存在了。前文曾经指出,1035年建立睦亲宅的原因是要加强对宗室在上朝及参加其他仪式以外的出入禁令。① 大约在1060年,刘敞这样写道:"无论疏远还是亲近,皇帝将宗室一律视为有服纪宗亲,赐予官阶。尽管缺乏职掌②,但他们都被赋予了荣耀的地位和出众的品阶,以示皇帝的恩宠。他们是不应当混同于普通百姓的。"③

稍后,1069年,两位居住在宗室诸宅以外的宗室被勒令回迁,因为,宗室是不应当按照自己的意志外迁,同普通家庭发生私人联系的。④

但也正如上面最后一个例子所暗示的那样,总会有人违反禁令。事实上,某些行为似乎已经得到认可,比如从学于外界的老师,还有与姻亲交往。⑤ 即便如此,隔绝政策还是能够很好地解释宗室在开封政治、社会、知识与文化世界中实际的缺席。大多数关于北宋的著述都表明,宗室对于他们同时代精英的影响微乎其微,接近于零。

---

① 见HCP,卷117,2757—2758页。
② 此处的逻辑关系与原文有出入,原文为"天子以谓宗室以服属为亲疏,其授之官虽无事,当使位尊而秩优,以宠异之,不当与庶姓等"。——译注
③ KSC,卷52,630—631页。汪圣铎(《宋朝宗室制度考》,175页)还引用了宰相韩琦(1008—1075)的话,仁宗叫他推荐可为继承人的宗室青年,他回答说:"宗室与(宫廷)外面的人没有接触,我们大臣怎么会了解他们的人品呢?"遗憾的是,汪的引文注为HCP卷395,这是一个明显的错误,因为那一卷的时间是1087年。我没能找到原始出处。
④ SHY:TH,4之18a。
⑤ 见HYC,卷39,531—532页,描述了一场宗室为姻亲举办的家宴;卷39,540—541页,记载一位宗室资助贫穷的姻亲,以为葬礼之费。

当然，本书可以见证，宗室及其成员最终还是留在了记载之中，至少就现存的墓志铭来看，作者恰恰来自文人精英。然而，这些文字却强烈显示出作者与写作对象之间的文化与社会差异。大多数宋代墓志铭，包括南宋宗室的墓志铭，通常都是在死者子嗣的恳求下，由著名作家完成的。作者常常谈到他与死者的私人关系。11世纪的宗室墓志铭却不是这样，文字流于程式化，作者也极少表达他对记述对象的个人印象。大多数墓志铭的写作其实只是作者居官职掌的一部分而已。张方平（1007—1091）在1048年写道，有诏书将墓志铭的写作责任交给了史官。[1] 翻检最高产作者们的宗室墓志铭作品，可以清楚地发现，大多数墓主死亡日期相近、下葬日期相同。张方平所撰墓志铭的墓主主要葬于1048年，刘敞（1019—1068）、欧阳修（1007—1072）的墓主葬于1060年，王珪的墓主葬于1060和1064（是年仁宗入葬）两年，慕容彦逢（1067—1117）的墓主则葬于1107年。

也有一些墓志铭不是那么程式化，包含了对墓主更为个性化的描述，有的甚至非常细致。但是，即使是在这一类墓志铭当中，也仍然保留着宗室之于社会其他群体的外化感（otherness）。刘敞为普通宗室赵叔詹（CEAAB）撰墓志铭，伤其年纪轻轻、无嗣而亡，同时指出，在皇帝使者的监护下，葬礼仪式完备，又以词臣（此指刘敞）为其撰写墓志铭。[2]

这种外化感（otherness）更为经常地流露在关于朝廷对宗室以巨额财富换取隔绝与权利的重大权衡的议论之中，而这也正是本章关注的焦点。上文已举数例，其中最引人注意的例子出自刘

---

[1] LCC，卷38，16a—17b。
[2] KSC，卷52，632—633页。

敞笔下,比如,他对宗室夫人所带来的额外负担的批评,他对于宗室成员不得混同普通家庭的观察。在赵克温的墓志铭中,刘敞曾经写道:"皇帝对宗族无疑是宽厚的。"① 侯(指克温)的财富也足以保其富贵,晚年致其成功。但是,据我观察,虽然承平富足已久,却少有(宗室)得以显其令名。"②张方平对于宗室的处境感到遗憾,因为有才华的宗室没有机会施展抱负:"朝廷以美德和正义引导宗室青年,任命官员,开设学校。③ 但是,他们却不能施展才能,实现完善美德、实践正义的卑微愿望,这令人沮丧。"④宋祁在一篇墓志铭中则写道,正是因为将宗室与权力相隔绝,皇帝才有可能在不危害王朝统治的同时,对宗室宽仁为怀,厚加禄赐。⑤权力隔绝加优厚待遇等于王朝安全,这是一种不同的立场,强调问题的光明面,然而,可能是为宗室作墓志铭这一事实限制了宋祁的表述,他在别的地方表达过尖刻的批评:⑥"所有宗室都溺于财富和荣耀,狂妄自大,不知礼义体统。纵然沦为贫窭,也不知生计,不

---

① 此处似与墓志铭原文意思不符,《公是集》卷52《赵克温墓志铭》原文为"上于宗室固厚,而侯之资又足以持富贵,使幸而永年且久观太平之盛,其名位岂少哉!"——译注
② KSC,卷52,628—629页。
③ 与墓志铭原文不符。《乐全集》卷38《赵仲考墓志铭》原文为:"方朝廷设官立学以导宗子于德义,而不得逊志进修以成其之才之性,为可伤矣!"译者按,所谓"不得逊志进修以成其之才之性"者,显然不是泛指,而是特指17岁夭亡的赵仲考本人。——译注
④ LCC,卷38,15a—16a。出自《赵仲考(BAAJE,1051—1067)墓志铭》,仲考是一名出色的学生,十几岁时夭折。
⑤ 宋祁《景文集》卷58,771—772页。
⑥ 这段批评见于《日知录》卷9"宗室",是顾炎武对明代宗室的批评,而非如作者所论是宋祁对宋代宗室的批评。原文如下:"宋子京以为,周唐任人不疑,得亲亲用贤之道。惟明朝不立此格,于是为宗属者,大抵皆溺于富贵,妄自骄矜,不知礼义,至其贫者,则游手逐食,靡事不为。名曰'天枝',实为弃物(原注:宋时凡宗室之不肖者,俗呼为'泼撒太尉')。"——译注

知工作,缺乏行动。美其名曰'天子支脉',其实只是一群废物。"①

宋祁曾经担任工部尚书,是《新唐书》的主编。这样的批评出自像宋祁这样知名学者之口,②表明精英群体眼中的宗室状况,比我们前面所描述的图景要消极得多。但是,话又说回来,关于宗室令人不安的处境的原因,宋祁与上面提到的其他作者的看法并无二致。最后,再举一例,张方平在好学而早逝的宗室赵士褒(ABBAB,1019—1041)的墓志铭中谈到:

> 近年以来,极少有宗室担任地方官。他们全都待在首都,甚至不为儒学考试作准备。③ 教官给他们小心匡正、谆谆教谕。表面上,宗室只是在朝堂上行礼如仪,仅此而已。这表明了朝廷敦睦宗室的恩义,并将宗室与普通宗族区别开来。这一点不容错乱。但是,也有一些宗室怀才抱器,却无法施展其抱负,就这样终了一生。我使用一个壮志未酬的人的生平④来写作这篇(文章)。⑤

张方平雄辩地揭示了一种人才浪费的现象。值得注意的是,上引文字写于1040年代,仁宗逝世前20年。到此时为止,有关宗室的危机感正在加强,引起这种危机的原因,首先是宗室的庞大数目和巨额开支,但同时也包括张方平所揭示的这种人才浪费。

---

① 转引自清初学者顾炎武的《日知录》,卷9,24a—b。我在宋代著述中没能找到这段引文。
② 由上页注⑥可知,这样的批评其实并非出于宋祁之口,也不是对宋代宗室的评论。北宋宗室的状况应当尚且不至于糟糕至此。——译注
③ 与《乐全集》卷38《赵士褒墓志铭》原文不符,原文如下:"近事诸皇族鲜出补外官,悉留京师,亦不厘务,为选儒学官切磋讲习外,奉朝请而已。"——译注
④ 《乐全集》卷38《赵士褒墓志铭》原文的意思是:因为这些有才能的宗室受制度制约,一生无所作为,所以墓志铭的作者也没什么事迹可写的("然间有蕴才虑、抱器识者,不偕于用,赍志就殁,故执册者无得而书焉")。——译注
⑤ LCC,卷37,17b—18b。

第四章　重新定位宗室

英宗入继大统

对于宗室来说，11世纪晚期真的是困难重重。宗室面临着五花八门、错综复杂的问题，原因却只有一个，这就是人口的巨大增长。在应对这些问题的过程中，宗室也变成了一个与真、仁两朝面貌迥异的组织。

仁宗死后，新皇即位，一位宗室变成了皇帝，由此表明了宗室对于王朝的用途。同许多高产的宗亲相比，仁宗没有产下男性继承人，或者至少说，他没有儿子活下来成为继承人。为以防万一，他选了两名宗室男孩入宫教养，作为实际上的候补继承人。但是，没有指定继承人的问题却变得越来越突出。

1055年，仁宗病倒在床，大臣们抓住机会，请求及早确立太子，但毫无结果。在以后的六年中，虽然仁宗早已病愈，但策立太子的谋划仍在继续。值得一提的是，宰相韩琦（1008—1075）建议在宫中设立学校，教育有前途而好学的宗子，这样就可以发现那些值得信赖、堪当大任的年轻人。仁宗回答说，他正准备选取一到两名宗子入宫，作为可能的接班人。①

---

① HCP,卷195,4727—4728页。

65　　1061年秋,情况似乎变得更为紧急。仁宗的宰相大臣连上奏章,强调解决接班人问题的重要性。在他们看来,此事至关重要,关系王朝存亡。他们把现实同历史上西汉成帝(在位期间,公元前33—公元前7)的教训相类比,成帝没有一个活下来的男性后裔,从而导致了王莽的篡位。司马光指出,成帝到了45岁还没有确立继承人,而仁宗已经过了这个岁数。① 言官吕诲(1014—1071)也提到了成帝的前车之鉴,暗示宗室中酝酿着阴谋:"我听说最近谣言出于宗室,流布四方,让人感到警觉和疑惧。"吕诲警告皇帝,继续无所作为会导致某些家族试图抬升自己的后裔。② 仁宗被说服了。当仁宗要大臣推荐人选时,韩琦却回答说,这样的事,大臣岂敢议论,主意得皇帝自己拿。③ 仁宗紧接着就说,宫中的两名宗室,一个很纯,但是不慧,另一个还可以。④ 这"另一个"就是赵曙(旧名宗实,BCBX),未来的英宗(1032—1067;在位期间,1063—1067)。他首先被提拔为知宗正寺,而后在1062年被正式策立为太子。

　　就这样,宋朝躲过了西汉的命运,而吕诲对宗室的猜疑也证明是空穴来风。英宗朝的主要特征是时间短暂(不到四年),再有就是他个人的性格缺陷。他是一个严肃而有些胆怯的人,非常不情愿接受皇太子的封号,⑤他在位的头两年,常犯疯病,是由皇太

---

① HCP,卷195,4722页。韩琦、包拯、吕诲、范镇也做过类似的暗示。Loewe 的 *The Former Han Dynasty* 对成帝即位问题做了清晰的描述,可以参看,213—215页。
② HCP,卷195,4724页。
③ 同上书,4727页。本书第三章第73页注③曾经提到,仁宗在别处还提过相似的问题,韩琦给了一个不同的回答:"宗室不交外臣,我们大臣又怎么会知道他们的人品?"(汪圣铎,《宋朝宗室制度考》,175页)。
④ HCP,卷195,4727页。
⑤ 当英宗被选为候选皇位继承人时,他的哥哥赵宗朴(BCBB,1224年卒)努力说服他进宫,关于赵宗朴的作用,见SS,卷245,8711页。

后在摄政。① 但不管怎么说,宋朝总算成功地克服了继承危机,英宗也开创了自己的皇帝世系,英宗一系的皇帝统治达百年之久。

即使是在引起仁宗注意之前,赵宗实也非等闲宗室。他是赵允让(BCB,995—1059)的第 14 个儿子。而允让是大宗正司的首任长官,按理说,是仁宗朝最有权势的宗室。再有,允让小时候曾经被真宗作为皇太子的候选人养在宫里,直到 1010 年仁宗出世才回到自己家。②

具有讽刺意味的是,赵允让还是英宗朝最大争端的起因,争论围绕他的名分和英宗与他的礼制关系展开。英宗是仁宗的养子和继承人,因此按照礼制,仁宗是英宗的父亲,这是毫无疑问的。但是,允让(或者说濮王,这是他的爵位)究竟是应当被视为父亲,还是代之以"皇伯"的称呼?在这个问题上,朝廷陷入严重分歧。1066 年,英宗就这个问题作出最终结论,采用宰相韩琦和欧阳修的立场,拒绝"皇伯"的称呼,改称"亲"。此后不久,反对这种立场的官员,主要是言官,都遭到解职。③ 有学者把这场争论视为随后发生的改革与保守斗争的先声。④ 从宗室的立场看,争论最主要的遗产之一是提供了一个麻烦的先例,1162 年,第二个由宗室入继大统的皇帝、高宗的继承人——孝宗又旧事重提。遗产之二,是使允让后裔成为宗室中一个地位超群的世系。

在短暂的统治中,英宗对推动宗室教育表现出极大兴趣。随

---

① 见 Fisher,*The Ritual Dispute of Sung Ying-tsung*,112—113 页。
② CSTP,卷 2,6b—7a 页。
③ 以上叙述基本采自 Fisher 对这场争论的出色研究,*The Ritual Dispute of Sung Ying-tsung*。
④ Fisher(前引书)将这场争论解释为务实的政治家与理性主义政治家之间的斗争,Peter Bol(*This Culture of Ours*,213 页)则把它看作是一场较量,较量的一方是"范仲淹的旧同盟,他认为政府应当去适应大众的要求",另一方是"长期反对制度改革的人"。

着宗室人口的增长,仁宗时期的诸宅教育体系已经不堪重负,作为从前的宗室、前任知宗正寺,英宗对此有着第一手认识。1064年,他下令任命21名教官,作为原有6名教官的补充。① 此举仍然不能满足急速增长的宗室人口的需要,但却表明了朝廷对宗室教育责任感的显著提高。

宗室人口增长带来的危机

1067年正月,英宗在病重两个月之后驾崩,他的长子即位,史称神宗(1048—1085;在位期间,1067—1085)。② 所有记载都表明,即位时只有20虚岁的神宗是一个果敢有力的青年,他下定决心要解决帝国所面临的棘手问题,特别是财政赤字。引发财政赤字的原因,首先是1040年代宋与西夏党项人之间那场长达四年的战争以及战争所引发的巨额军费开支,还有1060年代中期党项威胁的重新加剧。③ 1069年,神宗出人意料地将王安石(1021—1086)提拔为副宰相。一年前,王安石设计了一个规模宏阔的改革计划,涉及教育、文官制度、农业、军事、财政等各个方面。1071年,王安石升任宰相,他领导推行的新法改革,就其深度、广度和国家干预的程度而言,在中华帝国的历史上都前无古人,后人对它众说纷纭,留下了大量记载。④ 相比之下,却很少有

---

① SHY:TH,4之14a—15a;SHY:CK,20之16b—17a。
② 神宗本名仲鍼,封王后改名顼。神宗的传记资料,见SS,卷14,263—265页;卷16,314页,以及TTSL8。
③ 见Smith, *Shen-tsung' Reign*(1068—1085),2—8页。
④ 刘子健 *Reform in Sung China* 对此有全面概述。关于改革简明扼要的叙述,见Bol, *This Culture of Ours*,246—253页。值得一提的,还有Paul Smith关于王安石针对茶、马行业的经济政策的研究 *Taxing Heaven's Storehouse*,以及他为 *Cambridge History of China* 所撰关于神宗朝的那一章,见前注。

第四章 重新定位宗室

人关注此期宗室内部由于危机感而引发的剧烈变化。

1060年代晚期的天潢贵胄面临三重困难：与皇帝服纪日益疏远，人数激增，开支巨大。神宗初期，这个家族正在诞育它的第四、第五代子孙（见表2.3），这些人中的大多数与皇帝的关系已经超出五服。五服规定着服丧的义务。倘若按照唐代的先例，这些五服之外的子孙早就被送到首都以外的地方，授给田地，停发禄赐，不再出现在皇家的族谱之上。第二章曾经提到，太祖《大训》预见到一个超出五服的宗室，但是太祖却并未遭遇宗室人口激增、耗费巨大的压力。

1064年，也就是英宗为宗室诸宅增置21名教官那年，有报告指出有官的——也就是说，五岁及以上的——宗室人数超过1 200。其中，30岁及以上者113名，15岁及以上者309名，剩下大约800名在15岁以下。[①]同早期相比，1 200名宗室意味着巨大的增长，但是，这些数字所反应的真正的麻烦却是这些宗室青年"为人父"之后不可避免要带来的更大规模的人口增长。1070年代末，知三班院曾巩（1019—1083）报告[②]，1075年宗室谱牒新增人数为487人，1076年为544人，1077年为690人；而死亡人数仅为每年约200人。[③] 我认为，这些数字所揭示的，是规模庞大的3 488

[①] SHY：TH，4之14a—15a；SHY：CK，20之16b—17a。
[②] 今考曾巩《元丰类稿》卷31《再议经费札子》，下文所录数字当为当年入籍三班使臣的数字，其中包括宗室，但不止于宗室。又曾巩写这篇札子时，宗室三班使臣总数为870。兹移录曾巩原文如下，惟读者详查："初三班吏员止于三百，或不及之。……至于今，乃总一万一千六百九十，宗室又八百七十。盖景德员数已十倍于初，而以今考之，殆三倍于景德。略以三年出入之籍较之，熙宁八年入籍者四百八十有七；九年，五百四十有四；十年，六百九十。而死亡退免出籍者，岁或过二百人，或不及之。则是岁岁有增未见其止也。"——译注
[③] 曾巩《南丰先生元丰类稿》（SPTK本），卷31之1b—2a，这条材料指的是获得最低级官阶（三班）宗室的数字。Robert M. Hartwell, *The Imperial Treasuries*, 45页曾引此条，并增补1078年的数字870人。这个数字是曾巩讨论宗室问题的文章开始时提到的，没有系年，不属于文中所引那一系列数字的一部分。

名第五代(见表2.2)宗室的到来,以及规模更大的第六、第七代宗室的出现。

维持这一班宗室男女的费用已经膨胀成为帝国预算中一个十分惹眼的部分。1067年,宗室每个月的开支(钱、谷)超过70 000缗。与之相比,整个首都官僚的开支为40 000余缗,首都军队的开支为110 000缗。这还不算生日、婚礼、葬礼、季节性赏赐衣物,以及其他可能为数甚昂的特殊开销。① 以特殊开销为例,1070年,英宗兄弟及其子孙的濮王宅得到了每年5 000贯的办公费。②

综上所述,神宗所面临的情形是,宗室人数不断膨胀,生活方式奢侈,王朝开始逐渐感到难以承受它所带来的经济压力。当宗室在谱系上膨胀到某一底线以外,皇帝便对超出底线的宗亲切断经济支持,这在历史上是有先例可循的。而宋朝的宗室正在逼近这一底线。即使是一个不那么热衷于改革的皇帝,这种情形也足以引起重视,何况神宗和王安石对大胆改革都那么坚决。一场大变即将发生在宗室之中。

改革宗室

即位之初,神宗就明确意识到宗室改革的必要性。宗室月费70 000缗这个数字出自一篇奏章,奏章要求裁减月俸、婚礼、生日以及南郊典礼的特别赏赐。神宗认识到,仅仅裁减预算还不够,必须对宗室进行制度重组(定制)。当然,出于对英宗的尊敬,他接受大臣的建议,将改革推迟到丧服期满。③

---

① SHY:TH,4之31b。
② 同上书,24a—b。
③ 同上书,4之31b。

第四章 重新定位宗室

1069年夏历二月,就在英宗的第二个忌日之后,一场认真的讨论开始了,讨论一直持续到年末。神宗与中书和枢密院的首脑单独或集体商谈了不下四次。① 这位皇帝不仅从王安石及其同盟者韩绛(1012—1088)、陈升之(1011—1079)那里征询建议,还倾听旧秩序的代表人物曾公亮(999—1078)以及王安石反对派的三位领袖富弼(1004—1083)、文彦博(1006—1097)和司马光(1019—1086)的意见。尽管参与讨论的人派别不同,但对宗室问题的认识却大同小异,广泛的共识是宗室耗费太过巨大,②需要进行结构重组,而皇帝本人应当亲自领导这场重组行动。各派别之间真正的差异在于改革的节奏。陈升之、王安石特别主张皇帝应当本着正义的原则,果断行动。而富弼、司马光则主张渐变。以司马光为例——几个月后,他被解职,到洛阳退闲——1069年夏历十一月,经筵讲罢,神宗留住他,就宗室制度改革征求意见。司马光答道:"我真诚地以为应当改革,但最好是逐渐改变,不可操之过急。"③

王安石变法首批措施的宣布实施正是在1069年,这场讨论与之同时,并非巧合。用王安石的弟弟王安礼的话来说,这是一个皇帝要"励精政治"④的时期。无论是变法还是宗室改革,仁宗

---

① 这些讨论最终形成了枢密院的一篇长篇联名奏章,一篇为变革的必要性吹风的诏书,最后是1069年腊月的诏书,下文全文引用,见于 SHY:TH, 4 之 31b—35b。将这些讨论作为一组,给予如此篇幅,在《宋会要》中是罕见的,这表明了讨论的重要性。不幸的是,HCP遗失了1068—1069年诸卷,使我们无从看到进一步的宝贵证据。
② 有一次,神宗问陈升之和王安石,既然当前税收收入不丰,那么在哪些方面可以节流。他们提到了军队和宗室(SHY:TH, 4 之 32a)。
③ 同上书,32b。汪圣铎(《宋朝宗室制度考》,180页)也指出改革派和反对改革的一派都支持对宗室的改革。
④ 关于改革措施的编年列表,可参见 Peter Bol, *This Culture of Ours*, 247—248 页。王安礼的话,下文将全文引用,出自《王魏公集》,7 之 15a—16a。

君臣对于问题实质的广泛共识最终都走向了破裂,原因大半是由于改革措施的草率。在宗室的问题上,神宗不顾司马光的警告,听从了王安石的建议。1069年夏历十一月十一日,中书和枢密院发布了一项细致的宗室重组计划,主要针对无服的远支宗室。伴随这项计划的是一则诏书,援引汉唐的先例来证明迫在眉睫的行动的合法性。①

最后,1069年夏历十二月二十三日,神宗签署了也许是宋代宗室历史上最重要的诏书。诏书开宗明义,直指主题:

> 近来之制,皇族袒免亲以下不再赐名、授官,但可以参加科举考试。从今以后,所有出生、死亡者的名字都要按照(谱系)顺序上报本支袭公爵者,袭公爵者当造册登录,每年年末呈送玉牒所。所有未出官者可以像以往一样进入大小学。②

在丧服次序中,"袒免"才出"五服"。因此,"袒免"亲指皇帝的第五代以降后裔(也就是说,他们与在位皇帝的共同祖先是六世祖)③。诏书剥夺了太祖、太宗的第五代后裔和魏王的第四代后裔以及他们的子子孙孙赐名、授官的权力,而赐名、授官到此为止仍然是宗室身份的最重要标志。

关于这则诏书,还有几点值得注意。第一,这些无服宗室丧失了自动授官的权力,作为补偿,却得到了参加科举考试的权力,进而可以担任常规职位。第二,皇家的玉牒并未将这些人除名,而玉牒正是宗室地位最重要的书面标志。第三,引文中"袭公爵

---

① SHY:TH,奏疏见4之32b—34a,诏书见4之34a—b。
② 同上书,35a—b。陈均《九朝编年纲目备要》卷19之10a也记载了这件事,系于1075年。
③ 《辞海》,台北:中华书局,1971,2612页。

者"的出现揭示了试图创设新的宗支组织的开端,而这正是改革计划的一部分。最后,这些人仍然保有宗室学校的入学资格。

南宋作家陆游(1125—1209)讲过这样一个故事:王安石出游,遇到一伙青年宗室,愤怒地斥责他说:"我们是皇室祠庙的子孙,相公岂不应看看我们祖宗的颜面!"王安石对答说:"祖宗所有的子孙都将被移出宗祠,特别是你们这帮人!"听了这话,宗室们只好散去。① 倘若这个故事是真的,那么,宗室是把1069年的举动看做对天潢贵胄的明确打击。

恩数减损引发了宗室的怨恨,但是,它的长期效应却尚未分明。实际上,诏书在改革措施的推行及影响方面都语焉不详,模棱两可。下文将会阐明,在接下来的四分之一世纪中,宗室改革措施的推行造成了一系列巨变,变化涉及宗族行为、科举制度、任官规定、居住模式、婚姻行为和宗正寺与大宗正司等组织机构。换句话说,也只有当这些变化发生之后,皇帝与族人——或者说国家与宗室——的关系才变得清晰起来。同王安石、神宗最初的设想相比,以后的变化对宗室的影响更为巨大。

重新定义宗室

帝国在削减它对皇家宗族的待遇,然而,它杰出的思想家们却在撰文鼓吹"宗"的重要性,探讨"宗"的复兴之道。商业发达,竞争激烈,大家族维持崇高地位的能力不断下降。面对现实,欧阳修、苏洵(1009—1066)、司马光、程颐(1033—1107)等主张复兴周代典籍中所描述的血缘组织——"宗"。他们认为,"宗"将为所

---

① 陆游《老学庵笔记》卷2,转引自汪圣铎《宋朝宗室制度考略》,179页。

有出自同一父系祖先的人提供祭祀中心,宗族的认同感,以及对抗普遍存在于分家行为中的土地所有权分散现象的能力。①

具有讽刺意味的是,在11世纪的中国,功能最接近于"宗"的其实正是宗室。顾名思义,"宗室"即【皇家的】宗的家室"。所有宗室成员都是宣宗②的后裔,这是玉牒所有明文在录的。正如我们所知,他们聚居在一起,被视为一个互助的血缘集团。大多数关于"宗"的讨论都强调一个核心因素,即选定"宗令"作为各支脉的礼仪领袖。而宗室不仅有皇帝任命的宗正寺、大宗正司领导,诸宅内部还有"尊长"作为宗支领袖,十分契合"宗"的理论。1169年11月的中书、枢密院奏疏为随后颁布的诏令提供了许多细节规定。根据这份奏疏,这些宗支首脑应当"袭公爵",拥有环卫官的官衔,不论与皇帝的服纪远近(甚至无服)都有资格参加帝国的祭祀活动。③

然而,宗室的领袖毕竟不同于经典模型。关键性的差别有两点:第一,在经典模型中,宗是在领袖控制之下的经济实体,而宗室的领袖却没有这个责任。第二,长子一系并无特权充当宗支领袖(译者按,此指"袭公爵者")的特权。尽管人们对是否将宗支领袖职位限定在嫡子(将庶子排除在外)④范围内仍然意见不一,但结果却选择由现存最高辈分中最年长的成员担任宗支领袖。诏书还规定,所有宗室成员,不管生母地位如何,都彼此平等,这一原则同样适用于爵位的继承。事实上,宗支领袖体系似乎从未成

---

① 参看 Ebrey, *Conceptions of the Family in the Sung Dynasty*, 220—232 页; Ebrey, *Family and Property in Sung China*, 52—55 页; 更近期的论著,则有 Birge, *Holding Her Own*, 60—62 页, 191—196 页。
② 当为宣祖,即赵匡胤的父亲赵弘殷。——译注
③ SHY:TH,4 之 32b。
④ 同上书,20b—23a。

功建立，我们之所以了解这一继承模式，正是依靠了有关爵位继承的资料。①

从实践的意义上看，"宗"模型最重要的特点是它的无休无止，这种特点主张把没有服纪的族人包括在宗族范围内。太祖本来就主张根据亲缘关系建立一个广泛而分散的宗室，这就必然把许多关系疏远的族人包括在内。但是，当政府不再掌握命名程序时，再将所有族人都包括在宗室以内，就使得族谱记载的明确性变得问题重重。

事实上，1070年，当祖免以下亲不再赐名、授官，而是按照普通官员的常规参与选举时，宗正寺就曾经质疑还是否应当把他们记录在宗室族谱之内。礼部应皇帝的命令对此加以讨论，认为虽然到第六代，宗室与皇帝的服纪关系已经结束，"亲道"已尽，但是，为使辈分免于混杂，无论有无服纪，即使百代以后，也应当载入族谱。② 祖免以下亲的名字继续载入皇族的族谱，可以预见的问题也不断出现。1092年，宗正寺抱怨说，自从熙宁（1068—1077）变法，允许宗室家庭自行为孩子起名字，结果出现了种种问题，有重名的，有用字犯讳的，还有同辈人不使用同一排行字的，甚至还有人使用单名。本寺已经获准在重名的情况下为之改名③，又请求授权本寺官员纠正其他问题，并强制推行排行字的使用。要求全部获准。④

礼部把对族谱政策的考量限制在服纪与族谱完整性的关系

---

① SS，卷245有赵允让子孙继承濮王爵位的记载，8711—8717页。
② SHY：TH，4之35b—36a。
③ 既然宗族在不断延续，重名的问题就不断发生。我在长期翻检《宋史》族谱时发现，尽管政府发现重名即加以改正，并经常在排行字以外使用罕见字来命名，但是在宋王朝接下来的日子里重名仍然是一个通病。
④ SHY：TH，20之6b—7a。

问题上,实际问题远不止于名字。族谱规定了宗室的范围,谁的名字被记录在宗室族谱之上,就可以宣称自己具有宗室资格以及与众不同的社会地位。这个问题与几乎所有宗室成员利害攸关。除了真宗、仁宗和濮王赵允让的直系子孙这一小部分人以外,该宗族所有第五代(魏王一系的第四代)都是无服纪的族人。宗室的存在本身已大成问题。由此,我们可以很容易理解,宋王朝为何迫切要保持这样一种所有族人不论关系如何疏远均享有特权的制度。使宋代宗室区别于以往历代宗室的,不是别的,正是这样一种制度。这种制度决定了此后两百年中宋代宗室的特质。

无服族人对策

对那些八竿子打不着的远亲,完全断绝宗室待遇——在那篇试图削弱宗室待遇的长篇奏疏中,中书和枢密院似乎已经朝着这个方向努力。为了达到这个目的,除了上文曾经提到的宗支领袖以外,他们还设计了一系列办法。终止赐名和授官是变化的中心。再有,作为过渡步骤,不再授予"袒免"亲南班卫官,而代之以地位稍低的"三班"官。袒免亲可以参加科举考试,其后代子孙却必须通过科举来博取功名,奏疏非常重视宗室应举的问题。① 有官位的无服(袒免以下)宗室,以及虽无官位,然父母、祖父母已经亡故的,可以在首都另觅居所,购置土地。有官者还可以依据普通官员的相关规定("外官法")买房子置地。在婚姻方面,第五(袒免)、第六代宗女的嫁资减半,第六代宗女的丈夫也不再授予

---

① 奏疏没有提到恩荫,但既然是要把远支宗室视为普通官员,那么对于这些宗室的后世子孙而言,恩荫入仕应当是一条不言而喻的重要途径。

南班官,但是,这些宗女仍然不许与"非士人之家"结婚。奏疏建议,赐予贫困无官的第五、第六代宗室土地,对无依无靠的孤儿和特别贫困者,不计行辈,上报名字,酌情予以特别优抚。①

上述计划至少在三个方面值得一提。第一,它们涉及第五代,特别是第六代宗室成员生活的剧烈变化,变化的实质是要他们自立;第二,计划仍然承认,王朝对远支宗室还是具有某种责任,并赋予远支宗室某些特权,这就使得变化不致过于极端;第三,如果继续限制宗女婚姻对象意味着要维护宗室成员的精英地位,那么,奏疏提到贫困宗室则表明,由于待遇的削减,且不论婚姻对象,宗室成员本身就已经有人丧失了精英地位。据我所知,这是史料中第一次提到贫困宗室。

1069年的计划当时是否推行,史料缺载。但在接下来的几十年中,科举、任官、居住地、资助、结婚、离婚等话题却频繁地出现在法令和时人的议论中,下文将围绕相关记载加以讨论。

科举、卫官换授和任职

神宗1069年的诏书开启了此后两百年间宗室成员参加科举考试的历史,②但是,以普通方式来考试宗室举人,却尚须时日。我们看到一些1070年代中期有关宗室科举的规定,涉及人数极少,与其说是一项新型的考试行为,倒不如说更像是仁宗时期偶一为之的考试活动。③

---

① SHY:TH,4之32b—34a。
② 汪圣铎《宋朝宗室制度考》有对宗室科举立法史的精彩叙述,181—183页。又可参看 Chaffee, *Thorny Gates of Learning*,106—108页。
③ 1074年有4名宗室在翰林院参加考试,见 SHY:TH,4之28a,次年,又有8名宗室参加类似考试,29a。1077年,官衔在大将军以上的宗室获准每两年参加考试,科目为五经之一经和《论语》或《孟子》;不久,就有两名宗室通过这样的考试(同上书,30b—31a)。

更为重要的是神宗于1072年颁布的一则诏书。《宋会要》记载,诏书准许袒免以下宗室考试三道策问、一道论和一大经的经义十道。首先初步考试,淘汰"不成文理者"。通过初试的举人参加覆试,取十分之五,然所取人数不得超过五十。高年而多次落第者有望得到特奏。①《宋史》和13世纪的百科全书《文献通考》将这项新的规定称为"宗子试法",记载也更为详细。袒免宗室参加所谓的"锁厅试"(为官员和一定级别官员的子弟举行的考试)。更疏远的宗室则先试于国子监,而后参加礼部主持的省试,但是他们的试卷将会区别于普通举人,单独排列名次,通过率为十分之五,人数最多不超过五十。在殿试(科举的最后程序,用途是排列名次而不是选优汰劣)阶段,宗室与普通举人一道考试策论。年龄在40岁以上的多次应举者才有资格获得特奏名。在外地做官的宗室举人如果不愿意在本路参加锁厅试,也可以参加国子监的考试。② 袒免宗室参加锁厅试,因为他们已经有官阶;无官的远支宗室参加国子监(或礼部)试。这种差别在1069年的计划草案③中已经出现,并继续成为此后宗室科举的特点。以后又出现了其他两种考试方式,下文将会谈到。④

宗室举人同普通举人的考试程序相同,及第者也和普通举人一样得到"进士"科名,但是,还是有各项规定为他们创造了一个相对独立、更易通过的考试环境。考试科目的难度降低了。同样

---

① HCP,卷233,5647页。
② SS,卷157,3676页;WHTK,卷31,294页。关于锁厅试和国子监试的规定,又可参看 Chaffee, *Thorny Gates of Learning*,98—105页。虽然材料没有提及,但是,在锁厅试中,宗室极有可能是与官员及官员亲属区别对待,分别排列名次的。
③ SHY:TH,4之33a—b。
④ 见张希清关于殿试的杰出论文《宋代宗室应举制度述论》,1995年台北国际宋史研讨会提交。

是试策问和论,普通举人在一部大经以外,还要考试《论语》或《孟子》,而宗室举人只考一部大经。同普通举人相比,宗室举人的竞争压力要小得多:11世纪晚期,锁厅试、国子监试和省试的通过率都是十分之一①,因此一名普通举人通过科举获得进士功名的比率大约是百分之一,而宗室举人的成功率是四分之一。

1085年,神宗去世,高太后代表他的小孙子哲宗(赵煦,1077—1100;在位期间,1085—1100)摄政。变法的反对派在司马光领导下卷土重来,掌握政权,引起了宋代政治史上最激烈的一次变动。然而,这次变动对宗室的影响却相对微弱。神宗机构改革的主要因素都保留了下来,只是新政府对宗室变得更加不慷慨,更倾向于消弭宗室与普通社会之间的差距。在科举方面,这种态度最终落实为1088年取消宗室单独考试的一则诏书。② 在接下来的14年中,宗室和非宗室文人一样在科举考试中一争高低,由于史料的缺乏,很难判定他们是与普通举人平等竞争,还是继续受到优待、轻松过关。

这种变化是否使宗室应举的成功率发生了显著改变,还很难说。1088年,500名宗室举人中产生了2名进士;1092年,602名宗室应举,8人中进士。为了避免作出停止单独考试具有毁灭性影响的结论,还必须注意到,宰相蔡京(1046—1126)曾经指出,从熙宁到1102年的34年间,宗室只产生了20名进士。③ 汪圣铎通过比较的方法统计11世纪晚期获得赐名授官的有服宗室人数,结论为1070—1077年间431人,1086—1098年间396人。

---

① 锁厅试、国子监试和省试的通过率,见Chaffee,*Thorny Gates of Learning*,分别在231页注28,103和106页。
② SHY:TH,5之7b。
③ 汪圣铎《宋代宗室制度考》有源自HCP的数字,182页。

1078—1085、1093、1096诸年数字遗失,即使将这些年份计算在内,827名获得授官的宗室与进士登第的宗室人数之比为41∶1。①第五、第六代宗室加起来超过8 500人,如果将这个庞大的数字考虑在内,可以很有把握地得出如下结论,此期,科举对于宗室的重要性微乎其微。②

比参加普通科举考试更重要的是所授官阶的变化,宗室的授官从南班官改为普通武选官。在1069年的中书、枢密院奏疏中,这种转换仅限于官阶较低的宗室换授低级武选官。将军可以换授诸司副使或太常丞,正率换授内殿承班或太子中允;副率换授西头供奉官。20岁以上、尚未授予南班官的祖免宗室,经大宗正司推荐,有本宅尊长、学官作保,通过考试,可授予右班殿直。③当然,这种考试要比普通科举简单得多。④

祖免宗室不再授予南班官、并可以任职,这两项因素合在一起,似乎足以促成11世纪晚期宗室向普通官僚的转变。⑤ 但是,这并不意味着宗室可以担任所有职位。终神宗之世以及哲宗朝

---

① 汪圣铎《宋代宗室制度考》,179页。将资料缺失年份计算在内,汪圣铎获得赐名授官的宗室累计为1070—1077每年54人,1086—1098每年42人。汪还引1130—1160的数字加以对照,那段时间433(即年均20)名宗室获得赐名授官。
② 此期的墓志资料中没有宗室通过科举登第的例子,当并非巧合。我只见到南宋赵公迈(CABCAGC,1115—1179)的墓志铭中提到他有三个叔叔在元丰年间(1078—1085)登进士第(陈宓《复斋先生龙图陈文公文集》,卷21之9a—12b),很显然这种例子是极其罕见的。
③ 例如,1086年,魏王的四世孙、祖免宗室赵叔湛(CHAJB,1082—1106)获得赐名和右班殿直的官阶。相对于他的身份来说,这是一份特殊的荣宠。赵叔湛获此殊荣的原因可能是因为他祖父(河东郡王)和父亲(防御使)都是高官,但无论如何,他没有被授予南班官这一事实,都是非常重要的(CWTC,卷14之8a—b)。
④ SHY:TH,4之32b—33a。汪圣铎《宋朝宗室制度考》,184页)清楚地列举了这些限制条件。南班官等级见本书第三章53页注①。
⑤ 恩荫是晚期宗室最常见的入仕途径,此期却极为罕见。我只发现了一条非祖免亲使用恩荫的资料(1083年),但这条材料也只是提到此类宗室可以得到恩荫(SHY:TH,5之4a)。

的大部分时间,获得"外官"的宗室都被限制在卑微的监当官职位上。随着时间的推移,限制逐渐减少。宗室可以担任的职位越来越多,1092年,甚至允许宗室在一定条件下担任知县。①

宗室向普通官僚的转变是一个积渐而成的审慎过程。所有人至少在任职之初担任的都是低级职位。然而,授职之低与宗室对王安石的愤怒,都无法抹杀转变的意义。神宗的改革削减了宗室的特权,让许多人感到缺乏保障,但是也有人欢迎它,憧憬在政治上发挥作用。王安石的弟弟王安礼描述了宗室赵仲侔(BAADB,1039—1081)业已觉醒而未及伸张的理想抱负:"熙宁年间,皇帝励精政治,下诏准许袒免以下宗室志愿担任外官。仲侔作为一名宗室近属,铭感恩德,愿意奋身而起,建立功名;不幸的是,壮志未酬而先丧其身,这是多么可悲呀!"②

居所和生活费

上文所描述的宗室膨胀危机牵涉到的问题不只是金钱和数字。当第四、第五代宗室以不断扩大的规模来到人世,宗室诸宅变得越发拥挤不堪。1070年的一则诏书这样写道,"诸宅儿女多,屋宇少"。③ 1069年的中书、枢密院奏疏曾经提到住房问题,允许无服宗人拥有土地、自觅居所。但是,到1070年,皇帝才首次正式签署诏书,发布法令,命令无服宗室离开诸宅,由大宗正司重新平均分配其旧居屋舍。④

---

① 汪圣铎《宋朝宗室制度考》,185页。
② 王安礼《王魏公集》卷7之15a—16a。作为太祖的四世孙,仲侔其实是缌麻宗室。但是上文已经指出,他们也可以从南班官换授外官。
③ SHY:CK,20之6b。
④ 1069年诏书见 SHY:TH,4之33b,1070年诏书见 SHY:TH,4之20b;及 SHY:CK,20之6a。

在接下来的30年中,出现了大量有关宗室居所的法律纠纷,大多与继续居住在诸宅中的有服宗亲有关。其实,早在1068年以前,宗室就可以自己安排工匠,使用官府的建筑材料,来翻新房屋。① 有几次,宗室被赐予诸宅以内或附近的土地,让他们盖房子。另两名宗室则获准居住在租来的房子里。② 但是,我们发现,更经常的情况却是,朝廷试图控制宗室成员的人身移动。1070年,进出诸宅的制度开始松弛。宗室人数众多,如果出入都要报请大宗正司批准,将比以往更加烦琐,奏报规定因此取消。③ 然而七年之后,又颁布诏令,强调严格约束宗室出入,规定没有换外官的宗室不得中途下马,换句话说,就是在路上停留。再有,这些人如果离开"新城"(盖指开封),即使不过夜,也要禀报大宗正司。④ 1081年,特许判大宗正司事赵宗旦自由进行私人访问,只是必须乘坐垂帘檐轿。⑤ 1083年,允许年老体病的宗室成员乘轿外出,但夜晚使用灯笼不得超过两对。⑥

从这些五花八门的问题中,可以看到宗室分散居住渐成事实,仁宗时期的管理措施已经不管用了。这是一个解放的时期,要求摆脱宫墙限制的渴望达到最高点。神宗的两个弟弟颢(英A,1060—1068)和頵(英B,1056—1088)曾多次请求搬出密迩皇

---

① SHY:TH,4之18b。
② 赐予土地的例子,涉及的主要是芳林苑的土地,第三章提到,1064年在那里建造了北宅,见SHY:TH,4之24b—25a,27a;5之1a,1a—b。租房子的例子,一个在1077年,一名祖免宗室获准同父母移到租来的房子里居住;另一个是1081年,一位有服宗亲因住处过于狭窄,获准在居住区以外租一所房子(同上书,4之30a,5之2b)。
③ 同上书,24b。
④ SHY:TH,4之31a。
⑤ 同上书,5之2a。
⑥ 同上书,5之3a。

宫的东宫,都遭到了皇帝拒绝。到了 1086 年,皇太后才为他们在咸宜坊修筑了单独的府第,二人在那里终老余生。①

几乎没有史料提到无服宗室在诸宅之外的索居问题,显然,这已经不再是朝廷关注的问题。1092 年,朝廷准许居住在诸宅以外的袒免以下亲剖分家产,"永业田"和供祭祀之物除外。这条法令不适用于有服宗亲。② 正如史料中提到的,这种做法在宗室的历史上"自来未有",是宗室家庭成为一个社会经济单位的重要步骤。

关于神宗朝无服宗亲的生活补助问题,没有留下任何史料。1083 年,大宗正司上报,魏王一系的某袒免宗室,因家中并无食禄之人,请求照顾。朝廷因此颁布诏书,规定凡有资格通过恩荫得到普通官阶的袒免宗亲,如尚不足出官年龄,父母、祖父母俱已亡故者,可以循无服宗亲之例,得到一份俸禄。③ 1083 年诏令的覆盖面很窄,仅限于有恩荫资格的宗亲。1087 年,朝廷下诏命令,所有祖父母、父母亡故的无服宗室遗孤,如尚未食禄、家境贫困,俱可由大宗正司及"所在官司"审查核实处境,上报朝廷,由户部据其家庭人口(已出嫁的女儿除外)发放钱米。④ 第二年,抚恤内容又扩大到住房补贴。礼部受命对此进行立法。⑤ 1094 年,礼部上奏条令细则,获得批准。条令规定,袒免亲及袒免以外两代宗亲,如父母双亡,本身无官阶或正在等待授职,经大宗正司及所

---

① SS,卷 246,8720—8721 页;范祖禹《范太史集》卷 53 之 1a—3b。
② SHY:TH,5 之 8a—b。
③ 同上书,5 之 5a。
④ 同上书,5 之 7a。
⑤ SHY:TH,5 之 7a—b。

在官司审查、证实处境,可以获得补助。十口以下①的家庭,可得每月钱12②贯、米10石及屋5间;七口③以下,钱10贯、米7石,屋4间;五口以下,钱7贯、米5石,屋3间;三口以下,钱2贯、米1石,屋2间。④ 1095年,为使分配更加平均,又改为每人每月钱2贯、米1石,十二口以下给屋2间。不久,最高补助限额出台,每家每月不得超过钱20贯、米6石。⑤

宗室最低起家官副率的月俸也有15千,因此用宋代官俸的标准来衡量,无服宗室补助的数目实在是微不足道。但是,第五、第六代宗室的数目成千上万,还不算他们的妻室、姐妹、女儿、女婿。把这些补助累加起来,对于政府来说就成了一个不小的负担。这笔费用出自户部而非内库,花费的当然是常规税收。然而,给无服宗室补助的意义却远不止于财政方面,它意味着朝廷虽然大大降低了给疏族的待遇,但却决心要养活所有的宗室(至少也要到第七代)。它标志着1069年取消赐名、授官诏令变革意义的局限性,并在很大程度上决定了此后宗室的性质。

结婚与离婚

第三章曾经谈到,仁宗朝对宗室婚姻制定了完善的规定,对结婚对象有着严格控制。随着1069年皇室疏族赐名、授官待遇的终结,有关婚姻的种种规定也出现了问题。朝廷还是否应当尽

---

① 英文作"ten people and above",当为"以上",译文据《宋会要辑稿》帝系5之9"十口以下"改。——译注
② 英文作"twenty",据《宋会要辑稿》帝系5之9改。
③ 英文将"五口以下"与"七口以下"相混杂,以"四至七口"为一等。译文据《宋会要辑稿》帝系5之8b—9a直接补正。——译注
④ SHY:TH,5之8b—9a。
⑤ 同上书,5之10a。

第四章 重新定位宗室

量限制无服宗室的婚姻呢？应当怎样处理宗女的嫁资及其配偶的授官特权等问题？在变化的背景之下，应当怎样维持对有服宗室的监护？诸如此类的问题不断出现，困扰着朝廷重新构建宗室的努力。

在1069年中书、枢密院包括多项内容的奏疏中，有一部分是关于婚姻的，其中有一个有关袒免及无服宗亲婚姻政策的建议。它规定，袒免亲宗女嫁赐钱（官给嫁妆）减半，女婿授予低级武选官三班奉职。无服宗女仍然可以得到嫁赐钱，但女婿不再授官；如已有官，可以用袒免女婿例迁转。① 最后，袒免亲所娶之妇也可以得到赐予。② 奏疏主张，无服宗亲的嫁娶当依"庶姓法"，但是绝不能与"非士族之家"结为婚姻。③

皇帝是否接受了这项计划，不得而知。④ 因此，我们必须向1077年的一则诏书中去寻找关于远支宗室婚姻的明确规定（又见表4.1）。袒免宗室不得与"杂类"（男曾为仆，女曾为娼者⑤），

---

① 据英文"the process of advancement that applied to t'an wen husbands were to be used"直译。《宋会要辑稿》帝系4之33b原文："袒免女嫁赐钱减半，婿与三班奉职。非袒免女即量加给赐，更不与婿官。有官者与免入远，许依审官、三班院、流内铨法指设差遣，班行仍免短使"，据此，有官宗女女婿的特权其实不是官阶的升迁，而是在注射差遣（即授任实际职务）方面的优待。据上下文，这条规定应当同样适用于袒免及非袒免女婿。——译注
② 据英文"Women marrying t'an-wen clansmen were to receive gift"直译。《宋会要辑稿》帝系4之33b原文为"其袒免亲娶妻量加给赐"，意思其实略有不同。——译注
③ SHY：TH, 4之33b—34a。
④ 这种说法只怕有些问题。《宋会要辑稿》帝系4之34在中书、枢密院的奏疏之下紧接着记载了神宗皇帝的诏书，诏书中有"至于任子之令、通婚之仪，凡曰有司之常，一用外官之法。……告于将来，用颁明验，宜依中书枢密所奏施行。"因此，看起来神宗至少在制度上是接受了这项裁减宗女婚姻赐予的计划。——译注
⑤ 此据英文"defined as those with males who had been slaves or females who had been prostitutes"直译。《宋史》卷115熙宁十年诏原文"杂类之家""谓舅尝为仆，姑尝为娼者"，《宋会要辑稿》帝系7之30a，"杂类，注文为舅曾为人力奴仆，姑曾为娼"。则"杂类之家"的判定标准有着明确的指向，专指宗女未来的公（舅）婆（姑）是否曾经为仆、为娼，而非泛论男方所有家庭成员。——译注

及父母、祖父母属于化外之人或现在沿边两属地居住者结婚。除此之外,有服宗室(缌麻以上亲)还不得与胥吏、纳粟得官、进纳买官、①伎术官、工匠、商人、杂类、"恶逆"之家的子孙通婚。② 无服宗室的婚姻依庶姓法,没有额外限制。③

表4.1 宗室通婚对象:禁婚之家

年 份	宗室范围(如有限定)	禁与通婚之家
1029		工商杂类及曾犯罪恶之家
1077	袒免	杂类(男曾为仆、女曾为娼)之家,父母、祖父母属化外之人或现居沿边两属之地者
1077	缌麻以上	胥吏、纳粟得官、进纳买官、伎术官、工匠、商人、杂类、恶逆之家子孙
1088	袒免以上	与1077年缌麻亲同
1088		内臣之家亲戚
1213	非袒免以下	胥吏之家

资料来源:SHY:TH,20之4b。SS,卷115,2739页。HCP,卷409之4b。SHY:TH,5之7b,7之30a—b。

1088年的诏书重申了不得与胥吏、进纳买官、杂类、恶逆之家子孙通婚的原则,并规定该原则适用于有服宗亲和袒免亲。无服宗室的婚姻仍旧依庶姓之法。④ 朝廷对宗室要有体面通婚对象的要求至少又向前进了一小步。当年的晚些时候,又增加了一条禁令,反对宗室与内臣之家通婚,只是,这条禁令似乎仅仅是针

---

① 这条规定不在1029年的条令当中。也许是对包拯(998—1061)批评宗室与进纳买官之家结婚(赵汝愚《宋名臣奏议》卷33之116—111a)的一个回应。
② 根据《宋史》的一个注,禁婚宗室者后来又加上一类"刑徒人"。
③ SS,卷115,2739页。
④ HCP,卷409之4b。

对袒免以上宗亲的。①

1077年的诏书还描述了缔结婚姻的程序,这是1029年结婚程序之后的第一次。宗室家庭结婚,先委任一名主婚宗室,选择三代有任州县官及殿直以上家庭出身者作为结婚对象,将配偶家庭情况上报大宗正司,宗正司核实情况、召人担保,上报内侍省。诏书还规定了对伪冒者的惩处办法。② 同早期的结婚程序相比,朝廷允许核心家庭在婚姻的缔结过程中发挥更为积极的作用,而试图通过对结果的审查实施某种程度的控制。1086年,至少是在有服宗亲的结婚程序中,出现了回归旧制的努力。③ 但是,由于宗室不断扩大的规模和不断分散的居住范围,这种努力的可行性令人质疑。

1077年诏书对离婚也给出了政策。如果根据法律可以离婚或不相安,可以批准离婚请求,所有赐予物、嫁资④全部追回。否则夫妇必须复合,并予以惩罚。离婚宗女经宗正司审核,可以再嫁,后夫的待遇降等赐给。⑤《宋史》记载,不久又颁布诏书,规定只有本身曾经离婚的宗女才可以嫁给再娶人。⑥

在结婚、离婚的法令之外,神宗朝在宗女嫁资及其夫婿特权方面也略有变化。1070年的诏书规定,袒免宗女之夫,无官者如1069年奏疏的建议,授予三班官,已有官者迁一阶。王安石赞成这项规定,他说:"这样既可以鼓励有官者娶宗女,又提供了一条

---

① SHY:TH,5之7a。大宗正司的上奏使用了"宗室"一词,而没有特别限定是仅指袒免以上亲,还是其他更大范围的宗亲。1098年的一则有关离婚的奏札,提到"宗室"和"非袒免亲",表明至少在当时宗室仅指袒免以上和袒免亲。本书下文将会引用这则奏札。
② SS,卷115,2739页。
③ SHY:CK,20之19b,SHY:TH,5之7b。
④ 英文作"wedding gifts",按《宋史》卷115原文,包括"赐予物、嫁资"两部分,译者直接恢复。
⑤ SS,卷115,2739—2740页。
⑥ 同上书,2740页。

入官的捷径①"。② 史料还提供了根据服纪赐予宗女妆奁钱的规定。熙宁(1068—1077)以后,开国皇帝的玄孙女(第四代)可以得到 500 贯,到第五代(袒免亲),赏赐额降到 350 贯,第六代是 300 贯,第七代是 250 贯,第八代是 150 贯。③ 钱数的确可观,大大超过了低级官员的年薪,但是同精英家族嫁女动辄几千贯的嫁妆④比起来,简直就是寒碜了。这份嫁妆单子出自两部颇受重视的南宋非编年史著作,应当慎重对待。其中谈到了第八代,而第八代只有在 12 世纪初才开始出现,因此这份单子的年代极有可能是在北宋末。然而它却指出了一个在神宗、哲宗朝就已经开始的过程——朝廷对无服宗子、宗女持续不断的扶持。

变革中的宗室机构

11 世纪晚期,决定宗室成员生活的制度规矩在变,宗室机构也经历着重要变化。宗正寺的变化相对较小,可能是因为在这一时期,它的功能已经被限定得非常狭窄了。根据《宋会要》的记载,从神宗朝(1067—1085)起,宗正寺的主要官员有四名:正四品的宗正卿,从五品的少卿,从八品的主簿和从七品的丞。⑤ 宗

---

① 《宋会要辑稿》帝系 4 之 24a,王安石原话为"亦省入官之一道也",而英文作"also 【provides】a shortcut for entering officialdom"。意思殊不同。——译注
② SHY:TH,4 之 23b—24a。HCP,卷 213,5172—5173 页。
③ CYTC 甲集卷 1 之 25;WHTK,卷 259,2057 页。
④ Ebrey(*Inner Quarters*,100 页)简要论述了嫁妆钱,列举了几个钱数在几千贯的例子。一个屠狗卖肉者的妻子甚至也会有几十贯嫁妆钱。
⑤ 同第三章提到的设官相比,唯一的不同是丞的出现。诸官品阶是 1080 年官制改革的结果,这次改革将所有官员分为九品,每品又分正、从两阶。1080 年改革的最权威叙述是梅原郁的《宋代官僚制度研究》,第一章,他的论文"Civil and Military Officials in the Sung:The Chi-lu-kuan System"为我们提供了一个很有用处的英文介绍。

正寺的主要职掌是编纂宗室族谱,记录人口统计资料,制成各类档案。《宋会要》载有各类档案的名称等内容。《仙源积庆图》每三年重修一次,《玉牒》《谱》《属藉》每十年修纂一次。①

至于大宗正司,《宋史》第一次记载它的机构组织是在神宗朝,这反映出其时职能的拓展已经使大宗正司机构的正规化变得十分必要。大宗正司的设官包括"知"和"同知",选择官阶在团练使以上、德高望重的宗室担任;一名"判"②,二名丞,负责睦亲、广亲二宅事务;一名记室,管理笺奏;十二名讲书、教授。③

在以上官职中,丞的设置值得一提。首先,其职掌是对两大宗室居住区进行监护,这表明权力在向大宗正司集中。第二,丞由"文武④升朝官以上"担任。⑤ 使用非宗室担任宗正司的主要职位,史无前例,因此当这一方案提出时,神宗表示了疑问。王安石征引了春秋时期的先例加以辩护,为保险起见,又补充说"圣人创法,不必遵循前代所已行者"⑥。

大宗正司的职掌包括教育、敦睦宗室,受理诉讼,纠正违失。对于纠纷,大宗正司进行调查,提出控告,并作出裁决;遇有无法裁决的事件,则上殿请皇帝定夺。大宗正司还负责保留每季诸宅人员进出记录和宗室成员新生与死亡的年度报告。⑦ 据《宋史》

---

① SHY:CK,20 之 5a—b。关于大宗正司监督修订谱牒的情况,见附录 B。本段对这些档案的描述与其他材料有多处不同,可能文本曾经窜改。
② 判大宗正司事的职掌与知大宗正司事相同,只是"以皇帝近属而官尊者为判"。龚延明《宋代官制辞典》"判大宗正司事"条,291 页。——译注
③ SS,卷 164,3887—3888 页;SHY:TH,20 之 17a—b。
④ 此据英文"civil or military officials of court rank or higher"直译,有误。《宋会要辑稿》职官 20 之 17a,"丞二人,以文臣升朝官以上充",则是只有文臣可以担任宗正司丞。——译注
⑤ SHY:CK,20 之 17a。
⑥ SS,卷 164,3888 页。
⑦ 同上书;SHY:CK,20 之 7a—b。

记载,大宗正司分为五案,设有十一名吏。① 1122年大宗正司六案(见第五章)的前身可能就是这五案,但是此期大宗正司吏属设置的具体情况不详,因此很难说清其中渊源。

前文曾经提到,大宗正司负责核实贫困无服宗亲领取生活补助的资格。最后,1082年,朝廷发布诏令,宣布大宗正司不再隶属于六曹,取而代之的,可能是直接听命于皇帝。诏令还宣布宗正司丞属从此由中书直接任命。② 如果说丞改由文官担任意味着文官集团在宗室事务中发挥着越来越重要的作用,那么,这种作用毕竟还是有所牵制的。

神宗朝从仁宗朝延续下来的一个特点是继续让一批宗室久任其职,长期控制大宗正司。赵宗旦(BAAC)在1064—1067年间担任同知,1068—1082年间担任知宗正司事。《宋史》称赞他的领导具有亲和力而又有效。③ 宗旦之前,其弟宗惠(BAAK)于1061年担任同知,1064年由于与女仆语"不顺"而免职④,1068年,官复原职,直到1082年升任知宗正事。⑤ 不久之后,就在当年,赵宗晟(BCBI,1031—1095)出任同知,并于1084—1095年间担任知宗正司事。⑥ 赵宗景(BEAD,1032—1097)于1085—1096年间担任同知。同宗惠一样,宗景也曾经因为行为轻率而免职。他决心以妾为妻,先把她送出家门,然后又请媒人把她聘回来作

---

① SS,卷164,3888页。
② 同上。
③ SS,卷245,8696页。
④ SHY:CK,20之16b—17a。
⑤ SS卷245,8695页有宗惠传,但关于他任职的大多数信息都必须从HCP中才能翻检得到。
⑥ SS卷245,8712页;SHY:CK,20之19a,19b。

太太。但是,这样的荒唐也没有永久断送他的仕宦生涯。①

关于这一批宗室,有两点值得一提。第一,所有这四名大宗正司长贰都来自太宗(B)一系,尽管太祖(A)一系的宗室在理论上也有任职资格,但实际上却被排除在外,直到南宋以前,仍然如此。第二,这些人全部出自显赫的宗室支脉,有两兄弟出自太宗一系的长房,宗晟和宗景是最早的大宗正司长贰允弼(BEA)和允让(BCB)的后人。从宗晟的例子中,可以看到允让后裔对大宗正司的长期把持。

李逢事件

毫无疑问,这一时期的大宗正司面临许多问题和危机,但大多数都还不足以吸引朝廷和史官的注意。只有到了 1075 年,对杰出宗室赵世居(ABCCX)的谋反指控才使得朝廷和大宗正司都不得不进行彻底的检讨。这场错综复杂的案件不仅暴露了宗室的问题,也揭示了神宗朝政治文化的特点。②

事件的开端是在 1075 年正月的山东沂州。平民朱唐告发前馀姚县主簿、徐州人李逢密谋反叛。提点刑狱王庭筠奉命前去调

---

① SS,卷 245,8703—8704 页。本书第 3 章也谈到过宗景的事。1095 年,就在临死前不久,宗景本人的官阶受到特别升迁,并得到郡王的爵位,以表彰他作同知十年来的贡献。辅臣颂扬他的美德,哲宗也称赞他家法谨严(SHY:CK,20 之 19b)。
② 尽管也有其他史料,但是,《续资治通鉴长编》仍然是李逢事件最重要的史料。《长编》卷 259—266 包含 10 段记载,时间跨度为 1075 年前 7 个月。卷 259,6317—6318 页;卷 260,6336—6338 页;卷 263,6446—6448 页等段落引用了其他史书,提供了李焘的评论,因此包含了对同一事件的不同看法说法。下文将力图从李焘所提供的各种记载中提炼出一个相对连贯的叙述。

查,结果报告说李逢虽然有诽谤朝政的言论,但是没有谋反的行为。① 皇帝对这个结果感到不满,又派了权御史台推直官塞周辅到徐州去调查。夏历三月初,塞周辅上报了他的发现,结果却大大的不同了。他不仅得到了李逢的供状,李逢还牵扯上了太祖的四世孙赵世居。

有了塞周辅的报告,调查的焦点转向赵世居。知制诰沈括(1029—1093)和同知谏院范百禄受命推勘李逢一案,查无"异辞"。案件被移交给开封府的一位推官。② 夏历三月初八,该推官会同宗正丞拘押了赵世居,查封了他的家产。③

到这个时候,调查出现了两个方向。一个指向赵世居和李逢的关系。赵世居的罪名是收留李逢,阅读图谶,语涉悖乱。卷入其中的还有试将作监主簿张靖,翰林祗候、医官刘育和司天监学生秦彪。秦彪把《星辰行度图》交给了世居。④ 关于世居罪名最严厉的指责出自权御史中丞邓绾(1028—1086)。邓绾受诏审查赵世居的往来书信。他这样写道:"李逢、世居之所以起意谋反,都是因为有图谶、袄妄书迷惑神智";又说"多年以来,世居结纳匪人,议论军事,怀挟谶语,寻访天文变异、朝廷得失,伺机蠢蠢而动。"邓绾还报告,在世居的藏书中发现了一部《攻守图术》。⑤

调查的另一个指向是赵世居的交游圈子,特别是那些跟他有书信往还的人。据司马光记载,世居喜好文学,结交士大夫,交游

---

① 有记载说,王庭筠发现根本就不存在什么阴谋,而是有人要借着告发李逢谋取赏金(HCP,卷261,6356页)。
② HCP,卷259,6317—6318页。
③ HCP,卷261,6356页。
④ HCP,卷263,6446页。张靖和秦彪,史料中唯此一见。
⑤ 同上书,6403页。

众多，颇有声誉。① 御史台的审查认为书信之中没有什么重要发现，就连邓绾也承认所有书信看来都是寻常往还。但还是有两位知州因与世居交往而受到牵连。其中的一位之所以受牵连，是因为皇帝认为他的信中包含了不该有的内容，但当王安石追问此案时，皇帝也没能给出什么具体的证明。另一位则是因为书信被发现时有惊恐表现。② 神宗的弟弟嘉王頵曾经请求让谋反者刘育作自己府上的医药祇应，也生怕因此获罪。③

谋反者中最富于阴谋色彩的人物不是官员，是一个名叫李士宁的平民。此人在开封交游广阔，名动一时，很像是一个江湖骗子。让我们再来看看司马光的记载，他在《涑水纪闻》中专门写了李士宁一条，把李描绘成一个歪门邪道的家伙。④ 他善说吉凶祸福，虽然目不识丁，却能够口头作诗。他的预言，司马光看做是异端邪说、甚至大逆不道，但却迷惑了许多人。李士宁周游四方，到了京师，在精英圈子里聚集了一大批追随者。他与王安石交往密切，安石作宰相，李士宁在他的东府中一住就是半年，每天和王安石的子弟交游。安石丁父忧，出居金陵（今南京附近），李士宁也随之前往。据说，二人的想法（"意欲"）⑤变得非常接近。⑥

---

① 司马光《涑水纪闻》，转引自 HCP，卷 259 考异，6318 页。
② 这两位知州，一个是知瀛州（河北）刘瑾，另一个是知明州滕甫。滕甫是李逢的妹婿，因此格外感到压力，虽然他并未受到谋反的指控（HCP，卷 260，6334 页；卷 263，6446—6448 页）。
③ HCP，卷 263，6448 页。
④ 转引自 HCP，卷 259，6318 页。
⑤ 此据英文"their ambitions（i-yü）became similar"直译。"意欲"一词出自《邵氏闻见录》，与野心、想法没有关系。《长编》卷 259 熙宁八年正月庚戌条的考异（6318 页）抄录了《邵氏闻见录》；卷 260 熙宁八年二月癸酉条的考异（6337 页）继承《邵氏》的说法，直接在考异正文中出现了"意欲"一词。兹移录如下，供读者参考："士宁有道术，王安石居丧金陵，与之同处数年，惠卿意欲并中安石也。"——译注
⑥ 除司马光的记载外，HCP，卷 260 也有记载，6336—6338 页。

李士宁的朋友中有不少宗室成员。早在仁宗朝,他就能出入睦亲宅。他提醒这些宗室,他们是太祖的造物,因而值得自己祝福。① 英宗的母亲去世,仁宗为她作了一首挽歌。士宁摘取了其中的四句,把这首挽歌改头换面,变成了世居要当皇帝的预报。据报,世居闻之大喜,重重地赏赐了李士宁。

李士宁与李逢毫无瓜葛,他的罪名是接受了赵世居的鈒龙刀,②并且和李逢一样曾经与赵世居饮酒。对李士宁的指控为赵世居案增添了一层含义,当时的人们大多相信王安石的政敌,特别是吕惠卿(1031—1111)要借此案来攻击王安石。1074 年夏历四月,王安石在批评新法的声浪中引退,将权力交给自己的门生、参知政事吕惠卿。然而,就在王安石不在位的八个月中,吕惠卿却疯狂打击变法派和变法的反对派,竭力巩固自己的地位。神宗感到警觉,遂于 1075 年夏历二月召王安石回朝。接下来是王、吕二人的斗争,其结果,到了 1075 年夏历十月,吕惠卿被贬,出知陈州(京西北)。③

王安石结束退闲回到开封的时候,李逢案的调查刚刚开始。司马光没有记载吕惠卿借此案攻击王安石,因此李焘对这种说法也持怀疑态度。但是,不管吕惠卿的做法如何,单是与李士宁的

---

① 此据英文"he informed the clansmen that because they were the original creation of T'ai-tsu, they deserved Li's blessing"直译,与原文有出入。原文为"士宁以为太祖肇造,宗室子孙当享其祚"。——译注
② 《默记》卷下有专条记载鈒龙刀的来龙去脉,颇为神秘曲折。具体到它与李士宁、赵世居的关系,应当是李士宁赠刀给赵世居,《宋史》卷 334《徐禧传》《长编》卷 266 都有记载。惟《长编》卷 263 作"士宁收鈒龙刀及与世居饮",致人误解。李裕民先生的文章《宋神宗制造的一桩大冤案——赵世居案剖析》可以参看,李裕民《宋史新探》,陕西师范大学出版社,1999 年版,第 30—46 页。——译注
③ 见 Anthony Sariti 的吕惠卿传,在 Herbert Franke 主编 *Sung Biographies*,2 册,707—712 页。

第四章 重新定位宗室

密切关系就已经让王安石处境被动。可能正是由于这层关系,王安石主张对赵世居案的涉案人员的处理要有所限制。而神宗却希望扩大打击面。两人为此进行了争辩。比如,神宗指责大理评事王鞏说"世居似太祖";王安石则引用杜甫"虬髯似太宗"的诗句,反问说这两句话究竟有什么不一样。王安石建议对赵世居要按法律惩处,但对世居的妻儿老小要宽大处理,对其他涉案人员则要谨慎。关于本案的潜在影响,他的意见是:

> 如果我们处理这个案子时,从重处罚监司,厚赏告密者;那么,我非常担心,这样一来,诬告之门大开,小人借此谋求赏金之利。相关官员为避免祸及己身,将会牵连他人。我愿陛下深刻反省。当今的风俗,有太多的人为了一己之私利,不惜枉杀无辜,诬陷别人全家!①

王安石的请求只部分奏效。李士宁受到杖脊,流放湖南,也许是王安石的干预救了他的命。其他人的运气就没有这么好。赵世居被允许自杀。他的子孙免于死罪,但遭到监禁;他们名字中的宗室排行字被取消,从皇家族谱中除名。世居的兄弟、叔伯、侄子都遭到降级处分,妻子、女儿、儿媳则被迫在禁寺中出家为尼。②

在其他主要谋反者中,刘育凌迟处死,他的妻子流放广南,为军员奴婢。张靖腰斩,他的父母、妻子遭到杖脊,流放广南。秦彪流放湖南,限制居住。所有被指控与世居交通的官员,降级的降

---

① HCP,卷 263,6447—6448 页。
② 同上书,6446 页。值得一提的是,赵世居父亲从贽(1007—1050)的墓志铭,出自当时非常得意的官僚王珪(1019—1085)之手。这篇墓志铭的写作远在 1075 年以前,但却没有提到世居,只列出了从贽在《宋史》宗谱中有记载的五个儿子。世居当然是被删掉了(HYC,卷 39,531—532 页)。

级,停职的停职。① 王庭筠,那个最初判定李逢罪名为无根之谈的提点刑狱,遭到弹劾,上吊自杀了。②

大宗正司的官员也遭到了惩罚。知大宗正事赵宗旦因未能觉察李逢的出入而降级,同知大宗正事赵宗惠则因借兵书给世居而降级。大宗正司的几个低级官员也受到了降级处分。③

以我们距离宋代的遥远,已经无法判断李逢、赵世居的罪名中究竟有多少真实成分。关于赵世居,除了邓绾的一句"出处架结"意欲谋反以外,没有任何证据证明有什么反叛在策划当中。但是,却有足够的证据表明,1075年的春天,弥漫着一种驱傩捉鬼的氛围,赵世居的熟人朋友和所谓的"同谋"就成了这场游戏的牺牲品。

这一事件的突发性向我们展示了开封和北宋中期宗室难得一见的一面。第一,事件揭示了大宋朝廷对待宗室的无情铁腕,与宗室们习以为常的脉脉温情形成鲜明对照。只要威胁到皇位,即使只是象征性的,皇帝也会随时报以激烈反应。我们无从了解宗室对赵世居命运的感受,但可以想象他们必是感同身受。第二,李士宁这样一个人物的成功令人深思。当然,任何社会、任何时代都会有很厉害的江湖骗子,但是李士宁(还有李逢)如此轻易地进入宗室诸宅,却表明朝廷将宗室孤立于社会之外的努力是远远不够的。第三,贯穿这一事件的种种记录的一个主题是书面文字的力量,特别是当它与谶语、天文、兵书联系起来。事实上,邓绾在报告了世居的恶行之后,紧跟着就建议禁止流传、搜集并焚毁图谶文书。皇帝接受了他的计划,下诏命令两月之内,凡主动

---

① HCP,卷263,6446页。
② HCP,卷261,6356页。
③ HCP,卷266,6521页。

上交此类书籍者无罪,告密者赏钱 100 贯,犯禁者处以死刑。①这一事件给人造成强烈的印象,是政府没有能力对人的行为管得太宽。在开封四海一家、商业繁荣、文化发达的氛围中,想要有效控制书籍的流通或者人的活动,都不大可能。朝廷所能做的,只是抓住一个狠狠地处置一个,希望能收到一点杀鸡给猴看的效果。

宗室的迷惘

　　探究北宋晚期宗室历史的问题之一,是墓志铭的失语。墓志铭在展示宋代宗室的人性化特点方面发挥了重要作用,但在北宋晚期,它却无所作为。前一章曾经提到,北宋的宗室墓志铭大多由朝廷委派官员撰写,而且是批量生产。南宋的墓志铭却通常是家人请求死者的朋友、故交撰写。北宋晚期属于前一类的墓志铭,仅存一批,作者是慕容彦逢,墓主死于 12 世纪初,不幸的是,这批墓志铭信息极少。后一类的墓志铭此期还没有出现,我认为这表明大多数宗室与士大夫集团的社会鸿沟仍然存在。

　　另一类史料缺失——如果可以称为史料缺失的话——是证明皇帝与宗室私人交往的资料。处理赵世居案期间,神宗曾经长篇大论地同大臣们讨论宗室问题,但是,无论他还是哲宗都没有再像仁宗那样,设宴款待宗室,或者为宗室主持特殊的比赛。考虑到神宗的主要政策是削减宗室待遇、停止无服宗亲的宗室特权,这一缺失很容易理解,它意味着宗室正在失去它最有价值的资源:与皇帝的亲近关系。

---

① HCP,卷 262,6403 页。

此期大量的制度史资料均指向本章的核心主题,这就是,由于人口增长、费用冗滥、血缘宗族关系变得越来越疏远,宗室正在经历着一场彻底的重新定位。那么,无服宗亲究竟是否应当失去国家所有的庇护呢？这个问题最为迫切,而答案却尚不确定。到哲宗末年为止,朝廷采取了一些重要行动,以确保联系的继续,但是,未来宗室的角色尚不明朗。

简单地说,宗室方向不明,感觉迷惘。关于宗室家庭内部情况的材料十分罕见。一则史料记载了一桩苦涩的家庭纠纷,某宗室控告兄弟的家人偷窃。① 另一则史料则描述兄弟们创办一个表达手足之情的联谊会"棣萼会"。② 当宗室家庭不得不越来越像普通家庭那样持家时,和睦与纠纷就成了要紧事儿。

再没有什么比婚姻关系更能体现宗室模糊的新地位了。上文曾经提到,个体宗室家庭在处理自家嫁娶问题上的角色更重要了,无服宗室的婚姻限制大多——虽然不是全部——被取消。经历了这样一些变化之后,一个现实问题出现了,不是所有的宗室家庭都能与理想家庭结亲。特别是宗女配偶的授官特权,就像是一块磁铁,吸引着各种各样的家庭。王安石也许会觉得这个办法可以保证宗女都嫁给官员,可是其他人却对此感到怀疑。

赵世开（AAEAC）就是一个持怀疑态度的人。他在朝见神宗时对宗女的婚姻现状表示抗议,说富家把宗女居为奇货,娶了她,就不再为谋取一官半职而费力。皇帝受到感动,要请他作宗

---

① SS,卷245,8700页。告状的叫赵宗谔(BCAA,1082年卒)。他的弟弟宗肃(BCAD,1082年卒)回答说:"且不论我的诚实,可是你对兄弟竟然这么缺乏信任吗？"宗肃自己出钱赔偿了失窃的宝物,做哥哥的感到惭愧,不肯接受,最后只有把钱施舍给僧人。后来东西找到了,而宗谔也没再说什么。
② SS,卷244,8677页。棣萼比喻兄弟。

正官员(世开拒绝)。① 其实这早已不是什么新鲜抱怨。1068 年,侍御史知杂事刘述(1034 年进士)上疏,主张将宗女的配偶限制在现任文武官员中,结果并不成功。他指出富裕的闾里村夫借用别人的祖宗三代来骗取宗女婚姻,"紊乱国经,尘秽天属,再没什么比这个更糟糕的了。"②

朱彧(1075—1119 后)对北宋逸事搜罗宏富,他讲了一个发生在元祐年间(1084—1093)的生动事例:

> 广州蕃坊一个姓刘的人娶宗女为妻,官至左班殿直。刘死后,宗女无子,刘家争分财产,有人敲登闻鼓告状。朝廷这才警觉,竟然有宗女嫁给了夷人,下令加以禁止,规定必须一代以上有官才可以娶宗女。③

一个来自帝国南部边陲、可能有着外国血统的平民竟然娶得宗室女儿,他的家庭又竟然会在他死后随即陷入分家纠纷(无疑他们争夺的是她带来的大笔嫁妆)。这个例子非常有力地证明,哲宗初年朝廷对宗室是多么缺乏控制。更为引人瞩目、更具有实际意义的,是起居舍人彭汝砺(1041—1094)于 1088 年所上的比喻生动的奏疏,请求详细制定袒免宗子、宗女婚姻条贯。按规定,袒免亲不得与"非士大夫之家"通婚,彭汝砺说,他不知道这条规定究竟意味着什么,特定的禁婚条令仅仅是针对有服宗亲的,这就为无服宗亲与进纳买官者,甚至恶逆之家通婚开了口子。接着,他写道:

---

① SS,卷 244,8677 页。棣萼比喻兄弟。
② 赵汝愚《宋代名臣奏议》,卷 33 之 11b—12a。
③ 朱彧《萍洲可谈》(SKCS 本),卷下之 10a。转引自李与昆《泉州海外交通史略》,83 页。

> 我认为,积累丰厚的河流才能流得长远,源头在远方的湖泊水才能深,因为它们有来源。天子的宗亲,向前要上推七代,永志不忘。同样的道理,向下推到远支也应当予以承认。宗室袒免亲虽然疏远,但也是祖宗的后裔,与国体有关。现在却被弄得芜秽荒远,成了婚姻中的商品。① 实在不是祖宗的光荣。②

接下来,彭汝励以生动而富于情节的语言描述了问题的后果:

> 豪商大贾,凭借财富横行乡里,进纳三千到五千贯,买个助教、主簿的官衔,窃取了士族的名分;再花上几千贯(与宗室结婚),成为官亲,就取得了"官户"身份,窃取恩宠,蠹害国家,倚仗权威,欺凌弱小,怎么能不成为国家的耻辱呢!

在最后的断语中,彭汝励揭示了宗室婚姻交易的另一面。他让我们看到了一场完全不同的秘密交易,一边是钱,另一边是婚姻和它所附带的官阶,至少说来如此。更令人震撼的是他所使用的意象,以及这些意象所展示的态度。宋人通常以"天之枝叶"来比喻宗室,彭汝励谈到了"国体",这是可以遭到玷污的(如刘述所言),他还提到了河流聚为湖泊。他关注的是宗室的纯洁,而这种纯洁的最大威胁来自宗女的婚姻。

通过的比喻,彭汝励巧妙地描述了宗室在 11 世纪晚期给国家出的难题。如果无服宗室也是这条天河的一部分,那么,当这一部分宗亲被剥夺了朝廷的支持,又怎样才能维持河流的纯洁?

---

① 原文为"今宗室虽系袒免亲,然皆出于祖宗,而同系于国体。乃使污秽荒远,皆得以货取","污秽荒远"显然指宗女配偶一方。——译注
② 赵汝愚《宋名臣奏议》卷 33 之 12b—13a。

哲宗给无服宗亲提供生活补助,表明他开始明白完全断绝对无服宗亲的支持不可取,但是,我们在下一章中将会看到的,这种做法也不是一个令人满意的解决之道。

第五章　开创次级中心

1100年,哲宗夭折,他的弟弟、年轻的赵佶(1082—1135)即位,成为宋朝的第八位皇帝,史称徽宗(在位期间,1100—1126)。1126年,北方女真族建立的金侵宋,俘虏了已经逊位的徽宗、徽宗的儿子钦宗(1100—1161;在位期间,1126—1127),还有数以千计的天潢贵胄。从1100年到1126年,宗室经历着巨变。宗室家庭越来越泯然众人,徽宗和首相蔡京(1046—1126)所制定的耗资巨大、野心勃勃的改革方案,又将他们连根拔起、流离失所。上一代决定继续向无服宗室提供补助和特权,使宋代宗室迥异于前代;这一方案则更进一步,早在1126年的惨剧发生之前,就已经为宋代宗室贴上了前无古人的标签。

蔡京的改革

确定宗室发展新方向的时间是可以确切考定的,1102年夏历十一月十二日,蔡京上疏,洋洋洒洒一大篇,制定了各种宗室事务的解决之道,皇帝全盘接受。此时,徽宗即位不足两年。因此,只有到了1102年的下半年,朝廷宗室发展政策的大方向才变得明朗起来。

哲宗24虚岁暴病而终,没有留下任何子嗣。哲宗死时,赵佶虚岁19,是神宗的第十一个儿子(在存活下来的儿子中排行老二),封端王,按说轮不到他即位。是向太后顶住了宰相章惇(1035—1105)的抗议,坚持如此,徽宗这才意外地做了皇帝。①皇太后支持徽宗的一个原因,可能就是看中他年轻,以为他一定驯服柔顺。徽宗在位的头三个月,皇太后垂帘听政,共治天下。②然而,当他一旦开始亲政——特别是1101年初皇太后驾崩——之后,徽宗却开始果决地行动起来(这种果决,在许多历史学家眼里,却是灾难性的)。同1094年哲宗亲政后一样,徽宗也偏向变法派。这些变法派祖述王安石,同元祐摄政时期风光一时的保守派誓不两立。徽宗表明自己立场的第一个举动是从1102年起改年号为"崇宁",意思是光大他父亲在熙宁时期的作为。同哲宗不同的是,徽宗所任用大臣的派性和复仇心理更为极端,无论是同变法时期,还是同反变法时期相比,都有过之而无不及。

徽宗的大臣中的最重要人物当然是蔡京。从1102到1125年,除短期的间断外,蔡京一直是徽宗的宰相,权力炙手可热,影响无人能及。徽宗和蔡京,就像是神宗朝头十年里的神宗与王安石一样相互信任。因此,很难判断哪些是徽宗的意志,哪些是蔡京的意志。蔡京是福建兴化军人,1070年进士及第,是变法的忠实支持者。但是,这并不妨碍他后来依附司马光,1085年,司马

---

① SS,卷19,357—358页。皇太后和宰相们的争论谈到了诸王生母的地位、他们的年龄、健康状况(最年长的申王因有眼疾而丧失了问鼎资格),以及徽宗的轻佻品质。实际上,章惇反对端王即位的真正理由可能就是他的品质。根据记载,这位年轻的王爷以搜集珍禽异兽、奇花异草和酷爱赌博、女色而著称。见丁传靖《宋人逸事汇编》,60页。
② 皇太后的垂帘于1100年夏历七月结束(SS,卷19,359页)。

光恢复"差役法",废除了变法的一项重要改革,而蔡京表示拥护。① 1094 年,蔡京官至权户部尚书,并与章惇相熟。然而,他之所以跃升为宰相,却是承了大宦官童贯(1126 年卒)的庇护。1102 年初,童贯到杭州为皇帝搜集奇石巧物,在那里遇到正做着闲官的蔡京。②

1102 年夏历四月,蔡京拜相,此后的几个月内,朝廷应蔡京的请求采取了两个大动作。第一是采取措施打击政治上的反对派。120 名官僚被定为元祐叛党,名字刻石昭示天下,超过 500 名反对派遭到降黜。③ 第二,在一些重大制度上积极变革。在全国范围内恢复了茶的专卖;④巩固了中央控制食盐制造流通的制度;⑤在整个帝国建立慈善医疗制度;⑥创立三舍法,将县、州官学和开封国子监结合成为一个从高到低、秩序井然的等级教育体系;⑦再有,就是宗室改革方案。所有这些措施都贯穿着一种国家主义的精神(statist approach):肆无忌惮的制度改革,中央控制一切,以及调动庞大资源——这些资源通常属于地方政府——

---

① 周宝珠、陈振的《简明宋史》对此有极具说服力的描述,215—216 页。关于役法方面的巨大变化,见 McKnight, *Village and Bureaucracy in Southern Sung China*, 35—37 页。
② SS,卷 472,13722 页。又见 Mcknight 主编,*Sung Biographies*,3 册 1090—1097 页。
③ 明 陈邦瞻《宋史纪事本末》(北京:中华书局,1977)卷 2,482—483 页。此事发生在 1102 年夏历九月。
④ 见 Smith, *Taxing Heaven's Storehouse*, 195—196 页。
⑤ 见 Worthy, *Regional Control in the Southern Sung Salt Administration*, 104—105 页。
⑥ Scogin, *Poor Relief in Northern Sung China*, 34 页。实际上,正像 Scogin 所指出的,慈善医疗只是蔡京庞大的慈善救济体系中的一部分,这一体系还包括给穷人建立住房和墓地(漏泽园)。
⑦ 相关资料浩如烟海,英文的著述,可以看 Lee, *Government Education and Examinations*, 64—65, 77—80, 126—127, 256—257 页;以及 Chaffee, *Thorny Gates of Learning*, 77—84 页。

的意愿。

在讨论宗室事务的九条奏疏中,蔡京陈述了自己的意见和建议。这九条奏疏,有关教育的一条,四条讨论科举和其他入仕方式,一条讨论如何养活散处各地的贫困宗室,最核心的三条提出了一个在地方创设两处宗室居住地的计划。① 蔡京认为,宗室所面临的种种困难的起因,是政府放弃了对无服宗室的管理,使他们在社会关系上和经济上丧失了安全感,但其人数却在不断激增。蔡京描绘了这些宗室的凄凉景况:"远支宗亲散居首都各处。……门户出入没有禁约,社会交往不加节制。违法犯禁者时有发生。生存无计的贫困宗室的就像普通齐民一样,无力赡养父母、抚养子女,没有房子来遮风挡雨。"② 蔡京指出,有的远支宗室得到赐田,但这却使情况变得更糟,因为"当居处分散到邻近各州,如果他们违法,我们就更加鞭长莫及、无能为力。"③ 允许宗室通过科举入仕,从而提高他们的地位,这是神宗所盼望的。但是事与愿违,科举并未使宗室的地位得到显著改善。宗子教授名存实废,青年宗室受不到应有的教育。因此,即使是要求并不苛刻的量试也极少有人考试通过。量试始于 1069 年,是特为宗室举行的考试,地位相当于特奏名的简化考试,当然,其他方面则不同。④ 那些通过了量试的少数宗室也都是所学不广,素质极差,

---

① SHY 的辑录者将这篇奏疏分成两半,放在不同的类别中。SHY:CK,20 之 34a—b 包括了宗室居住地计划和贫困散居宗室救济计划。其余的部分在 SHY:TH,5 之 15b—18a。
② SHY:CK,20 之 34a。
③ 同上书。
④ SHY:TH,5 之 16a。与第 4 章中提到的宗子锁厅试和国子监试不同,量试与科举之间没有正式联系。蔡京希望重振量试,根据他的说法,量试是对 25 虚岁以上无服宗亲开放的考试,只需就经义或法律回答两个问题。关于量试与特奏名考试的对比,见同书,18a—b。

难以为官治事。①

蔡京解决上述问题的方案包括这样一些因素：土地和居所，教育和考试，以及授官。第一组因素是最基本的，他计划通过赐予土地，将所有的远支宗室集中到两大居住区，从而重新巩固宗室组织。这两个居住区，蔡京称为"敦宗院"。

敦宗院

蔡京把授予远支宗室土地作为他的出发点。神宗重新建构宗室时，就曾经采用过赐予土地的办法。但是，这种做法并未在宗室中推广。而宋代以前却有不少向宗室颁茅裂土的先例，因此蔡京把它作为改革的基础，并不令人感到惊讶。

按蔡京的计划，在西京（河南府，洛阳，西距开封175公里）、南京（应天府，在开封东南125公里）及邻近州府，取未卖"官田"，逐州建立"宗室官庄"。委派官员与当州通判共同管理，每庄设两名指使处理日常事务。收成的三分之一储备起来，以备水旱灾荒，其余的则用于支付宗室成员的开销。计划将从西京开始，蔡京打算初步拨用土地10 000顷，约合150 000多亩。②

有了这些官庄上的收入，就可以在两京建立敦宗院。看起来蔡京并未打算把敦宗院设计成一个集中居住区，他建议使用官府的宅院，如果官府宅院不够，可以在远离市井的开阔地建房；也可以在邻近两京的州府居住。两京分别设立外宗正司，负责开封以外的宗室事务，以贤明宗室为长官，从本州属官中选择二人担任

---

① SHY：TH,5 之 15b—18a。
② SHY：CK,20 之 34a。

丞和主簿。①

虽然一般而言，敦宗院是为所有袒免以下宗亲所设立的，但是，蔡京却特别指出，第一批进入敦宗院的应当是父母兄弟全无者，以及未任将军、副率以上官阶者。有父母兄弟者也可以自愿进入敦宗院。依照普通官员赴任的规格调拨船只，送这些宗室搬入新家。②

传记资料很少谈到敦宗院，因此宗室们对这道移民陪都的政令反应如何，我们不得而知。也许会有人把它看做是一个值得高兴的机会，但也必定会有人把它看做一种变相的流放，要让他们离开亲朋好友，离开令人激动、予人快乐的大都市开封。宗室成员实际的迁移似乎是逐渐发生的，据报1104年夏历九月，有325名宗室成员已经到达了南京。这个数字肯定只代表了一部分有意搬迁的宗室。这个数字出现的语境非常有趣，提到它的那道奏疏事关宗室成员从公使库中按月领取酿酒所需麹麦的权力。③批示诏令规定，成年宗室每月可获得两石麹麦，五至十五虚岁的孩子减半，五岁以下应当没有酿酒的需要。④ 显然，酿酒的特许是宗室搬到外地所获得的经济特权之一。

下面一则关于敦宗院的全面报告是1109年夏历三月的一份诏令，其中描述了一幅黯淡的图景。徽宗指出，设置敦宗院，本来是为了在首都以外为宗室提供居所，照顾无禄之人，教育青年宗

---

① SHY：CK，20之34a。
② 同上书，34b。
③ 据英文直译，有误。原文说的是宗室不能私自造酒，但可以按一定的限额，把造酒原料（麦子）折价交给公使库，由公使库代造酒麹。《宋会要辑稿》帝系5之18a—19b原文如下："九月二十九日，南京留守司言：准外宗正司令，诸宗室不得私造酒麹，许于公使库纳麦价钱寄造。每人月不过一硕，遇节倍之。……"——译注
④ SHY：TH，5之18b—19a；SHY：CK，20之34b—35a。前一条史料对奏疏和诏令的记载都比后者详细。

室。"然而,几年下来,别都宗室动辄犯法,官员不能禁止,令当地百姓备感骚扰。儒学教授很多,学生却没有多少。官员冗滥,事务却变得繁难。"因此,徽宗下令关闭两所敦宗院,取消相应官员设置。宗室住宅归还地方官府,田产由常平司掌管。宗室家庭当在两个月内腾空房产,由官府拨发船只,提供驿券,让他们返回开封,在睦亲、广亲宅附近居住。①

由于史料的缺乏,我们很难了解是什么原因催生了这样一份诏令。宗室难管是很可以理解的,再加上他们初到西京和南京,他们高贵的皇族血统,地方官员必定会感到困惑,不知道该怎样对待他们才好。但是,也可能敦宗院的命运是与蔡京的命运连在一起的。就在这则诏书颁布两个月之后,蔡京因台谏批评他有不轨行为而罢相。差不多过了三年,蔡京才官复原职,在这三年里,他的教育改革方案出现了严重停滞。② 更有说服力的是,1112 年夏历七月,就在蔡京复相三个月之后,敦宗院又恢复了。③

重建之后的几年之间,敦宗院繁荣发展。1114 年的报告称两京有 16 所宫院、1 427 间房屋。敦宗院按照 1109 年以前的规定运转,为宗女结婚准备了丰厚的基金,外宗正司新近为 48 名即将入院的宗室预备了屋舍,说服 215 名宗子进入宗学。④ 这些数字给人留下了深刻印象,但是同 1120 年诏书中的统计数字相比,又不免黯然失色。1120 年诏书指责朝廷对某些宗室的待遇过分慷慨,认为敦宗院靡费过当,指出这两个居住区共有土地 44 000

---

① SHY:CK,20 之 35a—b。
② SHY:CJ,2 之 14b—17b。
③ SHY:CK,20 之 35b—36a。
④ 同上书,36a—b。

顷（约660 000亩）、房屋23 600间。①

　　以上数字可能代表了敦宗院的最大规模，因此我们必须停下来，稍事考证。敦宗院住宅中究竟住了多少宗室成员，没有数字留存，但我们可以作一些估计。敦宗院的目标人口是祖免以外两代宗室，也就是说，太祖、太宗两系的第六、第七代，魏王一系的第五、第六代。从表2.2可以得知，这个范围内的宗室成员数量在10 600以上。当然，也必须考虑以下因素：许多第七代宗室直到南宋才出世（表2.3）；再有，太宗一系的许多宗室属于有服宗亲，仍旧在开封居住。② 因此，可以保守地估测，约5 000名宗室居住在敦宗院。再加上数量相同的女性，院中人员总数就是10 000。③ 这个数字意味着每个宗室成员有4顷——即60多亩的土地作为生活来源，这种待遇水平，无论以什么样的标准衡量都是慷慨的。

　　来作一个比较。1102年蔡京还建立了三舍法学校体系，据报，1109年这些学校总共有105 990顷地，155 454楹（即间）屋舍，其中95 298楹为校舍，167 622名学生。④ 学校的土地大约是两院宗室的2倍，房舍是两院宗室的7倍，但是学生的人数却是宗室人数的16倍（若只算宗子，则至少为32倍）。而且，学校及其土地分散在帝国各地，而敦宗院却只限于两个地区。令人遗憾的是，以笔者的陋见，还没有看到任何有关两院对两京影响的证据。我们在后文将会看到，南宋两大宗室中心之一的泉州，虽然

---

① SHY：CK，20之37a—b。
② 我们从后文中可以知道，1126年女真人从开封劫掠了大约三千名宗室到北方，这一事实可以表明，开封宗室诸宅继续居住着大批宗室。
③ 这一粗略的方法没有把命名之前就已夭折的男孩计算在内，并且假定出嫁的宗女与嫁入宗室的妇女人数相互抵消。倘若考虑到这些因素，本文的估计必然会有修正。但是小的修正不会改变帝国对待宗室慷慨大度的总体印象。
④ 葛胜仲《丹阳集》卷1之2a—b。

比北宋两京要大得多,也繁荣得多,它所养活的宗室人口要少得多,但是,泉州却感到耗费巨大、麻烦至多。

此期政府给无服宗亲的待遇,我们只能说是慷慨大度。这一章缺乏像第四章1094年那样的宗室补助清单,但是,我们知道,所有宗室成员都可以按月领取钱、粮,酿酒用的麹麦,以及结婚和丧葬补助。再有,敦宗院对孤儿、寡妇、回到院中的离婚宗女都有特别的安排,甚至再嫁的宗女也有补助。①

远支宗室可以在多大限度内可以选择是否到敦宗院居住,是一个重要议题,相关记载多种多样。蔡京1102年的奏疏强调有父母、兄弟在开封者的移居是自愿的,那么,看起来其他人则别无选择。但是,1106年的诏书则禁止官员违背宗室的意愿,强迫他们搬家。看来政府希望避免离散家庭,特别是在有祖父母需要照顾的情况下。② 同一时期,又设置障碍,禁止敦宗院宗室返回开封。1116年,出台了关于宗室到开封探亲、赶考的详细规定。③ 一年以后的诏书则命令将所有已经从敦宗院搬回开封的宗室遣送回两京。④

敦宗院最初的理论基础是古代对远支宗室的分茅裂土,但其结果却是把无服宗室重新拉回了政府父亲般温暖的怀抱。同睦亲、广亲宅里的族人比起来,敦宗院的生活不是那么奢侈,而且肯定更加地方化了,但是要说二者之间有什么本质差别,也值得商榷。

---

① 见 SHY:CK,20之36a。1112、1113年的法令规定为寡妇和没有近亲的宗女提供住处,为她们提供补助,包括再婚资助。
② SHY:CK,20之35a。
③ 同上书,37a。
④ 同上。

有一个变化,敦宗院不仅仅是皇帝和朝廷(court)所关注的,而在很大程度上是大宗正司——下一节将加以讨论——和政府(rgular government)关注的问题。两京地方官参与了敦宗院和宗室地产的管理。上文曾经论及,敦宗院背后的推动力量似乎来自蔡京而非徽宗。不仅它的方法与蔡京的其他改革措施极其相似,就是敦宗院的命运也和蔡京个人的沉浮紧紧地联系在一起。① 蔡京钟情于通过组织严密的官僚机构推行政令,敦宗院则体现了这一精神,此期的大宗正司制度之复杂达到顶点,也清楚体现了蔡京的意图。

大宗正司及其分案

关于此期大宗正司的最基本资料是尚书省在1122年所上的一道重要奏疏,②时间是在蔡京倒数第二次倒台(1125年他又短期复相)之后。这一时期的许多文件讨论的都是缩减开支,而不是采取新的行动。这道奏疏也不例外,讨论的是将宗室待遇从过于膨胀的水平削减到神宗时期的水平,但是,奏疏最突出的地方倒不是削减开支,而是它所描述的大宗正司复杂的组织机构。

此期的大宗正司分为六案,③奏疏所述各案职掌如下:

1. 士案,掌有南班官的宗室、有服宗室及袒免宗室的婚

---

① 除了上面谈到的1109、1112年两个法令以外,还有1120年的诏书,它不仅提供了宗室的人口统计,还宣布了敦宗院的结束。这则诏令也是在蔡京再度去职才两个月之后签署的。
② SHY:CK,20之20a—21a。
③ 六案,英文作"six sections (an-his)",直译为"六案系",是对《宋会要辑稿》职官20之20原文"士案,係掌行(略)……户案,係掌行……"的误读,译文径改,以下之"案"同。参《宋代官制词典》"大宗正司",291页。——译注

姻、住房、赐名授官，宗女之夫请求授官，奏荐恩泽，岳庙差遣，卫官换授外官等事宜。

2. 户案，掌受理南班等宗室请求，但主要是针对无服宗亲。其职掌包括上报宗族信息（出生、结婚、死亡），掌管分家、嫁娶、住房，存恤孤儿、穷人和其他破落户，特别是拨发补助给他们。①

3. 仪案，掌宗室朝参，祭祀、宗庙事务，陈乞入道、为尼，以及宗室教育和量试。②

4. 兵案，掌宗室出任亲事官（可能是荣誉性的侍卫官），③以及为宗室提供马匹。

5. 刑案，掌法律事务及刑罚，特别是宗室与非宗室之间的纠纷。刑罚包括降黜和禁闭。

6. 工案，掌建筑、维修开封以外的宗室住宅，及其他各类杂务。

这条材料是孤立的，因此我们很难说清还有没有其他功能，以及这些案是怎样运作的。《宋史》关于大宗正司的描述来自神宗时期（见第四章），提到了五案的存在。看起来徽宗时期大宗正司的发展是零敲碎打的变化，而不是像敦宗院那样突飞猛进的。但与此同时，大宗正司对全体宗室在大多数问题上都还继续拥有管理权，随着西、南二京的卫星住宅区和宗室机构的创设，它在组

---

① 户案的职掌是在财务方面，《宋会要辑稿》职官20之20，"户案，係掌行南班宗室请受，非祖免以下亲降生、分割财产、嫁娶、房卧钱，幷宗室出磨添陈乞孤遗钱米，并核实诸路孤遗钱米等事务。"读者可以参看。——译注
② 礼与考试之间的关系源远流长，科举制度中，就是以礼部提供场地、操办省试。
③ 此据英文直译，有误。宋代亲事官是为皇帝和宗室等提供安全保障服务的兵种，由皇城司掌管。《宋会要辑稿》职官20之20a原文为"兵案，係掌行宗室差亲事官兵士、省马等事务"，则此亲事官是宗室的卫兵。——译注

第五章 开创次级中心

织结构方面的问题无疑是大大增加了。在这些问题当中,有关教育、入仕和授官的材料最多。

教育和入仕

正如我们在第四章中看到的,尽管神宗的改革把考试竞争作为核心,但是无论在神宗朝还是在哲宗朝,都少有宗室通过考试。一个主要的原因是,几乎没有采取任何措施来提高宗子的教育水平。具体而言,就没有为无服宗室创造任何专门的教育设施。1091年,通过了一项建立宗学的计划,但却没有付诸实施;1101年,徽宗下令重新修订这项计划,但是在他统治时期,也没有材料证明哪怕一所宗学的存在。①

同传统上一样,教育的重点仍然是宫宅中的学校和教授,而蔡京则积极地在他的1102年奏疏中赋予学校和教授实质内容。每宫各置大学、小学,添置教授。大小学设置考选法,每月、每季考试,选拔文艺出众者。10虚岁以上的宗子入小学,20以上入大学。10岁以下愿入小学,20以下愿入大学,亦可。入学读书是强制性的。对于失学宗子及负责官员,奏疏详细记述了惩治条例。②

蔡京提高宗室教育水平的努力取得了一些成果,至少部分要归功于政府持续不断的强调。1106、1107年,有两批教授、学官因成绩优异而受到奖赏,第一例发生在开封的宫学,第二例却是在南京敦宗院的大学。③ 1108年,又有两位官员(其一为宗室)④因请

---

① SHY:TH,5之14a。
② 同上书,5之16b—17a。
③ SHY:TH,5之21a;SHY:CK,20之35a。
④ 据英文直译,误。提出这个荒唐建议的只有一位宗室仲琛,他得到的惩罚是"特降两官"。见《宋会要辑稿》帝系5之22b。——译注

125

求让学校考试不合格的宗室直接升入高一级学校而遭到降级。①

信息更为丰富的是 1108 年的奏疏和随后的诏书,它们试图在宗学与太学之间建立某种联系。此举关系重大。三舍法已经将全国的官学联成一个整体,每个学校从低到高分为外、内、上三舍,学生根据考试成绩和道德品质升级,自外舍而内舍、而上舍;从县学到州学,到太学外舍——称为辟雍,再向上升入内舍和上舍。太学上舍取代科举考试,毕业即可获得进士头衔。② 奏疏主张宗学上舍可以与州学生一道参加省试,十人取六——这是一个相当宽厚的数字,其他举人的录取率仅为十分之一。③ 问题是,怎样处理那些落第宗室?州学落第举人有权留在辟雍继续学习,而落第宗子却被送回原来的学校。皇帝批复,宗室可以进入附属于太学、专为官员子弟开办的国子学。此举表明宗室越来越深刻地融入帝国的选官体系。宗室仍然保留着可观的特权,可以肯定,他们会继续享受这些特权,但是,此举却是他们进入文人阶层的大潮流中关键的一步。

赵子昼(AAEBFAE,1089—1142)的墓志铭中保留了有关当时宗室教育的稀有史料,让我们得以瞥见宗室考试的实况。1107 年将至,早惠的杰出青年赵子昼进入南京国子监。他的传记说,在那个时候,宗室们在考场上的态度是"不用学就能通过",考试的时候,"文章还没有交上去,人们就进进出出,嬉笑谈噱"。④ 子

---

① SHY:TH,5 之 22b。
② 细节请见本章 116 页注⑦所引 Lee 和 Chaffee 的著述。又见 Chaffee, *Thorny Gates of Learning*, 附录 2,193—194 页。
③ Chaffee, *Thorny Gates of Learning*, 106 页。
④ 据英文直译,多有误读。查《北山集》卷 33《赵子昼墓志铭》,"不学而能"是赵子昼对"场屋之文"的态度;"日未中文就,徜徉笑谑若不经意者"是形容赵子昼考试时的从容态度。完整连贯的原文如下:"初入南京国子监,于经籍固已贯穿便习。视当时场屋之文,意以谓殆可不学而能。每较艺试闱,日未中,文就,徜徉笑谑若不经意者。及牓名,累出诸生上。"——译注

昼却不管这些,在1107年的宗子试中,他考了第一,获得进士头衔,开风气之先,从此踏上了风光的仕宦生涯。①

1109—1112年间,没有留下任何教育活动方面的记载。1112年,蔡京复相,此后,宗室的教育条件显著改善,至少史料中显示出来的都是积极正面的。1114年,皇帝设宴②款待宗室,根据《宋会要》记载,这是仁宗即位以来首次大宴宗室。皇帝为宗室的进步感到欢欣,厚赏了与宴宗室。他按验宗谱,看到还有一百多位宗室尚未授官;因此决定为无官者授官,与有官者升迁。③同年,一位作添差小官的宗室获准进入州学,按照州学制度参加考试选拔,这件事为宗室进入官学开辟了先例。④ 1117年,西京敦宗院汉王宫的宗室尊长因本宫学校宗子的成功而得到升迁。⑤

尽管记载简略,但史料还是意味深长地表明,正是在徽宗朝,天潢贵胄们才第一次投身于教育和科举。这当然是蔡京的目标。作为三舍法的创立者,他足以厕身于中国历史上杰出的教育改革家之列。为了给宗室投身科举提供一些刺激,蔡京在1102年奏疏中设计了一个一次性的特殊考试,专门向25岁以上者开放,考题是经义或律义两道,合格者被视为"附进士"⑥。⑦ 值得一提的是,唯有徽宗之后的宗室传记才开始经常提到科举成功。除了上文说到的赵子昼,还有1106年进士及第的赵子崧(AADBDFA,

---

① 程俱《北山小集》卷33之17b。子昼在南宋的仕宦经历,见本书第六章。
② 此据英文直译,误。按《宋会要辑稿》帝系25a的记载,其实是皇帝命宗子习大乐,"宗室乐成",皇帝才加以赏赐。——译注
③ SHY:TH,5之25a。
④ 同上书,5之25b。
⑤ 同上书,5之27b。
⑥ 英文如此,误。《宋会要辑稿》帝系5之16a所载为"附进士榜推恩","附进士"不是一个名分。——译注
⑦ SHY:TH,5之16a。

1132年卒),①1108年及第的赵令衿(AADBHF,1158年卒),②1112年及第的赵训之(CABBFH,1129年卒),③1119年及第的赵子俛(ABBACEA,1144年卒)和赵士粲(BCAAHA,1095—1160),④1120年及第的赵令誏(AADCBK),⑤1124年及第的赵子潚(AADEHAF,1102—1167)。⑥最引人注意的是,皇宫中也出现了科举成功的例子,徽宗的第三个儿子赵楷(徽B,约1118—1126)在1118年的殿试中中了状元,进士及第,在1120年代掌管皇城司。⑦

当然,科举成功本身不是目的,而是通向官僚生涯的手段。在讨论徽宗朝宗室官员的记载之前,必须了解一下蔡京在1102年奏疏中所提出的一些重要规定,即无服宗室可以依照普通官员的规定,通过恩荫授官。⑧这项规定的核心意义是使无服宗亲更容易得到官阶,因为,几乎所有人父亲、祖父的官阶都相当的高(几乎所有卫官的品阶都很高)。

做官的宗室

通过科举及第的人数越来越多,恩荫入仕也变得更加容易,

---

① SS,卷247,8743—8745页。
② SS,卷244,8683—8684页。
③ SS,卷452,13294页。
④ 子俛在SS,卷244,8686—8687页。士粲在孙觌的《鸿庆居士文集》卷38之23b。
⑤ SS,卷244,8683页。
⑥ 胡铨《胡淡庵先生文集》,卷24之10b。
⑦ SS,卷246,8725页。对于一个距离权力中心如此近密的宗王来说,这些都是了不起的成就,但与王朝初期确立的不让皇位的潜在竞争者把握权力的祖训不太相符。根据《宋史》的记载,赵楷的官位——虽然不是他的科举成功——得益于他那有权势的母亲王妃的帮助。
⑧ SHY:TH,5之16b。

徽宗时期的宗室担任一般官员的数字出现了不断增长的势头。1070年代已经出现了一些宗室官员,但数量尚少。赵子渧(AADBDAD,生卒年不详)是其中之一。子渧幼年,苏轼(1036—1101)到他家做客,称赞他是"千里驹"。子渧通过恩荫入仕,后任少府监主簿,开始显赫,而后改任河南少尹。① 赵叔淡(CDADA,1051—1103)打破了宗室只任监当官的限制,先后在淮南和京西南路任兵马钤辖。② 但是,多数宗室官员的职位都还是卑微的,这两个人的经历只是例外。

徽宗时期,随着宗室人口的增长,出现了两个重要变化。一是发展出一套宗室授任外官的规定;另一个则是越来越多的宗室被任命为亲民官,比如县令、知州。

在宗室授任外官方面,朝廷表现出对任职地和人数的关注,这是可以理解的。1101年,取消了东北部河东、陕西诸路的添差官(正式职位之外、不管实事的官衔),当然,内地与南方诸路新设的添差官数额抵消了这项裁减。③ 出于同样的考虑,1116年、1119年,皇帝两次下令禁止宗室在沿边州军任职,因为那里的安全问题更为严峻④。

1111年出台了一条普遍适用的限制规定:在一个州中担任高级文武职位的宗室不得超过一人;宗室官员同时同地任职,一

---

① SS,卷247,8741—8742页。
②《摘文堂集》卷14,2a—b。
③ SHY:TH,5之14b。诏令在开封和五路共增加添差官62名,多数为监当官,但也有亲民官。具体而言,开封府新增4个监当官,京东10个,京西10个亲民官。淮南2个亲民官、14个监当官,两浙2个亲民官、14个监当官,湖北2个亲民官、4个监当官。关于监当官,见 W. Lo, *Introduction to the Civil Service of Sung China*,120页。
④ SHY:TH,5之26a—b,29a。

州不得过三名,一县不得过两名。① 这条诏令不像是亡羊补牢之举,倒像是防患于未然的措施,为南宋初期的同类规定树立了重要范本。

安置高级宗室官员(非宗室亦然)的一个办法是任命他们担任有名无实的"不厘务"官,给官衔、给俸禄。我没有找到宗室任不厘务官的例子,但是应当有过这样的做法。1120年、1124年,朝廷两次下诏反对这类做法,明令禁止。既然要重申禁令,那么可以想见,此类做法是故态复萌了。②

徽宗朝宗室任官的第二个变化是任地方亲民官的宗室数量的增长,主要依据是传记资料。11世纪末到12世纪初,传记中只有几个宗室担任一般官职的例子,而且都是监当官。但是,在1120年代,我却找到了17个宗室任官的例子:知州7人,县令知县3人,通判3人,县尉2人,低级文官1人,监当官只有1例。当然,这种分布肯定反映了文人作者的偏向。但是这些数字也同样清晰地反映出,一部分宗室的仕宦生涯进入了成熟期,开始进入地方政府中的高级亲民文官职位。

在所有的宗室官员中,赵子淔(AADBDAD)的经历显得卓尔不群。前文曾经谈到人们对他"千里驹"的期许和他在哲宗朝的仕宦经历。从担任少府监主簿开始,子淔开始在财政官系统中升迁,比如担任开封附近蔡河上的拨发纲运官,再就是陕西转运副使。也许是因为有管理河运的经验,崇宁(1102—1106)、大观(1107—1110)年间,子淔督造了许多土木工程,但即使熟人也因为这些工作太过俗气而瞧不起他。③ 宣和年间(1119—1125),子

---

① SHY:TH,5之23b。
② 同上书,29b,31b。
③ 此据英文直译,误。《宋史》卷247《宗室四·赵子淔传》原文为"崇宁、大观间土木繁兴,子淔每董其役,识者鄙之"。瞧不起赵子淔的是有见识的人,原因是他跟着徽宗、蔡京大兴土木,大有助纣为虐的味道。——译注

浈终于成为众人关注的中心，他建议徽宗制造小铁钱，来纾解蔡京铸造夹锡钱（长期以来的标准货币是铜钱）而造成的弊病。徽宗不但同意了他的计划，而且让子浈负责在五个内地路分用五百万贯新钱来替换旧钱，并平抑粮价。当子浈发现政府在货币兑换问题上走得太急，又为百姓请求宽限时日。不久，蔡京复相，攻击他紊乱钱法，子浈遭到免职。①

在这个例子当中，引人注意的不是子浈在与蔡京的斗争中落败，而是他卷入了这样一场事关经济政策的重要斗争，并且是作为中心人物。这一事实清楚地标志着对此前宗室政治活动限制的背离。要是我们知道攻击他的人是否用他的宗室身份来作反面证据，那一定相当有趣，可惜材料没有提到这些，但是这样做是非常可能的。当然，我们也不能夸大了这个例子的意义，因为，即使是徽宗委派他去管理新钱的发放事宜时，也没有证据表明授予了子浈任何常任高级职位。更要紧的是，这个例子是独一无二的，因此很难从中总结出普遍情况来。

北宋末年的宗室

北宋的最后十年，一场灾难性的巨变将要把这群天潢贵胄拖入万劫不复的深渊，思考一下此期宗室的特点以及蕴含在其中的变化趋势，也许是有益的。我们对此期宗室所知不多，但至少有两点可以肯定。

第一，神宗、哲宗继续向无服宗室提供补助和特权，以及敦宗院的建立，都使得政府对宗室的照顾范围变得更加模糊宽泛。划

---

① SS,卷 247,8742 页。

分宗室唯一合理的界限是有服和无服,1069年神宗明确地转向,要离弃后者,但是,接下来的行动却又重新接纳了他们。当然,无服宗室也要付出代价,搬到一向被视为闭塞的南京和西京,昭示了他们的二流地位。但是,考虑到朝廷投注在敦宗院的各种资源,他们的日子也绝对说不上贫困。当开封的有服宗亲逐渐消亡,行辈稍远者便有望在整个宗室内部占有数量上的绝对优势,而朝廷很可能会提供条件至少让部分无服宗室回到开封宫宅。

第二,宗室从荣誉性的卫官到有实际意义的普通官员的转型,正在明明白白地进行着。虽然有赵子淔的特例,宗室要培养出受过良好教育的子弟,通过科举入仕,与士大夫竞争地方政府中的亲民职位,还差得很远。中央政府中的职位更是一个充满潜在问题的未知地带。但是,没有理由不相信这些进步的发生,虽然可能是缓慢的。事实上,正如我们所看到的,宗室进入亲民职位的转变已经在发生。

历史将以两种令人意想不到的方式证明,北宋末期宗室独特的组织结构至关重要。第一,当女真人占领开封,俘虏了那里的大部分宗室,两个卫星中心的存在使得大批宗亲得以逃到南方,将宗室保留下来,继续成为一个有影响力的存在。第二,那些南渡宗室,虽然压倒多数是无服宗亲,但却构成了皇位继承人的源头活水。这当然不是徽宗创办敦宗院时的初衷,他有31个儿子,压根儿也想不到皇位有朝一日会后继无人。我们在下文将要看到,皇位的传承有两次是通过收养无服宗室完成的。① 从这个意义上说,养活无服宗亲、给宗室以宽泛的定义,最终却拯救了王朝。

---

① 这两次是孝宗(在位期间,1162—1189)和理宗(在位期间,1224—1264),第八章将要详细讨论他们的即位。

第六章 沦丧、抵抗与机遇

1126年,灾难袭击了宋朝。狂暴的女真军队从东北而来,席卷中国北部平原,包围开封,俘虏了在位的、退位的两个皇帝,而后继续南侵。一位宗王在南方重建了宋王朝,但是它的存亡仍然悬于一线,直到1142年和约签订,才获得了稍许喘息机会。

1126年,天潢贵胄们——至少是作为一个特权宗族——也和江山社稷一样,走到了灭绝的边缘。当3 000名宗室、皇亲国戚和官员被女真人从开封掠走,沦为臣虏,末日似乎已经来临。对这些人来说,事情的确如此。但是,悲剧也伴随着机遇,许多有幸逃过女真劫掠的宗室逃到南方,参加到抵抗侵略的斗争中。有人在抗击女真的战斗中牺牲,成为忠义。南渡宗室显示出新的社会、政治作用。宗室越来越不再仅仅是专制王权的附庸,他们在政治和军事方面史无前例的活跃,促使南宋朝廷重新界定宗室与皇帝、官僚的关系,以此来限定宗室的角色。本章将要论述北宋灭亡前后的政治、军事事件,南渡的过程,大多数宗室沦为臣虏的惨剧,宗室官员的抵抗活动,以及宋王朝在中国南方的中兴。

战争概况

短期地观察,宋朝之丧失中国北部,是一场错打算盘的结盟行动的灾难性后果。在宋朝领导人看来,女真人在东北的崛起(1115建立汉化的金王朝)提供了一个击败宿敌辽朝的大好机会。1120年,双方达成协议,两国共同击辽,共享战果。1123年,辽朝全面败退(由于金而不是宋的打击),宋金就燕京和十六州之地归宋问题达成协议。1125年,金俘虏辽主,宋朝抱怨自己所得的辽的领土份额不足,金朝迅速转而攻宋。1125年夏历十二月,女真兵分两路,攻占了宋朝的两个州,包围北部中心城市太原,占领了华北平原东部黄河以北地区。尽管在渡河时遭到暂时挫败,金朝还是在第二年卷土重来。1126年夏历四月,金人包围开封,得到巨额赔款之后撤军,八月间回师,开始第二次围城,历时四月,最终导致了宋王朝的投降。①

当然,导致大厦崩塌的绝不会只是一纸错误的盟约。宋朝军队的腐败无能,朝廷面临金朝入侵时的摇摆不定,宦官对政治的干扰(特别是臭名昭著的童贯,金军攻击太原时,他正是宋军的主帅,却临阵脱逃),还有弥漫在徽宗朝廷的奢侈浪费对国力的削弱,所有这些都是崩塌的原因。② 在这种情况下,就算是拿出宋朝最杰出的政治智慧,恐怕也难以遏制金朝的军事力量和咄咄逼人的进攻态势。

我们今天可以从容分析女真入侵的种种原因,但是在1125年岁尾,许多人都认为天子应当为灾难负责。忠诚的大臣李纲(1083—1140)把皇帝比作历史上的唐玄宗,指出,775年,玄宗逃离洛阳时未能及时退位,致使叛将安禄山把下一代皇帝肃宗的局面弄得更为错综复杂。1125年腊月,徽宗作出承担所有责任的

---

① 见方豪《宋史》,1册138—146页。关于这一系列事件的英文叙述,见Hok-lam Chan, *Legitimation in Imperial China*,56—98页。
② 方豪《宋史》,1册146页。

姿态,封长子赵桓(1100—1161)为太子,一个月后,他宣布禅位给赵桓。赵桓成为宋代的第九个皇帝,史称钦宗。此事在宋代历史上是破天荒的头一遭。约翰·黑格尔(John Haeger)认为它对宋代的专制皇权造成了危机。徽宗很顺利地将权力全部移交给儿子,甚至离开开封,前往南京,以便新皇帝能够自主掌权。在同期的平安时代的日本,皇帝退位机制源远流长,而宋朝却没有这样的传统。徽宗更是以自己的存在纵容了对钦宗权威的怀疑。①

据说,钦宗受到大多数朝廷官员和为数不少的开封居民的欢迎,他清洗了徽宗那些令人讨厌的大臣,限制了宦官的权力。② 但是,钦宗在对金战争方面也并不比他父亲成功多少,这多半是因为朝廷继续在抵抗与媾和之间摇摆不定。1126 年,女真在包围开封33 天、从宋朝勒索了巨额赔款之后撤退。八月间,钦宗拒绝了金人的和约条款,新一轮挑衅又开始了。女真军队回到开封,进行了长达四个月的围城。宋朝的反击失败,情况变得越来越悲惨,有人饿死,有人吃人,城市终于陷落。1127 年初,钦宗、徽宗(围城之前回到开封)、1 300 名皇室成员,900—3 000 名宗室以及众多官员、侍从和仆人被赶到北方的燕京,大部分人在那里、在囚禁中终了残生。③

---

① John W. Haeger,*1126—1127*,144—148 页。
② 丁传靖(《宋人轶事汇编》,77—78 页)引用一则南宋的记载说,宫中的大宦官们知道赵桓要即位,都感到非常恐惧,试图代之以赵楷(徽 B,徽宗第三子),因为赵桓曾经公开扬言批评宦官。宦官的阴谋遭到了禁军首领何瓘的挫败。钦宗朝宦官的衰败,见 Haeger,*1126—1127*,149—152 页。
③ 关于随同二帝北迁的皇室成员的人数见后文。遭到掳掠的宗室成员的人数,最常用的数字是 3 000(诸户立雄,《宋代の對宗室策について》,626 页;Chan, *Legitimation in Imperial China*, 58 页)。方豪(《宋史》,141—145 页)使用了 3 000 这个数字,但将整个后宫包括在内。James T. C. Liu(*China Turning Inward*, 57 页)写道"900 名宗室和他们的家人",但我根据他提供的史料来源没有找到这个数字。李心传(HNYL,卷 3,69 页)1127 年三月十日条描述了金兵从开封掠走宗室的情况,说"前后凡得三千余人",其中女性至少占一半。后宫直到 1127 年四月初一才被从开封掠走,因此 3 000 应当不包括他们。

徽宗的第九子康王赵构(1107—1187)在南方重建了王朝。宋朝之得以复兴要归功于赵构的逃跑,早在1126年,金人要求宋朝以王子为人质,这位康王便随同宋朝的外交使团到了女真人帐中,但却被女真人释放。有记载说康王在一次射箭比赛中表现太过出色,以至于金朝的司令官相信他一定是位受过军事训练的宗室,而非皇子,①所以才放了他。但是康王却没有回开封,而是活跃在河北,致力于团结忠义武装保卫朝廷。1126年末,钦宗授予他兵马元帅的头衔。得知开封陷落和二帝被掳的消息之后,追随赵构的官员人等请求他称帝,呼声越来越高,压力越来越大。1127年五月初一,赵构最终顺应了众人的请求,在南京称帝,成为宋朝的第十代皇帝,史称高宗(在位期间,1127—1162)。②

当皇帝不等于坐江山,南宋帝国要树立其正统性还需要一个漫长的过程,艰难度过许多关系社稷存亡的危机。对金战争还要持续15年,直到1142年才暂告结束。最初的四年至关重要,1128年初,一支金朝军队几乎占领了高宗的临时首都扬州,幸亏他在几个月前逃走了。高宗和一小撮追随者夜间坐船渡过长江,先到建康(今南京),而后向南转到杭州。1129年初,杭州的一支军队发动兵变,逼迫高宗退位,禅位给他三岁的幼子。在忠诚的大臣和将军们的帮助下,兵变被兵不血刃地成功平息,但高宗统治的脆弱性也暴露无遗。同年的晚些时候,女真大军再一次跨过长江,差一点就结果了宋王朝。女真军队击败了浙江的宋军,转向长江三角洲,高宗先是逃到海边,而后逃到海上,一直逃到温州。金兵追到海上,几乎就追上了高宗的座船。就这样,高宗逃

---

① 丁传靖,《宋人轶事汇编》,82—83页,引自南宋辛弃疾《南渡录》。
② SS,卷24,439—443页。

过了女真军队的追击。幸好,这是一支远征军而非占领军,1130年春天,它退回北方。①

接下来的12年战争不断,战况几乎全部都像上面所描述的遭遇战那样一边倒。随着时间的推移,隔离带终于出现,淮河成了两国东部的大致分界。1140年,宋将岳飞(1103—1142)成功地反击了来犯金军,把他的军队推进到开封12英里范围内,但却被高宗和宰相秦桧(1090—1155)召还。② 杭州此时已经成为南宋的首都。岳飞在那里以"莫须有"的罪名遭到杀害。岳飞的冤狱结束了宋代一次真正有威胁力的收复失地活动。一代又一代中国人谴责这场冤狱,把岳飞当作中国人爱国主义的标志。但是对于高宗来说,同金朝媾和、控制军队要比收复北方重要得多。更何况和约还附加了一项好处,这就是继续囚禁钦宗。钦宗于1156年去世,直到死,他都是高宗皇位正统性的潜在威胁。③

除了上文所描述的宋金之间的冲突之外,我们必须认识到,此期的整个中国都处于相当不稳定的状态,特别是在1120年代晚期。金朝占领开封、俘获帝国朝廷,并不能保证他们对中国北方广大地区的控制。至少在几年之内,宋朝的忠义军民继续控制北方的一些州,拥有相当可观的军事力量。与此类似,在南方,女真人也不是宋朝统治的唯一威胁。反叛和暴乱不断冲击着这个国家,同金相比,它们对宋朝统治的挑战更为紧迫。

---

① 本段浓缩了大量极其复杂的历史事实,主要依据是 James T. C. Liu 的 *China's Imperial Power in Mid-dynastic Crises*。
② 岳飞,见 M. Yamauchi 所作传记,Franke, *Sung Biographies*,3册 1266—1271 页;以及 Helmut Wilhelm, *From Myth to Myth*;和邓广铭的《岳飞传》。秦桧,见 Yamauchi 的传记,在 Franke,*Sung Biographies*,1册 241—247 页。
③ 1138年,金人曾经威胁在河南南部扶植钦宗建立傀儡国家(丁传靖《宋人轶事汇编》,603页)。

在持续不断的战争与骚乱的背景下,宗室的人生变得丰富而坎坷,经常是悲剧性的。大多数宗室沦为臣虏,但还有许多人积极投入了抗金斗争,不少人英勇捐躯。宗室家庭——至少那些逃过了女真劫难的家庭——和宗室机构的南迁路线复杂,实际上几乎涉及帝国南方的每一个地区。宗室们在陌生的地方定居,改变的不只是周围景物,还有政治和社会现实,他们应对变化所带来的危险,并开始探究这变化的一切所蕴含的种种可能。

囚禁与逃亡

史料的性质使我们只能靠想象去推测,在开封和其他的地方遭到掳掠的宗室感到了怎样的屈辱与恐惧。首先,宋朝政府洗劫了他们的家园来满足金人的赔款要求,而后,他们遭到监禁、成为囚徒,被送往北方。从一些宗王的记载来看,那种恐怖的感觉始终留存。

1127年,开封陷落后不久,金人命令宋朝交出当时只有七虚岁的太子赵谌(钦A,1117年生)。枢密院同知兼太子少傅孙傅(1078—1128)密谋找一个长相酷似太子的孩子杀了,把尸首送给金人,但是未能成功。五天之后,太子的命运已经成为全城关注的焦点。为避免因此发生民变,几名官员决定顺从金人的要求。卫士捉住太子和他的母亲,载在车里。根据《宋史》的记载,百官军吏追着车子抗议,太学生在车前拥拜。太子喊着"百姓救我!"哭声震天。然而车子还是向北方去了。①

---

① SS,卷246,8726页。不幸的是,关于他后来的命运,我们一无所知。朱熹(《朱子语类》卷7,2721—2722页)认为孙傅应当为太子的遭遇负责,说吴革设了调包之计,但孙傅却不愿意承担实施计谋的责任。

第六章 沦丧、抵抗与机遇

赵谌不是一个人北去的。根据一份当时的数字记录,仅皇室成员就包括 2 名皇帝,23 名皇子,7 名宗王,16 名皇孙①(包括赵谌),8 名驸马都尉,181 名后妃(143 名来自徽宗的后宫,38 名来自钦宗后宫),21 名公主,30 名皇孙女,52 名王妃,23 名郡主。此外,还有 146 名宦官、832 名宫女。②

我们对诸王北迁的旅程只有零散的印象。景王赵杞(徽 D)曾经出使金营,徽宗③北迁,一路上,他每天服侍左右,衣不解带,食不茹肉,到北方时头发胡子都白了。④ 徽宗在路上还遇到他的两个弟弟,神宗的第十子赵俣(神 B)和十二子赵偲(神 C),对他们说:"真希望我们可以死在一起。⑤"走到庆源府的时候,赵俣因为没吃的,饿死了;赵偲到北方后不久去世。⑥

一些皇子和宗室想办法中途逃跑。最有名的例子是钦宗的弟弟信王赵榛(徽 O),他隐匿在河北真定府,在那里团结忠于宋朝的力量,下文将会详述信王的事迹。⑦ 赵士㒟(BCBLHE)在随

---

① 所有皇子、皇孙、皇女等均指对徽宗而言,而非钦宗。
② 数字来源于《开封府状笺证》,《靖康稗史笺证》,92—119 页。
③ 英文作 Ch'in-tsung(钦宗),查《宋史》卷 246《宗室三·景王杞传》,景王服侍的是"上皇",即徽宗。译文径改,下文同。又,下面的英文也存在细节错误,译文尽量尊重原著,特说明如下:景王杞朝夕服侍徽宗的忠孝行为主要发生在徽宗拘押在开封城外金营的时期,"及北行,须发尽白",则是北迁伊始,须发已白,不待到达北方。——译注
④ SS,卷 246,8726 页。还记载钦宗(当为徽宗)作愿文,祈天请命,以授景王杞。
⑤ 据《宋史》卷 246《宗室三·燕王赵俣、越王赵偲传》,"二年,上皇幸青城,父老邀之不及,道遇二王,哭曰:'愿与王俱死'。徐秉哲捕为首者戮之,益兵卫送二王于金营。"则遇到二王、愿与二王同生死的,不是徽宗,而是那帮试图解救徽宗而未果的中原父老。

赵俣、赵偲故事中的另一主人翁是"上皇"(即徽宗)而非钦宗,上条译注已经说明,因此赵俣、赵偲于徽宗为弟,于钦宗为叔,英文中的 uncles 因此也直接改作弟弟。——译注
⑥ SS,卷 246,8723 页。
⑦ 同上书,8728 页。

139

二帝北迁途中,乘机逃入佛寺,落发装扮成僧人。他身披僧衣,逃到南方,在绍兴找到了高宗的朝廷,受到礼遇。① 赵士跂(BCBGCB)的运气就没有那么好,他逃脱以后,在邢州(河北)土豪的帮助下抵抗金军,不久被捕遇害。②

金人对这批皇家囚徒的处置办法各不相同。两个皇帝被封了爵位,③金人对二帝及其亲随多少还存着一层表面的尊重,然而这层尊重其薄如纸。南方流传着一个说法,说高宗的生母韦氏曾经被一名女真将军纳作小妾。刘子健驳斥了这个传说,但是指出,许多宫廷妇女饱受欺凌,这一事实使得当时的人们很容易相信这个传说。④ 钦宗的弟弟沂王赵㮙(徽 L)和驸马刘彦文揭发徽宗的左右近臣谋变,金朝当局命令徽宗调查此事。三天之后,徽宗委派的两名宋朝官员——其中之一为蔡京之子、驸马都尉蔡鞗——却从赵㮙和刘彦文的嘴里诱出了供状,金人随即处死了这两个人。⑤ 这件事在当时必定会引起极大的不和。事件的处理权交给了徽宗,但是结果却毫无疑问是早就确定的。

所有其他囚徒——诸王、宗室、宦官、官员——都被当作奴隶,生活费用少得可怜,还要全看金人的脸色行事。赵子砥(AADBDEB,1128 年卒)想尽办法逃回南方参加了高宗的朝廷,并写书记录了在北方的见闻。书中写到,濮王赵仲理(BCBGN)以下 1 800 名宗室和姻亲被安置在燕山(辽燕京,金中都)的仙露寺中,每日供给米一升(不到一夸脱),每月供给盐一升。这些人

---

① SS,卷 247,8755 页。
② SS,卷 452,13293。高宗赐予他身后哀荣。
③ 方豪《宋史》,1 册 145 页。
④ James T. C. Liu, *China Turning Inward*,57—58 页。
⑤ SS,卷 246,8727 页。根据 SS,卷 248 的记载,蔡鞗是徽宗第四女的丈夫,刘彦文(一作文彦)娶的是徽宗第八女。

很不走运。濮王和他的兵卒(可能还有随行宗室,尽管没有直接提到)①受到拘管、捆绑和监视,"困于道途,苦于寂寞"。一年之后,80%的人都死了,只剩下398人。②

逃过了女真劫掠的宗室单独或结伴南渡,开始出现在中国南部的每一片土地上。他们最初的明确目的地是高宗的朝廷。高宗即位三个月后,也就是1127年夏历八月,知南外宗正事赵士儶(BCBIAG)在奏疏中叙述了当时的概况。宗室成员进入淮南寻求安置,但在淮南路,只有扬州有足够的地方和物资。士儶对这些人滞留江北的艰难处境表示担忧,建议说,如果宗室成员渡江到镇江府(他使用了当时的名字润州),就可以不再单纯依赖淮南。应此要求,高宗下令,来自南京的宗室迁往镇江,来自西京的宗室迁往扬州,来自开封的宗室在江宁府安置。③

这里应当指出两点。第一,宗室成员不是典型的难民。他们是帝王家这棵参天大树的枝叶,因此政府会尽可能为他们提供充足的住房、食品和衣物。关于宗室在途中的情况,我们没有看到任何记载,但估计他们都带着尽可能多的金银细软。再有,这些人到哪儿都是伸手派,因为他们已经习惯了从头到脚地接受供给。供给的担子当然是由地方政府承担,因此出于经济理由,实在应该把他们分散开。第二,宗室集团是非常显眼的,因此也很容易成为女真人的攻击对象。因为,每一名宗室都代表着赵宋皇权一个潜在的继承人。南迁宗室的理由很多,这一点是首当其冲

---

① 据英文 his Sung guards(and presumably accompanying clansmen, although they are not mentioned)直译,查《三朝北盟会编》卷98原文为"自嗣王与兵卒无异,拘縻点看,监视严密"。——译注
② 徐梦莘《三朝北盟会编》卷98,11a大段引用赵子砥《燕云录》(98之8b—16a)。令人遗憾的是,赵子砥的记载只有一小部分谈到宗室的命运。
③ SHY:CK,20之37a。

的。让他们离女真人远一点,越远越好。

在此后的几年中,南迁政策与种种突发事件结合在一起,使宗室出现了大分裂。1128年初,淮南东路西京宗室的管理机构分为两支,赵士从(BCBGFA)掌管高邮军的一支,赵令瘶(AADFCH,1069—1143)掌管泰州的一支。① 1129年夏历四月,知大宗正事赵仲琮上章,描述了江宁府在安置宗室中所遇到的问题。由于军队的需求致使住房缺乏,他们不得不将宗室安置在寺庙等公共建筑中,但是宗室的人口太多,仍旧难以全部安置。因此,仲琮请求将他们再往南迁,或是到江南东路的信州,或是到江南西路南部的虔州。朝廷选定了虔州,但环卫官宗室继续留在皇帝身边。②

三个月以后,来自江宁的宗室和大宗正司官员已经越过虔州,到了更南方的广州。在接下来的三年中,广州成为大宗正司的所在地。允许部分宗室留在朝廷的做法受到了攻击,一方面是因为临时首都(此时为杭州)住房困难、物价上涨、生活费用过高;另一方面,南班官已经成了大宗正司在宗室中最主要的管理对象,因此大宗正司官员不希望他们悬隔在如此遥远的地方。因此,大宗正司打算把杭州的南班官宗室也移往广州,高宗表示同意。但这个计划是否实施,我们就不得而知了。③

1129年腊月,在扬州的南京宗室机构和宗室成员又从海上到了福建南部的大城市泉州。④ 尽管事先有所计划,发给宗司官

---

① SHY:CK,20之37a。
② 同上书,20之21a—b。
③ SHY:CK,20之21b—22a。根据这则奏疏,大约三十名宗室参加了迁往广州的旅行。它还提到,杭州的米价涨了一百倍。
④ 同上书,37b。

员租船的资金,还派人去打前站;但此事正好发生在高宗为了躲避金兵而避难海上的时候,因此南京宗室实际上也是逃亡队伍的一部分。不管去泉州的动机如何,南京宗室却在泉州安顿了下来,泉州也将成为南宋宗室的超级中心。

在其他地方,局势仍然混乱,不少地方涌现出临时宗室机构,来管理、照顾那些分散的宗室。这些地方包括洪州(江西),那里的临时机构(置司所①)得到权力,依照江宁的先例向地方官吏征用住房,寻求经济支持。② 1130 年下半年,在虔州的宗司官员请求将机构北迁到吉州,原因是虔州的烟瘴气候和土匪的威胁。③ 在虔州南边属于广东的南雄州,大宗正司官员请求对来自西京的宗室发放救济钱物。④ 1131 年的一则报告指出西外宗正司已经搬到两浙路的湖州,为西京宗室的流徙又增加了新的曲折。⑤

1129 年的一则诏书很不寻常地提到了宗女和宗室妻子与家中男人离散后,独自南迁的困境。诏书指示州县官吏为她们提供盘缠和食物。家中有人做官的去投靠家人,其他人则分别前往西外、南外两个宗正司。⑥ 赵伯深的遭遇是一个离散家庭的典型。他的父亲子迥在棣州(河北东路)军中。战争爆发时,子迥遭女真俘虏。年纪尚幼的伯深和母亲张氏到棣州去,在那里等待父亲被

---

① 洪州置有临时宗室机构,是对的,但将"置司所"作为机构名称,则是误读。《宋会要辑稿》职官 20 之 21a 的相关原文为"南班环卫官宗室已于洪州置司,所有宗室及本司官吏请给并居住屋宇,乞依先置司江宁府已得画一指挥施行"。——译注
② SHY:CK,20 之 21a。
③ 同上书,22b。
④ 同上书,22a—b。这笔津贴包括钱 3 000 余贯,每月 2 000 石米。当地提供的钱米不够,皇帝命令广东转运使予以帮助。
⑤ SHY:CK,20 之 22b—23a。这条记载还指出:南外宗正司建在泉州,大宗正司在广州,行都也建立了一个机构。
⑥ 同上书,37a—b。

释放。但父亲却遭到杀害。① 女真人渡过黄河以后,伯深又和母亲失散了。到南方以后,伯深用了二十几年的时间、走遍了帝国的山山水水去寻找母亲。1151年,伯深终于在四川找到了母亲。母子重逢,抱头痛哭。②

1131年夏历九月,中书舍人胡文修上疏,支持濮王赵仲湜(BCBGF,1137年卒)合并西、南两外宗正司的计划,以便削减办事人员。计划非常可贵地提到了西外、南外两宗正司的人数(见表6.1)。③ 我们知道,宗室成员散居在帝国各地,因此217名男子和298名妇女肯定不是南方宗室的全数。但是,这两处无疑是最大的宗室聚居地,而两处加起来人数才只有500多一点儿,这个数字表明宗室遭受了巨大的人口损失。

将近七十年之后,历史学家李心传提到宗室成员的总数时,引用了大致相同的数字,又提供了另外一组数字:1131年前后,政府每年支持宗室的开销是,规模较大的南外宗室,60 000贯;西外宗室,30 000贯。④ 对于立足未稳的南宋朝廷来说,这是两笔大数。每位宗室每年可得约180贯。作一个比较,我们还记得,1067年开封宗室每月的开支是70 000贯。用这个标准来衡量,南宋宗室成员的生活方式必定要俭朴得多了。

---

① 此据英文直译,有误。故事开始时,伯深的父亲"被檄往塞上",金人渡河之后,伯深母子离散,"子迥亦隔绝",并非死亡。子迥于"建炎二年,始得南归",南归以后,应当即与伯深团聚,"子迥卒,伯深访其母二十余年"。——译注
② SS,卷456,13410页。诗人曾慥被这个故事所感动,赋诗以歌之。我在《宋史》的宗谱中没有找到伯深和他父亲的名字,因此把他们放在附录中,作AYYYYYY处理。
③ 同上书,37b—38a。HNYL卷30,590页的数字与此非常接近:南外宗正司有340多男女,西外宗正司有180名。
④ CYTC,甲集卷1,26页。李心传只提供宗室的数字,南外349,西外179。SHY提到南外的数字是339,因此349更像是计算错误。一个世纪之后,马端临(1254—1325;WHTK,卷259,2057页)重复了李心传的数字。

表 6.1　1131 年南外、西外宗室人数

类　　别	南外宗室	西外宗室	总　　数
宗　子	122	95	217
宗　女	126	49	175
宗　妇	78	30	108
所生母（即妾）	13	2	15
总　数	339	176	515

资料来源：SHY：CK,20 之 37b—38a。

赵仲湜的两司合并计划未被接受,很可能是因为朝廷担心让一个地方来负担两支宗室,会更加吃不消。相反,西外宗正司却在福建北部的福州建立了机构和屋舍,与泉州的南外宗正司遥相呼应。①

到 1133 年,南宋宗室机构设置的轮廓已经变得清晰起来。除了泉州和福州的两大中心以外,两浙路的绍兴府(旧名越州)有宗正寺,首都临安(旧名杭州)有大宗正司,还有重建的睦亲宅。睦亲宅安置的是留在朝中侍奉皇帝的南班官宗室,他们是硕果仅存的有服宗亲。② 终宋之世,在所有有宗室居住的州,都委派有一位宗室长者,来领导宗室成员,监督宗室所享有的钱粮津贴的发放。③

---

① 我没有找到西外宗正司搬到福州的确切时间,但是到 1132 年 6 月,它已经在那里了。两司的首脑计划召开年会,讨论共同的问题,协调政策(SHY：CK,20 之 33a)。
② 关于睦亲宅,见 SHY：CK,20 之 23b 及 23b—24a。
③ CYTC,甲集卷 1,25—26 页。1171 年,出现了在四川创立泉州、福州一类的新的宗室中心的讨论,但没有任何结果。

战争中的宗室

迁徙与重新土著对于南宋宗室的未来具有重要意义,本书以下几章将对宗室迁徙与重新土著进行类型研究。同迁徙与土著相比,更为激动人心、更具政治意义的是,宗室以各种各样的角色报效朝廷,在艰难岁月的抗金斗争中写下了自己的一笔。

由于前文提到的宗室选任政策,当战争爆发时,帝国各地的地方政府中都有宗室在做官,不少人做到了知州、知县。在以后的岁月中,围城成了家常便饭,地方长吏必须独当一面,面对战争与叛乱,无数宗室立下了赫赫战功。

赵不群(BCBAAKA,生卒年不详)的事迹值得一书。他通过专为宗室举办的量试入官。1126年,任章丘县(济南府,京东东路)令的赵不群招募五千名效用兵,增固城防。金人攻围章丘两月而城不陷。而后,在中国中部的郴州(湖南)和鼎州(荆湖北),作为知州,他成功地平定了盗匪的攻击。1128年,赵不群知庐州(江西),宋将郦琼反叛,胁迫不群北去。不久,不群被释放,累任两浙路转运副使。① 赵子栎(AAXXXXX,1137年卒)的事迹相对简单:1091年进士及第,1129年,金军直入荆湖(湖南、湖北),如入无人之境,子栎成功地保卫汝州(京西北路),是荆湖地区唯一能够为大宋守土的知州。②

1126年,赵士珸(BCBPAM,1108—1153)并未担任任何职位,但却凭着勇敢与无畏在抗金斗争中留下了自己的印记。1126

---

① SS,卷247,8755页。至于长寿的郦琼,是在他的保护人宗泽(1059—1128)死后才叛宋的。见黄宽重《郦琼兵变与南宋初期的政局》,69页。
② SS,卷247,8745页。

第六章 沦丧、抵抗与机遇

年,士珸和许多开封宗室一道沦为臣虏,被迫北迁。路过当时还在宋朝控制之中的洺州(河北西路)时,士珸与宗室们商议逃跑。他成功了。可是一伙强盗却抢走了他的驴子。他徒步来到一个酒家,宣布说:"我是皇叔!"这样的话从一个衣衫褴褛的少年①嘴里说出来,显得非常不协调,但是地方官还是给了他一百名卫士。士珸西去磁州,为解洺州之围招兵买马,十天之内,就吸引了"胜兵之士"5 000 人,以及"归附者数万"。这支军队成功地解救了洺州,还俘虏了一名金朝将领。由于他的功绩,士珸被任命为洺州知州兼防御使。士珸在洺州一直坚守到 1128 年,才在金军的再度围攻之下不得已弃城南归。②

被围困的城市是宋朝抵抗金军入侵和叛乱的典型地点,许多宗室高贵地唾弃了逃跑和投降,选择英勇的献身。1128 年,德州(河北东路)遭到围攻,兵马都监赵叔皎先后六次率兵击败金军。他的部属江喆与知州阴谋策划投降。叔皎得知后,挥泪③将江喆处斩。不久城陷,叔皎在巷战中被俘,拒绝投降,遭到杀害。④

久而久之,宗室身份与尽忠死守之间建立了某种明确的对应关系。1127 年,当相州遭到围攻时,赵不试(BAAKLCC)正是相州知州。城市长期遭到围困,宋朝的援军不见人影,解围无望,士兵和百姓开始动摇。不试说:"城中的粮食就要吃光,外援不至。不试身为宗子,义不能降。该怎么办呢?"他的决定是登上城墙,

124

---

① 从 a bedraggled teenager 直译,按《宋史》卷 247《宗室四·赵士珸传》,士珸卒于绍兴五年(1135),年四十六,则当靖康(1126—1127)之际,已经是三十几岁的壮年,不是"teenager"。——译注
② SS,卷 247,8752—8753 页。
③ 据 he had him beheaded-even while weeping for him《宋史》卷 452《忠义七·赵叔皎传》惟云"叔皎斩喆以徇"。——译注
④ SS,卷 452,13293 页。我未能在《宋史》的宗谱中找到叔皎,因此把他编号为 CYYYY。

与金人约定不许屠城。而后,他把家人投入井中,然后自己再跳进去,下令用土把井填满。就这样,城中百姓免过了一场大屠杀。①

　　这样的代价令人胆寒,赵士䃢(BAANBE,1080—1131)的忠诚也赔上了他家人的性命,但这一次,敌人却是叛军李成一伙。李成叛军流窜在江淮地区,作恶多端。士䃢年轻时投笔从戎,放弃科举之学,转为武官,官至淮南西路②兵马钤辖,三次击败叛军的攻击,其中一次是李成的党羽马进的攻击。1131年,士䃢在九江,遭到李成军队的围攻。一百多天过去,城中粮尽,同僚们逃跑了,只剩下士䃢和他的部曲。叛军入城,大开杀戒,抓住了士䃢。李成许愿让他作安抚使,士䃢怒骂说:"贼人竟想让我屈服?!"士䃢撕裂袍服,写了一封信,偷偷传给自己的儿子,说"贼虽不杀我,按道义我却不能苟活。你们要逃出去,为我洗雪耻辱"。士䃢服毒自尽,李成恼羞成怒,杀害了士䃢一家数十口。③

　　李成发泄在士䃢家人身上的愤恨,应当与他曾经两次遭到宗室的成功抵御有关。和宗室们一样,李成也是北方人(来自山东),被战争的大潮席卷着流向南方;与宗室不同的是,1126年的李成已经是一名流寇,身边聚集了一群背井离乡的人。这样的土匪头子当时数不胜数。而李成与众不同,他听了道士的预言,坚信自己注定会成为四川的霸主。④ 这也许能说明他为什么不肯长期接受宋朝当局的招安。1126年,李成还在山东,他的军队包

---

① SS,卷447,13183页。
② 按《宋史》卷452《忠义七·赵士䃢传》,士䃢先为淮南西路兵马钤辖,驻寿春;"秩满,授江东路钤辖",驻九江。士䃢之抗李成、被俘、遇害,均发生在江东钤辖任上。——译注
③ SS,卷452,13292页。
④ 邓广铭,《岳飞传》,87页;昌彼得主编,《宋人传记资料索引》,2册832页。

围了淄州(京东东路),知州托病逃走,赵士䌽(BCAAHA,1095—1160)权知州之职,组织了长达49天的城市保卫战,直到叛军粮食耗尽,自行撤退。①

下一个与李成遭遇的宗室是赵令峸(AADBHD,1129年卒),他成功地抵御了李成和丁进对黄州的进犯,后来又在黄州被金人杀害。② 令峸的传没有明确记载李成攻打黄州的时间,它应当发生在1128年或1129年初。其时李成已经在淮南建立政权。宋朝廷企图以舒、池(二州,均在淮南西路)镇抚使的头衔来收买他。但是,到了1129年2月,李成再叛,屡屡攻打长江中游的城镇,③数年之间,对宋朝构成一大威胁,杀戮甚众,赵士䕫是其中之一。宋朝的对策,无论镇压还是收买,都不奏效。作为一个典型的幸存者,李成先是投靠了刘豫的傀儡政权齐,伪齐倒台后,又做了金的节度使。④

同九江的赵士䕫一样,黄州(淮南西路)知州赵令峸落入金人之手时,也嘲弄了他的敌人。他曾经击败攻城的叛军,1129年因母亲去世而离职。稍后,女真开始南侵,令峸被紧急召回,带病驰还黄州,夜半入城。第二天早晨,黄州城陷。金人喝令他投降,令峸全身戎装,严词拒绝,也不肯喝下金人斟上的美酒。他说道:"我岂能屈服!我只拜我的祖宗,又岂肯拜狗和猪!"这番话招来了一顿鞭打。令峸血流满面,骂不绝口,直到死亡。⑤

宗室并非大宋王朝唯一的烈士,本文的许多例子都来自《宋

---

① 孙觌《鸿庆居士集》卷38,23b—24a。
② SS,卷447,13184页。
③ 邓广铭《岳飞传》,87页。
④ 还有一名宗室的死至少间接与李成有关。这就是赵士遒(BABAFF),1135年,他任江州(江南西路)知州,被李成的前部将马进杀害(SS,卷452,13293页)。
⑤ SS,卷447,13184页。文中还记载,令峸后来受到朝廷的表彰,黄州民众为他立庙。

史》忠义传,其中不乏庶姓忠臣义士。但是,我仍然认为,宗室的身份使他们不同于庶姓,对宗室们来说,国与家纠缠在一起,难解难分。赵聿之(CEDBBA)是潭州一个地位卑微的武官。1129年,金军进攻潭州,知州向子諲(1086—1153)巡视城防时,对聿之说:"你是宗室,可不能像别人一样苟且。"聿之感动地流出眼泪。城陷之时,大多数官员(包括向子諲)逃之夭夭,而赵聿之则巷战至死。① 西北陕州(永兴军路)的都监赵叔憑设法从围城之中传信给自己也在永兴军路做官的儿子,信中写道:"为人臣子,当国难之时,应当以死相许。何况我们是宗室近属,又怎能辱没使命!为国捐躯就是我们的本分!"城陷之时,全城51名文武官员无一人投降,全部殉难。②

上面提到的宗室,历史地位都谈不上重要,人们纪念他们主要是因为他们的勇敢和忠诚。但是,也有一些宗室与此不同。比如信王赵榛,他在北迁途中逃脱,团结地方武装,成为宋王朝在北方(河北、山西)重整河山的一个亮点。赵榛派一名地方武装头目到高宗朝廷请求援军和山西军队的指挥权。朝廷对这位信使和他带来的信都心存疑虑,幸好高宗认得他兄弟的笔迹,于是任命赵榛为河外兵马都元帅。③ 后来,有谣言说信王越过黄河,即将进入开封。消息传来,高宗的朝廷感到异常振奋,开始启动北伐计划。而实际上信王并无渡河之举。不久,他的军队被金军击败,他本人也不知所终。1131年,信王故事有了最后的音符,一

---

① SS,卷452,13295页。聿之后来也得到赠官、立庙的表彰。而且建议表彰聿之的不是别人,正是朱熹。
② 同上书,13293—13294页。叔憑在《宋史》的宗谱中也没有记载,我只好把他编号为CZZZZ。
③ SS,卷246,8728页。

个姓杨的人自称信王,在宋金边界发动叛乱,很快被镇压下去。①

赵子崧(AADBDFA,1132年卒)在战争中发挥了更为重要的作用,只是这种作用却注定了他悲惨的结局。1126年开封陷落时,子崧任淮南知府,手上握有一定的军队。得知康王已经逃亡南方之后,子崧设法与他取得联系,建议对金采取大胆而主动的抗击策略。康王虽然没有采纳,但却任命子崧为大元帅府参议官、东南道(即淮南地区)都总管。这不是一个独立的指挥官,但却是重要职位。子崧特别设计,防止金人的傀儡张邦昌(1081—1172)从他的淮南老家得到任何帮助。② 子崧是高宗朝廷国策讨论的积极参与者。他被任命为镇江知府、两浙路兵马钤辖。镇江府是两浙路江防的战略重点,就在镇江,命运背弃了子崧。赵万进犯镇江,子崧派军队前去迎击,又调集民兵守城。结果,官军败北,民兵溃散,子崧撤到附近的寺庙里,叛军占据了镇江。雪上加霜的是,高宗又得到报告,说子崧曾经引用司天监苗昌裔的话,说"太祖的后代必当再次拥有天下"。盛怒之下,高宗将子崧降职,谪居南雄州(广南西路)。1132年大赦,子崧得到赦免,同年,死于南雄州。③

被指为不忠和包藏篡位之心的宗室,不止赵子崧一个。魏王一系的宗室赵叔向,在金人即将破城之际,逃出洛阳④,试图发动远征解救皇帝,没有成功。后来,他的部属于涣叛乱,叔向受到牵

---

① SS,卷246,8729页。据说信王兵败后与徽宗关押在一起。
② 他的一个办法是命令庐州通守宗室赵令儦(AADBHC)处死张邦昌的母亲。
③ SS,卷247,8743—8745页。再过一代,高宗从太祖的后裔中收养了一个儿子,这则预言果真成了现实。
④ 洛阳当作开封,《宋史》卷247《宗室四·赵叔向传》,"方汴京破时,叔向潜出,之京西"。

连①,被朝廷下令逮捕并处死。②

然而,最有意思的"叛乱"宗室却是另一位魏王后裔赵叔近(CDCKG,1128年卒),他的遭遇错综复杂。③ 1127年,高宗朝廷面临诸多叛乱,其中之一是杭州卒陈通的叛乱。辛道宗受命前往讨伐,可是他的军队也失去控制,打到了杭州北边的秀州城下。秀州知州赵叔近说服乱兵散去,接着被任命为权两浙路提点刑狱。叔近面见陈通,说服他和属下士兵重归宋朝,并向朝廷上奏,说陈通他们只是因为赏给不足才生此叛心。④ 叔近招抚陈通的计划,高宗觉得可以接受,但却遭到台谏官的否定,未能通过。

叔近回到秀州,陈通已经被将军王渊杀害。王渊在开封时曾经和妓女周氏相好,可是周氏最后却嫁给了赵叔近。王渊因此怀恨在心,他自称"赵秀州",骗得陈通开门相迎,借机杀害陈通;又进一步嫁祸叔近,污蔑他与反叛者勾结。这个罪名足以使叔近被夺职。但是,接替叔近任秀州知州的朱芾却不得人心,被一个小卒囚禁起来。小卒要求还在秀州的叔近回去做知州,平息局面。叔近权且同意,上书朝廷请求任命新的知州。

叔近的奏章还没有到朝廷,朝廷却派了张俊(1097—1164)将军来讨伐叔近。张俊是王渊的部将,后来成为中兴大将,做到枢密使的高官。张俊到秀州,叔近出迎,却受到叱责,被斩断了右臂。"我是宗室!"叔近大喊。张俊答道:"你已经投靠了叛军,还

---

① 据英文直译,有误。据《宋史》卷247《宗室四·赵叔向传》:"其后为部将于涣上变,告叔向谋为乱",是于涣告发叔向谋叛;而非于涣谋叛,牵连叔向。——译注
② SS,卷247,8765页。这又是一个无法确定谱系的宗室,我只好把他编号为CXXXX。
③ 下文依据SS,卷247,8764页;以及王明清《麈三录》,卷2,797—801页。
④ 具体而言,赏给不足的是叶梦得(1077—1148),时任户部尚书(SS,卷445,13134页)。

说什么宗室！"张俊话音未落，赵叔近已经是人头落地。秀州军队群情激愤，纵火劫掠。张俊逮捕、处死了囚禁知州的为首者，找到那位周氏，还给王渊。这个故事还有一段尾声：1139年，张俊罢任枢密使两年之后，御史台申明了叔近的冤枉，朝廷也给了他死后封赠。

从以上这些记录中，人们找不出有哪一位宗室对皇位构成了有意义的威胁，看不到有谁曾试图发动叛乱。叔近两次站在人们眼中的叛乱者一边，的确拉扯着——到后来是崩断了——官方的忍耐极限。至于子崧，他行为果断——事实上，如果1126年没有一个皇子逃脱，那么他很可能会被拥立为帝——所有这些都使他很容易成为敌人的靶子。我还想指出，这两个人都因自己的宗室身份而行动更大胆有力，就像叔近抗声说"我是宗室"时所表现的那样。这一特点，上文中提到的那些宗室烈士也同样具备，但不同的是，死者无法构成威胁。几代宗室曾经被剥夺了一切，权力受到无穷限制。而现在，这些宗室发现，他们生活在一个权力巨大、约束极少的环境之中。在下文即将看到，南宋初年，出现了各种各样明确的制度规定与含蓄的希望期待，目的都是为宗室重新规定一个可以接受的政治角色。

宗室为官与冒牌宗室

上文提到的宗室职位有文有武，涉及面很宽。此期宗室在政府中的分布究竟有多宽，已没法说清，但是从宗室为官的相关法令可以看出，他们无疑已经成了普遍的存在。1120年代晚期，朝廷在军事上常常处于危急状态，急需官员来填充各种职位，宗室成了一项优质资源。1127年夏历五月一日，高宗即位，发布大赦，授予南京及其他地区的举人官阶，曾经参加过科举考试的宗室也都在授官之列，根据赦文，宗室官僚还可以无须等待，更方便地得到实缺。① 1129年，高宗发布诏令，声称宗室都是"国之枝叶"，指出许多宗室受到限制，不得从事军旅，诏令为宗室通过都堂审查、成为军官②扫清了道路。③ 同年，朝廷就一州、一县宗室官员的最高限额④发布新的命令。从表6.2可以看出，新限额几乎是1111年的限额的两倍，1133年，限额再度提高，1142年，又有所削减。限额的存在并不意味着那些州、县之中一定有这么多宗室官员，应当把限额看做一种手段，目的是避免宗室过分集中在某些权位上。1129和1133年两次提高限额说明，至少在某些地区存在足够的宗室以满足更大的额度。1142年，正当朝廷与金谈判媾和，限额遭到削减，则暗示着早期的南宋朝廷特别热衷于畜养宗室官员。

对于政府和宗室来说，最令人恼火的问题也许便是宗室身份的甄别了。1127年，当高宗的朝廷在南京建立的时候，手头上没有任何政府档案。问题不止发生在宗室身上，事实上，官员的人事档案和科举考试记录的缺失也构成一个大问题。⑤ 宗室族谱

---

① HNYL，卷5，116页；SHY：TH，5之32a。
② 此误，这条诏令的用意是，就宗室在军中任职的问题，进行纠正。《宋会要辑稿》帝系5之32b原文为："宗室国之枝叶，艰难以来，有不得已从事军旅之人，可限指挥到日，应在军中充参谋统领之类，并发遣赴都堂审【查】，量与升等差遣。如不即发遣，其主兵官及合发遣人并重行黜责。"——译注
③ SHY：TH，5之32b。
④ 政和元年(1111)三月八日诏令的确是针对在同一州/县任职的宗室人数。但是接下来的建炎三年(1129)十一月十二日、绍兴三年(1133)正月三十日、绍兴十二年(1142)二月六日三则诏令说的都是添差官的限额。政和元年诏与南宋三诏之间的可比性值得商榷。
⑤ 关于科举记录的丢失问题以及补救措施，见Chaffee, *Thorny Gates of Learning*，96页。

表 6.2　一州一县宗室官员最高额①

年　份	州	县
1111	所有州：3[a]	所有县：2
1129	所有州：7	所有县：3
1130	所有州：7	所有县：3
1133	10 县以上州：10	万户以上县：3
	5—9 县：5—9	万户以下县：2
	3—4 县：5	
	1—2 县：3	
1142	10 县以上州：5	所有县：1
	7—9 县州：4	
	5—6 县：3	
	1—4 县：2	

a 担任文武长官职位的宗室不得超过 1 人。
资料来源：SHY：TH, 5 之 23b(1111), 32b—33a(1129); 6 之 2a—3a (1133), 16a—b(1142)。

的丢失意味着宗室成员身份——以及它所带来的领取津贴的权力, 通常还有官员身份——的认定变得困难, 甚至无法可想。据说还有一些无服宗亲冒充有服宗亲, 骗取卫官地位。②

南宋初期忙于应付生存等更为紧迫的问题, 到了 1130 年代初期, 朝廷才转而考虑解决冒充宗室的问题。解决的方法分为两步。第一, 在记录缺失的情况下, 采用担保人来证明宗室资格。规定非常细密, 担保人应当是两名与被担保人为有服亲的宗室; 如缺, 则以两名大使臣宗室或三名小使臣宗室来代替。宗室文历

---

① 按《宋会要辑稿》帝系 5 之 23b, 政和元年(1111)的材料指的是宗室在一州一县任职的限额。而以下《宋会要辑稿》5 之 32b—33a, 6 之 2a—3a(1133)、16a—b(1142) 三条, 都是关于宗室在地方担任添差官的限额。添差官并无实际职任, 它的作用, "盖为优恤宗子(《宋会要辑稿》帝系 6 之 2b)", 换言之, 也就是让宗子有个地方领俸禄。因此, 恐怕不能拿来与政和元年的材料作比较。——译注
② SHY：CK, 20 之 23b。

和保状都要经地方官员审验,如有伪冒,担保人要受到"除名"处分。① 此外,任何人告发伪冒宗室都可得到50贯钱的赏赐。②

第二,政府启动了重建宗室族谱的巨大工程。1132年夏历四月,大宗正司、西外南外宗正司、内东门司(宦官机构)受命从各州县征集有关宗室族谱的记录。1133年初,上述机构又增强了要求地方官予以合作的权威。③ 然而,正如1133年的一则奏疏所述,这项工程异常艰巨,特别是有那么多伪冒的宗室文历。奏疏的作者还反对广泛公开宗室世系,认为那只会使伪冒变得更加容易。④ 经过艰苦的努力,1137年,终于产生了一部重修的宗谱。1139年,宋朝短期收复开封,获得了15册、2 000版北宋宗谱,这才有可能在1140年代修成一部可靠的宗室谱牒,结束了伪冒泛滥的局面。⑤

1129年的危机

除了地方和战场,在朝廷和中央,同样也可以发现宗室官员新兴的突出作用。1129年爆发了两场危机,一是在杭州所爆发的反对高宗的兵变,一是隆祐皇太后为躲避金兵在江西的惊险逃亡。宗室两次折冲应变,树立了宗室在朝政运作中发挥作用的突出榜样。

如果说1129年下半年高宗的亡命海上,代表着金朝摧毁南

---

① SHY:CK,20之38a—b,时间为1132年四月。
② SHY:TH,6之4b,时间为1132年八月。
③ SHY:CK,20之10a—b,10b。
④ 同上书,10b—11a,1133年夏历九月条。
⑤ 同上书,13a—14a。

第六章　沦丧、抵抗与机遇

宋流亡朝廷的最致命一击,那么,这一年年初,禁军在杭州发动兵变,祸起萧墙,则是高宗所遭遇的最严峻的威胁。1129年夏历三月五日,御营都副统制苗傅(1129年卒)、刘正彦(1129年卒)控制了临时首都杭州,逼迫高宗退位,禅位给他三岁的儿子,由隆祐皇太后孟氏(1077—1135)垂帘摄政。① 事件的起因,是北方将士对军事危局、高宗软弱的领导,以及宦官的骄横、弄权普遍感到失望。兵变策划者首先采取的行动就包括处死一百多名宦官。② 苗刘感到处境不稳,便向杭州城外的将领和官员寻求支持,但没有得到回应,保皇派的支持者仍然是大多数。长江流域成立了勤王军。在宰相朱胜非(1138年卒)灵活有效的斡旋下,苗刘被迫妥协。③ 高宗平安复辟,苗刘得到升迁。两个人都担心首领不保——他们也的确有理由这样担心,双双出逃,但很快被逮捕、处死。

在高宗从倒台到复辟的25天中,三位宗室尽忠勤王,名留史册。一位作用稍小:作为杭州南边衢州的推官,赵子潚(AADEHAF,1102—1167)平息了衢州境内同情兵变的暴乱军队。④ 相形之下,赵士㒟(BCBIAG,1084—1153)和他的儿子不凡(BCBIAGA,生卒年不详)却接近事件的中心。士㒟伪装潜入杭

---

① SS,卷25,462—465页;HNYL,卷32。有关文章,有Jhon Haeger的苗傅传,见Franke编 *Sung Biographies*,2册787—790页;以及James T C Liu,*China's Imperial Power*,23—27页。
② SS,卷25,462页。
③ 关于朱胜非在事件中的重要作用,见James T C Liu,*China's Imperial Power*,23页;以及Y. Satake所作朱胜非传,Franke编 *Sung Biographies*,1册2日95—297页。
④ 胡铨《胡淡庵先生文集》,卷24之10b。译注:《宋史》卷247《宗室四》有赵子潚传,载:"属时多故,子潚佐唐老缮完城具,苗刘兵至城下,不能攻,以功进一秩。"潚,英文注音为hsiao,是误为潇也。

州城,给苗傅手下大将张俊送去密信,又送信给江南东路安抚制置使、知江宁府吕颐浩,激励他们解救皇帝和国家。不久,当张俊与苗傅发生矛盾,士㒟又写信给张俊,重申剪除叛乱是绝对必要的。① 不凡则在大腿上开刀,把父亲的书信藏在伤口中,亲自送给张俊。②

本纪和张俊、吕颐浩二人的传都没有提到这些书信,③这两个人在这场短暂的插曲中都是重要角色,传记把他们都描绘成从头到尾忠心不二的忠臣。既然如此,我们也许应该质疑这三封信的重要性。但事实就是事实,宗室深深地卷入了密谋的中心,因自己的行为而受到嘉奖:士㒟加检校少保、同知大宗正事;不凡因功转两官,换授文官。④ 朝廷对宗室政治活动的接受限度终究还是放宽了一些。

1129年下半年,当高宗沿着中国海岸逃避金兵的时候,另一场活剧正在江西上演,金人在江西全境追击孟太后。南宋初期,孟太后作为一个重要政治人物的出现极其引人注目。⑤ 她本来是哲宗的皇后,徽宗时期成为政治斗争的牺牲品,在整个徽宗朝都过着黯淡的生活。金人占领开封时,孟太后因为自己的宫殿遭了回禄,正住在一个寺庙附近。因此,当金军掳掠后宫北迁时,漏过了孟皇后。作为唯一没有遭到囚禁的皇后,孟氏一下子拥有了巨大的象征性权力。从1126年到1129年,有三个政权先后利用

---

① SS,卷247,8753页。
② 同上书,8774页。
③ 张俊、吕颐浩的传记详细记载了两人在叛乱中的表现,张俊传见 SS,卷361,11297—11313页;吕颐浩传见 SS,卷362,11319—11324页。
④ SS,卷247,8753—8754页。
⑤ 下面的传记信息取材于孟太后传,SS,卷243,8632—9638页。

孟后来证明自己的合法性：先是张邦昌在开封称帝，建立傀儡政权，①而后是康王的即位，②最后是流产的苗刘之变中高宗幼子的称帝。实际上，她反对兵变，并（具体地说，是对张俊）表明心迹，对高宗始终都是忠诚的，高宗复辟后，对她备加尊宠。③

1129 年，高宗准备逃离临安府（杭州的新名）之际，命令一支皇家卫队护送孟太后西入江西，目的显然是为了保证万一他本人被俘或被杀，还能保留皇家正统资源。④ 金人深明此理，因此分派兵力越过淮南进入江西，追击孟太后。出乎宋朝指挥官意料的是，金人几乎得手，当皇太后在洪州时，金人在两百里外（约为 70 英里）渡过长江。⑤ 金军穷追不舍，孟后只好转而向南入吉州、虔州。此时的江西动荡不安，朝廷几乎陷入绝境，孟后的每一步旅程都不无凶险：孟后一行几乎被金军俘获；在吉州，护送她的军队发动了暴乱；在虔州，由于饥荒，当地发生了民变。当东部的危机稍稍平息之后，高宗将她召回临安，孟皇后又恢复了往日的荣耀。

在孟皇后在江西的冒险旅程中，三名宗室扮演了值得一提的角色。赵守之（CEFCBC）时任江西中部四个州军的巡辖马递铺。当孟后一行离开吉州前往虔州时，吉州知州带领本州大部分军队护卫孟后继续前行，留下守之暂摄州政。当时的情况凶险万分，

---

① 金人在开封扶植的傀儡张邦昌对孟皇后赋予了极大尊崇。张邦昌尊奉她为元祐皇后（元祐为哲宗年号），希望她能保佑自己的短命统治（张邦昌从未称帝）。高宗将她的尊号升为隆祐皇后（同上，8634—8635 页）。
② 居间传信的不是别人，正是赵士儦，他在平息杭州兵变中的作用上文已经描述（同上，8635；SS，卷 247，8753 页）。
③ 包括高宗本人的服侍，尽管二人没有任何血缘关系。
④ SS，卷 243，8638 页；HNYL，卷 25，506 页。
⑤ SS，卷 243，8636 页；HNYL，卷 28，566 页。

在守之的维持下,总算没出事儿。①

当孟后的卫队哗变,响应者攻打永丰的时候,赵训之(CABBFH,1112年进士及第,1129年卒)正是永丰(在吉州西北)的知县。训之和县尉陈自仁充分利用熟悉地利的优势,击败了叛军,也献出了自己的生命。②

最后是孟后随员中的南班宗室赵士嶙(BCBIBH,1151年卒),他以自己机智的口才在两件事中发挥了关键性作用。去吉州的路上,孟后一行遭遇了数百名打算落草为寇的溃兵。士嶙向他们出示了徽宗和钦宗的画像,这两幅画像本来是在孟后逃难的随行船上。③ 士嶙又对溃兵们晓以利害,指出忠于朝廷所得的物质赏赐要大大超过朝不保夕的强盗所能得到的。④ 溃兵们受到感动,宣誓效忠。后来在虔州,当太后的卫队与当地的民兵之间发生武装冲突时,士嶙又主张由孟后发布赦令,平息冲突。⑤ 他说,如果人们确信他们不会被处死,就会安稳下来,如果城市里安顿了,城外的问题也会平息。士嶙的传记载,赦令得以颁布,而局势也稳定下来。⑥

像杭州的事变发生时一样,没有一位宗室在孟皇后的逃亡中充当主要演员,但他们的表现已经令人刮目相看。从杭州的赵士

---

① 周必大,《文忠集》,卷75之7a—b。
② SS,卷452,13294页。
③ "二帝御容"是孟后的随行之物,是高宗朝廷正统性的关键性标志,处于严密的保护之下。金人极力想夺取它。关于宋朝皇帝塑像和画像的重要性,见Ebrey,"Portrait Sculptures in Imperial Ancestral Rite"。
④ SS,卷247,8755页。
⑤ 根据HNYL的记载(卷30,603—604页),孟后到达以前,虔州的官仓已经是空空如也。孟后的军队要用当地发给他们的"沙钱"付账,而城里的商人拒绝接受,于是双方打了起来。虔州百姓纠集起一支300名乡兵的队伍,在冲突中,城市被烧毁大半。
⑥ SS,卷247,8754—8755页。HNYL没有提到赦令和士嶙的作用。

傀和江西的赵士崈身上,我们看到宗室的确活跃在朝廷内部。当然,这一切都是非常时期的结果,而不是高宗要对宗室政策作什么调整。1130年代,他们在州县、朝廷以及战场上的经历激励着宗室们扮演着更为突出的政治角色,直到宗室的政治角色本身也成了一个议题。

政坛上的宗室

南宋初年,开始占据重要官位、享有政治地位的宗室数不胜数。曾经在1126成功驱逐李成的赵士㒟(BCAAHA,1095—1160)后来做过江南东路的转运判官和临安、绍兴等津要地方的知府。① 赵不群(BCBAAKA,生卒年不详)保卫汝州②的事迹前文曾经述及,他的官僚生涯终于两浙转运副使。③ 再有赵子渲(AADBDAD,生卒年不详),第五章曾经讨论过他在徽宗朝的币制改革中所发挥的重要作用,在高宗朝,他先后担任知西外宗正司和江西都转运使。④

赵子昼(AAEBFAE,1089—1142)的官僚生涯为后来的宗室开风气、立榜样,因此值得大书而特书。他从任职地方开始,在徽宗朝担任过许多职位,包括密州(京东东路)知州。女真入侵北方时,他携母亲南渡,在新安山中隐居。1130年代,他在中央担任了一系列重要职位,包括1133年金朝使节的馆伴、太常少卿、礼部侍郎、枢密都承旨。他是第一个担任枢密都承旨的宗室,这个

---

① 孙觌《鸿庆居士集》卷38,22a—27b。
② 此误,根据本章"战争中的宗室"一节的叙述,保卫汝州的是赵子栎。
③ SS,卷247,8755页。
④ 同上书,8742页。

职位非常重要,因为它控制着往来文书。子昼还是第一个担任侍从官的宗室,这个头衔让他能亲身接近皇帝。①

南宋初年,进入政府高层的宗室发现自己在朝中的政治风云中是如此不可避免地易受攻击,许多人都卷入了岳飞与秦桧的斗争。人们在大将岳飞的身上寄寓着收复北方的希望。而秦桧在1130年代建立并巩固了自己的铁腕权力,这种权力直到1155年秦桧死都没有动摇。斗争的两边都有宗室参与。比如,赵不弃(BAADADA,生卒年不详)的传记把他描绘成秦桧的党羽,他帮助秦桧扳倒了一个敌人。② 赵士㒟也被看做秦桧的同党,而他的岳父却是秦桧政治的牺牲品。③

但是,大多数活跃在政坛上的宗室,与当时的大多数士大夫一样,是反对秦桧的。例如,赵子昼就因得罪秦桧而不得不在闲居中度过了人生的最后七年。④ 赵不尤(BCABCA)付出的代价更高,上一章提到过他的投笔从戎。1126年,他在河北、河南招募军队,后来成为岳飞的部将。他曾经在朝中侍奉高宗一段时间,但仍然保留着自己的军队,并参加了岳飞在1140年主持的远征。岳飞被秦桧召回——被捕,最终被杀害——时,不尤也随岳飞撤回。岳飞死后,秦桧夺走了不尤的兵权,把他贬到横州(湖南),不尤后来死在那里。⑤

---

① 程俱《北山小集》,卷33之17a—21a;SS,卷247,8746页。关于侍从,可以参看李心传对19名(大约到1200年他写作时为止)担任侍从官的宗室的笔记,CYTC 甲集卷1,23页;以 Hucker, *Dictionary of Official Titles*,431页。
② SS,卷247,8756页。敌人是四川宣抚使郑刚中(1088—1154),SS 卷370,11512—11514页有郑刚中的传,其中也记载了不弃的行为。
③ 孙觌《鸿庆居士文集》,卷38之22a—27b。他的岳父是王谊(1082—1153)。
④ 刘克庄《后村先生大全集》,卷155之7b。此据子昼玄孙赵希瀞(AAEBFAECAB)的墓志铭。
⑤ SS,卷247,8757页。叶适《水心文集》卷21,418—420页[取材于不尤之子善悉(BCABACAA),的墓志铭]。

批评秦桧最大胆公开的宗室恐怕要属赵令衿（AADBHF，1108年进士，1158年卒）。一生中，直言不讳给令衿招来许多麻烦。令衿从未做过知州以上的官，可是，他对秦桧及其家庭的批评却传到秦桧的耳朵里，惹恼了秦桧。实际上，当秦桧将死之际，令衿正被关押在泉州的南外宗正司里，受到审查，因为有人指控他和前任宰相赵鼎（1085—1147，非宗室）的儿子赵汾谋反。随着秦桧的死亡，这项指控被搁置，令衿也官复原职。①

就整个宗室的命运而言，南宋初期最重要的一场争议是有关赵士㒟的。士㒟在杭州兵变中的作用前文已经叙述。之后，士㒟被任命为同知大宗室事，不久又升任知大宗正事。② 1130年代，士㒟非常活跃，但是尚未卷入纷争，直到1141年晚期，他加入了关于岳飞的争论。当时岳飞的性命已经岌岌可危。士㒟几次为岳飞辩护，有一次据说是直接面对秦桧，他说："中原还没有平定，灾祸却降临到忠良身上。你们这是忘了二圣（即徽宗、钦宗），根本不希望恢复中原。"③秦桧大怒，诬告士㒟与岳飞勾结，密谋"事切圣躬"。秦桧对高宗说："士㒟身为近属，在外则交结将帅，在内则交结执政，事情关系到皇帝本身。"④结果，士㒟被罢职，流放到建州（福建），最后死在那里。贬责士㒟的诏书命令刑部监察宗室，禁止他们与官员交往。⑤

---

① SS,卷244,8683—8684页。
② 他还被加了检校少师、开府仪同三司的荣誉头衔。
③ SS,卷247,8754页。
④ HNYL,卷142,2290页。转引自诸户立雄《宋代の對宗室策について》,636页。
⑤ HNYL,卷142,2290页。

新的政治戒约

士僡贬官诏书中的有关宗室与官员交往的禁约,在北宋曾经是宗室生活的现实,但在南宋没有任何证据表明它曾经被执行过,尽管有人觉得它可能仅对临安的南班宗室适用。① 然而,在限制宗室担任中央高官方面,高宗却取得了令人寒心的成效。1144年,高宗同秦桧讨论时说:"自祖宗以来,不用宗室做宰相,实在是深谋远虑。可以让宗室做到侍从官,但必须到此为止。"② 据我所知,这是禁止宗室做宰相的最早表述,半个世纪之后,当一位宗室真的做了宰相,这条禁令却被作为祖宗家法抬了出来。这条禁令是南宋初年的产物,因此最好把它看做是高宗约束宗室政治权力的极限。

虽然受到约束,宗室仍然是南宋帝国政治中的一个耀眼的存在,这当然不仅仅是因为宗室官员人数众多。宗室身份会导致怀疑,此类例子举不胜举。但是,宗室仍然是皇权的延伸,事实证明,这种联系实在是太有用了,皇帝和宗室都无法忽略它的存在。赵子潚在官场上活跃了整整四十年,上文中曾谈到他在1129年兵变中的作用。子潚赴任江西之前,高宗单独接见他,说:"你可以秘密上奏。宗室与国同体,你们应当知道我的感受。"③ 事实

---

① 这条禁约对于帝国各地的散居宗室来说可能根本就不具有强制力。它有可能对福州、泉州宗室中心的宗室具有强制力,但是却没什么实际意义,因为禁约主要是着眼于限制宗室在高层官员中的政治影响。这样一来,禁约最可能的限制对象,就只剩下了临安的南班官宗室,士僡曾经促成宗室把他们认定为有服和袒免亲(SS,卷247,8754页。译注:原文为"诏缌麻、袒免亲任环卫官而身亡者,赐钱有差")。然而,在后来的奏疏和诏令中却再也没有重申过这条禁约。
② HNYL,卷152,2456页;SHY;TH,卷6之17b。
③ 胡铨《胡淡庵先生文集》,卷24之12b。

上，如果要说南宋宗室官员有什么共同特点的话，那也许便是果敢与大胆，这种果敢与大胆植根于他们的宗室身份以及身为皇帝耳目的自觉。

  同北宋的宗室相比，南宋的宗室官员最显著的特点是他们接近于非宗室士大夫的程度。作为具有宗室身份的精英成员，他们处于皇帝与非宗室精英之间，同双方的关系都充满紧张。在接下来的一百五十年间，正是在对这种紧张的不断解决之中，南宋宗室呈现了它的特别之处。

第七章　居所与特权

南宋的宗室散居在帝国各地,大多数都是皇帝的疏族远亲,在许多方面都与北宋宗室不同。政府的支持更加微薄,入仕主要通过科举和恩荫等寻常路径,当然,宗室在科举和恩荫两方面都有相当的优待。北宋后期政策的摇摆曾经使宗室——同整个政府一样——像跳摇摆舞一样变来变去;在南宋,宗室政策也有发展变化,但却很少发生激烈的制度变革。因此,本章和以下两章将在一定程度上放弃平铺直叙的历史叙述,以便更全面地展现宗室与皇权、与其他精英之间的政治、社会现实。

要了解南宋的宗室,还必须认识到史料的独特性,以及史料向我们提供知识的方式。两宋可以得到的史料的种类基本相同,所不同的是史料的构成以及信息量的多少。官方记录与史馆编纂而成的史料,比如《宋史》《宋会要》以及李心传的《系年要录》,是认识南宋初年宗室情况的绝佳资源,对于13世纪早期来说也还不错,但在此之后就严重不足了。这种分期却不适用于精英所创造的材料,墓志铭、地方志和私人撰著的笔记、散文等,在整个南宋都非常丰富,提供了北宋文字中看不到的大量信息。宗室的墓志铭尤其如此,北宋的宗室墓志通常由政府派人写作,具有格式化倾向;典型的南宋墓志却是恳求和私人关系的产物,因此内容更加详细,更能传情达意。但是,这类墓志却不是批量生产的。而且,从表面上看,最初几代宗室都是皇帝的有服宗亲,因而更有可能从《宋史》的作者那里得到至少是粗略的注意。这样一来,我们就面临着一个悖论:南宋宗室的传记要少得多——特别是考虑到占各代人口的比例时,但是,我们对他们的了解却更多(见表7.1)。

表7.1 有传宗室占全体宗室的比例

世　代	宗室总数[a]	传记数	有传宗室比例%
1	23	15	65.2
2	59	18	30.5
3	226	55	24.3
4	1 078	62	5.8
5	3 488	54	1.5
6	5 155	46	0.9
7	5 900	37	0.6
8	4 178	33	0.8
9[b]	1 806	22	
10[b]	153	20	
11—12[b]	不详	26	
总计	22 066	388	1.8

[a] 此项数字与表2.1同。
[b] 宗室人数的数据取自1200年左右,因此第9代以下的数字是不完整的,从中计算比例没有意义。

这样一个发现不是我们要解决的问题,而是必须加以注意的现象。考虑对南宋宗室影响巨大的两个分野时,这种悖论更加明显。一个是功成名就的少数与大多数挣扎在贫困边缘者的分野,另一个是居住在临安、福州、泉州等宗室中心者与独立散居者的地理和社会分野。大多数传记资料来自功成名就的少数,是预料之中的事,这就使得为看不见的大多数寻找证据变得更为重要。更令人意想不到是,几乎所有墓志铭都来自宗室中心以外,下文将要谈到这一发现。

最后,我要提醒读者,南宋诸章中历史情况叙述的减少,并不意味着否认它的重要性。宗室的角色必须放到南宋政治史背景之中才能理解,政治领域尤其如此。南宋有两位皇帝孝宗(在位期间,1162—1189)和理宗(在位期间,1224—1264)青年时并非皇子,而是宗室。我们将会看到,孝宗对宗室的个人兴趣是塑造南宋宗室公共角色的关键;理宗也大致如此,惟程度较弱。在观察宗室在南宋政治史中的记录之前,我们需要先看一看他们在南宋社会中的地位,特别是居住模式、供给结构、学校和科举,以及他们与精英阶层其他成员之间的交往情况。

分布类型

1130 年代,在泉州和福州定居的宗室人数分别为 339 和 176,①这两个数字非常精确,相比之下,我们对那些定居在其他地方的宗室则知之甚少。从南宋初期关于宗室待遇的诏令可以得知,他们的确广泛散处于帝国各地,但是,我没有看到在全国范围内对宗室人口进行调查的记录。② 当然,通过对现有史料的分析,我们至少还是可以对宗室的聚居地做一番猜测。表 7.2 展示了两种类型的宗室分布:一类是墓志铭中所记载的墓地的分布,墓地是一个家族认定其家乡的重要标志;一类是 1256 年进士及第的宗室的户贯分布。③

---

① SHY:CK,20 之 37a—b。又见表 6.1。
② 比如,SHY:TH,6 之 20a—b 记载,1150 年,加强宗室文历以旧换新的时限规定,边远地区(四川、广东、广西、福建、湖南、湖北)与首都附近的时限各不相同。
③ 1256 年的进士资料来自两部现存的登科录之一(另一个是 1148 年的登科录),徐乃昌辑《宋元科举三录》(1929 年)收。可惜的是,1148 年的登科录将所有宗室进士的户贯都标注为玉牒,因此对我们的讨论毫无帮助。从表 7.2 可以看到,1256 年宗室也有 28 个属于这类情况。

表 7.2 宗室墓地及 1256 年宗室进士户贯的地理分布

路　分	墓　地	占总数的比例%	1256 年进士[a]	占总数的比例%
两　浙	29	47	19	40
福　建	11	18	11	23
江　西	10	16	3	6
江　东	9	15	7	15
四　川	0		6	13
广　东	1	2	1	2
湖　北	1	2	0	
湖　南	1	2	0	
总　计	62	100	47	100

a 28 名宗室户贯不详,表中的总数和百分比都刨除了这 28 人。

两种方法都有它的局限性,最明显的局限是它清楚地偏向于成功的宗室精英——如果可以使用这个词的话。两类分布具有惊人的一致性:两浙占绝对优势,其次是福建,再次是其他路分。唯一的惊人差异在四川,那里没有留下墓地的记载,但却有 6 名进士。显然,我们可以从史料学上揭示这个问题,这一地区后来不止一次地经受战乱,造成了宋与其他时代史料的丢失。下文将会证明,相当多的宗室居住在四川,朝廷也经常讨论四川宗室的待遇问题。

两类材料一致表明,两浙和福建的宗室占有绝对多数。这是顺理成章的事,因为它们是帝国经济最发达、科举成功率最高的地方。两浙还是首都之所在(虽然 1256 年进士中没有一人来自临安),①宗室超比例地定居在这些地方,是相当自然的。东南的

---

① 福建有西外、南外宗室机构,但这一点似乎对表中宗室的影响不大。11 名福建宗室中只有 2 名来自泉州、4 名来自福州,但是大多数——特别是来自福州的,户贯都不在首县,因此不可能居住在官方的宗室居住地中。

这两个地区也正是我们要特别留意的。①

维护宗室的整体性

面向所有宗室的种种照顾措施揭示了许多不为人所知的宗室成员的情况。《宋会要》高宗前期的记载对于许多宗室成员的混乱的生活处境，流露出一种强烈的关注和不安。这种处境使他们陷入赤贫，行为失当，败坏了宗室的名声。1133年，两名来自江阴军(两浙)的进士抱怨当地宗室奸诈勒索、偷盗、惹是生非。② 1139年晚期，有大臣提到宗室孤儿、宗女、宗妇"散居民间，出入市井，混杂细民"。③ 一个月后，有奏疏以更警觉的口吻描述了散居宗室的无依无靠，无力还乡。甚至有一些宗室在宗室机关的控制之外，转从末业，与商贾为伍。奏疏建议各州各县将宗室聚集起来，给他们提供钱、临时住处和路费，让他们重新回到宗室机关的控制之下。这样，"人们才会尊敬爱戴【宗室】，明白他们与流俗之人的区别，以此来称颂陛下的惇叙之意④"。⑤

这里有三点值得一提。第一，在所有这些材料中，我们看到普通宗室成员在尽力应付异乡的生活，他们与贩夫走卒、行商作

---

① 沈其新关于中国历史上的赵姓的著作(《中华姓氏通书：赵姓》)有专章叙述南宋宗室的离散，引人入胜。他根据居住地将三支宗室分为65家。但他的方法和材料(除了征引了一些晚出族谱外)都不清楚，因此我在表7.2中没有将他的发现包括在内。他的两个发现非常有趣：① 65家之中，有20家(31%)来自两浙；② 南宋所有的路都至少有1—2家宗室。
② SHY：TH，6之5a。
③ 同上书，6之12b。
④ 此据英文直译，与原文有出入。《宋会要辑稿》帝系6之13b的原文为"庶几人人贵爱，知自别于流俗，以称陛下惇叙之意"。——译注
⑤ SHY：TH，6之13b。

贾、皂隶等宋代市井社会的中坚打交道,有时会作威作福。第二,在最后一则奏疏中,我们看到了朝廷一方对宗室重要性的表述。宗室不同于"流俗",令人联想到宗室就像是天上的湖;奏疏将宗室待遇与皇帝的"惇叙之意"联系在一起,强调宗室是皇权的延伸。但是这中间也不无问题,宗室不同于流俗的理想与许多宗室混同流俗的现实之间该如何达成一致?第三,朝廷对宗室的政策集中在住处、津贴和特权等方面:提供住处,将宗室成员从平民社会中搬离,很可能是搬到宗室中心;提供充足的津贴和特权,让他们得以维持"天湖"的纯洁。这种政策受到了挑战,最有力的挑战来自那些此时正忙于建立各种关系、将自己的家族融入地方精英社会的成功宗室。我大胆推论,在南宋,这种隔离/融合之间的紧张关系,对宗室身份的认同自始至终都是至关重要的。

在宗室住房的问题上,朝廷在两个方案之间摇摆。一个方案是所有宗室成员回到宗室当局(即回到宗室中心)的控制之下。另一个方案见于赵子偁(ABBACEA,1144 年卒)的奏疏。子偁后来以孝宗之父而闻名。1135 年,湖州(两浙)通判①子偁上书建议,既然全国各地都有没房子住的宗室,不如在各州利用官地为他们建造屋宇。一州之宗室选派一名"尊长",检查所有成员的宗室身份,设立监门官一员,禁止随便出入。他还建议,15 虚岁以上的宗子进入州学,依学生例给钱米(可能由本州而非学校负担),允许在本州参加科举考试。高宗采纳了子偁的建议。②

---

① 子偁的这个通判是添差通判。《宋会要辑稿》帝系 6 之 8b。——译注
② SHY:CK,20 之 39b;SHY:TH,6 之 8b;SS,卷 244,8686—8687 页。

四年以后，就在1139年将无家可归的宗室收录到宗室中心的奏疏上达一个月以前①，有奏疏提到了行在临安贫困宗室的问题。在过去的十年中②，建立了19所宫院来安置首都的宗室。其中不仅包括居住在睦亲宅中、自身为朝廷一分子的南班宗室，还包括许多孤儿、宗妇，这些人可以领取钱米，但并不正式登记在宫院中，因此未能免于"散居民间，出入市井，混杂细民"。报告建议，在西外、南外两个中心和绍兴府建立新的住宅，安置这些宗室。奏疏特别反对宗室成员散处民间或僧寺，规定只有居住在官宅中才给予钱米。皇帝命令礼部作出与宗司规定相一致的安排细则，其结果可能就是1139年那个将无家可归的宗室搬到宗室中心的计划。③

　　上述两种性质完全矛盾的措施表明，没有一种十分有效。1143年，礼部提出另一种与赵子偁建议很接近的办法，内容是：各路的转运使司在本路为宗室设立敦宗院。各州、各县调查辖区内的宗室，看他们是否愿意搬到南外或西外宗正司，如果愿意，则为他们提供路费。各州县可以暂时在寺庙中安顿宗室，但时间不得超过一个月。④ 这项计划也被接受了，但是没有材料表明它是否曾经实施，我没有看到任何关于诸路敦宗院的记载。

　　上述计划都没有提到那些已经获得土地和房产，足以自立的宗室家庭，这类宗室各地都有。看起来，棘手的难民问题解决之后，多数的宗室家庭要么独立安顿下来，要么在宗室中心得到了

---

① 此处大可疑。这两件事均载于《宋会要辑稿》帝系12b—13a 九年十一月二十八日条。——译注
② 此处亦可疑，原文说的是北宋故事，这十年不知指什么？——译注
③ SHY：TH，6 之 12b—13a。
④ SHY：CK，20 之 39b。

安置。个别的残余当然存在,并成为长期让地方官头痛的问题,但数量却没有多到要引发制度调整的程度。

至于一般的津贴,1132年的补助额为:孤儿和没有官衔的人,每月1石米,2贯钱,仍然保持着11世纪后期的水平,这恐怕是最令人惊讶的事情了。[①] 1095年最初立定这项补助额的时候,还有一项额外的住房补贴。而南宋政府却在千方百计为宗室成员直接提供住房。[②]

南宋初期的补助立法活动中有一点令人疑惑,这就是,它照顾的焦点是有服宗亲。例如,1130年对无子以及没有官禄可以依靠的宗妇提供特别照顾的条款规定,凡缌麻宗妇每年可得钱96 000[③],米36石,帛28匹。而袒免宗妇得到的补助是同样数量的钱和米[④],以及一半的帛。[⑤] 与之相类,1141年,有服宗亲可得300 000钱作为丧葬补助,而袒免亲只能得到100 000钱。[⑥]

上述条款的特别之处在于,按照严格解释,这些条款的受益者只是一小部分人。因为,绝大部分宗室都是第六到第九代,相对于高宗而言,已经在五服之外,连袒免亲都算不上(最大的例外是太宗一系濮王支脉的宗室)。然而,我还想指出,如果我们将"袒免"视为"袒免以外",即1095年奏疏中所谓"袒免外两世"的

---

① SHY:CK,20之39a。1132年的奏疏。
② SHY:TH,5之10a。见第四章。
③ 按原文为"九十六千",即96贯;以下300 000为300贯,100 000为100贯。——译注
④ 据《建炎以来系年要录》甲集卷1"宗室赐予"条的记载,袒免亲的钱米与缌麻亲相比,"减三之一"。死后凶礼赏赐,缌麻亲三百千,袒免减三之一。所以下一段才有"三分之一袒免津贴标准"之说,但确切地说,似乎袒免津贴当为三分之二。——译注
⑤ 此据CYTC甲集卷1,25页;SHY:TH,5之33b;HNYL,卷34,661页。各家记载小有出入,但都说明全额补助仅限于有服(南班或缌麻——丧服的第四级)宗妇,袒免宗妇只可得到部分补助。
⑥ 有宗室死于临安而无钱安葬,引出了这项规定(CYTC,甲集卷1,25页)。

省称。① 这就意味着,1130年制定的三分之一袒免津贴标准是每年钱32贯、粮12石,亦即每月钱2.7贯、粮1石;同1132年的数字大体相当,而比第四章中提到的1095年无服宗亲照顾条款更为慷慨。② 此后,遇有郊祀等特殊场合,增给宗室津贴时,却完全抛开了服属的差别。③ 1212年,大宗正司主簿上奏章,要求敦促地方官员协助提供宗室津贴。奏章描述,南宋初期,皇帝答允,给所有"天族"成员同等恩泽,所有没有其他收入(比如俸禄)的宗室成员"不限世数",均可得到资助。④ 这一点非常重要。南宋的宗室身份不再与服纪、世数有关,不论是在津贴、其他特权,还是地位方面。1212年的奏章令人联想到一个比喻,开国三兄弟的所有父系后裔都平等地成了皇家大树枝干上的树叶。

除了每年的津贴和丧葬等特殊场合的赏赐以外,朝廷还继续赋予并扩大了宗女之夫的特权。在这个问题上,也只有间接证据可供查考。12世纪晚期,洪迈(1123—1204)写道,袒免宗女之夫可以获得的最起码特权,举人授将仕郎,否则授承节郎。⑤ 举人的规定是南宋新起的。李心传将这条规定系之于1171年,说"曾经通过解试的人娶宗室女,得为文官",没有提到"袒免"地位,这就进一步证明,"袒免"已经成了一个简称,用来指与皇帝没有正式服纪关系的宗室成员。⑥

丈夫的授官特权可能是宗女从朝廷得到的最重要的好处,但

---

① SHY:TH,5之10a。1094年讨论宗室津贴时也使用了这一名词(同上,5之8b—9a)。
② 1095年的津贴是每人每年钱24贯、米2石。
③ 增给津贴的例子,比如SHY:TH,6之30a,1158年;7之4b,1165年。
④ SHY:TH,7之19b—20b。
⑤ 洪迈《容斋三笔》,卷16之5a(1270页)。
⑥ CYTC,乙集,卷14,534页。Chaffee, *Marriage of Imperial Clanswomen*,150—151页,有皇帝五服之外的宗女之夫用荫的例子。

第七章 居所与特权

却不是唯一的礼物。熙宁(1068—1077)时期曾经确立自公主至第八代宗女的官给嫁妆标准(见第四章),1137年重申了这一标准,但数额有大幅度削减。第七代宗女可以得到大约70贯钱,第八代只得50贯。① 那么,这些远支宗室究竟过得怎么样呢? 同一材料接着说,一些官员拒绝提供资金,以致有的贫困宗女无法出嫁。1162年,应知泉州南外宗正司的请求,皇帝从朝廷拨款来支付这些费用。12世纪中期第八代宗室正在蓬勃发展(见表2.3,30页),大部分费用应当就是付给他们的。官给嫁妆也延伸到了后来的世代,方大琮(1183—1247)写道:"宗女出嫁,按例有所资给",但实际上,他却在批评年轻的宗室女儿为得到嫁妆而受到的结婚压力。②

1166年,朝廷针对宗女创设了一项新的特权,这就是荫子的权力。不论其夫及夫家有多少男子已经通过恩荫入仕③,宗女有权恩荫一子为官。向我们揭示这项措施的是1201年左右的一段倒叙,当年规定将宗女任子的人数限制为一人,这就表明当时宗女任子的人数已经超过了一人。④

综上所述,南宋初期朝廷宗室关照政策在总体上是逐渐发展,没有出现清楚的转折,这种渐变的大方向是更为慷慨、更具包容性,宗室身份的认定越来越宽泛。当然,在许多方面,对于宗室个体来说,生活中最重要的因素是与他们生活于其中的临安、绍兴、福州、泉州以及其他大的宗室中心的地方环境密切相关的。

---

① CYTC,甲集卷1之25;WHTK,卷259,2057页。再嫁宗女——曾经离异或丧夫——只能得到半数。
② 方大琮《铁庵集》卷26之7a。关于官给嫁妆的更广泛叙述,见Chaffee,*Marriage of Imperial Clanswomen*,142—147页。
③ 这一限制条件不见于史料。查《建炎以来朝野杂记》甲集卷6(中华标点本,146—147页)"嘉泰减奏荐"条:"嘉泰初,言者以官冗恩滥,请凡娶宗女授官者仍旧法,终身只任一子。"自注云"乾道二年六月集议,止任一子。九年,改不作非泛。"——译注
④ CYTC,甲集卷6,86页。

宗室中心

作为宗室活动的中心,北宋的开封与南宋的临安之间简直有天壤之别。北宋末年,西京、南京分别建立敦宗院,吸收了一批宗室,但开封仍然是无可争辩的宗室中心,它的官院之中居住着数以千计的宗室。相比之下,南宋临安的宗室却数量极少,并且大多很不起眼。例如,表7.2中所列,1256年的进士中没有一个来自临安,有明确墓地记载的也只有2例来自临安,而且都是在城外。

临安在宗室生活中的低调可以用两个因素来解释。第一,官方的睦亲宅只向南班宗室开放,而南班宗室数量有限;第二,上文曾经提到,1139年关于临安宗室的奏章表明,政府强烈反对宗室成员在临安居住,除非是在临安任职。

南班宗室在首都的朝廷生活中发挥着清晰可见但却非常有限的作用。同数量更大的北宋前辈一样,他们出席朝会,如官名所示,在朝堂或是其他仪式上南班侍立。① 他们的数量很少,1129年,有30名南班官在大宗正司官员的监护下前往广州,这30人可能还包括妇女。② 1142年大宗正司长官报告,因为死亡,首都的南班官宗室人数已经从17降到了13,他请求从也有南班官宗室居住的绍兴府调一些人过来。③ 此举似乎使临安的南班宗室人数多少有了些增长,1156年,南班宗室普转一官,共有20

---

① SHY:TH,6之5b—6a记载了南班官朝会的规定。
② 同上书,6之8b。
③ 同上书,6之16b—17a。

人获益。①

尽管数量很小,但南班宗室却似乎成了首都当局的一大索取集团。1132年夏历六月,临安知府抱怨,南班宗室拒绝搬入为他们建造的新居所,而要住在同文馆(处理高丽事务的机构)和明庆寺廊屋。② 高宗接受知府的建议,命令宗室接受指定住宅。四个月后,睦亲宅落成。③ 宗室的拒绝也不无道理,1136年,睦亲宅就变得过于拥挤,皇帝下令中书想办法来解决这个问题。④ 1135年,南班宗室由于深受困扰临安的物价飞涨之苦,获准以御厨房所使用的折扣价来购买食品。⑤ 同年稍晚,高宗对南班宗室的越冬问题感到担忧,从内帑中拿出3 600匹绢、10 000两绵赐给他们。此举受到宰相赵鼎(1085—1147)的颂扬,但赵鼎在称颂皇帝慷慨的同时,也批评他没有事先知会自己。⑥

南班宗室是皇帝仅有的有服宗亲,唯有他们能在孩提时得到赐名、授卫官衔——一个世纪以前,这曾经是所有宗室的特权。这些,再加上优厚的俸禄和赏赐,使得南班官相对于其他宗室而言处于令人羡慕的地位。但是,有所得必有所失,其他宗室可以积极追逐官僚地位,而南班宗室却只有朝参义务、缺乏政治责任。有的南班宗室就主动选择放弃卫官地位,转任普通文武官员。⑦

---

① SHY:TH,6 之 24b—25a。
② 此误,据《宋会要辑稿》职官 20 之 23b,是临安知府因"修建宅舍尚未了当,全无安泊去处",因此建议"欲将同文馆及明庆寺廊屋应付",作为宗室的临时住宅。——译注
③ SHY:CK,20 之 23b。
④ SHY:TH,6 之 8b。
⑤ 同上书,6 之 8b—9a。
⑥ 同上书,6 之 9a。
⑦ 举两个例子,1134 年的见于 SHY:TH,6 之 6a—b;1165 年的,见于 SHY:TH,7 之 5a。

但类似的例子只有个别的、偶然的报告,因此这种行为看起来只是例外而非一般做法。

151　　玉牒所、宗正寺和大宗正司都设在临安。大宗正司对全国范围内的宗室事务都有裁决权,至少在理论上如此。至晚在1150年永久性衙署建立之后,玉牒所和宗正寺就同署办公了,这两个机构的主要职能似乎是处理族谱的编修等事务。① 大宗正司在南宋也似乎保持着相当的低调。它的位置在中心,靠近宰相衙门,在宫城中门的北边。② 1147年,知大宗正事赵士㝅(BCBMCB,生卒年不详)抱怨,大宗正司面积严重不足。大宗正司除了要对各州宗室事务负责,还要管理宗子宗女的生死、嫁娶、补官、请给等诸如此类的事务,空间狭小,一些宗司官员甚至无处办公。因此,士㝅请求要么增修廨宇,要么向附近居民征用房舍。皇帝指示临安府官员处理此事,但却没有了下文。③

更进一步说,这也几乎是我们最后一次听到作为机构的南宋大宗正司的消息。部分原因是大宗正司长贰的品质不佳。高宗朝历史最出色的叙述者李心传指出,南宋初年的知大宗正事皆从南班宗室选取,才智平庸,不能为宗室表率,反而大肆利用职权为自己捞好处。唯一得到李心传好评的大宗正司长官是赵不息(BCBFAFA,1121—1187)。这位受人尊敬的宗室,是从一个成功的文官被任命为知大宗正事的,这在当时是破天荒的。④ 在12世纪四位担任过大宗正司长贰的宗室当中,唯一在任期间有所开

---

① HCLAC,6之4a—5b。玉牒所建于车辂院旧址。1156年,玉牒所又新建了玉牒殿。
② 根据梅原郁《中国近世の都市と文化》所附临安官衙、军事设施图。
③ SHY:CK,20之27b—28a。
④ CYTC,甲集卷12,150页。

第七章 居所与特权

拓的就是赵不息,他在任后期大力推动了宗室的教育改革(详见下文)。① 这就更证明了赵不息的与众不同。

关于临安以外的宗室中心,我们知道的并不多,但却非常有趣。不是所有的事件都发生在三大主要中心。高宗选择宗室赵伯琮(ABBACEAB)作为自己的继承人,后者即孝宗。1209年,孝宗的出生地嘉兴府(两浙)在府衙附近创设了一所佛寺,名为兴圣寺,作为纪念、供奉孝宗的地方,直到王朝灭亡。这座寺院的资金来源是地方政府和当地社会。马克·海尔珀润(Mark Halperin)指出,宗室在寺院的建立和维护方面都发挥了中心作用。② 海尔珀润认定其中约六人是孝宗的近属。比如,督造兴圣寺的嘉兴知府赵希道是孝宗之兄伯圭(ABBACEAA,1125—1202)的儿子。③ 但是,也有人,比如画家、诗人赵孟坚(AABCDBADBEAA,1199—约1267)虽然也出自太祖一系,但与孝宗的关系已经相当疏远。这样一来,北宋时限制在开封城内、不许宗室染指的皇室祖先祭祀活动,转向地方化、通俗化,宗室又可以在其中扮演重要角色了。

风景如画的绍兴是另一处宗室中心。许多不住在临安的南班宗室把家安在那里。但绍兴更有名的,却是作为宋王朝在南方的陵寝所在。那里埋葬着皇帝、皇后和历代濮王,但宗室却不一定非得葬在绍兴(1187年高宗驾崩之后,朝廷经过激烈讨论才作出决定,让皇帝入土为安,而不是悬厝以俟来日归葬北方)。④ 绍兴的宗正司有时又被称为"行司",所辖宗室人数远远少于福建的

---

① YSC,卷26,512—518页。另外三人为赵士輵(BCBBDE,1180年卒),赵令裪(AADCBK,生卒年不详)和孝宗的兄弟赵伯圭(ABBACEAA,1125—1202)。
② Halperin, *Pieties and Responsibilities*,251—255页。我关于兴圣寺的全部了解都来自Halperin。
③ 希道与伯圭的关系,见KKC,卷86,1173页。
④ SS,卷122,2860—2864页;卷123,2874—2877页。

宗正司,是相当闲散的。1171年,朝廷曾经认真考虑将绍兴宗正司移往宗室众多的四川,①但没有成行,当年,绍兴宗正司正式隶属于临安的大宗正司。②

泉州的南外宗正司辖下有300多名宗室,规模最大。几乎从一开始,如此庞大的宗室所带来的巨额负担就让地方官们叫苦不迭。1133年夏历五月,泉州知州谢克家(1097年进士)上书请求经济援助。谢克家指出,泉州的常规赋税收入勉强应付正常开支,根本不足以养活宗室成员。虽然有转运使司援助的20 000贯钱,但在过去的十个月里,仍然有62 400贯的缺口。皇帝批复,授权泉州销售250张度牒,来应付上项开支。③ 这些数字的确可观,82 400贯平均起来是每人275贯(82 400/300=275),同每人钱2.7贯、米1石的基本津贴相比是数量级的差距。当然,这中间还包括有官宗室的俸禄、其他津贴、南外宗正司的行政支出,还可能包括建造住宅的开支,毕竟,搬到泉州只是三年以前的事。不管怎么说,负担是巨大的,我们在下一章将会看到,随着宗室人数的膨胀,负担还会越来越大。

随着时间的推移,西外和南外宗正司在宗室事务方面的作用逐渐扩大。一是祭祀,福州宗室成员被赋予一项独特的荣耀,供奉御容,以合适的礼仪来祭祀它们。④ 一是司法,宗室成员有罪,需要监禁,单月送往泉州,双月送往福州。⑤ 再有,一项1133年

---

① SHY:CK,20之40b—41a。CYTC甲集卷1,26页。

② SHY:CK,20之33a。

③ SHY:CK,20之38b。

④ Halperin, *Pieties and Responsibilities*,250页注释201。福州是临安以外唯一一处得到南宋朝廷允许安放御容的地方。

⑤ 引自SHY:CK,20之40b所载1163奏章。曾经在福建宗正司被关押过的人,见SS,卷244,8683—8384页,赵令衿传,此人的经历,上一章曾经讨论;还有CMC(宋代司法案件集),卷11,398—399页。

提出的计划在1156年开始实施,这就是西外、南外宗正司每年开会讨论共同遇到的问题。①

此时的西外和南外宗正司长官分别是赵士衖(BCBGFF,生卒年不详)和赵士㒟(BCBLFD,1108—1162)。他们是濮王一支的堂兄弟。看起来二人在年会上合作得过于紧密了,1161年两人都因丑闻下台。根据《系年要录》的记载,士衖的罪过是强行购买海舟。②《宋会要》对此有更详细的记载。漳州商人黄琼拥有一艘船,从事海外贸易,其父客死异乡,父亲死后的种种开支导致黄琼破产。官府坚持黄琼卖船也要偿还债务。这艘船的买主不是别人,正是使用了化名的赵士衖。控告士衖的人认为,士衖使用不正当手段逼迫黄琼,才做成这桩买卖。朝廷得知此事后,命令福建提刑司将船还给黄琼。但是,有那么多债务,再加上积累下来的利息,黄琼又不得不卖船,而这船又到了士衖手里。③ 上章报告此事的臣僚就认为,黄琼并未从中受益。④

赵士㒟也非法夺取了某商人的大船。这件事过了三年都没有暴露。1159年,新任泉州知州范如圭(1102—1160)听了商人的诉讼,按照法律进行处置。朱熹把这件事载入了史册,他说,范如圭得到的报酬,是受到士㒟诽谤而去职。⑤ 令人感兴趣的是,士㒟的墓志铭丝毫没有提到他的罢官,只是说1161年,他请求作祠庙官,结果被接受了,次年,他在路上死去。墓志还提到,1159

---

① SHY:CK,20之40a。
② HNYL,卷188,3151页。《宋史》赵士衖的传也使用了同样的罪名(SS,卷245,8715页)。
③ 此据英文直译,按《宋会要辑稿》职官20之30a,黄琼重新卖船,船再入士衖之手,只不过是何溥的担心,并非既成事实。——译注
④ SHY:CK,20之30a—31a。SHY没有提到上章奏事者的名字,士衖传则提到他是右谏议何溥(1099年进士)。
⑤ 朱熹,《朱子全集》卷89;转引自李玉昆《泉州海外交通史略》,90页。

年,士剀因在南外宗正司的出色政绩而迁官,说:"他以自己的善良人格引导宗室,特别是孤儿和没有朋友的人。他严肃,但绝不冷酷。在宗室文化当中,有一种仿佛上古三代才有的高贵气氛。"①即使是夺船事件中的首犯赵士衔,似乎也没有给这种氛围带来太多的不光彩。两年之后,士衔和他的弟弟士籛(BCBGFE)答应将半数的朝廷赏赐②奉献给朝廷,支持抗金战争,因而受到新皇帝孝宗的奖谕。③

且不论人格,黄琼事件对宗室造成了两个重要后果。一个是绝对禁止西外、南外宗正司官员参与海外贸易,这就剥夺了他们的一项可能的利益来源(我们在第九章中将会看到,禁令并未阻止宗室参与各种形式的贸易活动)。④ 第二,在选拔谁来替代士衔、士剀担任福建宗正司长官的问题上,皇帝同意跳出南班宗室的圈子——以往的任命都来自这个圈子,选拔"诚实正直的文武宗室官员"。根据李心传的记载,从此,宗室文官经常出任宗室领导职位。⑤

我们不知道这一政策转变的意义是否曾经讨论,但它无疑是重大的。它结束了南班宗室独擅宗正司的局面,朝廷转向福州、泉州两大中心,以及所有与家人独立居住在中心以外的宗室成

---

① 《闽中金石录》,卷9之2b—3a。墓志铭出自邵武军学教授柯宋英之手。
② 据《宋史》卷245《宗室二·士衔传》"隆兴中,以边事未宁,与士籛奏减奉给恩赏之半以助军兴",所以严格说来,士衔等是建议所有宗室这样做,是否先为表率,并不清楚;而且他们主张献出的,也不只是恩赏,还有俸禄。——译注
③ SS,卷245,8715页。孝宗本纪把这个主意全部归功于士籛,他也是同知大宗正司。这个主意后来被全体南班宗室接纳。
④ 禁令针对宗司官员而非宗室,表明士衔在这一事件中的问题关键是在职权范围内,这也是士剀获罪的原因。另一方面,《宋会要》(SHY:CK,20之30b)在描述海舟如何在归还黄琼之后又最终落入士衔之手时这样说"是舟必折而入于知宗之家",这暗示着更加私人利益的存在。
⑤ HNYL,卷188,3151页。

员,从中选拔宗正司的领导官员。这些独立居住的宗室作为新兴的宗室精英,在南宋初年逐渐浮出水面。

独立的宗室家庭

南宋宗室中心的相关资料对宗室成员的生存状况——怎样生活,跟谁交往,与什么样的家庭联姻——保持沉默。我认为,这种沉默并非偶然,而是由宗室中心的孤岛性质所决定的。同北宋开封的宫宅和西京、南京的敦宗院一样,这些中心聚居着数量众多的宗室,反对宗室成员与中心以外人士的交往。与此形成鲜明对比的是,独立生活在中国南方的宗室家庭却深深地融入了地方社会。尽管其中不乏聚族而居的大家,①但宗室中心以外的宗室却不免要同他们的邻居——特别是地方精英——接触,这种接触无疑令他们的官僚生涯受惠良多。

一个宗室家庭选择在什么地方定居,原因很多,最常见的原因与做官有关。比如,南宋初年,赵士崪(BEAGFE)在昭武军(福建)做官,爱其山水,因此在那里安了家。士崪的儿子不择据说没什么野心,只关心怎样教育好自己的儿子。不择之子善恭(BEAGFEAC,1148—1217)学业出群,1166年通过发解考试,当过监酒税的官。他父亲说:"这个儿子必定会使我家家业兴旺。"这话说对了,1172年,善恭进士及第,从此官运亨通。② 赵伯璩

---

① 比如宰相赵汝愚(BAAKFBDAA,1140—1196)的家族,第八章将以较长篇幅讨论赵如愚的经历。南宋初年,赵汝愚的家族在余干县(饶州,江南东路)定居下来,《宋史》赵如愚传(SS,卷392,11989页)说他聚族而居,约有3 000人(译注:此误,"门内三千指"当指300人)。这个数字可能包括仆人。
② 卫泾《后乐集》卷18之6a—b。

（AAAACEBB，1135—1202）六岁而孤，做过几任小官，后任【添差】监吉州（江西）吉水县籴米仓，因而在吉水定居。伯璩家庭和睦，给邻人留下了深刻的印象，很快在当地扎下根来。他聘请老师教授自己的弟弟和儿子；一位血缘关系并不算近的宗室官员在任上去世，又是伯璩为他操持了丧事——这样敦宗睦族的举动，在宗室中我只见到这一例。伯璩的墓志铭出自前任宰相、当时最有名望吉州人周必大（1126—1204）之手。①

周必大还为赵彦倍（CCCCEBAA，1137—1201）写了墓志铭。彦倍的父亲在吉州庐陵县为官，就把家安在了当地。彦倍的官僚生涯成就有限，一直在地方为官，死时任湖南某县知县，墓志铭表彰他与当地俊彦一道致力于文学。墓志铭也说他家境清贫，以致彦倍死后不得不借钱买棺。彦倍还是周必大的堂侄女女婿（周氏为彦倍的第二任太太），因此我们还是应该谨慎理解周必大所说的清贫。②

但是也还是有一些宗室未曾买地置宅，而是随所任官职居住在官舍里。据说，赵师浔（AADEAAEAC，1148—1190）的父亲携家南渡，在明州州治所在的鄞县定居，居官廉洁、谨慎自持，节约官俸来维持用度。③ 赵不息的例子有些特别。上文已经提到，他官声卓著，是第一个因在普通官位上的成绩而被任命为知大宗正事的宗室成员，这样一个人在经济上应当不会拮据。然而，他

---

① WCC，卷74之9b—11a。WCC还提到了伯璩的另一项成功之处，他的五个儿子中有三个做了官。
② WCC，卷74之7b—9a。
③ KKC，卷104，1468—1470页。还有赵伯术（AADFABFB，1121—1188）的例子。他家于洪州（江西），虽然做过几任司法官员，但没有置下房产，去世时住在湖南一所租来的房子里（赵善括《应斋杂著》卷4之9b—11b）。译注：伯术携家之任，在任所租房子住，在宋代是平常事。

却和家人居住在官舍里①,生活俭朴;去四川赴任转运判官的路上②,他带着全家五十几口在一艘船上,并拒绝接受沿途地方官赠送的昂贵礼物。③ 他觉得这样做心安理得。

在什么地方做官决定了一些宗室的定居地,还有一些宗室家庭则是战争的浪涛把他们卷到哪里,就在哪里落地生根,安顿下来。1127 年,赵睦之(CHABEF,1101—1159)扶携着母亲、幼弟、孤侄从洛阳向南进入湖南中部,落脚在潭州衡山县,定居下来,后来他的寡姐也加入了这个家庭。睦之作管榷官来养活家小,还管过岳祠,岳祠遭到土匪袭击,其他官员都跑了,而睦之却成功地保卫了岳祠。睦之的官位并不高(他靠父亲的恩荫得到低级武阶官),但却极受乡里尊重(当地百姓称他为"佛子")。百姓们请求 12 世纪湖南的大儒胡宏(1106—1162)为他作墓志铭。④

1131 年,赵公迈(CABCAGC,1115—1179)和兄弟们南渡到达徽州,并在当地定居。年轻的公迈在一次诗歌考试(不是常规科举)中取得了优异成绩,得到武阶官,1154 年,他又以进士及第。公迈在江西、两浙和福建(任西外宗正司主簿)都做过官,而他的家一直在徽州。他的孤侄也在徽州靠他的俸禄过活。他家的住宅不在乡间,而是在州城,靠近市场。公迈自己道出了其中的委屈,没有土地,这个家庭没办法自给自足。⑤

比公迈只小一岁的赵伯撼(AADDGADA,1116—1168)也是这样在徽州的婺源县定居下来。父亲在外地做官,家事就落到伯

---

① 不息生活虽然俭朴,然居所却是皇帝赏赐的住宅。——译注
② 不息以一船载全家五十余口,是卸任出川时事。见《水心集》卷 26《赵不息行状》。——译注
③ YSC,卷 26,517 页。
④ 胡宏,《五峰集》卷 3 之 41a—42b。
⑤ 陈宓,《复斋先生陈公文集》,卷 21 之 9a—12b。

撼的肩上。他的从祖父令時(AADDEA,1061—1134)袭有王爵,又是宗正司官员,对他青眼有加,提出来要给他恩荫官阶。伯撼拒绝了,希望投身学业。他跟着这位从祖父到江西临江军的任所,加入当地一群专习举业的年轻人当中。1145年,伯撼得中殿试第八名,这是宗室前所未有的好成绩。有了这样一个注定要飞黄腾达的开端,伯撼的仕途却令人失望,死于湖南一个县官的位置上。他没有被葬在徽州,而是葬在了临江,因此看起来他已经永久性地搬到了临江军。①

也有宗室能够自由选择居所。赵士㒞(BCAAHA,1095—1160)是一个有趣的例子。在上一章中,我们先看到他成功地抵制了李成的叛乱,后来又看到他成了公认的秦桧党羽。杰出的地方官孙觌(1081—1169)是士㒞墓志铭的作者,他记述了两人之间最初的相识,那是在建炎年间(1127—1130)的常州(两浙北部)宜兴县。当时士㒞还是一名知州,卸了旧任,等待新的任命,住在胡茂老学士名下的一处佛堂里。士㒞、胡茂老、孙觌和官员董令升在一起宴饮赋诗,成为密友。多年以后,孙觌回到宜兴,发现胡茂老已经去世,董令升和赵士㒞都还在,士㒞在城南置了一处地产,退休后住在那里。他们重叙了友谊。这期间,士㒞飞黄腾达,为官多年,但都不在宜兴或常州。②

赵不沴(BCBTGDA,1144—1181)的例子也很能说明问题。他是一名南班宗室,生在临安,长在睦亲宅。少年时父母双亡,他把大部分青春都用来照顾四个弟弟的教育和婚姻。然后他说:"住在首都,我不快乐。我要寻求山林以居,来安适我的性情。"听

---

① KKC,卷102,1436—1439页。
② 孙觌《鸿庆居士文集》卷38,22a—23a。

说苏州多肥沃的土地,他就到苏州常熟县开元乡买地筑屋。有关这座住宅的描写令人神往,屋前有流水,屋后有青山,溪流清清,溪上有桥,有树木花草,有绿竹点缀其间。不渗在这里过着优雅自在的生活,以茶酒歌诗享客,与僧人为友,接济乡里贫寒(通常是以免除债务的方式),劝解邻里纷争。他是如此沉迷,多年不入城市——当指苏州。晚年他曾经得到一个职位,在长江三角洲的另一个地方,他拒绝了。有意思的是,不渗的墓志铭却不是出自苏州士人之手,它的作者杨兴宗(1160年进士)是福建官员,从未在苏州任职。显然,不渗的社交世界远远超出了常熟县的范围。①

赵不渗不是唯一在墓志铭中提到了田产的宗室。再举几个例子,赵伯淮(AABDEFBA,1120—1177)的父亲携家来到泰州(两浙)黄岩县,购置了田地,结果却非常贫瘠。作为长子,伯淮挑起了家事重担,教导佣保"力耕";在他的努力下,取得了不错的收成。② 上一章曾经谈到赵子昼(AAEBFAE,1089—1142)的仕宦经历,他把自己政治上的成功又扩展到衢州(两浙)城南郊的一块宽闲之地上,土地宽广,中有园池亭台,可以招待友人。③

那么,那些缺乏资产、无以自存的宗室家庭又过得怎么样呢?通常不会有人为他们写作墓志铭,即使有,作者的名声文采也不足以有文集传世,因此我们多半看不到他们的情况。但是也有例外,赵公衡(CDCFIDB,1138—1196)就差不多是一个典型的"贫困宗室"。他的父亲和叔父们南渡后定居在长江岸边的九江,据说生活非常贫困。公衡十五虚岁时,父亲病死,叔父们不久也都病死了,公衡和母亲依靠宗室遗孤俸禄过活。后来,他们搬到吉

---

① 杨兴宗,《江苏金石志》卷13之16a—18a。
② 孙应时《烛湖集》,卷11之1b—2a。
③ 程俱《北山小集》,卷33之19b。

州的庐陵县,同赵不汾一样,公衡投入了庐陵的地方事务。他通晓道教、天文、医药和占卜,帮助贫病,事母至孝,他的母亲活到79岁。他自称"澹然居士",曾经得到武阶官,但一生从未参加科举或出任官职。虽然成就有限,公衡其实还是很有些超群之处的,比如他的阶官,他在乡里的领导地位,他的四个儿子都考中了进士、做了官。最显眼的,他是我所发现的有两篇墓志铭①的宗室,这两篇墓志铭的作者不是别人,而是周必大和南宋最伟大的诗人杨万里。② 在有记载的宗室当中,公衡是最不起眼的一个,但以吉州社会的标准衡量,他却未必是真的贫弱。

　　还有一个同居住地相关的问题,就是丧葬行为。一般而言,一个家族埋葬死者的地方,就是居所最肯定的标志。③ 当然,宗室的情况有些特别,在北宋,所有的宗族成员——除了已出嫁的宗女——都葬在河南的两大集体墓地里。到了南宋,这样的集体墓地当然是没有了,并且我们知道,除了绍兴的皇陵,政府并未试图为宗室成员建立新的集体墓地。④ 墓志铭提供了62名宗室葬地的准确地点,呈现出清楚的模式。各个家族在居住地自己置办坟地,自己使用,不与同居一地的其他宗室家族合作。在吉州(江西)和两浙的明州、泰州、苏州等地,我们看到了许多两个以上宗室埋在同一县份的记载,但只有一个不同家族的宗室葬在同一地点⑤的奇

---

① 杨万里所作为墓表,周必大作的才是墓志铭,一露在外,一埋在内,英文未加区分。——译注
② CCC,卷122,4a—6b;WCC,卷71,12b—14b。
③ 某地有自己的家族墓地是举人证明其户贯的方法之一。
④ 当然,可能福州、泉州的宗室居住地有共用坟地,但我没有看到任何资料。
⑤ 此处误,根据下注,出自不同家庭而葬在同一地点的两位宗室是彦倓(CEFCBDBB,1155—1218)与师雯,资料来源是《水心集》卷23《福建运使直显谟阁少卿赵公(彦倓)墓铭》。细审原文,彦倓死后,其"子成忠郎监徽州酒税宓夫、迪功郎严州司理宏夫、迪功郎温州司户崇夫,与为伯晟后者从事郎真州録事参军师雯葬公于武康县上柏山"。根据上下文,师雯是会葬彦倓的人之一,而非与彦倓葬于同地的人;而且师雯应当也是彦倓的儿子,只是过继给了伯晟。——译注

特例外。① 这样一来,使宗室不同于普通宗族的一项社会文化行为消失了,独居的宗室家族变得越来越像他们与之交往的地方精英。

婚姻与姻亲

如果说墓地是宋代社会中永久性居所的标志,那么婚姻则是社会关系的显著标记。正因如此,再加上历史记录也为婚姻分析提供了诸多材料,近年来宋代社会史领域许多令人激动的成果都集中在婚姻领域。韩明士(Robert Hymes)提出了一个重要假说。他认真研究了抚州(江西)的情况,认为南宋初期出现了一种社会封闭现象,社会和政治的焦点都从全国性(帝国范围)转向了地方层面。他发现,南宋抚州精英家族的婚姻,同以前相比,变得更加地方化(即,只在本州之内联姻)。这一发现对于他的分析来说非常重要。② 柏文莉(Beverly Bossler)质疑了这一模式,认为韩明士所描述的变化是由于史料的特点——南宋留下了更为大

---

① 县份相同而葬地不同的例子有:吉州的公衡(CDCFIDB,1138—1196),公育(CEFCBCB,1136—1203),和彦俉(CCCCEBAA,1137—1201);明州的善待(BCBPAAAC,1138—1188)、师浔(AADEAAEAC,1148—1199);泰州的伯直(AADEGABA,1103—1167)和伯淮(AABDEFBA,1120—1177);苏州的师崋(AADDEFBEA,1149—1217)和希恮(AAXXXXXXXX,太祖长子的后裔,《宋史》族谱未载)。例外发生在徽州,彦俠(CEFCBDBB,1155—1218)与师零葬在同一地点。师零唯一可知的信息是他曾任淮南东路真州的录事参军(YSC,卷23,448页)。彦俠的墓志铭没有说为什么,而师零又没有独立的资料,因此无法说明二人同葬一处的原因。

② Hymes, *Statesmen and Gentlemen*, 第三章;以及 Hymes, "Marriage, Descent Groups and the Localist Strategy in Sung and Yuan Fu-chou"。Hymes 的理论首先在他1979年的博士论文中提出。这一理论在 Robert M. Hartwell 的 "Demographic, Political, and Social Transformations of China, 750—1550"中已经有所反映,载 Harvard Journal of Asiatic Studies 42 (1982):365—442。

189

量的历史记录——造成的。她使用婺州(两浙南部)宰相家族的资料,论述了一个更为平稳的精英社会的存在,本地与跨地区的婚姻纽带都在其中发挥着作用①(韩明士和柏文莉的一些差别很可能可以用江西与两浙之间的地域差别来解释。当然,我提到这一争论,并不是要在这里解决它,而是为我对宗室婚姻的发现提供一些观察角度)。

宗室墓志铭中对配偶情况有相当数量的记载,南宋初期的记载尤为不同寻常。例如,赵彦孟(CCAAAABA,生卒年不详)南渡后避乱徽州(江南东),娶都督孟庚(庚)之女。孟家也是北方人,来自濮州(京东西)。彦孟后来跟随孟氏搬到孟家在铅山的新居,一直住到自己的铅山新居落成。他的儿子充夫(CCAAAABAA,1134—1218)聪明好学,孟庚很欣赏他,把自己的孙女孟氏(也就是充夫的表姐妹)许配给他。我们还要提到一点,虽然这个家庭开始时很不起眼,但它在信州的家业后来却有了一楼一馆,馆名东塾,是子孙聚集读书的地方。②

赵善悉(BCABACAA,1141—1198)是武将不尤之子。上一章曾经提到,不尤在他的上司岳飞死后,遭到流放,在屈辱中死去。善悉当时还是一个孩子,父亲的命运激发了他的上进心。他从明州到临江军(江西),与一位李姓通判的女儿结婚一个月之后,就把妻子托付给温州的舅家,自己租了一间僧房,埋头苦学,准备科举考试。三年之后,善悉终于通过科举,取得了京官,这才去看望妻子。在路上,他遇到一个姓萧的官员,问起自己的岳父。萧回答说:"唉,他死了。他女儿嫁了个宗子,却离家流浪,好几年

---

① Bossler, *Powerful Relations*。
② 袁燮《絜齋集》卷13,306、308页。

没有音信了。"善悉大笑,道出了自己的经历。后来,萧又把这个故事讲给孝宗。虽说善悉曾经弃家三年,他的婚姻后来却非常美满,生了五个儿子、一个女儿。①

再举一个例子,赵公育(CEFCBCB,1136—1203)住在吉州(江西),他父亲在1120年代晚期在吉州为官,所以把家安在了吉州。公育先后两娶,第二任太太张氏是一位签判的女儿。发妻是吉州当地人,她的祖父喜欢在州城西边的树林中与朋友饮酒赋诗,因此同公育相熟,把孙女嫁给了他。②

举这三个例子,不是要讲奇异的故事,而是要引出三种与宗室家庭联姻的集团:北方人、地方精英家族和外地的官僚家族。那么,这些联姻类型究竟具有多大的普遍性?这个问题很难回答,典型的宋代墓志铭往往只提供男性姻亲的姓名、官衔(或职位),却不提他们的住处。只有在住处可以独立确定的情形下,我们才能够断定联姻的类型。在宗室墓志中,可以确定住处的姻亲有32人(17名岳父,15名女婿);在这些婚姻中,配偶来自本州的有18名(56%),配偶来自外州的10名(31%),4名(13%)配偶是北方人。③ 韩明士在南宋抚州发现本地联姻占绝对多数,而我们的数字显然与他的发现大相径庭,当然,我们所涉及的个案数量很小,因此也不能夸大了这些数字的意义。但不管怎么说,这些数字仍然表明,独立居住的宗室家族同本地与外州都有联姻行为。同柏文莉所研究的显赫的宰相家族一样,宗室家族也迅速地进入了这两个世界。

---

① YSC,卷21,418—420页。
② WCC,卷75之6a—8b。
③ 跨州联姻者往往岳家地位更为显赫,因此这些数字很可能低估了本地联姻的比例。我计算的只是可以确定住处的姻亲,而这一部分姻亲只占总体的一小部分。

墓志铭对宗室姻亲的官阶职位提供了更多的信息。表 7.3 和 7.4 是对 250 多年间宗室的岳父及女婿可知情况的一个简单概括。表 7.3 是岳父的情况,它反映的是宗子的婚姻状况。假定宗子的平均结婚年龄是 20 来岁,那么结婚日期应当比出生日期落后 20 年左右。同样,女婿表反映了宗女婚姻的情况,结婚日期比宗子的出生日期应当滞后大约 50 年(宗子结婚、生女 30 年,再过 20 年女儿才能达到出嫁年龄)。

表 7.3 宗子岳父的地位(按宗子生年分组)

宗子生年	宗子人数	岳父人数	无 官	武 官	文 官
960—1009	10	11	0	10(91%)	1(9%)
1010—1059	17	20	1(5%)	16(80%)	3(15%)
1060—1109	5	6	0	1(17%)	5(83%)
1110—1159	15	19	2(11%)	2(11%)	15(79%)
1160—1259	12	12	3(25%)	1(8%)	8(66%)
总　计	59	68	6(9%)	30(44%)	32(47%)

说明:在墓志铭没有给出岳父资料时,则代之以关系最近的姻亲。具体地说,包括妻子的祖父 11 名、高祖 1 名以及从父 1 名。

表 7.4 宗子女婿的地位(按宗子生年分组)

宗子生年	宗子人数	女婿人数	无 官	举 人	武 官	文 官
960—1009	11	40	0	0	40(100%)	0
1010—1059	25	54	12(22%)	0	40(74%)	2(4%)
1060—1109	15	30	2(7%)	0	11(37%)	17(57%)
1110—1159	27	77	20(26%)	2(3%)	6(8%)	49(64%)
1160—1259	15	32	12(38%)	3(9%)	0	17(53%)
总　计	93	233	46(20%)	5(2%)	97(42%)	85(36%)

说明:女婿的数字中包括 14 名孙女婿。

第七章 居所与特权

两个表反映出宗室姻亲构成的一大变化：武官显而易见地消失了，取而代之的是文官以及数量稍小的举人和无官人。① 后两类人在女婿中非常显眼，究其原因，结亲的时候，岳父（已故的，因为资料来自他们的墓志铭）正处在官僚生涯的中期或后期，而女婿的人生却刚刚开了一个头。由于宗女之夫可以得到授官特权，至少这 46 名无官的女婿可能就是为了取得官位才结这门亲事的。还应记住，岳父去世时，女婿没有官位，不等于他们出自非官宦之家，或者说他们在墓志铭完成之后仍然得不到一官半职。这也就是说，无官岳父数量的增长与宗室家族联姻社会范围扩大之间，可能并无必然联系。

除了细微的差别，这两个表都表明，从 11 世纪晚期开始，伴随着第一代无服宗亲的产生，宗室的联姻对象就发生了从武官到文官的转变。到了南宋，宗室几乎只与文官精英集团联姻，而文官精英正是韩明士、柏文莉和几乎所有宋代社会史家的研究对象。

但是这样一幅图景却非无懈可击。所有南宋墓志铭的作者都是宗室与之联姻的文官精英集团的成员。他们写作这些墓志铭，或是由于与死者的友谊，或是由于死者家庭的请求（正如上文指出的，相比之下，多数北宋墓志铭是官员受诏批量生产的）。这样一来，问题出现了，上述发现的代表性究竟如何？

残存的 20 卷《仙源类谱》（见第三章）为宗室婚姻关系提供了另一个视角，虽然它的世代和时间都十分有限，但却有一个极大的优点，便是记载了所有宗室成员，而不仅仅是那些成功的出色

---

① 墓志只提到这些人的名字而没有附加任何头衔。考虑到大多数墓志的高质量，以及它们对姻亲官僚地位细节的关注，我相信，断定这些人没有官位，是合理的。

宗室。再有，墓志铭记载的是父亲去世时的情况，对于当时尚未出嫁的女儿的夫婿，当然不可能提供任何资料；而《仙源类谱》在记载宗女的情况时，是以女儿自己而非父亲的人生为主体的，因此同从墓志铭抽出来的样本相比，《类谱》提供了一个更为真实的横切面。表 7.5 展示了 11 世纪晚期到 12 世纪初期 210 名宗女的丈夫的地位。

表 7.5 宗女之夫的地位（按宗女生年分组）

宗女生年	宗女数	未嫁	再婚	丈夫数	无 官	武 官	文 官
1050—1079	37	0	0	37	25(68%)	10(27%)	2(5%)
1080—1109	140	30	8	118	47(39%)	60(51%)	11(9%)
1110—1139	103	55	2	50	5(10%)	27(54%)	18(36%)
1140—1169	22	7	2	17	3(18%)	8(47%)	6(35%)
总　计	302	92	12	222	80(36%)	105(47%)	37(17%)

资料来源：《仙源类谱》。

这些同来自墓志铭的数据相比，存在显著差异。从这批宗女来看，匹配文官的显著增长开始于 1110 年及以后出生者，或者说基本上始于在南宋结婚的宗女。1110—1139 年出生宗女中的大量未嫁者无疑是沦为金人奴隶的结果。最令人吃惊的差异要算是如下事实，即使到了 12 世纪，武官仍然占了宗女配偶的半数，而文官只占三分之一。

要解释这些看似矛盾的现象，我认为，应当从墓志铭记载的性质出发，墓志铭是有选择性的，它所反应的只是那些显赫到足以拥有墓志铭的独居宗室家族的情况。很明显，这些家族已经无一例外地融入了地方精英集团，具体地说，融入了当地社会中的士大夫集团。如果这一解释是正确的，那么，大量与武官结亲的例子应当主要集中在生活在宗室中心的宗室家族当中，他们仍然延续了北宋宗室的婚姻模式。

学校和教育

虽然说居处和婚姻在宗室内部造成了实际上的等级差异,但所有的宗室仍然是一个整体:提高地位的基本途径是通过学校和科举——这一点与更广大的社会相同——以及他们在教育世界中所共同享有的特权。我们在前面各章中已经看到,在北宋的最后半个世纪中,朝廷已经牢固确立了让无服宗亲主要依靠教育和科举得官的政策。南宋初年,这项国策变得更为重要,朝廷为满足宗室的教育需求,投注了大量精力。

宗室可以利用的各类学校非常之多,最重要的是临安和各宗室中心的宗学。我们对临安的宗学有更多的了解,但关于南宋宗室教育最早的报告却来自各中心的宗学。1132年的诏令规定西外、南外宗正司各任命一名"教授",职掌"教导宗子"。[1] 1140年代,朝廷采取步骤区分南外、西外宗正司宗学教授的地位,基本标准是与州学教授相当[2]。1140年代晚期,几名宗学学生因两年在学期间成绩优异,得以免除解试。[3] 令人遗憾的是,几乎没有任何资料告诉我们作为学校的宗学究竟是什么样的。我找到的最好的描述来自赵像之(CCFHIA,1128—1202)的墓志铭。像之晚年为知西外宗正司,到福州就任时,宗正司有宗学,有教授,有夫子庙,但却不举行祭祀仪式。在春秋两季,学生们只有到州学参加祭祀典礼。像之到宗学发表演讲,有人问没有礼器如何祭祀先

---

[1] SHY:CK,20 之 38b。
[2] SHY:CJ,1 之 7a—b。
[3] 同上书,1 之 9b。

圣。像之制定计划、募集资金,第二年就开始举行祭祀典礼了。①在这段轶事中,我们看到,州学作为礼仪和学习的中心对宗学产生了巨大影响,②而福州宗学完全吸收州学模式则花费了半个世纪的光阴。

前文曾经提到,宗学教授有一项古怪的职掌——督管宗室的监禁。1174 年,福州西外宗正司报告,赵不尘(可能为 BCAAEA)的子孙骚扰市户、强取民财,一个被送到西外宗正司,另两个被送到南外宗正司,由宗学教授负责教导。根据一位宗学教授的报告,不尘已经六十六岁,又自诉有病。考虑到医药和照顾的问题,再把孩子跟不尘分开很是不便。因此,不尘的子孙获准回家。③ 临安的宫学也有这项惩罚性功能。七年之后,应知宗正事赵不息的请求,宫学建立了自讼斋,专门关押犯罪宗室。④ 宗学的这项古怪用处可能只是反映了一个事实,除了宫宅以外,学校是唯一有设施、有人力来实行拘押的地方。当然,还有一个目的也是可以推知的,赵不息请求在自讼斋中提供书籍,供犯了错误的宗室阅读。⑤ 此举表明,宗正司的领导人盼望通过教育使宗室成员的行为更符合儒家规范,而那些犯了罪的宗室也可以借此避免被当作罪犯处置。

临安的学校开始于 1134 年王宫大、小学的设立。⑥ 一年以后,规定大小学各设教授两名。⑦ 1144 年,宫学又有新发展,高宗

---

① CCC,卷 119 之 36a。
② Linda Walton 在 *The Institutional Context of Neo-Confucianism* 对这一观点有精彩论述,464—468 页。
③ SHY:CJ,1 之 11a—b。
④ 同上书,1 之 13a。
⑤ YSC,卷 26,516 页。
⑥ SHY:CJ,1 之 4b;CYTC 乙集卷 13,505—506 页;HCLAC,卷 11 之 27a—32a。
⑦ SHY:CJ,1 之 4b。

同意大宗正司的计划,允许临安以外的宗室自愿进入宫学,规定学生名额为大学 50,小学 40。① 此时,宋金和平已经稳定,高宗积极鼓励帝国学校的发展。宫学的未来也似乎是一片光明。

但是,事实上,在接下来的五十年中,宫学的繁荣却大成问题。在 1157 年的奏章中,宫学教授陈棠指出,宫学初建时,担心课程太多会要求过高,因此只教《论语》和《孟子》,这样教了二十年。陈棠请求在《论语》《孟子》之外多开课程,既然科举以经术为先,那就大经、小经都要教。② 陈棠的建议被采纳了,只是很难说有什么成效。隆兴年间(1161—1165),两名宗学教授的建制缩减为一员,③而且根据李心传的记载,此时的教授只需定期到学堂里来,作一个揖,走人了事。④

到了 1170 年代,在知大宗正事赵不息的领导下,情况有了很大的改善。不息本人是一位杰出的学者(1157 年进士及第),哲学家张栻(1133—1180)和朱熹都对他评价极高。他创办了宫学自讼斋,改革宫学,提高学生人数。不息还曾经希望仿照太学的例子为宗室青年提供膳食,但没有被采纳。虽然如此,他的努力显然还是产生了一些成效,他鼓励年轻宗室向学,推荐了几十人,许多人后来都非常出色。⑤

这些成就在不息的知大宗正事任期结束之后并未持续很久。1191 年,诸王宫大小学教授王奭上书,声称"尽管宗学已经建立,但却形同具文,有名无实",建议选派无官的少年宗子入太学学

---

① SHY:CJ,1 之 8a—b。其他条件还有依照州学标准为学生提供饮食,强制执行学规和斋规。
② SHY:CJ,1 之 10b。
③ HCLAC,卷 11 之 1a。
④ CYTC,乙集卷 15"宗学博士"条,505—506 页。
⑤ YSC,卷 26,516 页。

习,专门开辟一个斋来安置他们,其他待遇要求则与普通学生相同。这项计划毫无结果,礼部和国子监都反对它,光宗(在位期间,1190—1194)同意反对者的意见,他说:"祖宗单独设置宗学的目的,是要为宗室提供最优厚的待遇,因此很难让他们回到太学。"①

同年,判大宗正事赵伯圭(ABBACEAA,1125—1202)建议单独设立宗学,以教"天下之宗子",按照太学的制度,月书季考。光宗又表示反对,由此可见他上面那段话只是在玩弄辞藻、说空话。伯圭墓志铭的作者楼钥指出,虽然伯圭的建议没能实现,但是"知道的人都认为他是对的"。② 他们还知道,宫学的问题在于,它们是为南班宗室设计的,而南班宗室,前文已经指出,是一个相对较小而又不那么活跃的集团。

1214年,在下一任皇帝宁宗(在位期间,1195—1224)统治期间,临安宗学终于建立起来。它的设计规模与1144年的宫学完全相同:一百名学生,六斋。宗学比照太学设博士一员,而非教授,此外还有前廊执事四员,每斋设有斋长、斋谕。都省在谈到新学校的职掌时,首先与北宋后期相比较,当时,开封有宗学,西、南两京的外宗正司也建有学校;而后提到南宋宗室学校的现状,福州、泉州都有了宗子学校,只有临安还没有设学。③ 看起来,宫学并未被计算在内。

可以替代宗学的最重要的教育机构是官学。本章前面曾经谈到,1135年规定,全国的宗室青年都可以进入州学学习,而实

---

① SHY: CJ,1之14a—b。皇帝之所以反对,是担心宗学会被太学所兼并,但没有明言,礼部和国子监的反应却直说了。
② KKC,卷86,1172页。
③ SHY: CJ,1之15a。

际上,在学必须满一年,正是参加科举的前提条件。① 例如,赵伯术(AADFABFB,1121—1188)少年时进入洪州(江西)州学,日夜苦读,食盐菜(即普通食物),于是文业大成,不止一次在举人中名列前茅,1148年,得中进士(在第四甲122人中排名114)。② 显然,这样勤奋、杰出的例子只是凤毛麟角。1157年,一位宫学教授批评道,各地的宗室青年进入州学,但从不上课,只是为了满足考试的时限要求。应当让大宗正司和地方官员约束这种行为。皇帝接受了这位教授的建议。③ 1191年建议创立宗学的赵伯圭在宗子教育方面早已先行一步。1169—1170年,伯圭任明州知州期间,结合州学改革,要求所有当地未曾修习举业的宗室青年进入州学,约束规矩与普通生员相同。结果,许多人通过了科举考试。④ 我们不知道宗室究竟在多大程度上利用了官学的入学资格,但是无论如何这是一项非常可观的特权。尽管饱受批评,州、县学仍然是帝国分布最广、廪给最优厚的教育机构,入学竞争激烈。宗室这种毫无限制的入学资格是绝无仅有的。

此外的接受教育的方式,宗子也和当时的普通士人一样,可以到书院中就学,可以在家里延聘私人教师,也可以进入家塾学习。书院教育于12世纪晚期到13世纪逐渐流行于全国。⑤ 宗室通过这些途径接受教育的例子不多,但非常耐人寻味,比如太祖九世孙赵希錧(AADBBEGADA,1176—1223)的事例。希錧

---

① SHY:CK,20 之 39b;SHY:TH,6 之 8b。
② 赵善括《应斋杂著》,卷4之9b。伯术的科举名次见于现存的1148年进士题名录(徐乃昌《宋元科举杂录》)。
③ SHY:TH,6 之 26a—b。
④ KKC,卷86,1169页。罗浚《宝庆四明志》卷2之4a也证明了1170年明州州学的重修,但没有提供进一步的细节。
⑤ 有关宋代书院的论著浩如烟海,Linda Walton 的 *Academies and Society in Southern Sung China* 的论述最为精彩。

出生在衢州(两浙)常山县,自幼聪慧,很小就表现出非凡的禀赋和抱负。年方弱冠,希錧就跟随父亲到湖南任所,在刚刚由潘畤重修、建成的石鼓书院受教于潘畤(1126—1189)。此后,他又先后受到两位著名的温州(两浙)学者陈傅良(1137—1203)和徐谊(1144—1208)的指点。1196 年,21 岁的希錧通过了进士考试。希錧神道碑的作者、当时的大儒魏了翁(1178—1237)还指出,州学本来有大雅斋,专门接纳国家的贵胄子弟(即宗子),希錧不肯入大雅斋,说:"我独非寒素乎?"希錧对于奢华表示反感,却无法抹杀一个事实,这就是他所受的都是最高级的教育。①

专门为宗子创立的书院至少有一例。13 世纪早期,北宋宰相王旦(957—1017)的六世孙、知筠州(江西)王淮有感于本州宗子恶劣的教育状况,紧挨着州学创办了一所乐善书院。书院东西两廊各设三斋,中间是讲堂三间;又有一千亩田地,来维持二十名宗室学生的学习和生活。这二十名学生从无官的青年宗室中选出,学习经书和历史。与宗室有着千丝万缕联系的周必大为书院作记,将这项德政置于圣王舜教养胄子、周代强调王族子弟教育的历史传统之中,并预言宗室将学者辈出。②

对于宗室和许多士大夫家族来说,规模不大但无疑更加重要的是家塾和家庭教师提供的教育。上文曾经提到赵充夫在自家产业上建造的学校。同样,赵伯圭的产业上也有家塾,四十年间,他定期在家塾里率领家人祭拜先圣。③ 还有的宗室青年在家学或邻居家就学,举两个例子。未来的宰相史浩(1106—1194)作余

---

① 魏了翁《重校鹤山先生大全集》,卷 73 之 15a。
② WCC,卷 60 之 2b—4a。明代的《大明一统志》(1461 年编)卷 57 之 6a 也提到了这所书院和它不同凡响的作用,我正是在这里第一次看到乐善书院的资料。
③ KCC,卷 86,1175 页。

姚（绍兴府）县尉的时候，七岁的赵师龙（AABBABDCA，1143—1193）跟史浩的两个儿子一起念书，他的早慧令史浩感到惊奇。①再晚一代的赵汝鐩（BCBGNAGCC，1172—1246）进入了吕祖谦的家塾，吕氏家塾以培养出众多的学者而著称，汝鐩在那里研读了朱熹的著作。② 当然，这些例子恐怕不是普遍情形，但却表明宗室青年有着各种各样的受教育机会。考虑到宗室的特权、富足以及便利的入仕条件，恐怕极少有宗室家庭无力给孩子提供像样的教育。

考试与入仕

尽管儒家文化总是强调教育的道德教化功能，但是在宋朝，教育已经彻头彻尾地和考试纠缠在一起。根据考试成绩划分等级已经成为政治秩序中的核心原则，不仅对学校里的学生适用，而且还用在官场上来决定任职资格和官僚的晋升。前几代宗室也参加过各种比赛和考试，但只有到了神宗朝以后，宗室的参与人数才真正开始在考试制度中留下印记。到了南宋，对于即使不是全部也是大多数的宗子来说，考试成了生活的中心。上文描述过赵公衡在吉州颇具个性的追求，他可能不是唯一"不肯一试于有司"以求官的宗室，③但这样的人也不会有很多。

我们应当知道，考试不止包括优越的进士考试。对于那些希望以某种形式进入官场的人来说，还有通过恩荫得官者的出官试、为在进士省试中屡试屡不中的举人设立的特奏名考试、武举、

---

① KKC，卷102，1423页。士隆已经在阅读和讲解《春秋》，日记千言，下笔成章，跟史浩的儿子们学习时，已经能作诗。
② HTHSTCC，卷152之4a。
③ CCC，卷122之4b。

制科和铨试(主要用于官僚集团内部的升迁,非入仕考试)。① 也有专为宗子举行的考试。② 比较制度化的宗室考试主要有两种,一是量试,一是进士考试中的宗子特别考试。但是,在许多情形下,我们只知道某人通过了"宗室试",而不得其详。

第五章曾经指出,量试在许多方面与特奏名大致相当,比如都是格外施恩,考中者所授官阶基本相同,再有二者都是对无法通过常规科举者最后的安抚。与特奏名所不同的是,量试与常规科举之间并无直接联系。根据1162年的规定,参加量试的宗室要考试经义、诗赋和一首有关政治或儒家原则的论。③ 北宋只考一部经书或者问律,相比之下,南宋的量试要求要高得多,但是,它仍然不考进士考试中公认最难的策。通过量试者一般授予"承信郎"(从九品武选官),第一名稍高,授"承节郎"。④ 所授均为武选官——武举进士的授官基本相同,清楚地表明了量试与进士科之间的显著差异。⑤

通过量试究竟授出了多少功名?对于南宋大部分时间的情况,我们都几乎一无所知,但是,却有资料提供了1162—1172年间量试授官的无价信息。1163、1166、1169、1172四年,量试及第者的姓名是与进士、特奏名、武举一同宣布的。量试前三名被授予保义郎,其他人被授予承节郎。⑥ 这四年的授官人数分别为

---

① 见 Kracke, *Civil Service in Early Sung China*,70—72页,95—96页;以及 Chaffee,*Thorny Gates of Learning*,22—24页。
② 比如,KKC,卷103,1451—1452页,提到1128的"宗室群试于有司";陆增祥《八琼金石补正》,卷114之20a,提到了1133的一场专为宗室举办的考试;CWKWC,卷92之26b也提到一场。
③ SHY:HC,18之21a—b。
④ 同上书,18之21b—22a。
⑤ 值得一提的是,《宋会要》将量试(同上,21a—26a)部分置于武举之末。
⑥ 同1163年的模式相比,有两个例外,一是成绩最好的宗室彦瑗被授予同进士出身、文阶官;再有便是还有七人被授予比承节郎稍低的承信郎。

50、39、38 和 41，平均每榜 42 人。与之相比，这四年中通过其他考试得官的平均人数分别为，武举 30，进士 398，特奏名 336。①

在这四年当中，有两年举行了附加量试，有额外授官。一次是在 1169 年，只涉及了部分人，8 名曾经两次应试普通科举中格②的宗子通过量试，被授予承节郎。③ 1163 年的情况则完全不同。据报，当年参加量试的 700 多名宗室中，只有 30% 文理稍通，其他的要么不答所问，要么答非所问。孝宗下令，录取文理通顺者，其中虽然文章合格但有"杂犯"的要延缓两年出官。④ 尽管材料没有明言，但看起来这次量试显然不同寻常，结果有 216 名宗室获得承信郎，仅比量试通常所授承节郎低一阶。⑤

关于这次大规模的录取活动，有两个特点值得一提。第一，宋代考试通常都以选拔最有竞争力、最有天分的人为目标，而这次量试却要奖赏所有只具备最起码能力的人，可是，参加考试的宗室中却有差不多 500 人连这也做不到。第二，录取活动发生时间，我认为，应当与孝宗的即位有关。我们在下文将会看到，孝宗是一个真正出身宗室的皇帝，他启动了一系列政策，来提高宗室的地位和影响力。因此，由孝宗举行这样一场特别考试，为所有

---

① 其他考试的数字来自 SHY：HC,8 之 10b—13a。
② 《宋会要辑稿》选举 18 之 24 三月七日条，"礼部言，量试宗子经隔两举，止有八人"，则此八人只是曾经两次以上参加宗子量试。——译注
③ SHY：HC,18 之 24a—b。
④ 同上书,18 之 22b。
⑤ 同上书,23a—b。根据《宋会要》中的位置，这项授官发生在 1166 年 2 月 17 日。但是，我认为这条材料有错简，应当属于 1163 年。报告 700 余名应试者只有三成合格的是 1163 年 11 月 12 日。接下来 216 人授官的报告没有提到 30% 的合格率，但实际上 700 的 30% 正是 210。这条材料只标注了 2 月 17 日，但紧接在 1166 年的一条材料之后。最后，下文将要讨论，这样大规模的考试在孝宗初期的意义要比四年之后大得多。

合格者授官,来满足宗室长期受到压抑的出仕欲望,是非常合适的。① 事实上,在宣布完 216 名合格者的名单之后,孝宗还授予 40 岁以上、量试黜落的宗室承信郎。②

目前仅有的量试录取人数就是这短短几年间的数字,但是,洪迈(1123—1202)在 12 世纪末却曾经写道,有一千余名宗室通过了量试,得授承信郎,进入仕途。③ 洪迈没有提及这一千余名宗室量试授官的时间范围,但即使累计起来看,这个数字也显示出皇恩是多么浩荡。

虽说量试对于许多宗室来说都至关重要,但是同普通科举相比,仍然是退而求其次的选择。普通科举难度极大,因此北宋晚期罕有宗室参加,直到北宋末年,情况才有所改变,原因至少一半是因为朝廷在常科之中为宗室开辟了单独的通道。1139 年赵善时(BABAVAAB)在奏章中清楚地谈到了这一通道。他描述了 1121 年宗室科举的情况,当时,刚刚取消了从官学系统中选拔进士的制度,恢复科举:

> 我注意到沈晦一榜(即 1124 年榜),刚刚取消了三舍法,改用科举取士。宗室分为三科,也分为三等推恩授官:有官、锁厅者,先转两官,换文资;无官、取应前三名授保义郎,其余授承节郎;无官、应举,补修职郎(不入流文阶)。④

第一、三两科与北宋晚期相同:有官宗室参加锁厅试、无官

---

① 作者的分析非常有道理,但其实可以找到更直接的证据。《容斋三笔》卷 7"宗室补官"条云:"寿皇圣帝登极赦恩,凡宗子不以服属远近、人数多少,其曾获文解两次者,并直赴殿试;略通文墨者,所在州量试即补承信郎。由是入仕者过千人以上。淳熙十六年二月、绍熙五年七月二赦皆然。故皇族得官不可以数计。"——译注
② SHY:HC,18 之 22b。
③ 洪迈《容斋三笔》卷 7,转引自汪圣铎《宋朝宗室制度》,183 页。
④ SHY:TH,6 之 12a—b。

宗室在国子监考试。同北宋有所不同的是，参加锁厅试的宗室不必一定是祖免亲——祖免亲就算有，人数也相当寥寥了，通过恩荫等其他途径得官的宗室都可以参加。① 取应是一个新的类别。它指的是宗室先参加转运司举办的资格考试，而后在国子监复试，再进入省试、殿试。② 同其他两科相比，取应考试相对容易通过，至少在1145年，没有设置录取比例，所有文理通顺者③都获得了授官。④ 这样一来，取应得官的宗子，除了个别名列前茅者以外，都没有被算作正式进士，⑤就丝毫不足为怪了。

宗室举人究竟应该在多大程度上与其他举人同等考试，始终是一个问题，解决方案变化无常，反映出实际情况的千差万别。关于解试，1145年奏章和诏书允许宗室或在本路参加转运司主持的考试，或到首都参加国子监的解试，或者参加锁厅试。1162年，拥有众多宗室人口的福建获准按照广南东西路的例子，将所有自愿参加国子监解试的宗室送到临安。⑥ 也有宗室与普通举人共同参加本州解试的例子，发生在1194年的建康府（江南东），当时的知府是宗室赵彦逾（CCACCBAB，1030—1125）⑦。但是，普遍的情况仍然是宗室单独解试，这个例子只是一个例外。

175

---

① 关于这一点，张希清的《宋代宗室应举制度述论》没有说清楚。实际上，既然祖免关系仅仅适用于一代宗室，那么这个观点是可以由自身得到证明的。
② SHY：HC，16之11a—b。
③ 按《宋会要辑稿》帝系6之18a—b，"无官祖免亲取应文理通者为合格，不限人数"，则此处应当再加上一个限制条件"祖免亲"。——译注
④ SHY：TH，6之18a—b。
⑤ 我从张希清的《宋代宗室应举制度述论》（2—7页）中受惠良多，这篇文章针对这些极易混杂的类别作了细致的辨析。他认为取应考试仅限于祖免亲，对此我不能同意，因为他所引的材料并未证明这一点。
⑥ SHY：HC，6之23a。
⑦ CSTP，卷1之15b—16a。这件事的社会影响巨大，彦逾的传称，宗室与平民混杂考试，许多人因而成为朋友并建立了长期的关系。

更高级考试中的隔离更是顺理成章的。上文曾经谈到赵伯术在洪州州学中的学习情况,他以学问渊博而著称,因此被允许参加1145年的殿试,最后得中一甲进士。① 1155年规定,凡自愿与普通举人一样参加省试、混同考试的,都可以批准。②

1155年法令仍然允许宗室自由选择单独考试。然而,即使同普通举人一起考试,也并不意味着直接跟普通举人竞争。实际上,是宗室成员之间互相竞争,根据比普通举人优厚得多的比率进行择优录取。1145年,七名有官宗室参加了临安的解试,三人取中;同时参加考试的还有七名无官宗室,四人取中。③ 淳熙年间(1174—1189)省试的宗子录取比率为七人取一人。很快,解试宗子的录取率削减到七人取一;而省试的宗子录取率则削减到十人取一。④ 普通举人,1156年诸州解试的录取率为百人取一,同期的省试录取率则在十四人取一到十七人取一之间,⑤同宗子的录取率形成鲜明对照。

得中进士的宗室在名次的排列方面也得到特别照顾,被排除在第五甲——最低的一档——之外。根据李心传的记载,这一举动开始于1124年。⑥ 南宋文献对此少有记载,但在1148、1256两份题名录中,都有大批宗室排列在第四甲的末尾,而第五甲却没有一个宗室。⑦

---

① 允许伯术参加殿试的诏书,见 SHY:TH,6之18a;他的墓志铭,见 KKC,卷102,1436页。
② SHY:TH,6之23a。
③ 同上书,6之18a—b。
④ CYTC 甲集,卷13,179—180页。
⑤ 见 Chaffee,*Thorny Gates of Learning*,35—36页、106页。
⑥ CYTC 甲集,卷13,179—180页。
⑦ 徐乃昌《宋元科举三录》。1224年开始将宗室排除在第五甲——朱熹就在当年的第五甲进士之列——之外,4人被置于第三甲,其余12人排在第四甲。CYTC 甲集,卷1,13页。

皇帝对宗室的照顾是如此慷慨，这就使得宗室官员的数量大增，成为官僚群体中一个越来越令人瞩目的集团。1148年，330名进士中有16名是宗室（4.8%）。13世纪，张淏（约1180—1250）留下了一条重要记载，指出1080—1208年的128年间，共有1 340名宗室得中进士。① 平均下来，每榜进士为33.5名，而我们知道北宋晚期的宗室进士数量非常之少，因此这个数字极可能包括了量试及第的人数。宗室官员的最可靠数字，应当算是李心传对文武官员人数所作的那笔细账（表7.6）了。

表7.6　1213年宗室在文武四选名籍中的比例

官位种类	文　选			武　选		
	宗室人数	官员数	%	宗室人数	官员数	%
京朝官[a]	24	2 392	1.0	425	3 866	11.0
未升朝官	584	17 006	3.4	2 914	15 506	18.8
总　计	608	19 398	3.1	3 339	19 372	17.2

a：仅包括六至九品京朝官。

资料来源：CYPT乙集，卷14，528页。更详细的列表，见Chaffee, *Thorny Gates of Learning*，表2、表3。

关于表中宗室的人数还有一些问题，特别是文臣京朝官的宗室人数只有区区24人，这24人特指"宗子过礼补官"者。这个词的意思可能是"通过礼［部考试］（亦即省试）"，但是其他地方从未出现过这种用法，因此这种理解多半有误。同样的，584名宗室选人也有特别的界定，"宗子该恩"。我们仍然不知道宗室进士是包括在这个数字之中，还是包括在4 325名有进士出身的选人之中。② 因此，这些数字应当被视为最小值而非最大值。

---

① 张淏《云谷杂纪》卷3，转引自叶德辉《宋朝忠定周王别录》，卷6，1b—2a。
② CYTC乙集，卷14，528页。CYTC还在武臣未升朝官中记录了308名宗女之夫。

这些统计表明了三点。第一,同宗室婚姻关系一样,我们也特别关注了科举和文官的情况,而这种关注与《仙源类谱》所揭示的武官占绝对多数的情况构成矛盾。① 但材料如此,除量试以外,材料很少提到武选官的入仕情况。第二,宗室在官僚集团中的存在规模绝对令人无法忽视,② 这种规模,甚至最成功的非宗室家族——比如戴仁柱(Richard Davis)曾作精密研究的明州史氏家族,也无法与之媲美。③ 第三,从南宋初期开始,宗室在官僚机构中的地位和作用都发生了巨大增长,这一方面是由于参加科举考试的人数增长所致,另一方面则如上文所述,是由于宗室人口增长所致。

1190 年,朱熹(1130—1200)作漳州知州时,对这种新的状况表达了自己的看法和忧虑,他对学生说:

> 在漳州,因为光宗皇帝登极赦恩,以及宗室对科举入仕的重视,④一天之内就有六十余人得官。本州突然增添这一大笔俸禄负担,几乎连我的俸钱⑤都快开不出来了。朝廷缺乏远虑,宗室日益繁盛,成为各州的负担。现在已经有一两个州倒了。⑥

---

① 在《仙源类谱》所记载的南宋宗室中,出生于 1110—1139 年间的 101 名宗室中有 73 名(72%)为武选官;出生于 1140—1179 年的 33 名宗室中有 29 名(94%)为武选官。后一个数字可能高估了武选官的比例,因为有许多宗室在通过科举获得文官之前由恩荫得为武选官。但是在这次《仙源类谱》编纂的时候,这些人的年纪还很小,也可能还没有被记录在内。

② 张希清《〈宋代宗室应举制度述论〉》,9—10 页)估计,万余名宗室通过这样或那样的考试进入仕途:2 700 名进士,其他还有取应和量试成功。

③ Richard L. Davis, *Court and Family in Sung China*。根据我对 Davis 在附录 4 中族谱名单的粗略统计,宋代史氏家族共出了 237 名官员,对于一个血缘家族集团来说这个记录非常可观,但却仍然无法同宗室家族媲美。

④ 此误,《朱子语类》卷 111,"因寿康登极恩,宗室重试出官,一日之间出官者凡六十余人。"重试是考后再考。——译注

⑤ 误,原文为"州郡顿添许多俸给,几无以支吾",支吾,即应付。——译注

⑥ 朱熹《朱子语类》卷 111,2720 页。

朱熹的担心是很有道理的,我们在下面两章中将会看到,那些不得不尽力应付宗室大量入仕所带来的后果的官员们也和他有着同样的担心。

这些发现引出了一系列更为直接的问题。大量宗室流入官僚集团的政治后果如何?他们在朝政中究竟扮演了怎样的角色?他们是否具有某种在必要时会影响行动的共同特点?下一章将探讨这些问题。

第八章　政治与权力界限

孝宗的入选

1129 年,高宗的独子赵旉因受到突然的惊吓而夭折,年仅四虚岁。高宗心神错乱,自言对床笫之欢已失去兴趣。① 虽然实际上才刚刚 20 岁出头,1131 年,高宗便下令在宗室中选拔男孩,作为继承人的可能人选来养育。最初的要求是选拔四五个两三岁的男孩,后来却变成了十个七岁以下的男孩。最令人瞩目的是,他规定孩子必须在"伯"字辈中选拔,"伯"字辈是太祖一系的第七代。② 理由是太祖以神武定天下,而他的子孙却零落四方、历尽艰辛。因此,有必要建此大计,以慰在天之灵。③ 更真实的理由是,高宗在南方没有任何像侄子一类的近亲可以选择,太宗一系聚居在开封,大多数都做了女真人的俘虏,因此可供高宗选择的太祖子孙要大大超过太宗子孙。

知大宗正事赵令畤(AADDEC,1061—1134)和福州西外宗正司的创立者赵令𢘅(AADFCH,1069—1143)负责选拔工作。

---

① HNYL,卷 15,310—311 页;王明清《挥麈三录》,卷 1,874—875 页。
② HNYL,卷 45,817—818 页。
③ HNYL,卷 15,310 页;SS,卷 33,615—616 页。

第八章 政治与权力界限

这十个被送到宫中的男孩,只有三个留下了姓名:赵伯浩(ABABAIAB,生卒年不详)、赵伯玖(AADFFCDA,1130—1180)和赵子偁(1144年卒)的儿子伯琮(ABBACEAB,1127—1194)。子偁是一个爱好学术的地方官(关于子偁,见第五章和第七章)。① 这些孩子都是太祖的后裔,没有一个是高宗的有服宗亲,因此要不是北宋末年拓宽了宗室的含义,他们根本就算不上正经宗室。

这几个男孩在高宗慈爱的注视和观察下,在宫中由后妃们抚养。如果那些流传至今的故事是可信的,那么,对这些孩子的考察和评估始终不断,琐细的小事也可能是决定性的。有故事说,高宗曾经决定将伯浩和伯玖作为最终候选人,并最终选定了胖孩子伯浩,而非瘦孩子伯玖。在孩子们出去之前,高宗要两人站在一起,好让他最后再看一眼。两个人站着的时候,有只猫凑巧经过,伯浩踢了这只猫。高宗觉得"凭什么要踢这猫呢?这个男孩如此轻佻,以后又怎么能担当重任?"于是,伯浩落选,得到三百两银子,被送回家了。②

伯琮(更名为昚)和伯玖(更名为璩)的竞争又持续了多年。进入少年期后,两个人分别搬到官属礼制相等的东府和西府。直到1153年,选择的结果才最后公开,昚封建王,立为继承人。③ 据说,昚出色的书法造诣是一个决定因素。④ 还有一种说法,宫

---

① SS,卷244,8686—8687页。
② 王明清《挥麈三录》,卷1,874页。这个故事在丁传靖的《宋人轶事汇编》中也可以找到,引谢维新《古今合璧事类备要》,英文版,94—95页。
③ SS,卷33,616页。
④ 根据张端义的《贵耳集》卷1,高宗给了昚和璩他自己临摹的著名书法家王羲之(约303—361)的作品,要两个人各抄500遍。昚抄了700遍,给高宗留下了深刻印象。这条材料蒙Julia Murray赐示。

中因支持两个养子而分成了两派,于是,高宗赐给眘和璩每人十个宫女来服侍他们。眘的老师、后来的宰相史浩告诫他这份礼物是一个考验,要他小心对待。眘照着做了。不久以后,这些宫女被召回宫中,赐给璩的宫女全都遭到过侵犯,而眘的宫女却仍旧纯洁如玉。于是,皇帝最终决定立眘,这就是未来的孝宗。①

不管这些故事的真实性如何,它们却揭示出这样一个事实,这场旷日持久、公开竞争的选择曾经广为人知。在这一点上,它与英宗被选为仁宗继承人的过程迥然不同,仁宗的大臣敦促他作出选择,但就我们所知,仁宗的选择过程没有任何外人的介入。至于未来的孝宗,我以为,立储决定之前的长期不稳定状态增强了他与宗室的认同感,因为,他从宗室中来,而且曾经极有可能再回到宗室中去。事实上,当眘成为皇太子之后,璩(伯玖)的的确确又变成了一个宗室。璩被送出临安,在宗正官员的位置上度过余生,他做过绍兴府的判大宗正事、判福州西外宗正司。② 1162年,高宗打破先例,禅位给赵眘,眘史称孝宗皇帝(在位期间,1162—1189)。孝宗与宗室的认同感不是我们的空论,事实上,在他统治期间,宗室在官僚中的比率大大增加,不仅如此,他们还在政治上获得了发展,开始尝试新的角色。

孝宗与宗室

同高宗一样,孝宗也是在对金战争中登上权力宝座的。1161年,金朝皇帝——臭名昭著的海陵王——兴兵侵宋,很快到达扬

---

① 周密《齐东野语》(北京:中华书局,1983)卷 11,201 页;丁传靖《宋人轶事汇编》有引用,96 页。
② SS,卷 246,8731 页。

子江边,他的渡江企图却遭到了宋朝军队的挫败。让宋朝感到幸运的是,海陵王的军队哗变,杀死了他。随后,宋朝军队试图反攻北上,但没有成功,战争却一直持续下去,直到1165年宋与金签订了比1142年更为有利的和约。① 高宗的退位一半是出于对战争的厌倦,一半则出于对皇太子的信任,当然,以孝宗的才略,回报这份信任是绰绰有余的。②

由于身处战争环境,孝宗最初对于宗室所采取的措施都与紧缩开支有关,包括削减宗司官员,减少给宗室的赏赐(比如生日礼物)额。而后一项节流措施是在宗室成员的请求下作出的。③

然而,这些紧缩行为却并不代表孝宗对宗室的一般政策。上一章曾经讨论宗室在科举和官僚机构中越来越引人瞩目的存在,虽然我们尚不能准确地理解这一现象,但是1163年孝宗即位之初,授予216名宗室量试出官,很明显地表明他渴望通过授予官阶向所有只具备基本能力的宗室表达一种承认。这不是说他总是偏袒宗室。我们在第七章看到,孝宗使进士考试的录取率变得更加严格了。1162年,他还重申了一项禁止宗室任学官、知贡举的长期有效的禁令。④ 1165年,年轻的宗室赵汝愚(BAAKFBDAA,1140—1196)殿试程文第一,而孝宗却没有让他做状元。⑤ 当然,实事求是地说,录取比率的降低是对举人人数增长作出的反应,而不是对某一地区或集团的惩罚性措施。1170

---

① Herbert Franke,*The Chin Dynasty*,239—245页。
② Davis,*Court and Familiy in Sung China*,56—57页。
③ SHY:CK,20之4a,31a,40b。第七章曾经提到,赵士衍、赵士篯兄弟曾经答应将朝廷赏赐的一半上交,受到孝宗的嘉奖。
④ CYTC甲集卷12,151页。
⑤ 叶德辉《宋忠定赵周王别录》,卷6之1b—2a。

年代初期,宗室知贡举的禁令开始出现例外;①而赵汝愚,尽管没当上状元,但却受到孝宗的高度重视,被几度委以重任。

还有三件事也表现了孝宗对宗室的关怀与信任。一件是他支持次子魏王赵恺(1146—1180)做掌实权的地方官。赵恺本来有望被立为太子,落选之后,1174年,出判宁国府(旧宣州,江西)。到任之后,当地长史请求让自己与司马分担州政,让魏王坐享其成。赵恺回答道:

> 我受命做判府,要是把权力全都交给长史、司马,自己就架空了,处于无用之地。况且一州之地设置三名判府事,政出多门,我担心官吏、百姓会起纷争,徒增烦扰。长史、司马应当专管钱谷、讼牒,上报给我做最后决定。这样,才会上下相安,事情也好办得多。

同这一番意思明白的回答相比,更为令人关注的是皇帝对魏王的全力支持。在宁国府以及后来的明州任上,魏王都能够利用他的地位来造福一方。例如,他成功地提高了宁国府科举解试的解额。② 皇子不是普通宗室,但是他的为官经历却是北宋禁止皇亲国戚拥有权力政策进一步松动的显著标志。

第二,1166年,孝宗颁布诏令,规定所有宗女都可以荫一子为官。③ 此举的用意在于增加精英家庭联姻宗室的诱惑力,它表明至少部分宗室家庭存在嫁女难的问题。而后,在1179年,帝国的所有州军都奉命为宗室保留武职。两则诏令详细记载了各州所应提供的亲民、监当、岳庙职位数量。第一则诏令没有提到四

---

① CYTC 甲集,卷 13,171—172 页。
② SS,卷 246,8733 页。
③ CYTC 甲集,卷 6,86 页。

第八章 政治与权力界限

川,后一则诏令则专记四川的情况。各州的三类职位总数分别为215、431和690,三类合计为1 336。① 已经由宗室担任的武职应当已经包括在内,因此实际上并未产生1 300个新职位。但是不管怎么说,孝宗为解决宗室官员的任职,情愿调动如此可观的行政资源,清楚地表明他对宗室的鼓励态度。

还有一件是主要针对宗室文官的政策,1163年,孝宗下令所有侍从、台谏官员——也就是所有高层文官——都要推荐两名杰出宗室官员。② 我们无从得知推荐的总体效用,但有几篇墓志铭却以一定的篇幅谈到了这次推荐。

楼钥(1137—1213)在赵师浔(AADEAAEAC,1148—1199)的墓志铭中记载了自己择宗室而荐的经过。他希望推荐师浔,到1163年为止,师浔已经在好几任职位上表现优异,楼钥很了解这个年轻人,因为师浔娶的是自己的侄女。③ 但是楼钥已经用光了他的两个推荐名额——其中的一个给了师浔的哥哥师津,因此对师浔爱莫能助。师浔的另一个热情的支持者、知枢密院谢深甫(1166年进士)的情况也是一样。当礼部尚书刘德秀(1208年卒)向谢深甫打听有谁值得推荐时,谢深甫夸奖了师浔,刘德秀于是欣然推荐了他,并在奏章里说"天族繁衍,人才众多"。④

---

① 《宋会要辑稿补编》15页(12117a—12118a)。
② 关于这一举动的信息主要来自受到推荐的宗室的墓志铭。确切日期出自韩元吉《南涧甲乙稿》卷21,427页;受推荐人的细节规定见于 KKC,卷104,1469页;SHY;TH,7之4a所载1164年二月十七日诏,命令知大宗正事赵令䛒(AADCBK,生卒年不详)和明州知州赵子潚每人推荐两名宗室官员。尽管子潚道德高尚、深受信任(见胡铨为他所作墓志铭,《胡澹庵先生文集》卷24,9a—19b),但仅仅挑选他和令䛒两个人来推荐宗室,则未免说不过去。因此,我认为,实际上诏书要求一批大臣作此推荐,只是诏书在流传的过程中出现了缺失。
③ 楼钥在墓志铭开头借媒人的嘴夸奖了师浔和他的家族(KKC,卷104,1468页)。
④ KKC,卷104,1469—1470页。

尽管在1163年得到了推荐,但师浔仍然是一个小官,跟皇帝没有接触。而另两位宗室的经历则不同。赵像之①(CCFHIA,1128—1202)在1148年进士及第的宗室中排名第三,由此声名鹊起。他得到了他的同年、礼部尚书萧燧(1117—1193)的推荐,萧燧还建议任命像之知郢州(京西南)。孝宗提到像之的奏章曾经给自己留下深刻印象,说他不应该局限在郢州地方,而是"当留侍朕",于是任命像之为军器少监。但是不久像之就因他作的一篇祭文得罪了某位大臣,被派到湖南去管常平仓。面见皇帝辞行时,像之关于常平仓功能的想法又深深地打动了孝宗,他的职位又改为江南东路常平使者,不久即改任知西外宗正事。我们在下一章将会看到,在那里,像之促成了宗室学校的改革。②

赵彦端(CBAECAAA,1121—1175)17岁中进士,官声卓著,也受到了推荐。孝宗接见彦端,迎上前去,说:"我听说你的俊才很久了"。彦端不愿只是逗皇帝开心,他在朝堂上发表了自己的政治见解:

> 我身为宗室,与国家休戚与共,自当言无不尽。从前,那些当政者憎恶持不同意见的人,所以近臣不得尽忠谋划,远臣不得进献自己的想法。要是没有最近这一场令人后悔的战役,当政者怕是要引导陛下,把众人的意见都当作无用废话了。我愿陛下远虑将来,引以为戒。

---

① 下文在像之经历的叙述中存在错误。第一,墓志铭没有明言知郢州是出自萧燧的推荐;第二,像之作的这篇祭文给他带来的是名声而非麻烦,"其文一日传都下";第三,像之是自己请求离开首都到外地去做官的;第四,像之在湖南常平仓的任上政绩突出,改掌江南东路常平仓,但是,没有赴任就改任西外宗正司去了。——译注
② CCC,卷119,37a—38b。这篇祭文本来应当由像之的推荐人萧燧来写,萧燧要在葬礼上代表7名在朝供职的1148年进士。萧燧把它推给了像之,祭文却给像之带来了麻烦。

第八章 政治与权力界限

这话从一个小小的福建路提点刑狱司干办公事嘴里说出来,似乎过于放肆,但彦端却得到奖赏,被提拔为国子监丞。①

关于这些受到推荐的宗室,有两点非常突出。一是彦端想当然地认为宗室与皇帝休戚与共,并用这一点来支持自己的大胆言论。二是像之虽然受到皇帝的庇佑,但却仍然遭到了贬官。这两点都不是偶然例外,而是常见典型。宗室身份让许多——如非全部——宗室官员对皇帝有一种特别认同的感觉,这种感觉常常遭到他人的怀疑、甚至惧怕。

这种皇帝与宗室的纽带不是孝宗朝的新事物。我们在第六章看到,高宗对子潚(AADEHAF,1102—1167)说:"你可以秘密上奏。宗室与国同体,你们应当知道我的感受。"做江南、淮南制置使时,子潚严厉打击贪渎,惹恼了一些武将,武将们向朝廷诬告子潚,而高宗却提拔了子潚。② 虽然皇帝与宗室的纽带不是新事,但在孝宗朝,类似的现象却越来越普遍。

举几个例子。赵不息(BCBFAFA,1121—1187)是 12 世纪最杰出的宗室官员之一,做过文职、武职和宗正司职位(前面提到他做过知大宗正事),以不畏权贵豪强、上书直言而著称。叶适(1150—1223)总结不息的仕宦经历时,提到他的奏章一般都很长、发言直率、毫无畏惧。他的意见,皇帝有一些接受了,有一些没有接受,但却从未怀疑不息的忠诚,并在一次宴会上表扬他是"贤宗室"。③

---

① 韩元吉《南涧甲乙稿》卷 21,428 页。
② 胡铨《胡淡庵先生文集》,卷 24 之 12b。子潚在官场上得罪过许多人:他刚刚任职,就与本州知州意见不合;他弹劾宗室、明州知州赵善继为政残酷;在临安,他打击那些强买良家子女为仆妾的势家大族;在明州,他打击勾结海盗的豪强(同上,卷 24,9a—18b)。
③ YSC,卷 26,516 页;《宋史》不息传(SS,卷 247,8757—8760 页)有类似的评价。

217

赵善誉（BCABGHEB，1143—1189）作潼川转运判官时，辖下有一名知州官声极差。善誉先是故意怠慢他，而后又弹劾他。知州的保护人宰相王淮驳回了弹劾，而善誉干脆就罢免了他。① 赵彦真（CDADAFAB，1143—1196）的第一个职位是抚州（江南西）录事参军，他对监狱中的恶劣状况感到沮丧，那是他的职责所在，但他却无力改善。有部使者自临安来，彦真上诉狱中的冤情。部使者震怒，彦真的下属被吓坏了，想要放弃。而彦真却大声叫他们离开房间，而后一一列出自己的申诉理由。最后，部使者不但同意将案件移交给刑部，而且还要推荐彦真，但遭到了彦真的拒绝。据说，彦真的父亲在听说儿子的勇敢行为之后，感叹地说："这才是我的儿子！"②

保护贫弱，与不公正抗争，不惜牺牲个人利益，是儒家为官理念的重要因素，也是宋代精英文化的潮流所向。上面举的几个例子是要说明至少这些宗室已经确定无疑地完全同化于这一理念，而不是说他们与其他有良知的官员有什么不同。如果说二者有差异的话，那就是宗室官员的皇族血统让他们更为大胆敢言，也让他们的对手在挑衅时更要小心从事。当然，这一点无疑也为不法宗室提供了以不正当手段攫取财富和权力的方便。

赵希錧（AADBBEGADA，1176—1233）的早期仕宦经历生动地反映了人们对宗室官员的看法。1196年，希錧中进士，被任

---

① SS，卷247，8762—8763页。皇帝再次下令推举杰出宗室时，善誉也在被推荐者之列。善誉的经学和史学造诣都很深，孝宗曾经说他的经学即使在"学林"之中也是出类拔萃的（KKC，卷102，1426页）。
② 陆游《渭南集》，卷34，304页。在这个故事中，彦真的父亲起了非常重要的作用。在彦真前往抚州就任之前，父亲告诫他刑狱关系人的生死，必须认真谨慎。陆游还告诉我们，当彦真对无法改善狱中状况感到困惑时，曾向父亲诉苦，父亲感到失望。译者注：此误，原文彦真说"不忍欺吾父也"。

命为汀州(福建)的待缺司户参军,这个职位还要再等上八年才会腾空。然而,希錧刚刚到达汀州两个月,李元砺(1211年卒)就在福建、江西交界的山区叛乱,威胁到汀州的安全。地方官员开会讨论如何保卫州城,希錧一言不发。最后,知州问他的沉默是不是没有意见。希錧回答说,大家决定在城墙设防,不是办法,他建议在三十里外的旧城设防。大家接受了希錧的意见。希錧受命带领一支人马,成功地击退了叛军,成为汀州的英雄。在这个故事的叙述中,最耐人寻味的是这样一句话,希錧接受知州的委派,带兵出发后,"这时候,他只是一名刚刚做官的宗室,人人都为他捏着一把汗"。①

笼罩在希錧身上的皇权的辉光既是庇佑的力量,又是招灾惹祸的源头;它能带来尊敬和顺从,也会惹来怨恨、怀疑、迫害甚至罢官。赵庚夫(CCABHBACB,1173—1219)的第一个职位是监嘉兴府海盐县酒务,他力图强制富商大族按章缴税,结果自己受到弹劾,罢职还乡,庚夫的官僚生涯就此戛然而止。② 赵善待(BCBPAAAC,1138—1188)多年为官,官声卓著,却受到挥霍移用公款的指责,尽管调查结果证明了他的清白,枢密使周必大也极力保荐他,但还是没能使善待获得进一步升迁。③ 在庚夫与善待的遭遇中,这种皇权的辉光究竟是否起了某种作用呢? 很难说。但是,在善待的例子中,有一个因素肯定是起了作用的,这就是反对宗室在朝为官(南班官除外)的传统。

---

① 魏了翁《鹤山先生大全集》,卷73,15b;黄宗羲《宋元学案》,卷61,1971—1972页。
 译注:引文出自《宋元学案》,魏了翁只是说"守以付公,人为危之"。
② HTHSTCC,卷48之1a—b。此事发生在嘉兴府海盐县。庚夫的反应是从此闭门不问世事,专心研究《老子》和《易经》。
③ HCC,卷17,286页。

宗室与非宗室官员的最根本区别在于，宗室有继承皇位的潜在可能性，因而不能给予过多的权力。正因如此，高宗和秦桧才开创了禁止宗室做宰相的先例，规定宗室升迁不得过侍从。① 同赵善待明显的清白无辜相比，根据《宋史》的记载，他的儿子赵汝述（BCBPAAACA，生卒年不详）却因野心昭彰而受到怀疑。② 汝述官至侍从，还做过非常重要的平江知府（苏州，两浙）。③ 也有宗室公开表达了对宗室任用问题的关注。上文曾经引用赵彦端对当时朝廷流行风气的批评，由于他的文学才能，朝廷几次想要用他做"词臣"。词臣关系诏令和其他官方文书的起草，责任重大；如果任用宗室，恐怕会趁机进入内宫。因此，彦端的每一次任命提议都遭到了否决。④

一名宗室官员在政坛上的崛起会伴随多少非难，只要看看赵善悉（BCABACAA，1141—1198）的遭遇便可明白。他年轻时，为了应举，曾经丢下新婚的妻子苦读三年。他做过县丞、知县、临安通判，官声卓著。尤其重要的是，在临安通判任内，善悉引起了皇帝注意，经常受召进宫。皇帝还任命他知秀州，用金字牌命令他整顿水利。但是，当孝宗试图要召善悉入朝为官时，却遭到了参知政事黄洽（1122—1200）的反对。显然，这是因为善悉在秀州时曾经弹劾黄洽荐引亲戚，惹恼了黄洽。善悉又到江南西路做了一任江州知州，而后回朝任度支郎中，为皇帝在军政方面提了很多有益的建议。当孝宗希望任命善悉做临安知府时，麻烦又来了，大臣反复拒绝（墓志铭说是"前后十数"）接受成命。孝宗只好

---

① 见第七章，138页。
② 此据英文直译，译者在《宋史》卷247《赵汝述传》中没有找到这样的说法。——译注
③ SS，卷247，8763页。
④ 韩元吉《南涧甲乙稿》，卷21，428页。

退而求其次,任命他做太府少卿。善悉却受到了御史的不实攻击。孝宗震怒,在弹劾善悉的奏疏上涂抹以泄愤,但还是把善悉撤了下来。当然,善悉的官僚生涯并未到此结束。他又继续任徽州(江南东)知州等地方官,官声仍然相当好,但是却再也没有回到首都做官。光宗曾经想要让他做提点铸钱,结果同样遭到抵制。①

我们不清楚是什么引发了对善悉长期而强烈的反对,黄洽的敌意显然不能完全说明问题。不管这种反对的核心究竟是什么,但它无疑建筑在这样一种通行观念的基础之上,这种观念就是宗室官员不能在朝担任有实权的职位。诸户立雄分析了李心传所列宣和(1119—1125)到嘉泰(1201—1204)年间的19名出身宗室的侍从官,结论是尽管很多人做到了重要的地方职位,但他们却被有系统地排斥在朝廷职位以外。② 我同意诸户的结论,虽然我没有看到这一政策的明文规定,但在高宗朝和孝宗朝,这种排斥却真真切切地在起作用。

在善悉的例子中,具有讽刺意味的是,他与孝宗不同寻常的亲密关系反而促使人们反对他在朝供职。即使是最忠诚的宗室也有可能打破内朝与外朝的界限,对宰相的权威构成干扰甚至颠覆。叶适不惜笔墨谈到了这个问题,他描述了善悉在朝见时所表现出来的朴素单纯而谦逊的风度,以及孝宗满意、亲密、友好的态度。孝宗曾经对善悉说:"全天下的事每天都要在我的肚子里过一遭。留你在我身边,就是要共同面对这些事,你可不能远去!"皇帝的想法却遭到了阻碍。叶适评论说:"对善悉的怀疑,虽然都没有根

---

① YSC,卷21,418—420页。
② 诸户立雄《宋代の對宗室策について》,632—633页。诸户指出,主要的例外是在朝担任大宗正司长官。李心传的名单,见CYTC甲集,卷1,23页。

据。但是受到皇帝特别知遇的人,地位接近人主,交游便会疏远。出身孤寒的人尤其如此。因此,尽管皇帝一力维护,却抵不住反对派想方设法的排斥。嗟乎!"叶适还在墓志铭中这样写道"尽管皇帝一直都希望对善悉委以大任,但却被外朝打压下去了。"①

在这场皇帝意图与臣僚意图的较量中,臣僚取得了胜利。宋朝的皇权通常被认为是专制独裁的,而孝宗又是南宋皇帝中最强势、最有为的一个。② 臣僚的胜利在宋代的专制皇权上投下了一道有趣的光芒。我认为,皇权诚然强大,宗室的适当角色却已经被视为政治秩序中的一个基本元素——近于英文中的"不成文宪法",皇帝也无法轻易改变它。

虽然如此,变化却已经在发生。大批宗室通过恩荫、科举进入官僚集团,这就使得赵善悉绝不会是一个孤例,总会有其他富于行政才干的宗室继续挑战不许宗室进入高层职位的政策。事实上,就在 1189 年孝宗退位之后,赵汝愚(BAAKFBDAA,1140—1196)就亲身实践了这一挑战。

宗室宰相赵汝愚

赵汝愚的父祖都做过官,但谈不上显赫,因此赵汝愚的政治成就并无家庭背景可以依凭。③ 他的高祖仲企(BAAKF,1055—

---

① SSWC,卷 21,491、418 页。
② 可以参看 Richard Davis 在 *Court and Family in Sung China* 中对孝宗"集权统治"的描述,71—73 页。
③ 我的论文"Chao Ju-yu, Spurious Learning, and Southern Sung Political Culture"对赵汝愚做了广泛的研究,探讨了他的思想以及他与朱熹和其他道学思想家的关系。Herbert Franke 主编的 *Sung Biographies* 中有一篇他自己用德文写的赵汝愚传,简短而有用。

1088)把家搬到西京。① 汝愚的祖父不求(BAAKFBD,生卒年不详)在女真南侵时举家南渡,定居在饶州(江南西)的余干县。不求南渡的详情我们不得而知,他死的时候,正在余干做官。②

汝愚的父亲善应(BAAKFBDA,1118—1177)仕途并不得志,最高只做到江南西路的兵马都监,但他树立了节俭、仁爱、好读书的家风,影响惠及赵家的子孙后代。③ 赵家子弟都把这个家族说成是贫困的,但是这种说法只是相对的——这个家族的联姻对象都非常体面;④它的规模也很大,善应的传记说家中人有百口之多,而汝愚的传则说有三百多口(确切地说,这个数字还包括了仆人)。⑤

赵汝愚的政治生涯长达三十年。上文曾经提及,1165 年,他殿试程文第一,只是由于第一名必须选取普通举人的传统,才没有当上状元,但是却得到了名声。⑥ 此后,他先后三次——时间分别为中进士之后,1170 年代晚期和 1191 年以后——在朝为官,又在福建、江西和四川担任了一系列地方文武职位,只受过一次查无实证的弹劾,⑦树立了诚实、正直、富有才干的形象。

总的来说,赵汝愚似乎避免了引起众人对他宗室身份的过多

---

① 昌彼得主编《宋人传记资料索引》,4 册 3461 页。
② 刘光祖,《宋丞相忠定赵公墓志铭》,SCGMCM,卷 71,6b。
③ 善应的墓志铭出自朱熹之手(CWKWC,卷 92,6b—10a)。
④ 善应的母亲(晁氏)和妻子(李氏)都出自有头有脸的南方家族。晁氏出自杭州晁补之(1053—1110)的家族。李氏娘家在邻县上饶,是宋初名相李昉(925—996)的七世孙(叶德辉《别录》,卷 2,2b—3a、6a;CWKWC,卷 92,9b)。据说善应的几个女儿都嫁得很远,表明这个家族保持着跨地区的社会关系(同上,卷 92,9b)。
⑤ CWKWC,卷 92,8a;SS,卷 392,11989 页;叶德辉,《别录》,卷 8,3b;SCHMCM,卷 71,15a。
⑥ 叶德辉《别录》引张淏《云谷杂录》卷 3 语,卷 6,1b—2a。
⑦ 1187 年,赵汝愚帅四川,有人指控他瞒报成都火灾的伤亡情况、对成都地区的水利工程营缮不当,后来发现这些罪名是没有根据的(SCHMCM,卷 71,11b;CYTC 甲集卷 8,450—452 页;叶德辉《别录》卷 3,13b—16a)。

注意,但他的同时代人却不断地谈到这一点。除了进士及第时的优异成绩,汝愚还是第一个省试知贡举的宗室,第一个被提拔到执政岗位上的宗室,并最终成了宋代第一个也是唯一的宗室宰相。汝愚的活动和现存文字都很少涉及宗室事务,但他对此应该了然于心,因为1191年在临安时,汝愚与赵伯圭(ABBACEAA,1125—1202)关系密切,而伯圭是孝宗的心腹,当时正担任判大宗正事。① 虽然汝愚与几位像伯圭这样的宗室关系友好,在政治上引为同道,②但是,其他宗室却在他的猛烈抨击之列。

同上文提到的许多宗室官员一样,赵汝愚也以直言无畏著称,不论推荐、弹劾还是向皇帝建言。所以,当他就任地方官时,其他当地官员就会清楚地意识到他们要与之打交道的不止是一位著名的官员,而且还是皇帝的族人。朱熹在信中说:"虽然你身处朝廷之外,但作为皇亲,你负有皇帝使者的重担,有一颗爱主之心,胸怀国家。"③汝愚的墓志铭在谈到他与皇帝的关系时,说他向皇帝上书言事"说的都是大臣们感觉难以启齿的事情。"④

1189年初,孝宗学习高宗的榜样宣布退位,把皇位让给他的第三个儿子赵惇(1147—1200)。赵惇成为宋朝第十二代皇帝,史称光宗(在位期间,1189—1194)。孝宗尚在壮年就选择这样做,未免有些奇怪。一个可能的原因是赵惇毫不掩饰的不耐烦,他在

---

① SS,卷392,11983页;KKC,卷86,1172页。
② 另外两个与汝愚友好的宗室是赵汝旦(1183年进士)和赵汝堂(1208年进士),他们在汝愚遭受韩侂胄迫害的低潮中仍然全力支持他(叶德辉《别录》,卷1,30a—b;Schirokauer,*Neo Confucians Under Attack*)。
③ 多数资料都将光宗的问题简单地描述为精神疾病,但酗酒似乎也是一个重要因素(叶德辉《别录》卷7,22a)。
④ SCHMCM,卷71,9a。

1180年就已经被立为太子。① 起初一切正常,但随着时间的推移,光宗开始行为乖张,拒绝朝见群臣,也不愿意去拜望他的父亲,令朝廷感到灰心丧气。②

赵汝愚在光宗朝得到迅速升迁。1191年,他从福建入京,自福州知州升任吏部尚书。③ 尽管宗室任吏部尚书并无先例,这一升迁却并未引起太大争论。到了1193年,当赵汝愚被任命为同知枢密院事时(这是他的第一个执政级职位),监察御史汪义端反对,援引祖宗故事,以为没有用宗室为执政的先例,又使出很厉害的一招,污蔑汝愚结党。④ 汪义端的攻击未奏其效——自己也遭到外放;不久,汝愚又被提拔为唯一的知枢密院事——但却非常醒目,因为攻击中所列的种种罪名后来都将老调重弹。

当然,更重要还是汝愚得到上述升迁的事实。如前所述,朝廷不仅接受了高宗禁止宗室为宰相的传统,而且还将他们排斥在次一级的中央职位以外。1193年,驳斥汪义端的理由之一是高宗已经开始清查秦桧的阴谋,⑤但那显然是夸大其词。真正的理由似乎是赵汝愚的人格魅力,士大夫们尊敬他,孝宗、光宗还有初政时的宁宗(在位期间1194—1224)都信任他。当然,正如我们所知,赵汝愚没有辜负这份信任。在1194年的艰难日子里,他有足够的机会选择背叛,但却没有那样做。

1194年春天,孝宗患病,光宗停止了探望父亲的活动。此

---

① SS,卷36,693—694页。丁传靖《宋人轶事汇编》,有故事描述了这位中年皇太子的不耐烦,101—103页。以前的宋代皇帝多在三十几岁或更年轻就即位了;年龄最大的是太宗,38岁即位。
② Schirokauer,*Neo-Confucians Under Attacks*,175页。
③ SS,卷36,701页 。
④ SS,卷36,705页;卷392,11983页;SCHMCM,卷71,2a。
⑤ SCHMCM,卷71,2a;又见 Schirokauer,*Neo-Confucians Under Attack*,178页。

前,大臣们会偶尔上章抗议他对父亲的忽视,此时,抗议转急,大臣们连上奏章,大臣和侍从大规模聚集在光宗的宫外,恳请光宗向病中的父亲致敬,但毫无结果。1194年夏历六月八日,孝宗驾崩。皇帝的表现无能之极,甚至无法主持父亲的葬礼。一场统治危机山雨欲来,一触即发。在这个关键时刻,赵汝愚出现了,在接下来的一个月里,在他的领导下,这场帝国有史以来所遭遇的最严重的内部打击被成功解决。

中华父系国家的礼仪功能和象征意义,在孝宗死后的日子里表现得淋漓尽致。光宗不能举丧,尤其是他拒绝主持葬仪开端的禫祭,这就使政府实际上陷入停顿。汝愚和宰相留正(1129—1206)先是通过太后的侄子少傅吴琚传话给太皇太后吴氏(高宗皇后),请她垂帘,暂时主持丧事。太后没有同意。接下来能做的就只有光宗退位。但要做到这一点,首先必须选定一位光宗认可的皇太子,而后光宗才能宣布退位。经过一些耽搁之后,1194年六月四日,光宗第三子嘉王赵扩被立为皇太子,总算走出了退位的第一步。① 第二天,大臣们接到皇帝的御批"历事岁久,念欲退闲",表达了退位的意愿。看起来光宗是被说服了。留正却被吓破了胆,也许是忽然意识到逼迫皇帝退位这件事的分量,他首先逃出朝廷,第二天干脆逃出首都。赵汝愚成了唯一的政府首脑。②

留正走后,首都的局势紧张到了极点,流言四起,传说军人要

---

① 赵扩的策立还纠缠着另一个复杂的问题,赵扩是越过他的两位兄长成为继承人的。他的长兄吴兴王曾经是父亲中意的人选,也很得朝臣的拥戴,只是孝宗否定了这个人选。叶绍翁《四朝闻见录》(约1225)对此有记载,转引自丁传靖《宋人轶事汇编》,109—110页。

② SS,卷37,714页;392,11985页。留正传,卷391,11975页。

发动兵变，天下要大乱。为了保证军队的支持，汝愚取得工部尚书赵彦逾(CCACCBAB;1130—1225)的帮助，二人一同说服殿帅郭杲，取得了他的支持。① 为了让太皇太后同意发布退位诏书，汝愚联络了阁门祗候韩侂胄(1151—1207)。韩侂胄又拜托了宦官关礼。最后的结果，1194年夏历七月，在赵汝愚的劝说下，嘉王主持了葬礼，继承皇位，史称宁宗(在位期间，1194—1224)。嘉王本来不愿意这样做，说这是不孝，汝愚回答道："天子当以安社稷、定国家为孝。现在朝廷内外人人担心发生动乱，万一发生变故，您又将置太上皇于何地？"②

宁宗的即位标志着汝愚人生的真正高潮。在他的建议下，皇帝立即召回留正，任命朱熹待制经筵，并将"士君子之在外者"都召回首都。③ 宁宗还想任命汝愚做右丞相，汝愚拒绝，说："大臣与君主同姓，是不幸的，君臣之间会很难相处。"④⑤于是，宁宗改命汝愚为枢密使。汝愚的人生高潮并没有持续很久。到了八月间，韩侂胄突然发难，驱逐留正(此举与汝愚的意见完全相左)，皇帝又一次提拔汝愚做右丞相。汝愚再三推辞，最后只好不情愿地接受了，成为宋代第一个(也是最后一个)获此殊荣的宗室。

不幸的是，留正的罢相倒像是汝愚命运的预演。虽然一片忠心天日可鉴，赵汝愚却不堪攻击。韩侂胄这个挑拨离间的老手很

---

① 有材料记载，汝愚已经取得郭杲的支持，他拉上彦逾，一半是要试一试彦逾的立场。彦逾希望在首都得到升迁，结果却被派往外地，因此感到失望，后来转而反对汝愚(SS,卷392,11985、11987页；SCHMCM卷71,4a)。
② SS,卷392,11986页。
③ 同上书,11987页。
④ 此据英文直译，与原文意思不符。《宋史》卷392《赵汝愚传》汝愚原话为"同姓之卿，不幸处君臣之变，敢言功乎？"意思是同姓之卿当此变故之际，同异姓大臣相比，更应尽力，因此不敢居功。——译注
⑤ SS,卷392,11987页。

快就让宁宗对汝愚的行为产生了怀疑,而汝愚旧日盟友赵彦逾又列了一个"当日贤者"的名单,说是汝愚的党羽,这就更坐实了宁宗的怀疑。① 也的确有人曾经盼望汝愚的抱负能够更远大。他在四川时的下属游仲鸿(1138—1215)在即位危机中写信给汝愚,希望汝愚自己来做摄政。汝愚读后,感到十分恐惧,烧毁了来信,也没有回信。后来游仲鸿又两次提出类似的建议,汝愚都没有回复。② 尽管汝愚自己并未参与其中,但是,游仲鸿等追随者的口没遮拦却可能早已点燃了皇帝的怀疑之火。

韩侂胄是新皇后的姐夫,③吴太皇太后的姻亲。尽管朱熹和其他人早就认识到韩侂胄对汝愚的威胁,建议汝愚对韩侂胄以厚赏酬劳,但不要让他干预政事。汝愚拒绝了众人的建议,试图对韩和他的支持者先发制人。韩侂胄很快展示了自己的权力。虽然汝愚极力抗议,朱熹还是因批评皇帝独断而罢去,接下来彭龟年(1142—1206)、吴獵(生卒年不详)、刘光祖(1142—1222)、陈傅良(1137—1203),所有受到汝愚荐引的人都遭到了贬斥。1195年夏历二月,汝愚自己也成了攻击的靶子。韩侂胄的党羽将作监李沐弹劾他"汝愚以同姓居相位,将不利于社稷,请求罢免他的政府职位。"④皇帝同意了,汝愚被任命为知州,不久又改为宫观闲职,允许在首都居住。打击还在继续,他的支持者一个接一个遭到罢免。监察御史胡纮⑤又弹劾他学习伪学,伪托梦中得到符兆,图谋不轨。汪义端更把他和两位在历史上留下恶名的宗

---

① SS,卷392。可参看226页注①。
② SS,卷400,12149—12151页;叶德辉《别录》,卷1,28a—b。
③ 据 brother-in-law 直译。《宋史》卷243《宁宗恭淑韩皇后传》载:"后父同卿……同卿季父侂胄",则韩侂胄于宁宗韩皇后为从祖父。——译注
④ SS,卷392,11988页。
⑤ 请勿与湖南大儒胡宏(1106—1162)相混。

室——汉代的刘屈氂和唐代的李林甫——相提并论。宗室赵师召也上书请求将汝愚问斩。① 汝愚被判流放永州（湖南极边），中途死在衡州（湖南）。《宋史·赵汝愚传》称"天下闻而冤之"。②

汝愚虽然已死，韩侂胄的迫害仍然开足马力进行。他攻击赵汝愚的"伪学"罪名成了迫害的标签，59名大臣、官员和学者被定为"伪学逆党"，其中包括倡导"道学"的朱熹和他的学生。老师们禁止教授这些危险的思想，伪学学生不得参加科举考试。朱熹于1200年去世，几年之后，禁令方才解除。然而一旦禁令解除，道学就迅速受到国家的奖掖，被奉为中国传统经典的正统解释。这样一来，后来的学者便主要是从"伪学"争论的角度来观察那场即位危机，把它看做是一场反而导致了新儒家在帝国后期统治地位的压制行动。③

尽管赵汝愚和韩侂胄的斗争中夹杂着一些大事，比如道学的兴衰，但汝愚的倒台首先应当归咎于他的宗室身份。汝愚的传记载，有人教唆韩侂胄说，就凭汝愚是宗姓，"只要诬蔑他图谋危害社稷，就能一网打尽"。④ 李沐照此办理，结果导致了汝愚的罢相。李沐加上后来胡纮和汪义端的指控，最终罗织出谋反罪名。高宗的担忧似乎变成了现实，就连汝愚曾经短期担任枢密使、宰相的合法性也成了问题。在宁宗朝接下来的三十年中，虽然宗室在地方上握有重要职位，但在中央，就连六部长贰也罕有宗室担

---

① SS，卷392，11988—11989页。
② 同上书，11989页。
③ 相关研究非常多。Tillman 的 *Confucian Discourse and Chu His's Ascendency* 尤其值得一读。此前的重要成果还有 Schirokauer 的 *Neo-Confucians Under Attack*，163—198页；James T. C. Liu 的 *How Did a Neo-Confucian School Become the State Orthodoxy*，以及 Liu 的著作 *China Turning Inward*。
④ SS，卷392，11988页。

任。随着时间的推移,赵汝愚获得平反昭雪,又有一位宗室入继大统,宗室的地位又一次获得提升。

宁宗朝的宗室官员

宁宗在位的三十年可以分为前后两期,两期各有一位权臣把持朝政。诬陷赵汝愚、把他赶出朝廷,再把所有的反对派都定性为"伪学",韩侂胄和他的党羽终于可以把朝廷玩弄于股掌之上,实际控制朝政达十年之久。1207—1208年,韩侂胄错误发动对金战争,结果导致了自己的垮台,性命也断送在他所扶植的大臣手中。① 史浩的幼子史弥远(1164—1233)发动政变,推翻韩侂胄,控制朝政,直到1233年去世前不久,才不得不放手。②

上一节表明,在赵汝愚和韩侂胄的斗争中,两边都有宗室。在汝愚的宗室支持者中,赵汝谈(BCBFAFAAA,1237年卒)和赵汝谠(BCBFAFAAB,1223年卒)兄弟也许是最突出的。当时他们的官位都不高,但却上疏要求挽留赵汝愚、斩杀韩侂胄。两兄弟都被罢官,直到韩侂胄去世后才复出。③ 赵希怿(1155—1212,AAXXXXXXXX)仕宦早期做过赵汝愚的下属,汝愚死后,他表现出极大的勇气,敢于推荐汝愚的长子崇宪(BAAKFBDAAA,

---

① 战争的情况,见衣川强《开禧用兵をめぎって》;导致韩侂胄被杀的一系列事件,见 Richard Davis, *Court and Familiy in Sung China*,84—92页;这两件事在 John Chaffe 的 *The Historian as Critic* 中都有讨论,330—335页。
② Davis,*Court and Familiy in Sung China* 对史弥远有细致而充满思辨的研究,81—117页。
③ 两兄弟的传,见 SS,卷413,12393—12397页;以及 HCLAC,卷67,16b—19b。他们的奏章,见叶德辉《别录》,卷1,30a—b。他们是孝宗朝杰出的宗室官员赵不息的孙子。

1160—1219),称之为"贤相之子"。① 也许正因如此,希怿虽然成功地担任过安抚使、转运使等地方要职,但却从未入朝为官。这一点令他的墓志铭作者真德秀(1178—1235)深以为憾。② 至于赵汝愚的儿子们,崇宪官至知州,③其弟崇度(BAAKFBBDAAE,1175—1230)官至刑部都官郎中、吏部郎中,当然,时间是在理宗(在位期间,1224—1264)即位之初。韩侂胄死后,正是崇度④请求"直诬枉、改谤史",清查曾经韩侂胄修改、对汝愚充满污蔑之词的历史记录,宁宗同意了。⑤

在反对汝愚的宗室中,曾经要求处斩汝愚的赵师召后来没有留下任何记载。汝愚一度的盟友、后来指控他结党的赵彦逾,十年中做过两任方面大员——四川安抚制置使兼知成都府和知明州兼沿海制置使,政绩都不错。1208年,他的政治生命突然终结,表面上是因为未能遏制军阀吴曦的势力——吴曦在1206年起兵叛宋。但是,毫无疑问,与韩侂胄之间的密切关系也是他免职的重要原因。⑥

韩侂胄当政期间政治上最显赫,也是与韩关系最密切的宗室是赵师睪(AADDFEBEA,1149—1217)。师睪的父亲伯驌是高宗在开封时的朋友,后来在朝中为官,可能正是因为这个原因,师睪是同辈中唯一出生在临安宫宅中的太祖系宗室。根据叶适的记

---

① CWCKCC,卷45,2b、7b。
② 同上书,1b—2a。
③ 同上书,6b—14b。
④ 这项请求是崇度和长兄崇宪共同倡议,由崇宪向皇帝提出的。真德秀《西山文集》卷43《提举吏部赵公(崇度)墓志铭》载:"公与伯氏议请先直诬枉、改谤史,不当徒被龙光,伯氏以闻,果得请。"《宋史》卷392《赵崇宪传》有崇宪奏章的节录,记载更为详细,可以参看,11990页。
⑤ CWCKCC,卷43,31b。
⑥ SS,卷247,8768—8769页。

载,师霂1175年中进士,孝宗还记得他的宗室身份,因此寄寓厚望,很早就开始提拔他。师霂频频上章议论国家事务,当着皇帝的面,他更是"无所不敢言",他跟皇帝的面谈常常会超过数刻。①二十几年中,他在地方和中央成功地担任了一系列重要职位,尤其擅长经济事务。②

同叶适为师霂所做的墓志铭相比,《宋史》的师霂传对他的一生颇多责备之辞。根据《宋史》师霂传,韩侂胄用事当政之后,师霂才"附之",这表明师霂与赵汝愚的倒台并无关系。依附韩侂胄为师霂换来了炙手可热的临安知府一职。其实早在几年之前,师霂就担任过这个职位,只是因为没过多久,母亲去世,他才不得不去职。师霂一共做过四任临安知府。对他为政的评价比较复杂。第一次任职期间,有僧人以妖术蛊惑群众,师霂把他逮捕刺配,因此小有声名;最后一次,他成功地平抑了暴涨的米价,获得一致好评。③ 叶适还表扬他能敏感地觉察下层的叛乱,注意维护街市的安全,说"长安门内百万户,都像是赵知府的家人。我们的感情如同高山大海④。除了赵知府,有谁又能了解?"⑤

师霂对韩侂胄极尽逢迎之能事,因此受到了许多人,特别是学者们的鄙夷和唾弃。《宋史》记载,他得任临安知府,取决于几件事。一次是韩侂胄的生日,百官争相贡献奇珍异宝。师霂最后一个姗姗来迟,取出一个小盒子说:"献给您几粒果核来佐酒。"盒

---

① YSC,卷24,474页。
② 包括吉州(江西)、秀州(两浙)知州,户部郎官,淮东总领,淮南转运判官。师择在淮南曾成功解决当地的货币危机(同上,475—476页)。
③ SS,卷247,8749页。
④ 与原文略有出入。原文为"长安门户百万,皆若赵尚书亲履其家。我曹情伪如山海,非赵尹岂能遍识?"——译注
⑤ YSC,卷24,476页。

子里是一百多颗大粒珍珠,众人都自愧弗如。还有一次,师𥇛发现韩侂胄夹杂一班小妾中煞是为难。韩侂胄有十四个爱妾,有人送了四顶珠冠,他分给了其中的四妾,剩下的十个也想要,韩侂胄不知道该如何是好。于是师𥇛斥资十万缗购买珍珠,制成十顶珠冠,双手奉上。其结果是,在小妾们的坚持下,韩侂胄把赵师𥇛升为工部侍郎。① 在这两件事上,很难说是钱让小鬼推动了磨盘,还是谄媚更为奏效,但在下面这件事上,赵师𥇛的谄媚格外令人侧目。一天,韩侂胄和赵师𥇛一同在南园饮酒。南园是慈福太后1197年赐给韩侂胄的园林,中间有粗朴的村舍,是典型的宋代田园风格建筑。② 饭后,二人在园中漫步,过山庄,见竹篱茅舍,韩对师𥇛说:"要是有几声狗叫鸡鸣,这就真是田舍气象了。"过了一会儿,突然有狗叫声从草丛中传出,韩侂胄一看,原来是赵师𥇛,侂胄大笑。很快,赵师𥇛被任命为工部尚书知临安府。③

在对金开战的问题上,韩侂胄和赵师𥇛最终分道扬镳。师𥇛坚决反对开战,最后被迫去位。④ 材料对师𥇛反战的原因有着不同的解释。叶适强调师𥇛一贯反战,而《宋史》则认为是出于野心。⑤ 不管是有意还是无意,师𥇛同韩侂胄分裂了。因此,当韩侂胄的党羽遭受迫害的时候,师𥇛仍然得以继续为官。

韩侂胄死后,师𥇛主要担任了工部尚书、临安知府(第四次任此职),这一次却很不成功。当时(1209—1210),由于南宋政

---

① SS,卷247,8749页。
② Hargett,*The Pleasure Park of Kaifeng and Lin'an*,24页。
③ SS,卷247,8749页。
④ 师𥇛遭到侍御史邓友龙(1172年进士)的弹劾而去职(同上)。邓友龙曾率领使团访问金国,他的金朝状况报告对战争起了关键性的支持作用。
⑤ 叶适为赵师𥇛作墓志铭具有双重的讽刺意味,叶适在1195年被列为"伪学"的同情者,曾受到韩侂胄的迫害,但他支持1206年的战争,而师𥇛却反对这场战争。

府滥发纸币,再加上战争的影响,临安遭遇了严重的通货膨胀。① 上文曾经提到,师罢曾因平抑物价博得声誉,他控制物价的手段包括严厉打击违规者,因此颇有争议。通判赵时通(CBABBCAAAB,1161—1221)也是一个反对者,他认为,如果人为压低物价,需求超过供给,那么就会驱使商人走私投机,许多人就会陷入牢狱之灾。根据时通墓志铭的作者真德秀的记载,师罢多才而善于疑忌,害怕时通会占上风,于是采用谣言、诬告的手段,把时通赶走了。②

对于师罢来说,更严重的是他与首都学生之间的一场争论,此事直接断送了他的前程。1210年,两名武学生因事到府,师罢把他们打了一顿,轰出府去。此事激怒了文武两学的学生,他们交相投牒,以示抗议。宰相史弥远试图安抚学生,没有成功。学生们翻出师罢和韩侂胄的关系,最后师罢遭到罢免,在退闲中度过了生命中的最后七年。③

必须承认,宗室身份在赵师罢的命运中显然只起了很小的作用,这就是早年他与孝宗的重要友谊。当然,这并不说宗室身份就完全没有起作用,比如,师罢用来购买珍珠送礼的那十万贯就足以表明首都宫宅中宗室的富有。只有时通的墓志铭提到了师罢与时通的分歧,那么,宗室身份究竟是帮了师罢,还是害了他?史料甚至根本没有注意到二人同为宗室这样一个事实。

---

① 漆侠的《宋代经济史》完整地记录有关通货膨胀的种种指标,2册,1072—1086页。
② CWCKCC,卷44,27a—28a。时通在庐山山麓度过了一段隐居生活,而后又担任过抚州(江西)和邵武军(福建)的通判,声誉卓著。
③ SS,卷247,8749页;HTCTC,卷159,4299页。俞文豹《吹剑录》的记载有一些不同:四名太学生在临安购置房产并准备出租,已经遭到学校当局的处罚。师罢发现之后,不顾学校已经作的处理,仍旧逮捕四人,没收钱财。这才引起了抗议(转引自 Thomas Lee, *Government Education and Examinations*, 184页)。

除了赵师睪以外,据我所知,没有其他宗室在宁宗朝做到尚书一级的职位,只有几个人做到侍郎。① 宁宗朝中央官吏中最出色的宗室是赵希錧——汀州的英雄,他的宗室身份曾给当地人留下深刻印象——他的事迹具有启发意义。汀州任满之后,希錧调到中国西部,任主管夔州路转运司帐司。他成功地解决了大宁盐井的产量问题,得到升迁,调任信州(江西)玉山县知县。到京面见皇帝辞行时,希錧谈了大宁盐井的历史,谈了四川的科举弊端。皇帝为他的想法和博学所感动,因此决定把他留在首都。希錧先后担任大理寺丞、大宗正丞权工部郎官。希錧在大宗正司的工作卓有成效。由于主管官员无休止地索取贿赂,许多贫困宗室无法得到赐名,是希錧扭转了这一现象。他还努力提高了宗室参加朝参的人数。② 希錧的官衔也从文官换成卫官,最初为吉州刺史,这个刺史只是荣誉头衔,实际上是宗室侍从。后来,他又获得一系列升迁,1124 年理宗即位时升为从三品的观察使,晚年又升为从二品的节度使、信安郡公。③

按照惯例,换授卫官意味着变成一个哑巴,出席朝会,然而只见其人、不闻其声。但是就在希錧换授之后不久,就有廷臣建议,进士及第的宗姓换班人可以参与轮对。④ 希錧在轮对中表现积极,就朝臣的缺点、宗子的教育以及祠祭不蠲等问题直言不讳,甚至向理宗直陈为君之道。⑤

---

① 他们是赵彦藩(CABBFHBA;1148—1218)、赵伸夫(CABCBCCBE;1162—1222)、赵汝愚之子崇度(BAAKFBDAAE;1175—1230)以及下面要讨论的赵希錧。
② 此处有误,原文的意思是希錧本人得到了特许参加朝参的机会。《鹤山集》卷 73 载"会朝议燕邸,近属赴朝参者少,命公易班以壮维藩之势,公以疏贱力辞,弗允,特授吉州刺史、提举佑神观。"——译注
③ 魏了翁《鹤山先生大全集》卷 73,16a—18b。
④ SS,卷 413,12398—12399 页。
⑤ 魏了翁《鹤山先生大全集》,卷 73,17a—18b;SS,卷 413,12399 页。

宗室官员在政府高层的缺席并不意味着他们变得次要，在首都以外，特别是至关重要的军事领域，宗室的重要性是前所未有的。13世纪初，宋王朝面临诸多安全威胁。1207—1208年的战争明确展示了金的威胁。金朝本身正在受到东亚新崛起势力蒙古的威胁，这种威胁不但没有纾解宋朝的压力，反而促使金朝在1212—1214年对宋发动了新一轮的打击。① 连年战争为军阀割据提供了机会，从四川到太平洋一线宋金有争议的边界地区，李全等人建立了自己的势力。在其他地方，尽管形势还不像北宋倒台时那么动荡，许多地方都已经出现盗匪，演变成严重叛乱的也并不罕见。华中的边缘地区尤其如此，比如从福建西部，经江西、湖南南部，一直到绵延到四川东部的多山地带。②

在军事事务中发挥重要作用的宗室既有文官，也有武官，所任职位大多为制置使、沿海制置使一类，而非军队将领。比如，协助平定黑风洞叛乱的赵希怿当时就是江西安抚使。③ 但是也有一些宗室为了应对叛乱或战争，实际上担当了军队的召集人或统兵官。上文曾经提到赵希錧在汀州的例子，此外还有1230年，赵汝譡（BCADACBBB，1172—1230）兴兵讨伐发生在福建的另一场叛乱；④赵汝鐩（BCBGNAGCC，1172—1246）统兵剿灭了湖南南部的盗匪；⑤1206—1208年的战事吃紧时，临安知府赵师𥈭曾经招募、武装了一支三千人的军队来保卫首都。⑥ 宗室竟然在首都

---

① 根据Charles Peterson的研究（*Old Illusions and New Realities*，209页），从1217到1222年，每年春天金朝都会攻宋。
② 刘馨珺《南宋荆湖南路的变乱之研究》有对南宋湖南盗匪、叛乱的研究。
③ 这一叛乱始于湖南南部、江西一带的徭人暴动，见上揭书，68—70页（以及116—117页的地图）。希怿的作用，见CWCKCC，卷45，4b—5b。
④ CKWC，卷22，31b。
⑤ HTHSTCC，卷152，3a。
⑥ YSC，卷24，476页。

创建了军队,这样的事儿似乎应当会掀起轩然大波,然而结果只是惹恼已经同赵师𥔀关系破裂的韩侂胄。

宗室参与敏感军事事务最突出的例子是赵伸夫(CABCBCCBE,1162—1222),从1200到1220年,他一直都在争夺激烈的淮南边境地区做官。做江都(扬州)知县时,他成功地击退了金军的进攻,还平息了一次农民叛乱。楚州与金隔淮水相望,是双方的必争之地,伸夫任楚州知州时,增强了楚州的军事应变能力,受到人们的称道。最值得一提的是,伸夫任庐州知州时,主持修筑城西肥水上的城栅,还没完成,突然接到警报,金军要从西面攻城。当时伸夫手中兵力不过万人、城栅未完,庐州的情况十分危急。伸夫怀疑其中有诈,因为最可能的渡淮地点是在东边,他派了两队人马往东西两个方向料敌,以便发现并击退敌人。伸夫的机智不但没有受到嘉奖,反而遭到责罚,制置使没有仔细调查,就弹劾他畏敌。当然,在接下来的调查中,真相终于大白,"皇帝知道他的忠心",不久就把伸夫调到中央,任命为金部郎中。①

伸夫的经历中最引人注目的成分,不是他成功地洗雪了冤屈,而是他在淮南地区担任如此重要的职位。第五章曾经指出,北宋晚期开始禁止宗室在边境州军任官,原因多半是担心万一遭遇不幸,他们会叛乱或投敌。南宋没有重申这一禁令,但是考虑到淮南地区来自金朝、边境军阀和土匪头目的不断的危险与冲突,按道理讲,宗室在淮南任官理应受到一定限制。像伸夫这样长期在淮南任职却没有引起争议,充分表明了朝廷对宗室官员的信任,而南宋的宗室也没有辜负这份信任。宗室官员的叛乱几乎从未发生,除了一个不同寻常的例外,下一节将要讨论这个例外。

---

① HCC,卷17,288—291页。

理宗的即位

宁宗在位三十年,面临着许多问题,其中之一是没有儿子来继承皇位。即位乏人对于宋王朝,特别是南宋来说并不陌生。高宗以后诸帝的继承人为什么总是难产,是一个多少有些神秘的问题,但事实不容争辩。孝宗有三个儿子活到了成年,光宗只有一个儿子活了下来(即宁宗),高宗的独子和宁宗的九个儿子都夭折在幼年,而理宗根本没有儿子。①

有高宗等本朝故事做榜样,宁宗在继承人的问题上很早就采取了行动,但他的运气实在差。1197年,长子兖王死后,宁宗收养了六虚岁的赵德昭(AA)后裔、宗室赵与愿(1192—1220,宁H)。与愿被领进宫中,赐名曮,后被立为皇太子,改名询,封荣王,受到一个储君应有的良好教育,宰执每天都要同他商议政事。②

不幸的是,1220年,询只活了二十九岁就去世了。询的死打破了精心安排的即位计划。宁宗下令在太祖的第十代孙("与"字辈)中选拔十五岁以上者入宫读书。③ 宁宗已经超过六十岁,再来选择、培养一位继承人,怎么说都嫌太慢。1221年,皇帝收养了新的皇太子,赐名竑。赵竑(1225年卒)的生父赵均④本名希瞿(ABAAACBAAC),是孝宗次子恺的养子。此外,竑还曾经被赐

---

① SS,卷233,7738页。
② SS,卷246,8734—8735页。
③ SS,卷41,783页。
④ 误。据《宋史》卷41《理宗纪一》、卷246《宗室三·镇王竑传》,赵竑曾经被立为沂靖惠王(孝宗次子赵恺之子赵抦)的嗣子,赐名均,后改名贵和。赵竑、赵均、赵贵和是同一个人。其生父希瞿并无被收养的记载。——译注

第八章 政治与权力界限

名贵和,作为询的继承人在后宫长大,他已经成年。①

选择赵竑来继承宁宗合理合法,但却不合宰相史弥远与史亲密的后宫盟友杨皇后的心意。据说,两件事让史弥远决意阻止赵竑即位。一件是,他告诉别人碰到这位皇子在宫中醉卧于地;还有,史弥远安插到赵竑宫中的歌伎眼线报告说,赵竑曾经发誓一旦做了皇帝,就一定要把史弥远流放到极偏远的南方。② 史弥远密谋以赵贵诚(1205—1264,AABDEAEABBX)取而代之。赵贵诚出生在绍兴府山阴县,生父名希瓐,是一个不起眼的宗室,关于他我们一无所知。弥远委派国子学录郑清之(1176—1251)对贵诚进行速成教育,定期向史弥远报告贵诚的进步。③ 清之后来官至宰相。《宋史》把贵诚描述成一个性情凝重寡言的人。④

1224年夏历八月二十一日,宁宗患病,停止了每日的常朝。六天之后,贵诚升格为皇子,更名为昀,⑤又过了五天,宁宗驾崩。这是对史弥远刻意抹黑的史书的记载。⑥ 宁宗死后,史弥远命令郑清之把昀而不是竑带到柩前即位,然而才宣召竑进宫。竑匆忙进宫,他的随从和侍卫被挡在了外边。宣读即位遗制时,竑发现自己的班位仍然被安排在老地方,他感到愕然,有人骗他说这是

---

① 询的传在 SS,卷 246,8734 页。竑的传在卷 246,8735—8738 页。竑生年失载,但 1124 年他已经育有一子。
② 同上书,8735 页。还可参看丁传靖《宋人轶事汇编》,114—115 页。赵竑对夫人吴氏非常冷淡,吴氏是杨皇后的侄孙,又是杨皇后亲自选定的,因此,这种态度令杨皇后大为失望(见 Davis, *Court and Familiy in Sung China*,100 页)。
③ SS,卷 246,8736 页。竑的传对史弥远启用郑清之有细致的记述。一天,弥远为自己的父亲在净慈寺斋僧,之后,他与郑清之登上高阁,告诉他自己对竑的不满,要郑清之去做贵诚的讲官,"导之以善",两人发誓保守秘密。清之接受了。清之后来在自己的旧日学生理宗手下做到宰相。
④ SS,卷 41,784 页。
⑤ 同上。
⑥ HTCTC,卷 162,4422 页。HTCTC 还强调,宁宗发病那一天,史弥远和郑清之去见贵诚,告诉他要立他为帝。贵诚报之以沉默。

制度。但是,遗制中的名字却不是他而是昀。眼见得烛影之中昀已经端坐在帝位之上。竑只作了短暂而微弱的抗议。当其他人都在为新皇帝理宗而山呼拜舞的时候,竑站立不动,最后殿帅夏震按着他的脑袋,勉强拜了。①

戴仁柱(Richard Davis)指出,史料对史弥远的偏见太过昭彰,以至于无法确定其可靠性。比如,从史弥远的立场出发,自然会在宁宗驾崩之前取得充裕的时间,周密安排,让昀的即位更加名正言顺。而史料的记载却是如此匆忙,明显是故意抹黑。当然,史弥远及其党羽扶立的皇帝并非皇太子,新皇帝合法性的依据是一通不知是否出自宁宗旨意的遗诏,却都是不争的事实。②贵诚也很年轻,1233年史弥远死后,杨太后摄政。英宗即位之后,用什么样的名目来称呼仁宗的问题一下子浮出水面,一场旷日持久的争论由此爆发。相比之下,史弥远之扶立理宗却没有遇到多少异议。一个可能的原因是,史弥远很快就采取行动,让理宗抬升当日"值得尊敬的儒者"的地位,来取悦这些潜在的批评者。③ 当然,反对的声音也不是没有。据说,刚刚被任命为学士的真德秀对楼钥说,他们应当立即离开朝廷,这样宗庙就会知道毕竟还有不愿仕于朝的人。实际上真德秀也反复要求出任外官。④ 赵汝谈因宁宗驾崩的悲哀而致病,他给理宗的贺表寓有强

---

① HTCTC,卷162,4423页;SS,卷246,8736—8737页;丁传靖《宋人轶事汇编》,115页。
② 需要指出,Davis(*Court and Family in Sung China*,101—102页)的结论是,宁宗可能知道并同意立贵诚为皇子的诏书。
③ HTCTC,卷162,4423—4424页;SS,卷41,784页。得到升迁的儒者包括朱熹的学生傅伯成(1143—1226)、杨简(1169年进士)、柴中行(1190年进士)、程珌(1164—1242)、朱著(1187年进士)、葛洪(1184年进士)、乔行简(1156—1241)、李宗政(生卒年不详)、陈贵谊(1183—1234)、王塈(1199年进士)、真德秀(生卒年不详)、魏了翁(1178—1237)。
④ HTCTC,卷122,4424页。

烈的劝诫之意,以至于被称为"谏书"。① 但是,反对的声音在普遍的平静之中只能激起一丝涟漪。

理宗即位的故事还有下文。赵竑没能继承皇位,理宗封他为济王,送往邻近的湖州闲住。1225年初,一伙平民在湖州以济王的名义发动叛乱。赵竑起初不肯,"知道他们不会成功",但最终被说服与叛乱者合作,在湖州州衙建立了朝廷。叛乱者宣称有精兵二十万,并得到了淮南军阀李全的支持,实际上却没有多少人。就在他们举起叛旗两周之后,朝廷不费吹灰之力就击溃了这群乌合之众。赵竑被逼自缢而死。②

赵竑的叛乱震惊了当时朝野,这是宋朝第一起宗室叛乱,其中牵涉的又是六个月以前还最有希望成为皇帝的人。如果我们把视野放宽一些,从比较的角度看,正是这种例外决定了宋朝皇室的超稳定性。不论是在中国的汉、唐、明、清,还是在罗马、奥斯曼等前近代帝国,以骨肉相残的血腥斗争来决定继承权的归属,都是司空见惯的事。而在这起宋王朝最不正常的皇位继承事件当中,当刚刚遭到废黜、精力充沛的前任太子不情愿地举其反叛的旗帜时,却无法得到任何像样的支持。宋朝政治文化中反对使用暴力达到政治目的的重要文明特性,由此得到明证。

宗室是这种文明文化的突出成分,特别是在南宋。成千上万的宗室在政府中任职,诸如贪赃枉法、惰怠、自大一类普通官员中的问题,宗室也必然存在。但是却没有任何宗室有不忠和叛变的行为。理宗是第三个也是最后一个出身宗室的皇帝,在他统治时期,宗室官员更广泛地进入了政府的高层。

---

① SS,卷413,12395页。
② SS,卷41,785页;卷246,8737页;HTCTC,卷123,4426—4427页。

理宗朝的宗室与政治

理宗(1224—1264)在位的四十年,虽然未能免于危机,但却是宋王朝最后一段政治稳定的时期。有两件事牵制着理宗朝廷。最大的问题是如何应对蒙古人的威胁。理宗朝正是蒙古人征服欧亚大陆的时期。最初,南宋把蒙古人的崛起看成是从日益衰弱的金朝手中收复北方失地的大好时机,1234年,宋人北征,不久便以惨败告终,蒙古军队接踵而至,于1235—1236年南侵。生存的恐惧取代了光荣的梦想。实际上宋王朝又延续了四十年之久,这一方面要归功于南宋海军力量的加强,另一方面则得益于蒙古帝国1240年代的政治动荡。但是宋王朝的对外态度变成了纯粹的防御。再有就是道学的问题。韩侂胄及其党羽曾经那样恶毒攻击道学。理宗却积极赋予这一儒家学派至高无上的地位,他把北宋的大儒与朱熹放进孔庙里供奉起来,给予同道学有关的书院以特别承认,提拔道学思想家的领袖。[①]

道学已经成为大多数文人中流行的哲学观点,因此我们没有理由怀疑理宗保护道学的诚意,年轻的皇帝还有一个很明显的目的,就是纾解许多外地士大夫对朝廷和中央政府所抱持的生疏感。成功却十分有限,包括魏了翁和真德秀在内的道学的几个头面人物被提拔到中央任职,但仅此而已,高层的变化微乎其微。[②]理宗朝的大部分时间都控制在三个人手里,其中的两个人是近

[①] 见 Tillman, *Confucian Discourse and Chu Hsi's Ascendency*, 232—250 页;以及 Wilson 的 *Genealogy of the Way*, 39—47 页。

[②] James T. C. Liu, *How Did a Neo-Confucian School Become the State Orthodoxy?*, 502—504 页。

亲,都来自明州;从理宗即位到1233年去世为止,史弥远的地位都无可动摇;他的门生、皇帝的旧日老师郑清之先后于1232—1236和1246—1251两次为相(有两年与史弥远重叠),他的侄子史嵩之(1189—1257)从1230年代末开始把持朝政,1244年倒台。① 许多人仍然对朝廷抱持着生疏感,他们把上述三人及其党羽的专权看做是王朝衰弱的根本原因。

从现存的传记资料来看,活跃在理宗朝的宗室官员一般都不是这些宰相的门生党羽。② 相反,他们直言不讳地批评当权者,一些人还为此被赶出了朝廷。

赵必愿(BAAKFBDAAAA,1214年进士,1249年卒)是直言极谏的绝好例证。他是宰相赵汝愚的长孙,他的家族一方面保持着仕宦的传统,另一方面又与朱熹和其他道学领袖们保持着密切的关系。1201年,他因祖父的遗表恩泽得官入仕,1214年又中进士。赵必愿在地方供职三十余年,担任过许多重要州军的长官,1230年代中期入朝任太府寺丞,不久迁度支郎中。此后的十年间,他担任了许多重要职位,包括宗正寺少卿、礼部侍郎、户部尚书。③

到中央后不久,必愿上章讨论人事任免问题。奏章一开头先赞扬皇帝宸纲独断的决心与能力,而后话锋一转,表达了自己的忧虑指出有任命草率,罢免不指明罪状的情况,皇帝经常依靠宰相来作人事决策,一些任命是如此背离常规,以至于人们不知道

---

① 关于诸史,见 Davis, *Court and Family in Sung China*,第四、第五章。关于郑清之,见 Peter Bodman 所作传记,载 Franke 主编 *Sung Biographies*,156—163页。
② 除了下文将要讨论的宗室以外,还有权刑部尚书赵汝谈(BCBFAFAAA,1237年卒)、礼部尚书赵汝腾(BCBQCABBC,1261年卒),工部、吏部尚书赵性夫(CDBBAFAAA;1176—1252),度支郎中、赵希瀍(AAEBFAECAB;1194—1251)。
③ SS,卷413,12407—12412页。

究竟是谁做的决定。他接着结论道:

> 这样一来,人们开始怀疑陛下了。颁布一道任官的命令,下达一条号令,虽然未必出自宦官,可人们也许便会怀疑它出自宦官;虽然未必出于私谒,可人们也许便会怀疑它出自私谒;虽然未必出于皇亲国戚和宗室,可人们也许便会怀疑它出自皇亲国戚和宗室。这天下是祖宗的天下,不是陛下一个人的私产。陛下虽然有消除弊端的心思,可是行动却令人疑惑。陛下真的乐于这样吗?①(着重号为作者所加)

必愿的用词十分大胆。他心甘情愿地承认人们对宗室的怀疑,这一点在我所读过的宗室奏章中是独一无二的,这一点淡化了他的宗室地位,也使得他要皇帝勿以天下为私产的警告更加铿锵有力。

在此后的奏章和轮对中,必愿为1234—1237年的战争、边境安全、货币政策等许多问题大声疾呼,对朝中宰相权力过重、士大夫言论受到压制的问题更是反应强烈,有一次,他甚至提出有必要"正故相专国之罪"。② 必愿迁司农少卿兼左司郎中,在转对中,他用人体作比喻,描述了政治肌体的种种病症:

> 正气日月消磨,现在尤其低落。不仅缙绅不敢议论国是,就连草茅之士的舌头也打了结。端平初年(约1234),沉疴(指史弥远)刚刚离身,新病还没有发作,那时候陛下尚且勤于咨访、鼓励言论,我们的担心才没有变成现实。③ 现在

---

① SS,卷413,12408—12409页。
② 同上书,12410页。
③ 此误,《宋史》卷413《赵必愿传》原文为"陛下犹勤于咨访,如恐不及","如恐不及"的意思是"生怕来不及",形容"陛下"求言若渴的态度。——译注

疾病已经攻击到心脏和肺腑,终将导致决裂溃散。还不寻医问药加以干预,拔出危险的病灶,实在令人大惑不解。①

必愿不吉利的警告显然没有引起任何行动,但是也没有损害他在朝廷的地位,至少到 1240 年代中期仍然如此。之后,他的两篇奏章激怒了史嵩之,被解除了中央的职位,一纸除书外放为福州(福建)知州。必愿最后死在福州任上。②

同必愿一样,赵与𢡠也是 1214 年的进士、理宗朝堂上无畏的大臣,但在其他方面,两人却大不相同。必愿做了数十年的地方官,而与𢡠官僚生涯的大多数时间都是在首都。他三任临安知府,施政以仁慈爱民著称,博得了"赵佛子"的美誉。与𢡠基本上没有军事事务的第一手经验——除了短期做过边境事务使者(淮南西)③以外——但他却常常就军政大发议论。结果,1237 年,与𢡠受命创建一支三千人的"忠毅军",来加强临安的防卫,并被任命为权兵部尚书。接下来,他先后担任了户部尚书兼权吏部尚书,到 1240 年代初期,与𢡠已经成为理宗中央的一名重要尚书。④

同必愿一样,赵与𢡠在奏章和面对时也表现得非常激烈。在一次面对时,他把朝廷描述成异端和"小人"充斥的世界,让皇帝为之色变。⑤ 与𢡠相信征兆,喜欢利用日食、风暴和星变等场合来警告皇帝可能发生的叛乱、边境纠纷,告诫皇帝要修明道德。

---

① SS,卷 413,12410 页。
② 同上书,12412 页。其中一篇奏章是关于四川岌岌可危的军事形势。
③ 《宋史》卷 413《赵与𢡠传》原文为"丧母,朝廷屡起之,不可,议使守边,授淮西提点刑狱,弗能夺",据此,与𢡠并未到淮西任职,因此应该说没有边境事务经历。——译注
④ SS,卷 413,12404 页。
⑤ 同上书,12406 页。

最后一次,他说"星变"的"大火"是一场"灾难性的焚毁"。① 他为自己的罪过表示忏悔,自请辞职,说:"我愿陛下畏惧上天的威严,想一想怎样才能以实在的德行惠及天下苍生,这件事必须从陛下自己做起!"中书方大琮有感于此,表扬了与懽的热忱、智慧和正义感,认为"所有大小之臣,都应该引咎"。与懽后来因此被提拔为户部尚书。②

赵与懽最直接投身于政治纷争的事例,发生在1244年夏历九月。皇帝要把一天以前因丧父而离职的史嵩之召回,夺情起复。这样的事不乏先例,但是这一次却碰上了硬钉子,长期处于史氏高压手腕控制下的人们趁机将愤怒爆发出来。抗议者不仅有官员,还有数百名首都各类学校的学生,其中包括34名宗学学生。③ 理宗询问与懽的意见,他没有搪塞回避,而是说:"嵩之耗费巨大,④同贪富之徒关系密切。过分鼓吹自己的名声,不应再次起用。"⑤

这场危机持续了几个月之后,理宗被迫让史嵩之辞职,但是争论仍旧在继续:四名批评史嵩之最严厉的官员,包括他的侄子璟卿(1245年卒)和右丞相杜范(1182—1245)不明不白地死了。官方的调查不了了之,但很多人都相信是史嵩之派人谋杀了他们。⑥ 这一次,与懽又发挥了微小但却值得注意的作用,他请求

---

① 《宋史》卷413《赵与懽传》原文为"星变,上章请罢。大火,力言灾变之烈"。据此,则星变与大火是两次灾异现象。——译注
② SS,卷413,12404页。
③ 签名抗议的还有144名太学生,67名武学生,94名临安府学生。
④ 《宋史》卷413《赵与懽传》的原文是"老师费财",所以这里还应该加上"穷耗国家的兵力"。——译注
⑤ SS,卷413,12406页。
⑥ 另两位是御史刘汉弼和兵部官员徐元杰(1194—1245)。关于此事的来龙去脉,见Davis, *Ventures Foiled and Opportunities Missed*。

第八章 政治与权力界限

从优抚恤两位死去官员的家属,皇帝同意以后,他又起草了抚恤诏书。①

与懂晚年成了理宗朝廷大臣中的常青树,相比之下,赵善湘(BCBGFCJA,1242年卒)却是大部分时间都在地方任职,只在1231年做过兵部尚书。② 善湘的经历与众不同,他做过一系列高级军事长官,是13世纪最重要、最有权力的宗室官员之一。

赵善湘来自明州。他的父亲不陋(生卒年不详)听说明州多名儒,于是在南宋初年搬到那里。善悉于1196年中进士,终生都在研究经学,著作丰富。入仕之初,他也按部就班地担任了一系列职位,但是很快就跨过这一步,于1211年得到了第一个州级职位,做婺州(两浙)的添差通判。在这个岗位上,他成功地镇压了当地的茶寇,显示出杰出的军事才能,随着时间的推移,这种才能变得越来越重要。③ 1220年代,善湘担任过知大宗正丞、淮西提举常平、沿海制置使兼知建康府、江东安抚使等职位。在这期间,他平定固始县(光州,淮南西)的盗贼,加强江东军力,稳定淮河军队,④平定刘庆福的叛乱,多次受到嘉奖和提拔。善湘的传记载,1230年,善湘受命征讨为患宋朝边境近二十年的淮南军阀李全,第二年,李全被杀的捷报传到中央,善湘随即被提升为兵部尚书。⑤

善湘的传没有具体描述善湘个人在平定李全事件中的作用。

---

① SS,卷413,12406页。
② 根据《宋史》卷413《赵善湘传》的记载,善湘"进兵部尚书,仍兼任(江淮制置使)",并未离开建康。——译注
③ SS,卷413,12400—12401页。善湘的传中开列了十三本著作,充分证明了他的学术成就(SS,卷413,12402页)。
④ 《宋史》卷413《赵善湘传》原文是"创防江军、宁淮军"。
⑤ SS,卷413,12401页。

《宋史》李全传只简单提到善湘是将李全死讯报告中央的官员,在平定李全事件中发挥最核心作用的是赵范(生卒年不详)和赵葵(1186—1266),二人均非宗室,但都是理宗朝的重要人物。① 善湘的传把赵氏兄弟描述成他的靠山,他对赵氏兄弟的需要尽心尽力、有求必应,甚至把自己的儿子送去跟赵氏学习。② 这些记载表明善湘的升迁恐怕在很大程度上要归功于他与军事天才们的政治关系。此外,传记还表明他与史弥远关系密切——他的小儿子娶了史弥远的女儿,因此赵善湘明显不符合我们前面所做宗室对朝中权臣没有好感的概括。③ 但是,善湘的同时代人张端义(1179—1250)却称赞他突入李全及其军队躲藏的金陵,④斩杀李全的业绩。⑤

不管用兵作战的实情如何,善湘又因军事上的成功而受到表彰。1232年,时任江淮安抚制置使的赵善湘从金人手里收复了四座城池,又接受了金将纳合买住的投降。⑥ 但是接下来就有监察御史弹劾他。善湘的传没有提到弹劾的理由,而张端义却提供了一些线索,他写道,杀了李全之后,

> 宗室不可典兵的议论纷纷出现,宫中也出现了谣言。我还记得当这位将军统领吉州军队时,就有一位学者拿来了一

---

① SS,卷477,13849页。赵氏兄弟的事迹主要在13845—13850页。
② 善湘与赵氏的关系,《宋史》卷413《赵善湘传》载:"时善湘见范、葵进取,慰藉殷勤,馈问接踵,有请必应。遣诸子屯宝应以从,范、葵亦让功督府"。善湘当时的职位是江淮制置使,受命"专讨","许便宜从事"。赵范的职位是知镇江府、节制防江水步并本州岛在砦军马,赵葵的职位是知滁州、节制本州屯戍军马(《宋史》卷41,792页)。赵善湘是赵范、赵葵的直接上级。——译注
③ SS,卷413,12401页。
④ 英文误,《贵耳集》原文是"嘉定间,赵善湘开金陵制府,诛李全"。李全的据点是扬州而非建康(金陵)。——译注
⑤ 张端义:《贵耳集》,卷上,8—9页。
⑥ SS,卷413,12401页。纳合买住恰好是金的枢密副使。

册南班书。据说,根据祖宗的规矩,不应当把军队的管理权交给宗室。① 人们担心这个规矩已经遭到了破坏。②

看起来起因还是善湘的宗室身份。不管理由是否如此,这位监察御史的弹劾却没能损害善湘半分,因为有皇帝亲自为他辩护,说他有讨伐逆贼、收复城池的功劳。张端义因此结论说:"近来统兵将领也开始接受南班官的荐举了。"虽然如此,弹劾却成功地遏制了善湘的上升势头,他此后唯一的实质性职位是沿海制置使兼知庆元府。本书开篇曾经提到,善湘在庆元府遭遇军队哗变,自己逃入山中,把残局留给自己的后任赵以夫来收拾。这件事,善湘的传却只字未提。③ 除了这个不愉快的尾巴,善湘的官僚生涯还是很有代表意义的,他在长江流域的敏感战区多次任职,承担着重要军事责任。善湘的履历有力地证明朝廷在军事领域对宗室越来越信任,正如在政治领域一样。

理宗应该很尊重赵与懽和赵善湘,但是他与这两个人都没有亲密的私人关系。相形之下,善湘在庆元府的救命恩人赵以夫(CECBCCDAD,1189—1256)却不但入朝做了高官,而且还与皇帝发生了非常私人化的联系。

以夫出生在魏王一系的一个普通的宗室家族里。南宋初,这个家族在福建定居。以夫本来似乎没有显赫的可能。他九岁丧父,以恩荫得官,1217 年中进士,是广南西路锁厅试的第一名,那

---

① 按《贵耳集》卷上,原文是"尝记帅逢原为池州军帅,有一士挟南班书见之。书史云:'祖宗典故,管军不受宗室书。恐违制。'近来兵将皆受宗室荐举矣。"帅逢原,据《氏族大全》卷 20,是江陵统制官。南班书,是由南班宗室所写的书信。张端义所感叹的是宗室对军中事务,包括人事任免越来越多的参与。
② 张端义:《贵耳集》卷上,8—9 页。
③ SS,卷 413,12402 页。善湘的传与赵以夫的传在他担任庆元知府的时间上是一致的。

249

时他是广西的一名小官。进士及第为他赢得了一任知县,在接下来的二十年中,他接连在地方任职,活动范围广泛,财政、兴建地方学校、镇压盗贼都干过,政绩卓著。

从1230年代中期开始,大约有六七年的时间,以夫交替在中央和地方任职。1238年,结束了在首都担任侍郎的工作之后,以夫被任命为庆元知府,在庆元,他成功地平息了军队的哗变,由此回到临安,得到枢密都承旨的职位。但是,他在庆元府时所上的一则措辞强硬的奏章却招来了某些首都官员的攻击,以夫因而赋闲,回到福州老家。不久,政治风向的逆转又把他吹回首都,担任刑部侍郎。他的奏章和推荐书让皇帝对他另眼相看。由于皇帝的注意,1240年,他被任命为江南东路安抚使以及淮南西路三州(和州、无为军、安庆府)屯田使。淮西是战区,宋与蒙古刚刚在这里打了几年的仗,这一任命使我们进一步认识了朝廷对宗室的信任程度。碰巧,从1240年开始,出现了一段长达十年的恶战之间的休战期。尽管如此,以夫还是表现了自己的才能:他改善了军队的状况,加强了训练,资金部分来自皇帝的赏赐;在他的领导下,擒获了一名突袭淮南西路的蒙古将领。结果,以夫被调往中央,出任权刑部尚书,此后十年他一直在首都任职。①

从江南回到临安之后,以夫第一次朝见皇帝的场面令人难忘。皇帝先说:"这两年来,尚书辛苦了。"以夫谦卑地回答:"这都是陛下的威德,我个人无毫发可称。"皇帝说:"你讨论了很多迫在眉睫的问题,比如防止叛乱,建立储嗣,还有江南和湖南的旱灾。"以夫说:"商汤曾经为六事责备自己。陛下也应该想一想目前的

---

① HTHSTCC,卷142,10a—14b。刘克庄所作墓志铭是我们了解以夫的唯一来源,《宋史》没有他的传。

第八章 政治与权力界限

局势中是否存在六事。① 名义上要驱逐奸邪,结果却是密奏风行、珍奇异宝送入【宫中】。名义上要提倡节俭,实际上却修建了龙翔祠,招来食物供奉。宫廷如此。同过去一样,忠直【大臣】被赶出朝廷或遭到降黜,而近习佞悻却进进出出,散布谣言,滥用权力。"②

一个刚刚从外地调进京城的尚书就敢于如此大发厥词,简直胆大包天,没准儿便会断送了前程。但是,我们看到的情况却是,皇帝只是感到"悚然",而后便把话题转向了以夫有关《易经》的著作,这是以夫的学术专长。第二天,以夫被任命为翰林侍读学士、玉牒编纂官,皇帝下令择日与以夫占卜。记载太过简单,我们没办法作心理分析,但是很显然,这两个人之间必定有什么东西合如符契。据说,第二次见面时,理宗向以夫要分析蒙古使团的意图,以夫给了他一张十二个字的卡片,理宗感到非常高兴。③ 以夫又得到了升迁:权吏部尚书、刑部尚书,以及御史中丞。

在此后的岁月中,以夫还担任过知玉牒事、礼部尚书、吏部尚书,1250年殿试的知贡举,史职。以夫还进献了两部书给皇帝,一部是他自己写的《读易通终篇》,④另一部是他编纂的《光宁二朝宝训》,后者无疑是他在史馆供职的成果。理宗对两部书都赞赏有加,赐给他自己的一卷诗。据说,理宗经常阅读这本易学著作,并继续跟以夫讨论《易经》。有一次,他解释"家人卦",暗指宫中的女官。⑤

---

① "六事"见于《春秋公羊传注疏》《《春秋》公羊传》,卷4(2册2216a):"曰政不一与,民失职与,宫室崇与,妇谒盛与,苞苴行与,谗夫倡与。"
② HTHSTCC,卷142,14b—15a。
③ 墓志铭引了以夫的分析"蒙古人不会说汉语。蒙古使团的到来说明他们是来致敬,而不是要讲和"。
④ 此处标点有误,以夫著作的名称为《易通》。——译注
⑤ HTHSTCC,卷142,15b。

一名出言直率的官员在朝供职这么多年,出问题是在所难免的,以夫的官运也并不总是一帆风顺。1248年,他严厉批评了两名官员的任命,其中之一是史弥远的儿子史宅之(1205—1249)出任签书枢密院事。史宅之虽然在中央政府中人缘不好,但却是理宗的亲密老友,而且理宗先前曾经想在京城给他安排一个职位,就没有成功。以夫因此遭到降级。他本来要被赶出首都,但在递交了自我检查之后,皇帝原谅了他,并将他官复原职。①

当以夫抨击大臣腐败、批评郑清之的政策,激起了这位宰相的敌意时,招来了更大的麻烦。② 郑清之说"侍从之臣诋毁他的为臣之节"。③ 理宗给了以夫一个宫观官衔,但把他留在史馆,并继续让他担任侍读。而史馆又遭到了错误表现宫闱事件的指控,情况变得更糟。以夫墓志铭的作者,也是他在史馆的前任刘克庄极力为他辩白。但是,以夫对自己行为的辩护却只是增加了皇帝的愤怒。以夫遭到弹劾,在屈辱中离开首都,一去不返。

虽然有了这不愉快的一幕,皇帝还是继续表达着他对以夫的好感。以夫走后,皇帝称他为自己的"辅臣",说:"他曾经长期讲解经书,每有询问,他的回答总能以古喻今。在宗室当中,像这样的人才实在难得。"1255年,在做了三年出色的知西外宗正事之后,以夫被任命为礼部尚书兼侍读,他托病谢绝了。听到这个消息,皇帝伤感地叹息,将他的官阶从承奉大夫(正四品)提升到光

---

① HTHSTCC,卷142,15a—b。史宅之与理宗的关系,见Davis,*Court and Family in Sung China*,136—139页。
② 具体地说,以夫:(1)反对圈地政策的出台和强制推行,(2)他利用自己对《易经》中"礼"与"节"的解释来抨击大臣的腐败,(3)他指责大臣们滥用政府权力(HTHSTCC,卷142,15b—16a)。
③ 英文为意译,郑清之原话为"侍从之臣以臣方京、黼",京指蔡京、黼指王黼,皆徽宗时的大臣,为以夫视为权臣奸佞。——译注

禄大夫（从二品），这是一个不同寻常的恩典。1256年以夫死后，理宗给了他最高级别的赠官：开府仪同三司。①

宗室与南宋政治

从12世纪中期到13世纪中期，先后经历五个皇帝，本章所探究的宗室官员活跃在政治、行政领域。他们扮演的角色究竟有着怎样的特点？

最明显的一点，到南宋晚期，政府的每一个机构都可以发现宗室的存在。在州、县两级政府当中，宗室无所不在。路级职位，包括军事职位，也有宗室的身影。在中央，南宋初年曾经只允许宗室担任宗正司官员和礼仪性的职位，但是到了13世纪，他们频繁担任侍郎、尚书。同样的，限制宗室知贡举、出使外国以及指挥军队的种种禁令，到南宋中期也都让了路。

在这个包罗广泛的任职名单中，有一个重要的例外：罕有宗室担任宰相、参知政事，以及枢密院长贰等职位。高宗开创的禁止宗室担任宰相的政策，被光宗对赵汝愚的枢密使及宰相任命所打破，但是这种破例本身就是政敌击倒他的一个基础。此后，未见类似记载，我以为这表明遵守禁令已经成为共识。关键的事实是，据我所知，赵汝愚之后，再也没有宗室担任或者谋求担任最高层的职位。②

---

① HTHSTCC, 卷142, 16a—17b。这一头衔的授予在墓志铭的开头, 10a。
② SS, 卷214记载从1238年六月到1241年岁月，赵以夫担任同知枢密院事，5618、5620页。诸户立雄《宋代の對宗室策について》，632页）引用这条记载，断定以夫是第二个到达宰执阶层的宗室。但是，既然以夫的朋友和墓志铭作者刘克庄都没有提到这一点，特别是，根据刘克庄的记载，以夫当时的职位是枢密都承旨，所以我只能认为《宋史》记错了。这个低得多的职位在以夫的履历中是成立的，因为他后来才担任尚书。

第二点是南宋皇帝在宗室政治地位抬升中所起的作用。我们在第六章中看到,虽然高宗对宗室任职设下许多限制,但正是他在1120年代后期的危急岁月中,首先给了宗室担任重要文武职位的机会。宗室出身的皇帝孝宗的作用更为突出,他提拔出色的宗室,因此受到固守禁约的臣僚的阻挠,但是归根结底,在孝宗统治时期,这些禁约受到越来越严重的侵蚀和破坏。我们也不应忘记光宗,正是他对赵汝愚接二连三的提拔打破了先例。如果说宁宗和理宗似乎与这一问题牵涉较少,那么,可能就是因为上文提到的禁止宗室进入最高层的共识。

最后还有一个问题,南宋政府中任职的宗室,上自宰相大臣、下至普通官员,宗室地位在他们的仕宦生涯中究竟有没有影响,如果有,是什么样的影响?从表面上看,本章所讨论的所有宗室官员的共同特点是大胆,勇于批评秉政大臣甚至皇帝。然而,毫无畏惧地规谏父母和统治者,是儒家理想的行为规范之一,不是宗室官员的特有品质。① 在周围人的眼里(比如年轻时的赵希錧,同僚"危之"),在他们的自信当中,有多少时候是宗室地位让他们与众不同,已无从得知。但是,我却找不到一个反例,没有一名宗室官员因为觉得独特的地位使自己沦为二等官员,或是因为感到宗室地位使自己特别易受攻击而惮于直言。

事实上,最为有趣的是,当提到自己的宗室身份时,正是他们言论最为大胆激烈的时候。诚如赵彦端所言:"我身为宗室,与国家休戚与共,自当言无不尽。"更为生动的例子是1246年年末,赵时焕(CDADADBFBA,1201—1257)因日食向子嗣未立的理宗所

---

① 儒家士大夫的规谏行为的功能,Charles O. Hucker 叙述至今仍堪称经典,在 *Confucianism and the Chinese Censorial System*,193—207 页。

上的奏章:"【汉代的】刘向曾经说过,日食是皇帝缺乏继承人、社稷将要落入外姓之手的标志。身为您的臣子、又是一名宗室,我以为王朝的继嗣应当尽早确定,以便遏制大臣的权力。"① 刘向(前79—前8)是汉代的宗室、大学者。因此,时焕在字里行间所透露的其实是宗室探讨继承人问题的合法性,而继承人问题已经困扰了多位南宋皇帝。很难说这则奏章是否奏效。理宗的侄子和继承人赵禥(1240—1274,在位期间,1264—1274)直到1253年才被立为太子,但是《宋史》也指出理宗开始注意到这个孩子并考虑以他为嗣,正是在1246年。② 这跟时焕的奏章或许存在某种联系。

至于赵时焕,直言使他只能在中央短期任职。上文提到的奏章还不是问题的关键,为他招来麻烦的是他对当政大臣的频繁批评。很快,大约在1247年,时焕受到弹劾,被派往地方为官,并终老于地方官职位。③ 用这个事例结束本章,恐怕不能令人振奋,但却非常合适:崛起于南宋的宗室官员的永恒角色是忠诚的顾问,而非伟大、成功的大臣。

---

① HTHSTCC,卷158,2a—5a。这条材料没有明确记载时间,只是说时焕是因正月的一次日食而上此奏章。根据《宋史》的日食记载(SS,卷52,1086页),这件事应当发生在1246年。
② SS,卷46,891页。
③ HTHSTCC,卷158,2a—5a。他上章批评过后宫嫔妃的不正当行为;议论过对杜范、刘汉弼、徐元杰之死的处理(上文曾经讨论),还批评宰相混淆磨勘年限的做法。同以夫一样,时焕也因对《易经》的解释而受到皇帝的赏识。

第九章　成熟与溃烂

到宁宗(1194—1224)漫长统治的末期,王朝和宗室都已南渡将近一个世纪。所有那些还能回忆起北方生活和南宋曾经经历过的灾难性事件的人都已死去。一代又一代,宋王朝天潢贵胄这棵大树已经深深地扎根在南方的土地上。散布在帝国各地的宗室,或聚居在宗室中心,或散居,共同生活在一个制度框架之下,这个制度对聚居者的意义尤为明显。他们拥有相同的身份地位,这种身份地位往往反映在他们的名字和享有的特权当中。他们共同拥有对北方那逝去的光荣的美好回忆。宗室官员供职于各级各类政府部门,尽管存在宗室任职的限制,但他们不能问津的却只有一些最高级职位。

一句话,宗室成熟了。绝大多数南宋末期史料所记载的,不是宗室的变化,而是他们所遇到的机遇与问题。名字、人数、开支、宗族关系、婚姻,以及教育和仕宦,1360年代以前,宋代宗室所面临的就是这样一些问题。在王朝苟延残喘的痛苦中,宗室又一次遭遇巨变,面临许多恐怖的重大事件。那些侥幸活到元朝的人,又要建立新的身份,因为,这时候的天水赵氏的后裔,有宗族却不再是宗室了。

第九章 成熟与溃烂

成熟之患

南宋晚期的宗室所面临的最大挑战以及宋朝政府进行宗室管理的最大问题是人口膨胀和经济困难。尽管我们没有找到南宋任何时候宗室成员的人口总数,但是第七章所引李心传所列宗室在文武选中的人数却提供了一个基准。① 李心传所列的总数为3 947人,不包括宗女和男孩;如果我们假定所有宗子都有官,那么宗室成员的总数应当超过8 000。

宗室的俸禄、孤遗俸主要由地方政府承担,因此,这个数字对地方政府来说是一个相当可观的负担。宗室俸禄、孤遗钱米,再加上宗女的嫁妆,是宗室供给的主要形式。② 地方官员以及宗正司官员和在朝供职的宗室,对这一供给制度所引发的问题,有着大相径庭的论述。

朱熹于1190年任漳州(福建)知州,他在与学生的谈话中坦言宗室所引起的财政问题,特别是1189年光宗登极,一天之中就有六十余名宗子得到授官,他们的俸禄都得由州政府来承担:"朝廷缺乏远虑,宗室日益繁盛,成为各州的负担。现在已经有一两个州倒了。"朱熹对向孤遗宗子发放钱米的做法抨击尤其猛烈,这不单是因为宗室大家族的贫困人口在增加,更是因为许多根本不应该申请孤遗俸禄的宗室也想方设法搞到这份钱米。

根据法令,没有依靠的宗室才可能申请孤遗俸,有依靠

---

① CYTC乙集,卷14,528页。
② 尽管我所看到的史料都没有明确指出,但是,多数南宋史料,包括上面所引用的,都暗示大多数宗室家庭是依靠家庭成员的官俸为生。向那些没有做官的近亲可以倚靠的孤儿发放"孤遗钱米",则为宗室提供了安全网络。

者不得申请。"有依靠"指的是兄弟、伯叔有官,可以依靠,不至困顿。然而现在却有一些人,明明有伯叔兄弟为官,却依凭势力申请孤遗俸。而那些真正孤苦、无依无靠的宗室却因为缺乏势力、受到州郡的阻挠,难以得到孤遗俸。……按照旧例,宗室为父母服丧期间可以得到俸禄,待阙期间也可以得到俸禄,【朝廷的】恩惠未免太重。如果朝廷继续这种缺乏远见的做法,那么将来对州郡的危害是没有边际的。①

朱熹对于真正处于困境的宗室是同情的,他关注的中心是宗室供给制度给诸州带来的财政困难。相反,朝堂的讨论却集中在地方官不愿向宗室支付俸禄钱米的状况。在《宋会要》所记载的1194—1217年的一系列诏令中,我们看到有的州没有按规定提高孤遗钱米的发放额,也有狡猾的州官拖欠宗室俸禄。② 最为引人注意的是1217年都省所上奏章报告,一些地方政府已经很久没有发放宗子、宗女、宗室寡妇的俸禄,时间从几个月到一两年不等。"官员从削减津贴中取利。一名宗室的津贴被耽搁发放,全家的生活都会变得没有着落。州县却不认为这有什么不对。可是这样一来,朝廷的宗族之爱、敦睦之意就都丧失了。"皇帝因此下令大宗正司和西外、南外宗正司检查州县耽搁发放宗室俸禄的情况。③

从现存的史料中很难判断究竟有多少宗室生活在贫困状态,也很难判断他们给地方政府所造成的负担(泉州的情况除外,见下文)。但是,无论朱熹的担忧,还是朝廷的关注都表明,在南宋

---

① 朱熹《朱子语类》,卷111,2720页。
② SHY:TH,7之19b—21b。
③ 同上书,7之20b—21a。

晚期，宗室供给已经成为一个问题。此外，它们还反映出一个社会现实，这就是宗室与其他社会集团——精英和平民——之间的界限开始变得更加模糊和多元化。

虽然传记资料和史书中所见的宗室成员与宗室家族的情况极少反映这种混杂，但在其他方面，宗室之泯然众人明显可见。到 12 世纪晚期，排行字的使用变得越来越混乱，在首都玉牒所进行出生登记的制度逐渐隳废。1212 年，宗正寺主簿陈卓（1190 年进士）通过研究宗室谱牒，注意到"三祖下流派枝叶"发展十分不平衡。那些按行辈排行字命名的（训名）继续发展，全都登记在册，而那些没有使用训名的宗室却不在记录之中。[①] 陈卓奏章主要讨论的便是给这些没有使用排行字的宗室提供孤遗钱米，因此看来他们还没有丧失宗室地位，但是不能使用训名必然会弱化他们的宗室成员资格。1223 年的一则奏章也谈到了这个问题，"最近以来，宗室本支繁衍，数量超过过去的十倍。出生【登记】、训名的法令不是不健全，只是富者在十户宗室中还不到一两户，贫者却要占到七八户"。申请训名，先要将材料送交县级官员，县里报到州，州里报到宗正寺，贫困宗室既耗不起时间，也难以备全必要的材料。宗正寺对这则奏章的反应是命令"尊长"办理训名，但是考虑到这一问题的涉及面，这个解决方案恐怕也无济于事。[②] 这则奏章的引人入胜之处，是它对宗室中富者的比例作了估计，这在史料中是不常见的。尽管我们无法说明"富"与"贫"的确切含义，但是大部分宗室都是"贫"者这一概括却表明宗室中的贫富差距正在拉大。

---

① SHY：TH，7 之 19b—20a。
② SHY：TH，7 之 26a—27a。

婚姻法令是另一个了解宗室内部社会变化的途径。1213年，大宗正司上奏，首先重申1077年的联姻禁令，凡舅曾为人力奴仆、姑曾为娼，以及父祖属于化外人氏或居住在沿边两属地域的家庭，均不得与宗室联姻。① 1077年的禁令特别规定只适用于袒免以上亲，到了1213年，禁令也适用于"非袒免以下亲"。在此前提下，奏章接下来谈到现状，说许多"奸胥猾吏"与在籍宗子②伪冒苟合，利用这层关系来包揽词讼。大宗正司拟定的解决办法，是禁止宗室与胥吏之家联姻，皇帝批准了。

上面所引的记载非常典型，这一类史料总是责备外人给宗室带来了灾难，法律资料却提供了另外一个截然不同的视角。除了津贴、俸禄、特殊的入仕途径，宗室还有一项法律特权。用马伯良（Brian McKnight）的话来说，"地位卑微的人口头威胁和动手殴打皇亲国戚或官员，比普通的威胁、殴打案件要从重处罚。"③再有，第七章曾经谈到，对宗室进行惩处的是宗正司而非地方官，因此宗室罪犯比普通罪犯有着种种优待。即使在南宋初年，问题就已经存在。据报，1133年，临安就有宗室开店造酒、劫掠顾客。④ 下面这两个有关宗室犯罪的生动案例选自宋元案例汇编《名公书判清明集》。⑤

---

① SHY：TH,7之30a—b。
②《宋会要》的编者在"籍"上补了一个"无"字，变成了没有登记在籍的宗室，这就意味着没有登记宗室玉牒上的宗室更容易受到操纵。但是，奸胥猾吏们更有可能会瞄准在籍宗室，因为他们的特权无可争议。
③ McKnight从《宋会要》中引用了许多证据，*Law and Order in Sung China*，90页。
④ SHY：刑法,2之147a。转引自McKnight，*Law and Order in Sung China*，74、286页。
⑤ 这部书本来残缺不全，直到1980年代，它的全本才在上海市图书馆被发现。标点本出版于1987年，题为《名公书判清明集》。Brian McKnight和James T. C. Liu已经做了一个大约包括一半判例的英译本，题为 *Ch'ing-ming chi, the Sung Dynasty Work: A Collection of Enlightened Judgements*。Bettine Birge在 *Holding Her Own* 中也用较长篇幅讨论了这部书，并且大量使用了书中关于妇女和婚姻的判例。

第九章 成熟与溃烂

魏王的第十代孙赵若陋素以厚颜无耻而著称。① 靠着与饶州(江西)官府胥吏的默契和他周围那群泼皮无赖,赵若陋在不止一位知州任下横行霸道,却没有受到法律制裁。他开着一家固定的赌局,还经营妓院,干敲诈勒索的勾当,用判词作者吴雨岩的话来说,种种恶行"无所不有"。他曾经将一个平民折磨致死,在解试中把一名举人殴打致死,在赌场打人。结果却一次又一次逃过了法律的制裁,要么轻描淡写地责罚一下了事,要么躲起来避避风头。在考场举人案中,地方学子的愤怒声讨给他们带来了麻烦,而若陋却毫发无伤。即使是在吴雨岩对赌场一案的判词中,若陋得到的惩罚也只是交付外宗正司管教约束,而他主要的同党却遭到杖责,还有一个被流放了。

第二则案例所牵涉的不是宗室而是一位冒牌宗室,但它揭示了宗室在南宋社会中的地位。首犯本名任汝昔,用判词作者签厅的话来说,是一个"败亡之子,闾阎之靡"。② 任汝昔冒用宗室赵善菜长子赵汝昔之名,伪造了县里开具的出生证明,秘密刻了皇叔祖润王府的印记,私造黄旗(标明宗室身份),手持铁鞭、木棍,逼迫行商,抢劫船只,恐吓劳力,殴打逼迫人顺从他的意思。罪行败露,任汝昔也承认了,但判决却很轻。不久,任汝昔又顶着赵善菜次子的名义开始活动。这一次,他不但伪造了宗室身份证明,还伪造了官阶和委任状。他的三个同伙装扮成随从(书司、厨子和狱子)。任汝昔坐着轿子,带着他的同伙,进入城镇,从老百姓家里搜罗、抢劫铜器,连和尚化缘的铜钵、婴儿的铜铃铛也不放过。最后,这伙人终于落网、被判重重的杖责,但是在此之前却由

---

① CMC,卷11,398—399页。此指 Liu 和 McKnight 的译本卷11。我没能在 SS 宗谱中找到赵若陋。很有可能他因为犯罪被革出了宗谱。
② 同上书,400—402页。

宗正司当局和地方官作了周密的调查。①

不管是真是假,这两个案例中的犯罪"宗室"都利用宗室的免罪特权作为他们恶劣行径的保护屏,而有关当局对怎么处理他们明显感到棘手。同第四章中讨论过的1075年的李逢/赵世居案相比,赵若陋包括杀人——也许是谋杀——在内的明目张胆的犯罪行为,受到的惩处实在是太轻。但是,既然赵若陋无论是在地理上还是在家庭关系上都与皇帝相距甚远,他的行为便没有李逢事件中所蕴含的政治暗示。总的来说,宗室的不正当行为不再是一个政治问题。

我们无法估计这种不正当行为的普遍程度,但似乎可以这样设想,《清明集》之所以收录这类案例,正是因为它们引人注意,但却不那么典型。同时,既然宗室地位是如此容易转化成影响和权力,那么,如果在土地、钱财、人口等纠纷中,一般的宗室都不利用这种地位来压倒对方,那才令人惊讶呢。事实上,第七章中就曾经谈到知南外宗正事非法没收平民的海舟。南宋宗室,特别是宗女的墓志铭当中很常见的铭文便是赞美他们如何友爱、谦逊等等。② 很显然,大家对宗室的一般印象是目中无人、骄傲自大——难以相处的朋友和危险的敌人。

家族认同的发展

宗室家族在中国南方各地成为永久性居民之后,除了那些居住在宗室中心者以外,宗室不再是周围世界的中心。在授官和婚

---

① 这样的调查对于地方官来说格外困难,他们看不到宗谱——没有证据表明宗谱分发到各地,因此很难确定一个人是或者不是宗室。
② 相关例子,可以参看Chaffee, *Marriage of Sung Imperial Clanswomen*, 158页。

姻等问题上,宗室身份仍然起着至关重要的作用,但是宗室们却开始逐渐接受当地士大夫的价值观念和行为方式,特别是有关家庭和宗族的价值观。相关材料虽然不多,但却足以表明个体家族认同的重要性在逐渐提高,以及诸多新的赵氏世系(同宗族相对而言)的初步建立。许多宋代以后的赵氏宗族都把自己的世系追溯到南宋的"创始祖先(始祖)"。当然,这不等于宗室意识的消亡。个体家族在开创自己的历史和传统,而宗室继续存在,这个值得骄傲的头衔使宗室家族仍然有别于他们的士大夫邻居。

赵子褫(AAAACCI,1089—1157)是"创始祖"的极好例证。他人生的头四十年消磨在南京的敦宗院。1127年,子褫南渡,先到丹徒县(润州,两浙)的京口镇,1129年渡江,在本县的大港镇安家。① 1132年,子褫被封为太祖后府君,授朝散大夫(正六品文阶),赐田100顷(约1 500亩),②子褫家族的势力变得更加雄厚。这样一大笔赐田必然使他的家族成为本县最大的地主之一,并巩固了这个家族与当地的联系。清代的大港赵氏奉子褫为创始祖,把他而不是宋太祖算作世系的第一代。③

秀水(嘉兴府,两浙)赵氏也是在南宋初年定居下来的,只不过把家搬到秀水的是第二代南宋宗室。赵世翩(BGBAKA,1087—1174)举家南迁,定居在婺州金华县。他的三个儿子中的老二和老三又搬到了别处,一个搬到邻近的浦江县,另一个向北搬到秀水,原因宗谱没有解释。④

---

① 这段记载根据1809年赵廷芝编《大港赵氏宗谱》,卷1,5a—b,卷7,1a—b。尽管编纂时间较晚,但这部宗谱最早的几篇序却成于1400年。
② 这个封号大概是因为他的谱系地位(AAAACCI)源自太祖的长子、长孙、长玄孙。据我的研究,没有看到比他谱系地位更高的人。
③《大港赵氏宗谱》,卷7,10a—11b。
④ 赵诒沨《赵氏家乘》,卷1,27a—28b。

赵子侁（AADBFAB，生卒年不详）子孙的家族传统稍微有一些不同。虽然子侁后来被追认为创始祖，但他其实跟随南外宗正司到了泉州，并居住在宗室官宅里，他的部分子孙在那里一直居住到王朝末年。① 据说，子侁的孙子赵师玖（AADBFABGA）早年决定避开所有的灾祸、不做官，来修炼自己。一天，他漫游到一个风景优美的地方，觉得那里可以优游终老。宗谱的作者写道："那个春天的早晨，他凝视四周草木丰茂，为土地的肥饶感到欣喜。他觉得在这块土地上会子孙繁衍、家族兴旺。"师玖便把家搬到那里，定居下来，在接下来的几百年中发展成为一个人丁兴旺的大家族。②

这些故事对于宗族后来的历史显然是非常重要的，但是，它们所叙述的宗族在南宋的历史的可信度却值得商榷。相比之下，两部南宋宗室家族族谱的序言则确定无疑地表明，一种新型的血缘关系认同感正出现在宗室家族之中。

较早的一部南宋宗室族谱是《鄱阳赵氏续修谱》，成书于1243年，有两篇序言存世，收录在赵锡年所修广东《赵氏族谱》的文章汇编部分。③ 第一篇的作者是岳州（荆湖南）平江县尉程桂。他说，他的姐夫防御使赵某，有感于家族离散，对宗亲了解不多而编修了这部族谱。赵的叔伯都已经离开，不再与他的家族住在一起。他强调，不是玉牒的行辈排名不正确，而是赵防御使感到，在这样一个社会里，士大夫常常会不承认自己卑微的族人，因此更有必要加强对家族关系的重视。④ 第二篇序言的作者熊大章情

---

① 比如，赵由洁（AADBFABGAXXXX，生卒年不详），蒲寿庚屠杀泉州宗室时，他恰巧正在外地做官（《赵氏族谱》，11页）。
② 赵氏族谱编纂委员会，《赵氏族谱》，11—12页。
③ CSTP，卷1，89a—b。
④ 同上书，89a。

况不详。他也谈到了对失去宗亲消息的担心,只不过把这种担心置于道德的背景之下。熊大章说,家族力量的基本源泉存在于那些优秀卓越的祖先,从这个需要出发,玉牒是不够的。程桂特别强调宗室的散落,而熊大章则指出许多宗室都居住在他们自己的里中,因此需要对自身历史的清楚记载。①

序言的作者都提到了玉牒因素,考虑到了范围更广的宗室的存在,但是,这部已经遗失的著作究竟是否某部宗族谱的原型,却还值得推敲。程桂的文章提到了家庙对保持家族归属感的重要性,但据我所知,没有一部后来的宗谱是从这部书脱胎而来的。这部宗谱的存在表明鄱阳(江西北部的一个县)赵氏具有很强的世系认同,但是仅凭两篇序言却无法建立这样一种认识。

在 1263 年赵与伺(AADBDDCAFBA,生卒年不详)所作《浚仪赵氏庆源谱》的序言中,家族认同是毫无疑问的。② 明清两代的华舍赵氏就出自这一系,他们奉与伺的儿子孟泍(AADBDDCAFBAX,生卒年不详)为创始祖。孟泍在元初把家搬到华舍镇(孟泍在宋元之交的活动,详见下文),华舍成为这一支的永久性居所。③ 在这之前,大约在 1151 年,赵令袖(AADCBK,1120 年进士)做绍兴知府时,把家(包括兄弟侄儿)安顿在诸暨县(在绍兴府西南部);派侄儿赵子瀹(AADCBGB)北上开封搬取他父母的棺材,在诸暨重新下葬。④ 令袖还不是与伺和

---

① CSTP,卷 1,89a—b。
② 赵思濂,《续修山阴华舍赵氏宗谱》,卷 1,1a—b。这个名称不同寻常,"庆源"极可能是《宗藩庆系录》和《仙源类谱》两部宗室谱牒的省称。关于"浚仪赵氏",下文将讨论。
③ 同上书,卷 1,"历史志略"。孟泍的后裔称之为万一。
④ 孟泍的迁移幅度很小,因为华舍也在诸暨县。《宋史》赵令袖传(SS,卷 244,8683 页)没有提到他的家事。

孟洊的祖先。当令裯一家搬到诸暨时,同行的还有他的从侄赵子㠏(AADBDDC,1103年进士)。子㠏在1120年代后期的战乱中做过湖州(两浙)知州,他是与伺的高祖,华舍赵氏就是从子㠏繁衍出来的。

赵与伺的序言一开头以人们谈到宗室时常用的树木作比喻:"自从我们的皇帝祖先以仁义而得天下,宗室已经根深叶茂。"当然,论述的焦点是他的家族这特殊的一支。序言缅怀了它的历史,向上追溯数代,直到燕王赵德昭(AA,979年卒),还特别详细地记述了令裯和他的侄子的成就。

南宋(以及后来的)宗室家族形成的一般模式是把它的始祖追溯到南宋初年。这个例子却有些特别,看起来似乎赵令裯、他的侄子,以及赵子㠏三人的后裔自认为是宗室当中的一个大家族。就像1263年宗谱的标题所宣称的,他们是"浚仪赵氏"。浚仪是开封赤县的本名,1009年改称祥符。我们知道令裯是开封人,①子㠏也应该是,他的先祖赵世雄(AADBD)封淄王,这就保证他的子孙可以住在开封。当南京敦宗院建立,大多数太祖的后裔迁到那里以后,令裯、子㠏和他们的家族便因居住在开封而显得与众不同。

叙述了这个家族在诸暨的建立之后,与伺继续描述它在南宋的命运:"自从南渡之后,【这个家族】节俭持家,宽使人力。履行忠孝仁爱,惠爱及人。……结果,现在有两百名后裔居住在绍兴。"但这个家族并未局限在诸暨一地。与伺提到了余姚(绍兴府的一个县)、西安(在邻近的衢州)的两支,以及散居在吴越、浙、闽——也就是说从长江三角洲到福建的东南沿海——的族人。

---

① 赵与伺的序言提到这一点。

发源于巩县和安定的诸多支流是如此深广,①"好运累积产生了幸福,丰硕的美德流传久远"。

上面这句话作为族谱文章的结语,相当合适,但与伺并未就此打住。他又由旁枝而及主干,描述了宗室的整体情况:

> 忠孝深深地植根于天性,宗室成员间充满仁义。无论远近、亲疏,不分大小、贵贱,他们见之以礼,励之以学,导之以忠信。这种对宗族之义的尊崇甚至在远古也不存在。诚如横渠(对《易经》的解释)所言:"感人心而天下和"。宗室敦厚了风俗,使人们不忘根本。

这段话非常引人入胜,它反映出一个梦想:太祖在大约三百年前开创的一个大宗族,虽然分散在各地、情况不一,但却是一个和睦的整体。② 与伺还声称,这样一种梦想的实现是史无前例的。1263年,王朝存续的威胁已经非常真切,这时候的宗室似乎应当强调他们的地方性和自主性。但是在这里,我们看到的却是截然不同的东西。尽管浚仪赵氏已经在诸暨扎根,但他们仍然牢牢地依附在王朝的大树上,并且不断颂扬它的重要性。

那么,除了这些分离出来的一枝一叶以外,这棵大树密集生长的那些部分的情况如何?临安、绍兴、福州和泉州的宗室中心以及生活于其中的宗室在南宋又经历了怎样的发展?遗憾的是,关于头三个中心的史料太少,我们无法多谈。下节将要讨论的是资料稍多的泉州的情况。

---

① 巩县是赵世雄的死后封号,安定指令裪,他死时是安定王。
② 关于太祖的《大训》,见第二章。《大训》的原文在 CSTP,卷1,12a。

泉州南外宗正司

泉州的南外宗正司和它所属的宗室住宅具有两个显明特征。第一,它构成了帝国最大的宗室聚居地,并且因而成为实际的宗室事务中心,虽然它远离首都临安。第二,泉州是南宋最大的城市之一,它的经济繁荣主要依靠发达的海外贸易。① 再有,高度发达的书院文化,使得福建成为南宋科举最成功的路分,②泉州乃至整个福建的政治影响力正处于历史最高峰。本节所关注的不仅是泉州宗司机构和宗室生活的特征,还有宗室与这个经济中心城市的关系。

1131 年南外宗正司建立之后的一百年间,那里的宗室出现了惊人的增长,从 339 名宗子、宗女和宗妇发展到绍定(1228—1233)年间的 2 300 多人。表 9.1 清楚地表明,最显著的增长发生在 12 世纪,但在我们拥有统计数字的整个时期,都继续着增长的趋势。泉州一州的官方统计人口在 1080 年是 201 406 户,到 1241—1252 年是 255 758 户,③假定平均每户 5 人,那么泉州一州的人口总数在前一个世纪是 100 万,后一个世纪是 125 万。

---

① 有关泉州的著述浩如烟海,以下三部著作值得特别留意:李东华《泉州与我国中古的海上交通》;苏基朗《唐宋时代闽南泉州史地论稿》;以及 Clark, *Commnity, Trade, and Newworks*: *Southern Fujian Province from the Third to the Thirteenth Century*。
② 见 Chaffee, *Thorny Gates of Learning*, 149—153 页,及附录 3。
③ Clark, *Commnity, Trade, and Newworks*: *Southern Fujian Province from the Third to the Thirteenth Century*,77 页。

表 9.1　泉州的宗室成员，1131—1232

年	居于院中者	居于院外者	宗室总数
1131			338
1195—1200	1 300	440	1 740+
1201—1204			1 800+
1228—1233	1 427	887	2 314

资料来源：1131 年数字见 SHY：CK,20 之 37b—38a；1195—1200 数字见真德秀，CWCKCC,卷 15,11a；1201—1204 年数字见《万历泉州府志》,卷 9,转引自李东华《泉州与我国中古的海上交通》,186—187 页。李东华还从同一方志中引录了 1228—1232 年的人数为 3 000,这个数字比真德秀的数字少了整整 1 000,当属笔误。李东华把真德秀所记的第二组数字的时间比定为 1217—1219 年,也有误(这是真德秀在泉州的第一任期而不是第二任期,他在第二任期写下该文,我们的数字即出自这篇文章)。

2 300 名宗室只占 125 万人口的 1%,但是下述几个因素却使他们具有与其数量不成正比的分量。第一,他们聚集在泉州城的中间及其周边,而泉州城在南宋的人口只有 20 万。① 第二,所有的宗室成员都可以从政府领取俸禄或补助钱米,因此这个数字在财政方面所蕴含的意义是非常可观的,这一点下文将要谈到。第三,宗室是富有的,因此靠宗室维持生计的仆人、随从、手工艺人、商人,甚至和尚的人数应当是宗室人数的许多倍。

表 9.1 还有两方面值得讨论。1131 到 1190 年代六十余年间的宗室人口增长了 400%,而此后至 1230 年的增长率只有 33%。那么,该怎样解释增幅的锐减？是 13 世纪出现了死亡率升高,或者出生率降低,还是二者兼而有之？这个问题恐怕很难有确凿的答案,但就我所见,史料中没有见到上述任何一种情况

---

① Chaffee，*Thorny Gates of Learning*,139 页,230 页注 71,附录 2。

的记录。另一个可能的解释是,12世纪的巨大增长是新的宗室家族迁入的结果。支持这一解释的证据是,构成南宋初期宗室主体的是第四到第七代宗室,而事实上他们的增长速度绝没有达到五倍,只有开封宫宅中的早期宗室曾经如此(见表2.2、表2.3)。有几个因素可以证明移民说的可能性。第一,1131年的局势极度动荡不安,在接下来的几年之中非常可能出现宗室移民潮。第二,如第七章所述,1139年出台了一个计划,要把尚未定居的宗室成员送往宗室中心。① 第三,后来的赵氏族谱表明,宗室家族的迁移在整个南宋都极为普遍。经济史家普遍认为,12世纪是泉州非常繁荣的时期,②因此它极有可能将住在外地的宗室吸引过来。

表9.1中另一个突出的现象是在院外居住的宗室比例的增加。这些宗室宅院,同南外宗正司衙门一起坐落在泉州城的西部。宗室刚刚在泉州落户就修建了睦宗院(敦睦宗族的宅院,有别于临安的睦亲宅,敦睦亲族的宅院)。到嘉泰年间(1201—1204),睦宗院住宅不够,在知州倪思(1166年进士)的请求下,又在城西老宅的旁边修建了新的宅院。③

令人遗憾的是,我们对这些大型的宗室宅院以及其中的生活知之甚少,因为大部分南宋墓志铭都属于在院外居住的宗室。然而,一部晚出的赵氏宗谱却保留了南外宗正司发放钱米的记录(见表9.2),这就为我们的研究多少提供了一些希望。记录不包括宗室官员,因为他们是根据官阶和职位领取俸禄的。二十虚岁

---

① 奏章见 SHY:TH,6之12b—13a。
② 见 Clark, *Commnity, Trade, and Newworks: Southern Fujian Province from the Third to the Thirteenth Century*,第六章。
③ NWTYCSTP,694—695页。有趣的是,倪思曾经是赵汝愚的大对头。

以上的宗女还可以得到一笔嫁妆钱，居于院中的为一百贯，居于院外的只能得到三分之一。①

表 9.2 泉州南外宗正司宗室补助钱米

居处和级别	每月钱（贯）	每月米（石）
宗姓	居于院内	
大：	13.0	1.0
中：20 岁及以上	9.1	0.7
小：10 岁及以上	4.7	0.4
未：5 岁及以上	1.0	0.4
	居于院外	
大：10 岁及以上	2.0	1.0
小：5 岁及以上	1.0	0.5

资料来源：NWTYCSTP，694—695 页；源自《北溪赵氏族谱》引泉州志。

这些没有确切日期的补助钱米，非常慷慨。前文曾经提到，1095 年规定给宗室遗孤的补助是每月每人两贯钱、一石米，与上表中院外宗室的补助额相等。我们不清楚为什么院内宗室——他们已经得到了免费住房——的补助额会多那么多。也许是因为政府鼓励宗室在宗室中心定居的政策，但如果是这样，这项政策可以说是不同寻常的失败：13 世纪前期越来越多的宗室居于院外。不管原因怎样，结论总不外乎如此：维持宗室成员的生活需要一大笔钱（我们将在讨论宗室对泉州的经济影响时回到这个问题）。

陈增之妻赵汝借（BCBPAMGA，1199—1249）的娘家和婆家

---

① NWTYCSTP，694—695 页，这组材料选自《北溪赵氏族谱》，关于补助发放的部分自注其来源为泉州地志。

都参与了宗室宅院的管理,因此她的墓志铭当中保留了一些非常有趣的材料。① 汝借的曾祖父、抗金英雄(见第六章)赵士珸(BCBPAM,1108—1153)是早期的知泉州南外宗正事。② 士珸出身于太祖一系的濮王支脉,是英宗兄弟的后裔,地位显赫,是高宗的有服宗亲,因此有权力在临安居住。但是,从1973年出土的士珸之妻蔡氏(BCBPAM-妻;1134—1161)墓志铭看,他们却在泉州安了家。③ 多年以后,士珸的儿子赵不廌(BCBPAME,1151年生)又做过知南外宗正事。汝借的祖父和父亲赵善兰都没有再担任过这样重要的职位,但是,她丈夫的祖父陈俊卿(1113—1186)在职位通显、官至宰相之前,却做过睦宗院学校的教授,1250年,汝借的丈夫又做过睦宗院的监督。④ 这桩婚姻所联结的是福建最显赫的一个家族(陈氏出自邻近的兴化军蒲田县)与泉州宗室中的领导家族,把它们联结在一起的应当是共同的宗室管理经历。⑤

看起来宗室宅院注定是面目模糊的,但是,通过授官和科举的记录,我们却可以对泉州宗室的公共形象有许多了解。在南宋,仅福建南部的泉州和漳州,就曾经出现12名宗室知州,51名

---

① 赵汝借的墓志铭,见 HTHSTCC,卷154,4b—5b。
② 士珸的传,见 SS,卷247,8752—8753页。
③ NWTYCSTP,578页。这次发掘值得一提的是出土了一方购买土地作为坟地的市地券。买价是吉利的99 999贯,这个数字当然不能从字面上理解,但是,描述、证明土地四至的地理因素却非常可信。
④ 关于陈俊卿,见昌彼得编《宋人传记资料索引》,2601—2602页;陈增,见 HTHSTCC,卷165之12,以及昌彼得,2510—2511页。
⑤ 这两个家族都与另一个聂氏家族有婚姻关系。刘克庄(HTHSTCC,卷154,4b—5b)指出陈俊卿时陈聂两家就已经联姻,陈俊卿的夫人还有他儿子陈宿(陈增之父)的夫人都姓聂。而赵汝借的母亲也姓聂。

宗室知县,10 名知市舶司。① 此类任命是如此常见,以至于宗室知州、知县似乎都已司空见惯。

至于科举,南宋福建共有 329 名宗室进士及第;在 4 525 名南宋的福建籍进士中约占 7.3％。这个比例同宗室聚居的州的情况相比,又不免相形见绌。如表 9.3 所示,福州共出了 210 名宗室进士,而在南部的泉州和漳州(泉州宗室家族外流人口的居住地),大约五分之一的进士出身宗室。

表 9.3 南宋福建的宗室进士

州	宗室进士	南宋进士总数	宗室进士所占比例
建宁府	6	509	1.2％
福州	210	2 249	9.3
兴化军	20	558	3.6
泉州	122	582	21.0
漳州	33	185	17.8

资料来源:宗室进士数,源于 NWTYCSTP,647—677 页;各州进士总数,见 Chaffee,*Thorny Gates of Learning*,197 页。福建的另外三州——南剑州、邵武军和汀州没有宗室进士。

福州宗室的记录令人惊讶。那么,西外宗室的科举成绩为什么这么好呢? 由于资料的缺乏,我们只能推测。其实,考虑到福州整体在科举上的巨大成功,210 名宗室进士也许还算不上突出,尤其是同泉州相比。表 9.4 按年代仔细排比了泉州宗室进士的情况。

---

① NWTYCSTP,637—646 页。名单中实际上列出了 13 名宗室知州,漳州 7 名,泉州 6 名。但是,泉州的 6 名中包括赵必愿(BAAKFBDAAAA;1214 年进士,1249 年卒),说他于淳熙(1174—1189)年间任知州。但是,NWTYCSTP 承认只有清代的方志才列举了必愿,而《宋史》必愿传——第八章叙述必愿的履历时曾经引用——并未提到他的泉州任职的经历,因此可以断定,清代的资料有误。必愿晚年曾经做过福州知州,官声卓著,这可能是引起讹误的原因。

表9.4 南宋泉州的宗室进士

时间	宗室进士	进士总数	宗室所占比例%	每榜宗室进士%	每榜泉州进士%
1127—1162	3	89	3.0	0.3	8.1
1163—1189	10	96	10.0	1.0	10.7
1190—1224	43	204	21.0	3.3	17.0
1225—1247	54	139	39.0	6.1	17.4
1248—1279	12	54	22.0	1.1	6.0
总计	122	582	21.0	2.5	11.9

资料来源：进士总数，见《八闽通志》(1490)，卷46ff。宗室进士，见《泉州府志》(1736—1795编)，转引自杨镜江《泉州南外宗司进士史事考》，载《泉州赵宋南外宗研究》，第1辑(1991)，9—29页。NWTYCSTP647—677页也有按年份和县份排列的福建宗室，其中泉州宗室共计110，而不是122。按照这个数字，比例会稍有降低，但这点差异不至从整体上改变我的发现。

通过这个表，两个变动跃然纸上。第一，是1225—1247年间宗室进士的大幅增长，平均每榜6人及第，占全州进士总数的将近40%。同福建的其他州一样，泉州宗室花了半个多世纪才取得这样的成绩，并在此后的科举中继续不断地取得成功。① 第七章指出，宗室在科举中极少与其他举人直接竞争。但是不管怎么说，进士科名所带来的特权和其中所蕴含的权力必然促进了宗室在本州生活中的影响力。

第二，南宋初期，泉州的宗室与非宗室进士的数量都出现了大幅增长，而南宋末年二者都出现了小幅下滑。虽然存在种种差异，这两个集团在科举考试中的命运却是相同的。原因还有待研究，但是，这两次变化发生的时间却令人联系到泉州经济的影响。经济史家普遍认为，12世纪是泉州经济前所未有的繁荣期，而13

---

① 宗室进士的最早出现时间，漳州是1168年，建宁府是1171年，福州是1190年，兴化军是1196年(NWTYCSTP，647—677页)。

世纪则是泉州经济的衰退期。科举成功需要教育投入,教育投入需要几十年才会见成效,因此削减教育投入的后果也需要几十年才能看清,进士人数的变化必然会有滞后,而这正是我们从表中所看到的事实。泉州经济,特别是它的海外贸易也是如此。下文将转向宗室在泉州经济中的作用。

海外贸易和宗室

宋代中国的一个显著特征是它对亚洲沿海所投注的兴趣和关注。汉、北朝和唐曾经享有的通往中亚的现成道路被切断之后,宋代转向大海,开辟出一条西到印度洋的广阔的贸易体系。① 泉州在这个贸易体系的中心,1087 年设置市舶司,南宋初年取代广州(广东)成为中国最重要的海上贸易港。泉州的进出口商品名目繁多,举不胜举。通过泉州,香料、香、棉花、蜂蜡、犀角、象牙、珍珠、银、金、玳瑁、硫黄等宋朝上层越来越离不开的奢侈品源源输入中国;通过泉州,中国的丝绸、瓷器、漆、酒、大米、糖和铜钱等商品不断流出。②

休·克拉克(Hugh Clark)认为泉州的商业财富是选择它作为南外宗司中心的主要原因。③ 我们找不到相关的材料,但这一论断听起来十分合理,因为宗室是一个消耗巨大的负担。南外宗正司及其附属宅院与市舶司是泉州的两大机构,二者关系复杂。

---

① 相关研究成果极多。关于中国的转向海上,见 Lo Jung-pang 的经典论文"The Emergence of China as a Seapower"。关于中国在更广阔的海上贸易体系中的作用,见 Abu-Lughod, *Before European Hegemony*。
② Yoshinobu Shiba, *Sung Foreign Trade*,107—108 页。
③ Clark, *Community*, *Trade*, *and Network*, 140 页。

至少有五点值得注意：宗室对市舶司财赋的消耗，直接参与海外贸易的宗室（或者说宗室成员），宗室掌管市舶司的情况，与贸易有关的宗教活动以及宗室的参与，宗室在贸易中的消费者角色。

大约在1231年，真德秀第二次出任泉州知州期间，上长篇奏章，讨论维持南外宗室所需的支费问题。下文将以这篇奏章为基础，讨论宗室耗费财力的问题。① 不断增长的宗室支费，越来越沉重地压迫着州政府。奏章具体介绍，按照最初的安排，州和路一家一半提供宗室支费，随着时间的推移，路想方设法取消了这项义务，而州则不得不承担大部分负担。泉州每年要支付俸钱90 600贯（总数为145 000余贯，市舶司提供剩下的54 400贯）；全部米钱60 600贯（20 200石米，每石3贯）中的53 100贯，剩下的7 500贯由兴化军负担；以及宗子的教育费15 600贯。②

真德秀列举了泉州在过去几十年中所遭遇的社会问题和经济困难。由于充足的税源和繁荣的海外贸易，直到庆元（1195—1201）年间，维持宗室开支都还不成问题。但是，由于豪强大地主的侵占，税源减少，再加上贸易的衰退，这项支费变得越来越沉重，泉州政府无计可施，只得寅吃卯粮，预征一两年的赋税，惹得百姓怨声载道。③

有意思的是，真德秀的解决方案不是要削减宗室补助，而是要重新分摊宗室支费，增加转运司和市舶司承担的份额。④ 用他自己的话来说，宗室支费本身不是问题，问题是如何分担。李东

---

① 真德秀《西山先生真文忠公全集》，卷15，10b—16a。关于此文的详细介绍和几段更完整的引文，见Clark, *Community, Trade, and Network*，174—176页。
② 真德秀《全集》，卷15，12b—13a。
③ 同上书，13a—14a。
④ 真德秀《全集》，15a—b。

华、休·克拉克等现代历史学家认为,真德秀奏章中所反映出来的历史教训是,宗室无休止的需求增长是13世纪泉州经济衰退的主要原因。① 苏基朗(Kee-long So)非常有说服力地批驳了这种看法。他在论述泉州经济衰退的文章中指出,泉州宗室人数以及消费水平最大的增长发生在12世纪,而这时候泉州还有能力承受它的财政负担。苏基朗认为,衰退的真正原因是,铜的大量外流造成了铜钱匮乏,而从12世纪中期起,政府开始在东南地区使用纸币。②

苏基朗对宗室支费与泉州衰退时间关系的论述极具说服力。宗室是泉州州政府和市舶司的巨额负担,这一点也不可低估。但是,苏基朗说"【随着宗室人数的增长】,这项开支也相应地增长了",③则未免有些高估。在南宋的头一百年中,宗室成员的人均补助额其实是降低了。1131年,339名泉州宗室得到了60 000贯俸钱,平均每人177贯。④ 相比之下1231年的全部145 000贯俸钱平均到人只有63贯。宗室对地方当局的需索并未增长,显然,宗室待遇是在严格限制之下的。

至于宗室直接参与海外贸易的情况,现存史料稀少但却富有启发性。最直接的证据第七章已经谈到,两名高级宗司官员赵士衎和赵士𠏉不仅参与了贸易,而且还利用权势非法巧取豪夺商人的海舟。禁止南外和西外宗正司官员参与海外贸易的条令显然

---

① 李东华《泉州》,186—187页;Clark,*Community, Trade, and Network*,174—175页。两个作者都不认为宗室是泉州衰退的唯一原因,Clark还提到了腐败和海盗的影响。
② So,*Financial Crisis and Local Economy*。
③ 同上书,123页。
④ 60 000贯见于CYTC甲集卷1,25—26页;以及WHTK,卷259,2057页。

只适用于宗司官员。① 泉州居住着数量众多的宗室,因此肯定有不少人至少作为投资者私自参与了贸易。当然,这一点尚有待证明。

1174年,有报告指出,南外宗司官员虽然领有官俸,但却私自造酒、在宗室成员中销售。这类行为从此遭到禁止。这件事虽然与海外贸易无关,但却揭示了宗室官员存在生产经营行为,②因此引人联想。

宗室参与海上贸易的最有力的证据是1973年在泉州城外十公里的后渚出土的一艘巨型远洋船(船随后被运往开元寺,建立了专门的博物馆;见图片2)。船身长78英尺,宽29.25英尺(24条横梁,每条长23.8米),吃水很深,有12个舱壁,显然专为海上航行而建造。船的相关年代可以精确到1277年。船上所载是典型的宋代进出口货物:5 060磅(2 295公斤)来自东南亚的香木、胡椒、槟榔、玛瑙、玳瑁、朱砂和索马里龙涎香。③

作为近年来重大的宋代考古发现之一,"大船"引起了学者与公众的浓厚兴趣。1989年,福建历史学家傅宗文发表论文,断定大船属于南外宗正司,大船的完整历史意义这才显露出来。96件舶来品中,19件标有"南家",1件标有"南家记号"。此外,还有其他宗室宅院的记号,比如安郡王的"安郡"字样,以及宗司官员和宗室家族的记号。④ 显然,这艘船属于宗室。它从东南亚运回的奢侈品有力地证明,南宋晚期的宗室直接参与了海外贸易。宗司官员参与贸易的原因,肯定与贪婪脱不了干系。但是,从1130

---

① SHY;CK,20之30b。
② 《宋会要辑稿补编》,8页。
③ Green,"The Song Dynasty Shipwreck at Quanzhou";杰勤米、格林《泉州宋代古船》。
④ 傅宗文:《泉州古船》。

图片2　泉州的宋代大船。这艘船大概属于南外宗正司，1279年，它在从南海返航途中沉没。出土于泉州附近的后渚，现保存在泉州开元寺博物馆(李玉昆摄)。

年代到1230年代，宗室成员的人均补助额大大下降，而泉州政府又面临财政困难，难以承担支付宗室补助的义务，因此南外宗司官员利用贸易利润来养活宗室成员，也是顺理成章的事。

宗室影响海外贸易的第三个领域在市舶司机构。宗室常常担任市舶司长官，87名南宋提举市舶中有9—10名（10%—11%）是宗室。[①] 宗室官员因而获得了直接干预海外贸易的机

---

① 李玉昆《泉州海外交通史略》，87页。这10个人及其任职时间如下：汝荻，约1190—1194；汝说(BCBFAFAAB)和亮夫(BAAKFBDAAE)，约1205—1207；不息(BCBBDED)，1213；崇度(BAAKFBDAAE)，约1217—1219；汝括(BCBPAAACD)，1224—1225；彦侯(CDCKGACA)，约1228—1233；希谋和师耕(AABDEFBFB)，1247；孟全，1262年。这是李玉昆所列的名单，他没有给出资料来源(世系标号是我做的)。我对汝说的任期表示怀疑，因为他所有的传记资料(SS，卷413，12397页；潜说友《咸淳临安志》卷67，18b—19b)都没有提到这一点。《宋史》传确实提到他早年"历泉州市舶务"，但那肯定不是做市舶使。

会,有几个人还因此出了名,当然也有臭名。1213年赵不息(BCBBDED,生卒年不详)受到经常勒索外国商船、涂改记录的弹劾,遭到罢免、降官、永远不得任监司郡守差遣的处分。①

相形之下,1228—1233年间兼任市舶使和知南外宗正事的赵彦侯(CDCKGACA,生卒年不详)却一扫贪婪腐败的风气,还充实了市舶司的金库,受到普遍好评。② 前任宰相赵汝愚的第五个儿子赵崇度(BAAKFBDAAE,1175—1230)在泉州市舶司的经历颇具传奇色彩。崇度担任提举福建市舶的时间大约是1217—1219年。他一到任就碰上一项积弊。商人们冒死渡海远道而来贸易,到了泉州之后,却被自州官以下的各级官吏却以"和买"的名义夺走珍珠、象牙、犀角、翠羽和香木等大半商品。此举大大挫伤了商人的积极性,到达泉州的船只锐减。在新任知州真德秀(也是崇度墓志铭的作者)的协助下,崇度取消了"和买",结果在接下来的三年之间到达泉州的商船增长了三倍。③

还有一位促进商业发展的宗室官员,就是赵令衿(AADBHF,1158年卒),第六章曾经提到他对秦桧的猛烈抨击。令衿的职位不是市舶司长官,而是泉州知州。1151—1153任职期间,他主持修建了安平桥。这座长桥将港口区和主要市场联成一体,对于城市商业的繁荣至关重要。长桥竣工之后,感激的泉州百姓为他修建了生祠。④

---

① SHY:CK,75之2a—b。Hugh Clark(*Community, Trade, and Network*,173页)指出28年(1186—1214)中有五任市舶使因腐败而罢官,不息是其中唯一的宗室。
② HTHSTCC,卷169,12a。
③ CWCKCC,卷43,33a—b。根据李玉昆(《泉州海外交通史略》,87页)的说法,到港船只数量第一年是18艘,第二年是24艘,第三年就到了36艘。但他没有注明材料出处。
④ 令衿还允许泉州的穆斯林在州学前面修建清真寺,因此惹恼了当地士人。士人的控告是秦桧后来囚禁令衿的理由之一。此事见李玉昆《泉州海外交通史略》,87—88页;《宋史》令衿传未载。

第九章 成熟与溃烂

从某种意义上说,赵汝括(BCBPAAACD,1170—1231)对海上贸易的影响最为深远。1224—1225年,汝括首先担任市舶司长官,而后又兼任泉州知州和知南外宗正事,一人而兼此三职,汝括是唯一的一例。① 然而,使他留名史册的却不是官职而是著述,具体地说就是他的《诸蕃志》。汝括的父亲善待(BCBPAAAC,1138—1188)是一名成功的地方官,还是儿子们严格的老师。他引导儿子们博览群书,几个儿子后来都成为出色的学者。② 汝括早年的教育为《诸蕃志》的写作奠定了良好基础。《诸蕃志》记录了13世纪中国人所了解的亚洲、非洲,甚至地中海地区的海洋世界,其史料价值无与伦比。汝括在写作中使用了商人的口头叙述和市舶司的书面记录,先记国家和文化,再记输入中国的商品种类。这部书开拓了中国文人对远域殊俗的了解,是研究海洋商业史的无价文本。③

从事海上贸易的人群成分复杂,宗教在他们的生活中发挥着相当重要的作用。这一点已经由宋代泉州的考古发现充分证实,这里有伊斯兰教的清真寺、印度教堂,还有数不胜数的佛寺和道观。休·克拉克(Hugh Clark)所叙述的宗族神祇转变为海上旅人的保护神的过程,可为宗教作用之杰出典范。我发现了两个例子,可以证明宗室也参与了这种宗教文化。一是1165年,在明州港北边。当时,一场严重的灾荒袭击了这一地区,明州知州赵伯圭(ABBACEAA,1125—1202)正忙于赈灾。他得知有一名外国商人死在城外,便为死者安排了体面而恰当的葬礼。第二年,商人的乡人慷慨地酬谢了伯圭,并赞美"中国仁政"。商人的家人修

---

① 傅金星:《赵汝括》。
② HCC,卷17,284页。
③ 英文译本有 Friedrich Hirth 与 W. W. Rockhill,*Chao Ju-kua*。

建了三座佛寺,供奉伯圭的画像,供人祈祷。"岛夷"知道这个故事后,都深受感动。① 楼钥在 13 世纪初写道,在楼钥的时代,伯圭仍然受到外国商人的广泛尊崇。② 当然,伯圭也不是普通宗室,而是孝宗皇帝的亲哥哥。商人的家庭不惜花费巨资来表达对他慷慨行为的感谢,他成为外国民众顶礼膜拜的偶像,无疑都与这一事实有关。但是,他的弟弟只是被无嗣的高宗收养才成了皇帝的,伯圭本人毕竟只是一名宗室而非宗王,因此对于宗室和公众来说,伯圭的事迹应当有助于在宗室与海上贸易的宗教支持之间建立联系。

不管伯圭举动的影响如何,到 12 世纪晚期,泉州宗室已经同频繁的半官方的海神祭祀活动紧密联系在一起。李玉昆的研究表明,市舶司主持的一整天的祭祀活动有 11 次在泉州东郊南安县的九日山山顶举行,山上的石刻记录了参加者的姓名,每一次都有南外宗司的代表。③ 图片 3 是其中两帧石刻的照片。没有一帧石刻谈到宗室和南外宗司公开参与这些仪式的动机,但是,他们的参与本身就表明宗室与海上贸易之间众所周知的密切关系。

---

① KKC,卷 86,1172 页。
② 根据《攻媿集》卷 86《皇伯祖太师崇宪靖王行状》,对这个故事还需要作一些补充更正。这位外国商人死后,明州小吏建议没收他的巨万资财,伯圭拒绝,"为具棺敛,属其徒护丧以归"。商人的国家本来有死后没收资产的风俗,因此特别感叹"中国仁政",并取消了没收资产的旧俗。商人的家人用伯圭送还的巨万资财修筑了三座佛寺。——译注
③ 李玉昆《泉州海外交通史略》,89 页。他列举了 11 名参加过祭祀活动的宗室名单,但没有标明出处。NWTYCSTP(716 页)提供了一些九日山石刻的照片,只有 1188 年四月和十月两次祭祀的名录,中间有三名宗室官员,赵公迥在前一次祭祀时任知南外宗正事;赵不逖在后一次祭祀中出现,职位同公迥;还有赵善伸,官阶职位不详。

图片3 九日山石刻。位于泉州西部的九日山,记载了1201年祭祀海神的活动。活动由市舶司主持,宗室积极参与了这些仪式,这通石刻中提到了三名宗室的名字(Angela Schottenhammer 摄)。

宗室影响海外贸易的第五种,也是最后一种方式是作为这种商业活动的消费者,这种方式最富于投机性,但也许是最为重要的。宗室成员有俸禄(有官人)有补助,买得起奢侈品,有的人甚至有能力大宗消费,而奢侈品构成海外贸易的主流。我们不知道那艘"大船"中的货物有多少是为宗室而非开放的市场而准备的,但是可以想象宗室当局必定有能力保有那些上等之选。

1980年代初期,福州出土了一座13世纪的宗妇墓,这座墓从未遭到破坏,因此保留了宗室作为消费者的生动例证。① 黄昇(1227—1243)和她的丈夫赵与骏(AADEBCGBAXX,1223年生)都出身于显赫的家族。黄昇的父亲黄朴和赵与骏的祖父赵师恕都是朱熹高弟黄幹的学生(1152—1221),两家因此结亲。这两个家族都出自福州,但却都与泉州有着重要关系。黄朴于1234—1236年做过提举市舶司,赵师恕(黄昇墓志的作者)于1241年前后做过知南外宗正事。墓中出土了大约201件女性服饰,153件织物,大都图案精美,织工上乘。这些高品质的丝织品正是供出口用的。②

这不是说所有宗室成员都像黄昇。黄昇和她的丈夫都处在宗室等级的上层,因此很难作为典型加以讨论。但是,我想指出,突然有几百名完全由政府养活的宗室在泉州落户,过着以普通人的标准衡量绝对奢侈的生活,必然对当地经济,特别是海外贸易构成了强有力的推动。在东亚的历史上,像临安这样,先成为首都,而后靠着不断涌入的赋税和来此定居的富人赢得繁荣发展的城市,通常是依靠赋税维持发展。泉州虽然从未成为首都,但是,南外宗正司的建立,虽然对州政府构成负担,但在差不多整个12世纪,也为泉州带来了每年至少30 000贯的资金注入,③还有宗室成员及其仆从的消费精英。

如果说宗室曾经为泉州最繁盛的时期作过自己的贡献,那

---

① 福建省博物馆编:《福州南宋黄昇墓》(1982)。黄昇的墓志铭、有关她本人和她丈夫,以及双方家族的论述,在82—83页。
② 同上书,81—82页。傅金星(《略谈南外宗对泉州的影响》,43页)指出有一匹丝绸上还标有"宗正纺染金丝官记"。又见 Angela Yu-yun Sheng, *Textile Use, Technology, and Change in Rural Textile Production in Song China*,109—112页。
③ 这个数字是1131年所确定的60 000贯补助的一半。真德秀指出,这笔钱在南宋初期是由路提供。这个数字没有包括宗室官员的薪俸;毫无疑问,部分薪俸也会流回泉州。

么,他们也助成了泉州在13世纪的衰退。上文曾经谈到,这并不是因为宗室成员剥削太过,而是因为路中断了对宗室的供给,由此切断了泉州以外资金的来源,而供给水平的降低又使得宗室的消费水平变得越来越低。再来看一看表9.4,就会发现,虽然导致宋代某一地区科举成功的因素很多,但经济因素无疑是至关重要的。就这样,泉州宗室成员的命运通过多种方式与他们定居于其中的城市的命运缠绞在一起,无法分开。

南宋末年的政治与战争

宋代历史的最后一章又上演了即位危机、宰相专权和战争。王朝日薄西山,宗室的作用微乎其微。当王朝遭到蒙古的侵略,走向覆亡之际,宗室以不同的方式卷入了历史的巨流。他们的特权地位已经丧失,生活方式宣告结束。许多人成了无助的牺牲品,有人做了忠臣义士,也有人投入新朝,但更多的人只是幸存下来,变成了普通人。

同大多数的南宋皇帝一样,理宗到统治后期发现自己也没有直系继承人,他仅有的儿子都夭折在襁褓中了。[①] 于是,理宗转向了自己的侄儿,弟弟赵与芮(AABDEAEABBA)的长子。理宗后来给这个孩子取名赵禥,于1253年正式收养他为皇子,1260年立为太子。[②] 赵禥(1240—1274)是合情合理的人选。他在理宗的亲自监督下,受到了严格的经学和史学教育,皇帝显然非常

[①] SS,卷42,817页和820页,在1239年记载了两位皇子的死。CSTP,卷1,69a,载理宗生过四个儿子,其中之一在夭折前还被封为"皇子"。但是,我在SS和其他任何宋代史料中都没有发现有关这些儿子的证据。

[②] SS,卷46,891—892页。

满意。但是历史学家却诟病这一选择,原因部分是赵禥有先天性缺陷,终生都在服药。他35岁就早早驾崩,可能也与此有关。但更重要的原因则是赵禥作了皇帝——度宗(在位期间,1264—1274)之后,表现得被动而缺乏主见,只喜欢在后宫寻欢作乐。①《宋史》的作者对他盖棺定论说:

> 宋朝到了理宗,边疆日益受到侵扰,贾似道把持着国家的命脉。度宗继承大统,虽然没有大的失德,但是拱手把政权让权奸把持,使国家一天比一天衰败。按照当时的事势,没有雄才睿略的君主,又怎么可能振起这日渐堕落的余绪!②

《宋史》中的奸贼贾似道(1213—1275),1259年升为宰相,1275年初罢相,不久去世。从1259到1275年,他是南宋政府中不折不扣的当权者。③ 同韩侂胄一样,贾似道也是士大夫世界中的暴发户,靠着裙带关系才爬上来,他的姐姐生下了皇帝的独生爱女,是理宗最宠爱的妃子,直到1247年去世为止。他没有进士头衔或是其他能够在文官中赢得尊敬的学术证明。凭借恩荫入仕,获得低级官阶之后,贾似道靠着裙带关系,很快爬到一个比一个重要的路级职位。在当上高官之前,他的名声却主要来自在游船和临安西湖的别墅里举行的奢华宴会。④

贾似道做了16年的宰相,善于巩固和玩弄权术,尽管他错误

---

① Davis, *Wind Against the Mountain*, 28—29页。Davis征引"可靠史料"指出,赵禥的先天缺陷是因为他母亲曾经堕胎未果。
② SS, 卷46, 918—919页。
③ 贾似道的传记。
④ 见SS, 卷474, 13780页。Davis(*Wind Against the Mountain*, 42—46页)征引了许多当时记下来的轶事,详细描述了贾似道的生活方式。

不少,但却深得两位皇帝的信任和倚重,许多传统历史学家因而把他描绘成迷人的妖魔。他打击官方的投机行为,重建了公众意见箱——匦,允许老百姓投诉冤屈。最为引人注目的是,1263年,他实行公田法,清查没收了地主阶层的大量所谓多余土地。此举非常大胆,或者说鲁莽,是近两百年来的第一大改革,也取得了一定成效,但侵犯了包括士大夫阶层在内的集团的利益,引起士大夫阶层的严重敌意,进一步分裂了已经不堪一击的王朝。①

当贾似道在推行他的内政措施,清洗异己的时候,宋朝抗击蒙古的战争也变成了一场垂死挣扎。1234年,金朝灭亡之后,宋蒙关系随着蒙古领导集团内部政治形势的变化而摇摆。1258年,蒙哥大汗率领蒙古军队大举入侵,占领了四川大部,战争在蒙哥汗死后停止。在接下来的十年中,蒙哥的弟弟和继承人忽必烈除掉了一位堂兄弟,巩固了自己的政治地位,宋朝因此获得了一段相对安定的喘息时间。但是同时忽必烈还在长江及其支流等水道上创建强大的海军,准备挑战宋朝。②

1268年,忽必烈对襄阳开战。襄阳在汉水上,扼守着通向长江盆地的西北门户,宋蒙双方都把襄阳视为生死攸关的战略目标,对襄阳的攻守投入了无数资源,苦战五年。1273年,由于穆斯林制造的大炮的攻击,蒙古最终取胜。襄阳的陷落将已经衰弱、萎缩的南宋帝国暴露在侵略之下,人们普遍归咎于从1269年起担任都督的贾似道。③

---

① Davis,*Wind Against the Mountain*,46—48页;SS,卷474,13782—13783页。
② Rossabi,*Khubilai Khan*,44—50,77—78页。
③ 同上书,82—87页。关于襄阳围城战的比较研究,见 Davis,*Wind Against the Mountain*,49—58页。关于这次围城在军事方面的深度分析,见 Franke,"Siege and Defense of Towns in Medieval China"。

打下襄阳之后,蒙古分两个阶段征服宋朝。1273—1275年,蒙古军队在伯颜将军的领导下在从长江三角洲到湖南的广阔战线上突入宋朝,所向披靡。用一位历史学家的话来说,伯颜"也许是他同辈中最有才华、最成功的军人。"① 到1275年底,三角洲地区陷落,宋朝军队决心死守的常州遭到破坏,临安的局势已毫无指望。恭帝(1271—1323;在位期间,1274—1276)年纪尚幼,此事的宋朝朝廷控制在理宗的寡妻谢太后(1210—1283)和度宗的寡妻全太后(1241—1309)手里。就在前一年,度宗出人意料地驾崩了,1275年的夏天,贾似道被罢官、流放(而后处死)。1276年一二月之交,朝廷放弃抵抗,向蒙古人投降。但是,在此之前,皇帝的两个兄弟赵昰(约1268—1278)和赵昺(1272—1279)却在忠臣张世傑(1279年卒)的陪伴下偷偷地离开了首都。同1126年开封朝廷一样,临安朝廷也被送往北方,在蒙古人的监视和保护下度过余生。②

两个王子的出逃意味着征服还远未完成。王子的随从本来计划在温州重建朝廷,大约150年前,高宗的行朝曾经在温州躲避金兵。但是,他们最终决定继续向南到达相对更安全的福州。夏历五月初一(6月14日),赵昰即位为帝,史称端宗(在位期间,1276—1278)。这是一场没有前线的战争,许多地方都在战火之中。争夺战在江西的大部、福建、广东,甚至远在西部的四川展开,许多城池都多次易手。1276年末,灾难降临在宗室头上,一位投降了元朝的宋官屠杀了大约3 000名宗室。当然,这一事件对于战争的后果影响微小。

---

① Rossabi, *Khubilai Khan*, 87页。
② 同上书, 87—90页; Jay, *A Change in Dynasties*, 36—40页。

第九章 成熟与溃烂

从 1276 到 1279 年,行朝沿着海岸线越走越远,从福州到漳州(福建),再到广东的惠州,到秀山岛(西江流域),最后沿着广东海岸向西到达厓山(见图片 4)。1279 年初,就在宋朝朝廷在那里安顿下来,在从前落后的农村开辟出一个小城八个月之后,宋、元联军到来了。1279 年夏历二月六日(3 月 19 日),大约 2 000 艘船、300 000 人投入了一场大战,到傍晚时分,100 000 人丧生,其中包括皇太后和一年前接替他哥哥即位的小皇帝帝昺(在位期间 1278—1279)。宋王朝消亡了。

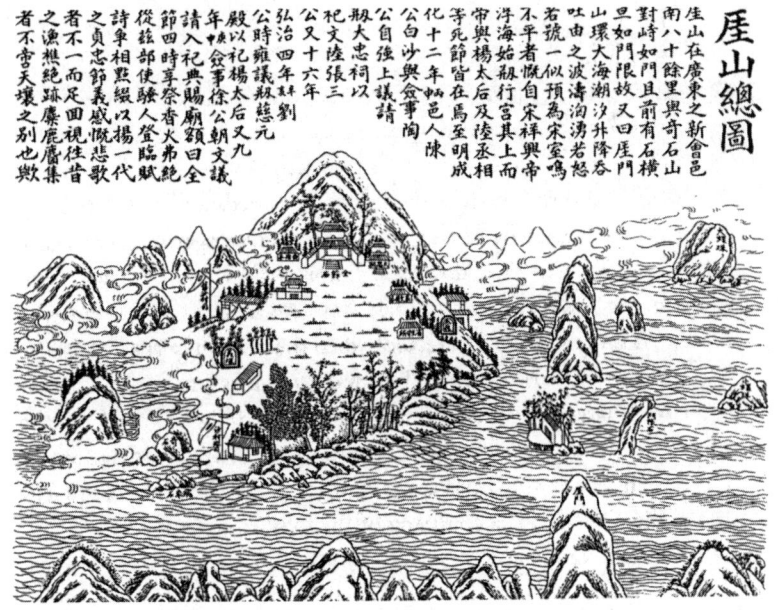

图片 4　厓山和后代所修宋祠庙,木版印刷。图中表现了宋代厓山的情况,以及为后代为宋朝皇帝所修祠庙。祠庙坐落在宋末 1278—1279 年所开辟的临时行朝之旁。前景的水道是宋蒙海战的主要战场。选自赵锡年:《赵氏族谱》(1901)。

宗室与忠义事业

在上面所描述的大多数事件中,关于宗室,特别值得关注似乎主要是他们的默默无闻,至少同他们在理宗初期的显赫相比是如此。这一切到王朝的最后关头发生了改变。王朝的统治变得越来越不安全,忠心耿耿的人开始减少,朝廷越来越像是赵家的朝廷。在这种背景之下,宗室的作用自然凸显出来,他们的行为和忠心几乎毋庸置疑。

在王朝末路留下记录的宗室可以分为两大类。一类之所以名载史册,是因为他们与宋朝的忠义事业有着这样、那样的关系,或成为烈士,或飘然归隐,还有几个变节投降。我们主要是从忠义传中知道他们的名字和事迹。另一类在改朝换代中生存下来,成了明清赵氏宗族的祖先。他们的经历有的曲折跌宕,有的平淡无奇。关于这一类宗室,我们的资料来自宗族谱牒。

宋朝的忠义活动是蒙古征服过程中最富于戏剧性的一面。11世纪的历史学家修订了忠诚的含义,把它从官员对特定统治者个人的道德义务转变为对整个王朝的道德责任,程颐和朱熹更强调了这一点。1270年代和1280年代的宋代忠义行为不仅包括战争中的军事抵抗,以及随后分散的暴动;对于个人来说,它主要体现为自杀、战死,还有王朝灭亡之后宋朝官员的隐居不仕。当然,忠义远非普遍行为,许多人改旗易帜,做了元朝的官员。但是,它却吸引了历史学家的注意,因为这是一种新的现象。此前的改朝换代从未激起这样的忠义之举。宋末的忠义还将成为影响深刻的先驱,17世纪明朝遗民正是以他们为榜

第九章 成熟与溃烂

样的。①

我们无法估计有多少宗室曾经活跃在抵抗蒙古侵略的斗争中,但是有迹象表明他们得到了朝廷的特别关注。1274年,朝廷讨论,要将宗室集中到内郡,安排重要职位,结果至少出现了一项重要的任命。② 同年的另一则资料则表明朝廷的政策是要在整个南方征集军队,"在每一个路,都有许多宗室伸出援手"。③

不管忠义宗室的人数有多少,史书却把他们描述成英雄。赵孟锦(AADEAAAAEAAB,1276年卒)在保卫长江港口真州的战斗中战死。孟锦在大雾的掩护下冒险袭击元军重舰,大雾突然散去,元军轻易地瞄准了孟锦。④ 临安陷落之后,赵孟坚(ABBCCBAAABBC,1259年进士)先是护送王子,后来受命守卫明州,被俘后不屈而死。⑤

还有两个更为详细的战死沙场的故事。1274年临安诸司审计院官员赵良淳(BAAKFBDAAEAA)被任命为安吉州(湖州,两浙)知州。安吉州是长江三角洲的重要州军。这个任命对于赵良淳来说属于超擢,是上文提到的将宗室集中于内郡政策的结果。良淳很快就证明了自己的价值。他到任的时候,安吉州正受到灾

---

① 关于宋朝忠义,已有大量研究。英文著述,特别值得关注的是 Frederick W. Mote 的论文 Confucian Eremitism in the Yuan Period;以及 Wang Gungwu 的 Feng Tao: An Essay on Confucian Loyalty。近期的两部相关著作 Richard Davis 的 Wind Against the Mountain 和 Jennifer Jay 的 Change in Dynasties,本章已经引用。
② SS,卷451,13266页。这一议题表达了将宗室作为可靠资源的意思,但令人遗憾的是,我没有找到任何关于这一紧迫议题的其他资料。
③ CSTP,卷2,11b。
④ SS,卷450,13261页。
⑤ 同上书,13357页。NWTYCSTP544页宣称赵若祖(CEEADCECAAX,1235—1276)为保卫池州(江南东)而战死,死时任通判。问题是池州通判是史有明文的烈士赵(非宗室),见 SS,卷450,13259—13260页。Davis 在 Wind Against the Mountain 中对之死有生动描述,见76—77页。

248

荒的困扰,良淳成功地抚平了灾荒的创伤。他还平息了一伙前来劫掠的盗贼,处死了变节将领范文虎①派来劝降的使者。当元朝军队到达城外时,良淳整顿城内军队,亲自主持守城,却不幸遭到吴国定的叛卖。朝廷派吴国定去戍守的地方已经陷落,吴无法赴任,于是到安吉州来见良淳。良淳被吴的慷慨言词打动,邀请他留下来助战。吴国定打开安吉南门以后,一切都在劫难逃。良淳退回官衙,遣散家人,自己却拒绝逃跑,最终自刭而死。②

嗣秀王赵与檡(AABCDBADECE,生卒年不详)之坚持以死殉国,与他的宗室地位紧密相连。1276 年,与檡在二王的朝廷里做东南诸路的察访使(这个头衔其实就是整个帝国的察访使)。他反对杨太后的兄弟杨亮节专权用事,因而受到敌视,于是受命北上加强受到威胁的瑞安府的防卫。有大臣称赞他的忠诚,认为他应当留在朝中,"以隆国本",但他还是被遣走了。与檡到达后不久,瑞安就遭到了围攻。与檡和知州誓死守卫瑞安。同安吉一样,瑞安也在一名下级军官打开城门之后陷落,与檡巷战,被俘。元军的头目问他:"你就是秀王?今日能投降么?"与檡厉声回答:"我是国家的近亲,今日力屈而死,是我的本分!还问什么呢?!"与檡随即被杀害。③

同与檡一样,赵时赏(CXXXXXXXXX,1265 年进士)也是福建流亡朝廷中的一名宗室,后来也被派出去打仗;同与檡不同的是,时赏是自愿出行的。他是忠义将领领袖文天祥(1236—1283)

---

① 范文虎是南宋末最有争议的人物之一。他拒不发兵导致了 1274 年襄阳的陷落。而后,在贾似道的包庇支持下,他得到了长江中游中心城市安庆(淮南西)的指挥权,不久降元。他劝降了几个宋朝守将,为元朝立下不小的功劳。见 Davis,*Wind Against the Mountain*,52—54 页、77 页。
② SS,卷 451,13266 页。
③ SS,卷 450,13262 页。

的朋友。时赏在江西战绩卓著,后来被俘、遇害。英雄主义并未蒙上时赏的眼睛,他看到了宋朝所面临的问题。据说,他看到朝廷从一个城市逃往另一个城市,带着大批的辎重行李,载着盛装的姬妾女侍,感叹道:"行军如同春游,又怎么可能解救【朝廷】呢?"①

这些死节故事与第六章所描述的抗金烈士的大部分情节惊人地类似,但是另外一些记载则完全不同。赵希洎②(ABBBBGBBBA,1278年卒)曾任户部尚书,是贾似道的政敌,后来在文天祥部下率领着一支军队,1278年同文天祥一道被俘,他情愿自杀也不愿同捉住他的蒙古人合作。时赏和他的"侄子"赵必向(1278年卒)拒食家人送到牢中的食物,把食器丢到地上砸碎,绝食而死。③ 度宗的弟弟④赵孟枀(AABDEAEABACF,生卒年不详)的死亡更富于戏剧性。临安陷落后,他和父亲赵与芮⑤在绍兴府密谋举兵,不幸被俘,孟枀被带到临安。变节将军范文虎讯问他的谋"逆"行为。孟枀愤怒地回答:"贼臣(指范文虎)身负国家的厚恩,却来危害社稷。我身为帝室之胄,要洗刷宗庙的耻辱,怎么反倒变成叛逆了呢?"范文虎恼羞成怒,斩杀孟枀。离开宋朝祖庙的时候,范文虎⑥大声喊道:"太祖、太宗列圣的在天

---

① SS,卷454,13341—13342页。
② 关于赵希洎的故事,有一些需要订正说明。他虽然曾经统兵勤王,但并未在军中被俘,而是"乱定归里",回到了老家。当地的守臣是他的儿女亲家("内媚",女婿的父亲),力劝他投降,希洎不从。后来文天祥兵败之后,希洎"以失言与必向俱被囚",这才演出了绝食而死的一幕。见《宋史》卷454《赵希洎传》。——译注
③ SS,卷454,13342页。尽管必向被称为希洎的"从子",但不能按字面理解,"必"是太宗十世孙的排行字,而希洎是太祖一系的第九代。两个血缘如此疏远的宗室却建立了这样一种紧密的关系,表明宗室认同感的重要性仍然存在。
④ 孟枀为"福王与芮从子",所以是度宗的堂兄弟。——译注
⑤ 史料并未明言与芮是否参与举兵。
⑥ 过宋庙而大呼的是孟枀,而非范文虎。——译注

之灵,怎么让孟棨走到这一步呢?"根据《宋史》的记载,全城的人都闻之垂泪,孟棨死后,雷鸣电闪、天空晦暗。①

最著名的宗室忠臣是赵必璲（BCBQDCDDBAA,1245—1295）,有意思的是,他在宋朝灭亡之后又活了十六年。② 必璲的祖父在1240年代初搬到广东东部的东莞县,必璲就出生在东莞。他年轻时代就仪表不俗,给一位来访的学者留下了深刻印象,说:"不用问,就知道必璲是一名天潢贵胄。"③1265年,必璲进士及第,在广东做了几任县级官员后,解官回乡侍奉年迈的父亲。从1276年到1279年最后的失败,必璲为保证广东地区忠于宋朝作出了重要贡献。1276年,元军占领广州后,必璲说服地方军阀熊飞反元扶宋。熊飞夺回广州城,控制广州达两年之久,为邻近的宋朝廷提供了重要安全保障。④ 在这期间必璲的作用如何,不是完全清楚。但是有一次,熊飞为了军队的补给,要向市民课以重赋。必璲从自己家拿出了3 000贯钱和500石米,又说服熊飞,以征发徭役取代征收现钱,还亲自监督。⑤ 这一举动的意义,除了造福百姓以外,还揭示了像这样一个相对并不显赫的宗室家族所占有的资源。必璲还打动了文天祥,这位军事英雄、后来的宰相任命他做惠州的兵马钤辖兼提点刑狱。⑥ 在厓山时代,必璲已经退闲,并继续在家闲居。他拒绝了元朝政府的授官,终生隐居。他的周围有一圈遗民朋友,其中不乏宗室。他向文天祥的画像鞠

---

① SS,卷454,13357页。
② 以下叙述取材于赵必璲《秋晓先生覆瓿集》卷6,2b—7a中陈纪状为必向所作的传。又见Jay在 *Change in Dynasties* 中所作研究。
③ 陈纪状,卷6,3a。
④ 同上书,4a—b。
⑤ 同上书,4b—5a。
⑥ 陈纪状,卷6,5a。Jay(*Change in Dynasties*,191页)指出,赵必璲曾经协助文天祥的兄弟文璧,但很快因家务而离开。

躬礼拜,向着厓山的方向跪拜,在诗歌和醇酒中度过余生。据说必瑑去世时,他的家道已经中落,毫无疑问,这跟他在广州那次慷慨的捐赠有关,还有一个原因是,他的儿子们也拒绝在元朝做官。①

在有关宋朝忠臣义士的大量记载中,这些宗室的事迹并不突出,因为它们是那么典型。成百上千的普通人选择了牺牲、自杀或者隐居,方式甚至常常更为多种多样。相比之下,宗室中也有与元朝合作的例子,最为引人注意、也是最常被提到的是赵孟頫(ABBACEAACAAG,1254—1322)。孟頫出生在婺州(两浙东)兰溪县,他的父亲曾经做过湖州知州。宋朝灭亡时,孟頫还很年轻,入元之初的十年,他在南方陪伴着一群忠诚的遗老。② 1286年,他和一群著名学者一起被说服,加入了元朝政府。经历了漫长而成功的官僚生涯之后,孟頫做到了翰林学士承旨和兵部郎中。此外,孟頫还以诗人、书法家和画家而闻名。事实上,许多学者都把他看做中国历史上最伟大的书法家之一。③

以赵孟頫的聪明才智、成就,却长期服务于蒙古人,这不仅令他同时代的忠臣义士们感到疑惑,也让后来的历史学家颇费思量。蒙古人从孟頫身上收到的宣传之效是确定无疑的,他不仅是宋朝的宗室,而且还是孝宗之父赵子偁(ABBACEA,1144 年卒)的五世孙。因此,从理论上讲,孟頫是宋朝末代皇帝的有服宗亲。④ 牟复礼(Frederick Mote)指出,"孟頫本家的一些族人拒绝

---

① 陈纪状,卷 6,5a—6a。关于文天祥和厓山的细节来自 Jay,*Change in Dynasties*。
② Jay,*Change in Dynasties*,222 页。厉鹗《宋诗纪事》(文渊阁本)卷 85,10a(1898 页)有孟頫之父崑的简介。
③ Rossabi,*Khulilai Khan*,166—168 页。
④ SS,卷 222,6411 页。作为子偁的五世孙,孟頫已经在服纪的最后一层。当然,理宗其实出自另外一支宗室,但作为宁宗的过继儿子,他从礼仪上属于子偁一支。

承认他是宗室,写文章对他大张挞伐"。① 孟頫晚年也为始终为自己的出仕感到困扰,在诗和书信中赞美过去的隐逸生活,为自己居官守职感到遗憾。事实上,孟頫与许多忠义运动的头面人物都关系良好,而这正是这项运动的模糊性。②

赵孟頫的处境负载了如此多的象征意义,独一无二,因此他的合作与反思都无法代表宗室的普遍情况。根据族谱资料的记录,一些宗室官员在宋朝灭亡之后弃官还乡,在退闲中度过余生。③ 但是,出仕元朝的宗室后裔的数量显然要高于隐居者,其中有两个人还曾经在泉州任职。④ 赵若栖(CBADIACAAAA,生卒年不详)特别值得一提,他自己在泉州做过武官,他的儿子和孙子都凭借恩荫在元朝为官,他的曾孙还侍奉过明太祖。⑤ 显然,宗室家族的忠诚传统和元朝政府都没有阻止宗室入仕。

宋元之际的宗室

上面所引的例证表明,宗族谱资料对宋元交替提供了无价的信息,特别是其中所记的宗室不是忠义运动的英雄或败类,而是幸存者、是后代赵氏宗族的祖先。这些资料最有价值的地方,是

---

① Mote,*Confucian Eremitism in the Yuan Era*,286 页。
② Jennifer Jay(*Change of Dynasties*,222—225 页)对孟頫对自身处境的反应,提供了充满感性的叙述。
③ 比如,与藩(AABEABGCCC)、必绛(BAACFCCACBC)、与昉(AABAACAAAAB)和嗣助,他们的传记分别在 NWTYCSTP,333、615、689、616 页。嗣助是魏王系(C)的宗室,我没能在 SS 族谱中确定他的谱系位置。文天祥在潮阳(潮州)时,嗣助是他的部下。嗣助终生都供奉着文天祥和张世杰。
④ 王潆茂《蒲寿庚屠杀南外宗子考》,82 页。王从 NWTYCSTP 中列举了六个出仕元朝的宗室。
⑤ NWTYCSTP,509 页。编者对此未置一辞,这是很可理解的,孝道反对在族谱的传记中批评祖先。

增加了我们对此期宗室两件伤心大事的了解。一件是1276年泉州宗室大屠杀，另一件是厓山最终的败亡。

对抵抗者施行屠城是蒙古征服中国和世界其他地方的标志性行为之一，但是泉州的大屠杀却是变了节的宋朝官员蒲寿庚（约1296年卒）所为。蒲寿庚是宋朝的外籍官员，可能是阿拉伯裔。关于蒲寿庚和大屠杀，记载充满差异，事实叙述互相矛盾，但事件的基本轮廓是清楚的。① 1276年夏历十一月，蒙古军队占领福州，南宋朝廷被迫在张世杰的领导下渡海南下抵达泉州海岸。朝廷官员对控制泉州的提举市舶司蒲寿庚的立场感到怀疑，因此没有在泉州登陆，而是转往漳州。这就激怒了蒲寿庚。② 十二月初，他在知州田真子的支持下投降了蒙古人。不久，他在城中发难，杀死了3 000名宗室，根据某些记载，同时被杀的还有许多士大夫和一支从淮南调来的宋兵。③

关于大屠杀的细节，则众说纷纭，各不相同。有的记载说，当时流传着一个谣言，说张世杰要回来收复泉州，于是宗室们聚集到泉州港口，去迎接这位宋人爱戴的英雄，屠杀随后发生。有的记载说蒲寿庚设宴会款待宗室，在酒席间下了毒手。还有记载说屠杀一共进行了三天。④ 其中，特别引人注意的是赵由馥

---

① 斯波义信的《蒲寿庚传》对截止到1970年代的研究状况作了出色的概括，载Franke编 Sung Biographies, 839—842页。关于蒲寿庚在泉州任职和投降蒙古的情况，苏基朗多有考订驳正，见《唐宋时代闽南泉州史地论稿》，第一章。至于大屠杀，王濂茂《蒲寿庚屠杀南外宗子考》对各种相关史料做了堪称典范的比较研究。
② 根据 SS，卷47，942页，蒲寿庚作了三十多年的提举市舶司，但是苏基朗《唐宋时代闽南史地论稿》，4—12页）令人信服地论证，蒲寿庚的任期不过是一年左右。
③ 在两个问题上，我采用了王濂茂（《蒲寿庚屠杀南外宗子考》，75—80页）的说法：第一，屠杀发生在1276年底，而不是像某些（明、清）记载所说的在1277年夏历七月；第二，被杀宗室人数为三千（记载从一千到几万人不等）。
④ 同上书，76页，提供了关于屠杀的五种版本。

253 (AADBFABBAAAAX,1270年生)的第一人称叙述。这段叙述来自 1300 年成文的族谱序,是大屠杀事件最可靠、最生动的一瞥:

> 我出生在泉州睦宗院,属于【宗室中】卑微的一支,我的名字记载在玉牒上。景炎(1276—1277)年间,王室式微。我才七虚岁。年幼的皇帝在【蒙古追】兵的逼迫下,靠近城门(指宋朝廷从福州沿海岸坐船南逃)。招讨使蒲寿庚这个叛臣却关闭城门,阻止任何人进城。而后蒲寿庚对宗室进行了大屠杀,无论老幼,一共杀了三千多人。我也在刀刃之下,幸好有位善良仁慈又没有儿子的人垂怜,他从马上跳下来,把我抱过去,上马离去。这位善人后来成为元朝的平章。他把我带到河北的家里,作为继承人抚养。①

由馥逃脱了,宗室成员的绝大多数,或者说至少那些居住在宗室宅院中的宗室,却都已在大屠杀中消亡。根据一则明代中期的族谱序言,泉州的宗室后裔只有八九支。② 那么,蒲寿庚对宗室赶尽杀绝的原因究竟是什么?所有史料对此不置一词。蒲寿庚的动机还是一个谜。

但是,有三个可能的原因是不言自明的。第一,宋朝廷对蒲寿庚的态度激怒了他,而这种愤怒转而激起了他对宗室的屠杀,

---

① NWTYCSTP,50 页。此人又名孙由馥,孙是他养父的姓。NWTYCSTP 中还有一则与大屠杀略有关系的轶事,在 614—615 页,不过鉴于它最早的版本是 18 世纪的泉州府志,因此,我没有把它放在正文里。故事的简单梗概如下,当蒲寿庚投降时,低级官员赵必晔(BXXXXXXXXXX)逃到乡间,田真子派兵来抓他,必晔杀了七个抓他的人,最后被俘,被带回泉州。在泉州,他与知康外宗正事赵吉夫含泪告别。屠杀时,蒲寿庚叫人绑了他,正打算杀他,却被一名元朝的指挥官制止。必晔后来在泉州东部平静地度过余生。
② 王濂茂《蒲寿庚屠杀南外宗子考》,80 页。

宗室与王朝而非政府密切相连,因此,屠杀宗室便是直接打击朝廷。第二,蒲寿庚有可能从元朝将领那里得到了鼓励,据记载,蒙古军队占领福州之后,西外宗司的宗室"遭到灾难",所有的宗谱记录都被毁坏了。① 第三,也许是最重要的,蒲寿庚并非单枪匹马。苏基朗对此作了有说服力的论述。维持宗室的负担以及宗室的目中无人,离间了他们与泉州精英社会的关系,使泉州精英向蒲寿庚提供了至关重要的支持。蒲寿庚是提举市舶司,因此他不可能独自命令军队向元朝投降,更谈不上独自举行屠杀了。为了证明这一点,苏基朗举了田真子的例子。泉州知州田真子是蒲寿庚的主要盟友,他是泉州人,1256年的一甲进士。② 宗室与泉州的命运在一起经历了一百五十年的阴晴圆缺,到最后,宗室却成了赘疣,绝大多数地方精英支持蒲寿庚除掉它。

关于泉州宗室,最后还有一个细节必须谈到,这就是上面谈到的那艘大船。1277年,当它沉没时,泉州已经在蒲寿庚的控制之下,再也没有一个宗室机构来接收船上的贵重货品。发现大船的地方是沙质海滩,出土的船体也没有任何有事故发生的迹象。因此,看起来它可能是为了避免落入蒲寿庚之手而被凿沉的,或者也可能是自然沉没的。船上货品没能被抢救下来,表明在当时的政治形势下,已经不可能救出它们。③

在泉州,宗室是事件的核心,而在厓山,宗室的作用却是边缘的。的确,皇帝的随从中有宗室,战前几个月中集结起来的武装

---

① NWTYCSTP,48页。赵与伺于1300年所作族谱序,这是现存最早的蒙古征服时期的宗室记载。
② 苏基朗《唐宋时代闽南泉州史地论稿》,13—24页。
③ 剑桥大学的Janice Stargardt博士提供了有关这艘沉船的许多细节,使论述更为有力,谨此致谢。

力量中不乏宗室存在,他们的故事却没有留存下来。幸而,同泉州的情形一样,厓山也保留了一份出自宗室之手的亲历实录——赵若和(CGCBDCAAABX,1267—1330)写于1316年一份简短自传。① 若和的家族出自魏王一系,南宋初年定居在福州,②1276年,当朝廷离开福州时,若和作为侍从随行:

> 我服侍皇帝,帮助皇帝的家人上船。我们坐船向南到达广东新会县的厓山。啊!当时忠诚的大臣、将军和军队还有几万人之多。我们依靠伍【隆起】太师的家庭供应,当时尚未有匮乏之虞。我非常幸运,太师把他的女儿许配给我。过了还不到一年,元朝的军队就到了。接下来,是一场恶战。得知仗打败了的消息后,我和许大夫、黄尚书等人分乘十六艘船破围而出。在厓山的一处浅湾里,我们遇上了陈宜中的船。经过会商,大家决定到福州去光复宋朝。当我们航行到距离广东南澳七十余里的时候,③突然遭遇台风,陈宜中的船出了事故,在合浦靠岸。我们到达了吴屿,但是船的桅杆和横梁都折了,也只得在浦西(浦江西部)靠岸。④

就这样,若和在漳州西部的一个角落里定居下来,改姓黄,过着俭朴而平静的生活。只有在这篇写给自家子孙后代的自传里,他才表露了自己对过去的感受:

> 我建立了生活、过了这么多年。可是直到生命的尽头,我的内心一直充满仇恨。这仇恨,我从没对人吐露。在家

---

① NWTYCSTP,57页。
② 若和的族谱在《赵家堡资料汇编》,18—19页。
③ 南澳是潮州的一个岛,在广东和福建交界处。
④ NWTYCSTP,56—62页。

里，我没有近亲，在外边，我没有仆人。我孤独一人，形影相吊。许多个夜晚，我燃香对天祈祷，想到在厓山游荡的赵宋子孙，只有在寒冷中饮泣。①

尽管赵若和自述寂寞贫苦，但他其实有五个儿子，并被后代子孙奉为本宗支的始祖，由他传下来的这一支一直持续到现在。当然，这一支过了一百多年才归宗改姓赵。②

三江岛（厓山北边）赵氏的历史虽然缺乏赵若和故事的戏剧性，但却有着相近的开端。赵必迎（BCBPCABCAAA，1225—1289）也来自福州，他的家族于南宋初定居在那里。必迎被描述为一个学问渊博、思想深远的人，话不多，但在朝堂上谈起抗蒙勤王的话题来却慷慨激昂。1274年，朝廷下诏鼓励全国宗室起兵勤王，必迎被封王爵、受命在广东招募军队。③ 1275年，同在军中的父亲去世，必迎丁忧持丧，离开厓山，直到宋朝灭亡。必迎的一生都在为自己没能战死厓山而自责，说自己既不忠也不孝。④

元朝政府似乎对宋朝宗室并无统一政策。赵孟頫的任用和提拔表明，元朝并不禁止宋朝宗室出仕。但是，政府却随时准备扑灭任何复兴宋朝的企图。厓山失败后不久，有人找到赵必迎，要他称帝、领导宋朝的复兴事业。必迎知道这根本就不可能，于是变易姓名，遁入深山。⑤ 1283年，赵良骖（BCBPCABBCBX，1283年卒）率领万人起兵谋求复兴宋朝。良骖是必迎的再从侄，他的父亲死在厓山。起兵很快失败，良骖也在这中间丧生。有鉴

---

① NWTYCSTP，59页。
② 《赵家堡资料汇编》，1页。1620年，赵家堡村的建立使这一支更为突出，这个村至今犹存。
③ CSTP，卷2，11b。
④ 同上书，12a。
⑤ 同上书，10b。

于此,蒙古人严密搜捕赵姓,逼得他们散走四方、隐姓埋名。① 五年之后,1288年,漳州(福建)又爆发了打着宋朝旗号的叛乱,虽然并无宗室卷入,但却引发了政府的类似反应。广东、泉州、福州的宗室遭到围捕,作为囚徒被遣送到北方。叛乱平息之后,他们才获准返乡。②

遭遇这样的事件,宗室家族的恐惧是自然而然的。许多家族在整个元朝都隐姓埋名,还有一些家族为了躲避当局而逃到偏远的农村。③ 现存史料基本上都来自那些幸存下来、在后代繁衍成新的宗族的宗室,我找到二十一则这类的记录。当然这只是在宋元更替中幸存下来的宗室的一小部分,即使加上泉州大屠杀的被害者,这些宗室也很难说有多大的代表性。那么,是什么支撑着他们不但存活下来而且还保持着赵宋宗室后裔的身份?这样一个问题也许才是有意义的。答案应当是土地、记录,在某些情形下,还有当局的默许。

在前近代中国,占有土地对于维持精英地位的重要性,是众所周知的。当宗室家族不再有津贴,不再有特权,为了给自身和后代子孙建立安全感,就需要土地和取得土地的手段。在一些详细谈论而非假想土地的事例中,我们看到了一些关于土地买卖的重要资料。厓山时期,在广东,赵必迎为父亲持丧期间,为父亲建造了120步的坟墓,还置办了祭田。他还为家族置办了田产,为

---

① CSTP,卷1,78a—b;卷2,11a。
② NWTYCSTP,51页。根据赵由馥作于1300年的文章,其中还载了他从大屠杀中逃生的经历,上文已经引用。
③ 逃到农村的例子,比如,根据赵与傲(ABABAHDAADA)后裔的族谱记载,他逃回漳州西部大山深处的家乡,平静地度过元朝(赵德懋《清漳银堂赵氏族谱》,3页)。NWTYCSTP,689页,记载了一个类似的故事。前泉州知州之子赵宜春(AABAACAAAABA)避元在山中过着隐居文人的生活。

第九章　成熟与溃烂

三个女儿总共陪送了 24 顷地（360 多亩）的嫁妆。结发妻子死后，他再婚，决定把家搬到一个新的地方。他把九头木鹅丢进水里，三天之后，启程去寻找木鹅，在厓山岛上的一座旧房子的基址附近找到了一头木鹅，认为这表明了天意，于是购置了 47 顷（约 710 亩）地。他的家族后来又搬了一次家。必迎死后，他的夫人为躲避元朝的迫害，搬到邻近的三江，在那里一共购置了 58 顷地。① 还有一个例子也发生在广东，1283 年，赵良骖兵败身死后，他的兄弟良聪跟随赵宋忠臣、前任知州林光山躲藏起来。林光山在起兵中丧失了一个儿子。他购置了 220 多顷土地，他死后，这些土地由他的两个儿子和良聪均分。② 在这两个例子中，这些最初的土地成就了宗族的扩大和发展。

土地提供的是安全感，而宗族谱则提供了身份认证。就宗室世系而言，宋朝皇帝直系后裔的证明对于宣称本宗族的与众不同至关重要。在 1300 年写就的族谱序言中，赵由㻇（AABEABGCCCAXX，生卒年不详）描述了宋末大部分宗室族谱的命运。由㻇曾经在宋朝短期为官，宋以后闲居终生。临安投降后，玉牒档案馆被搬到了北方。随着福州失守、泉州降元、发生大屠杀，西外、南外两宗正司的族谱都遭到了破坏。灾难发生时，由㻇正在别处，因此逃过了死劫。回到泉州之后，由㻇设法得到了本支的族谱，这份族谱本来藏在政府的保险箱里。由㻇重新整理了这份残存的族谱，将它命名为《璿源图谱》，并为之作序。③ 大屠杀时，赵由潔

---

① CSTP，卷 2，10a—b，10b—11a。1274 年必迎到达广东时，跟来的有一百多人。宋朝灭亡后，这些人分散到附近的村子里。CSTP 的现代族谱作者指出，这些村子里至今还在说福建方言（同上，卷 2，12b）。
② 同上书，卷 1，78b。
③ NWTYCSTP，48—49 页。

(AADBFABGAXXXX,生卒年不详)正在外地做官,他回乡把家人接走,改换姓氏,隐居起来。他的后代繁衍生息,蔚为大族,但直到元末才从另一支宗室后裔那里得到了族谱。为了安奉这份族谱,他们还建造了专门的祠堂。① 最后再举一个例子,元朝初年,甚至赵必迎的家族也没有一份族谱。后来的谱系学家认为,必迎的小儿子②良韶(BCBPCABCAAAA,1286—1332)对本族谱系的确立作出了巨大贡献,他得到了一份宗室谱牒,小心细致地加以整理编纂,补入福建亲戚的资料和条目。实际上,为本书的研究提供资料最为丰富的就是这份族谱。③

最后,必须指出,虽然宗室家族的恐惧是真实的,他们也的确曾经多次遭到元朝政府的迫害,但是元朝当局对前朝宗室并非总是敌视的。用那个在泉州大屠杀中被解救出来的孩子赵由馥的故事来结束本章,再合适不过了。在由馥的自传中,我们看到了许多宋以后时代的模糊性。他在养父家以孙由馥的名字长大成人,进入了首都的太学。对于一个南人来说,这是很罕见的待遇,更不要说是前朝的宗室了。他对孙氏养父充满感激、养父死后极尽孝道地服丧,但他却描述自己如何不能忘怀过去,经常想到水的源、树的根。后来,他回到泉州老家,与他的叔叔一起得到了免除徭役的待遇,收回了家族墓地。给他们这份帮助的是一位富有同情心的泉州路总管。

接下来由馥首先祭祀祖先,告慰死者。他不知道伯父伯母、叔叔婶婶们的忌日,无法单独致祭,只能满足于四时祭祀,因此深感痛心。后来,他修建了祠堂。邻居们都跑来祝贺,上了年纪的

---

① 赵氏族谱编纂委员会,《赵氏族谱》,11页。
② 英文原作 youngest son,与谱系地位不符,未知孰是。
③ CSTP,卷2,12b。

人来讲话,忍不住啜泣。只有田家的人没有来。虽然田真子是蒲寿庚降元的主要盟友,但蒲寿庚却杀了他的几个儿子,二人已经决裂。这让由馥感到黯然:"那夺了我们的宅院、占了我们的稻田和花园,毁了我们的坟墓,抢走我们珍贵之物的,都是这个人(指蒲寿庚)的子孙。这让我想到,历朝历代,王室的子孙是怎样被消灭的。自古就是如此!"①这段感慨虽然是由田家诸子的死而引起的,但是很显然由馥心里想的主要是宗室的灭亡。果然,接下来,由馥描述了1289年叛乱之后宗室在北方受到的囚禁,最后,他警告自己的后代灾难是怎样的难以避免。

由馥的文章在他本来的写作意图之外,还透露了更多的消息。他能够在宋朝最后覆灭之后不到十年(显然,他回乡是在1289年叛乱之前)就回到泉州,修建祠堂,公开祭奠遭到屠杀的宗子宗女,实在令人惊讶。尽管这一切只有在一位有同情心的官员治下才可能发生,但是它却表明元朝对待宋朝宗室的政策并非铁板一块。宗室是皇权的造物,即使在南宋也有着实实在在的政治、经济和社会特征,而进入元朝的赵宋宗室早已不复如此。除了在叛乱中重获的一点微弱力量之外,前朝的赵姓宗室对元朝国家已经不再构成威胁,可以受到通融照顾——如果地方官愿意的话。

由馥的叙述还解释了宗室后裔表达宗室身份的新方法。作为社会的政治实体的宗室已经不存在,子孙后代的任务便是从过去中寻找可以转化为现时意义的东西。对由馥——以及与他在同一年写作的赵若和——来说,这包括讲述他自己的经历,恢复祖先祭祀,由此将宗室和宗室以后的家族连接在一起。对于谱牒

---

① NWTYCSTP,50—51页。

作者来说,这意味着展示一条一直通向宋朝皇帝的父系族谱。对于今日中国和海外庞大赵氏宗族成员来说,太祖所设想的"代复一代,皆为有服宗亲"仍然有特殊的含义。① 宋朝的灭亡已经过去七百多年,但对许多人来说,宗室仍然有意义。其中原因,不在我的研究范围之内。我们的故事到宋朝就结束了,读者只要知道宗室后裔的故事远未结束,这就够了。

---

① 关于这一作用见《南外宗会讯》,第1期(1995),21页。

第十章 结论：中国历史上的宋代宗室

皇帝、社会与宗室

从宋太祖在开封的宫殿里宣布他建立广大宗室的理想，到标志着身为天潢贵胄的赵氏宗族消亡的泉州宗室大屠杀，以及厓山的失败，中间隔了三百多年、一千多英里。上面九章力图按年代顺序记述在这中间所发生的复杂且常常富于戏剧性的变化，并阐明其意义。在本书即将结尾之前，在更广阔的背景下，从政治、社会、地理、制度等各个层面思考一下这些变化，也许会更为有益。

宋代的宗室首先是政治的产物。怎样对待君主的孩子，无论在宋代中国还是在别处，都必然牵扯到君主政治的核心——继承与权力的配置。最常见的政策是实行封建制，给每一位王子自己的领地，汉代初期与明代都采取了这种策略。13世纪成吉思汗在中亚为诸子分立幅员辽阔的汗国，更提供了一个极端的典型。

宋朝对待宗王的政策随时代而有所不同，但任何形式的领土要求都是坚决不允许的。太祖的办法是官僚主义的，他任命自己的弟弟和儿子担任重要州府的长官，给他们可观的权力，但却是在帝国政府的框架之内。太宗不再那么信任宗王，他没有给任何皇室后裔——包括魏王（他被看做不像样的皇位追求者）的后代——以实权职位,但却把他们留在皇家的宫殿里,奢侈地供养着。太宗设定了此后百年宗室的社会和政治活动范围。神宗、哲宗,还有北宋晚期徽宗的政策以模糊著称。在重申了无服宗亲宗室地位的同时,允许他们参加科举考试、担任常规职位。这一决定,对于未来的宗室来说至关重要,但其政治影响起初并不显著。大批宗室,特别是据有皇位的太宗一系的宗室,继续拥有高级环卫官头衔,因此仍然被排斥在官僚职掌之外。在那些以官僚生涯为追求的宗室当中,只有到了1120年代,我们才看到了第一批进入知县、知州行列的人。

到了南宋,宗室的政治地位出现了戏剧性的抬升。那些逃到南方的宗室,从抗金战争中得到机会,得以在行政和军事事务中挑大梁,开始完全融入政府,在许多方面已经和他们的非宗室同僚难以分辨。但宗室官员仍然是一个特殊的集团,原因有二:第一,直到王朝末年,宗室的特权地位都为他们提供了入仕的便利,因此惹来了同时人的妒忌。通过进士科中的特殊考试,进士以外的特别科名,以及恩荫的广泛应用,到1213年,宗室在文官中所占比例超过3%、在武官中达到17%。① 这一记录令任何其他宗族相形见绌。第二,身处高位的宗室更为引人注目,也更容易受到攻击,因此逐渐形成了一系列约束宗室的规定和惯例。高、孝两朝的大部分时间,宗室实际上被排斥在尚书职位以外。赵汝愚的宰相任期短暂而令人瞩目。13世纪,逐渐形成惯例,允许宗室担任除宰执以外的高官。

在上述记录的映照下,历史记载对宗室政治角色的忽视值得关注。在大多数宋代历史学家的眼中,除了赵汝愚和两位宗室出

---

① CYTC乙集,卷14,528页;又见表7.6,172页。

身的皇帝孝宗、宁宗以外,多数宗室只有在礼仪方面才值得一提。²⁶³ 这反映宗室在宋代政治中的微不足道。就闭锁在宫宅中的北宋宗室来说,事情的确如此,但从南宋的情况看,这种说法却值得推敲了,第六、第八章表明宗室的作为恰是多种多样的。当然,历史学家的漠然也从一个侧面证明,南宋王朝宗室对策的成功。在为无子的皇帝提供继承人以外,宗室对君主表现了非同寻常的忠诚。就这样,出于截然不同的原因,北宋与南宋都避免了其他朝代和君主社会中常见的宗室的政治挑战。

相应的,北宋宗室和南宋宗室作为社会实体也存在显著差异。在北宋,特别是1070年代改革以前,宗室是一群生活奢靡的废物。他们被限制在开封的豪华宫宅之中,不得与城中精英社会交往,虽然官高爵显,但在朝堂上只有最起码的礼仪功能。他们的家族没有财产作为经济基础,对家族成员的婚姻也没有控制权,只有家族的部分功能。从这一点来看,他们倒不是独一无二的,中国帝制的两大标志集团——后宫的妇女和宦官也有许多类似的特点。但是,后宫妇女和后宫之所以会边缘化,一是因为性别,一是因为性别的泯灭;而宗子却是男性、有生殖力、富裕、受过教育,与同时代的士大夫相比,唯一的差别在于他们是"天之枝叶"。宋祁把宗室比做"废物"证明,他们的地位实在堪忧。

11世纪晚期神宗统治期间,与皇帝没有服纪关系的新一代宗室成员不断出现,怎样对待他们成了新的社会问题,问题的核心是,该怎样定义宗室?宗室无与伦比的繁殖力在财政、人口和居所等方面对朝廷提出挑战,朝廷必须在两种相互抵触的宗室定义之间作出选择。一种定义来自唐朝,以五服确定宗室地位,无服宗亲被赐予土地,变成普通的编户齐民。另一种可以从周王的²⁶⁴ "宗"和太祖宽泛的宗室理想中找到依据,是指一个以共同的血统、共同的宗谱统一起来的成分复杂的血亲集团。正如我们已经看到的，神宗的改革起初是以第一种定义为标准，但是他和哲宗的一系列行动却大大扩展了宗室的范围，使之更为接近第二种模式。值得注意的是，宗室定义的讨论与另一场范围更广的争论恰巧同时，同一批思想家卷入了两场争论。那场范围更广的争论，讨论的是恢复"宗"作为精英血亲集团组织原则的可能性，它对于"族"这种血缘集团成为亲属组织的通行形式起了至关重要的作用。尽管我尚未发现两场争论之间的任何明确联系，但很难相信两者是毫不相干的，特别是两者最后都主张建立不限世系的集团。

宗室在南宋的社会进化牵涉到不同的问题和过程。从传记资料、墓志铭和族谱中可以看到的宗室分散在中国南方各地。这些宗室家族以个体家族的形式发展，随着时间的推移，通常会显现出"族"的特点。它们购置地产，同精英家族联姻，参与地方文化，入仕为官，成功地同化于地方士大夫社会。当然，这种同化是有限度的，他们仍然是宗室成员，可以领取俸禄、津贴，拥有特别的入仕特权，他们的婚姻和社会交往范围也比一般地方精英要广阔。即使是最分散的宗室，在某些重要方面，也仍然是皇权的延伸。

还有一些宗室几乎没有留下任何记载，我们也许可以称之为看不见的宗室，他们没有受过良好的教育，一般会加入声誉稍差的武官集团。从残存的官方谱牒《仙源类谱》来看，看不见的宗室在12世纪中期占宗室的绝大多数，而且他们很可能聚居在福州和泉州的主要宗室中心。同他们的非宗室同僚一样，我们对他们的社会地位、婚姻关系等生活情况也一无所知；但是，却可以做一点猜测，同那些进入士大夫阶层的宗室相比，宗室地位对他们的生活来说可能更为重要。

尽管本书把宋代中国作为研究范围,但其实还是主要集中在与宗室历史关系密切的几个地方。到北宋晚期为止,宗室成员一直被局限在首都开封城里,极少获准外出。受欢迎的宗室画家赵令穰(ABCBBA,活动时间1070—1100)的朋友们谈到了这项限制:

> 【赵令穰】每作一画,必竭力创造新意。友人开玩笑说:"这必定是你又去了一趟皇陵的结果吧!"说这话的原因是,令穰不能进行长距离旅行,他看到的全部景物便是从开封到洛阳那五百多里的风光。①

尽管合法的强制隔离可能限制了宗室成员的社会影响,但是不断蔓延扩张的宗室宅院所消耗的巨额钱物,却使他们对于开封经济必然产生实质性影响。1102年以后,安置无服宗室的敦宗院在洛阳和应天府落户,宗室对当地经济的影响也许比在开封还要大。但令人遗憾的是,相关史料没能保留下来。

即使加上这些卫星中心,北宋末年的宗室也仍然限制在有限的三个地方。随着1120年代后期诸多灾难性事件的发生,这一状况发生巨变。大部分宗室沦为囚徒,被送往北方,而后被历史遗忘,但也有成百上千名宗室——主要来自卫星中心——逃到南方,散居起来,在南宋每一路都有宗室的存在。当然,南方也有它的宗室中心:首都临安和附近的绍兴府的两个规模较小,规模较大的两个中心在福建的福州和泉州。同样,有关这些中心生活的记载常常严重不足。但是在第九章,我们看到,在最重要、记载最

---

① 邓椿:《画继》,选自 Fong, *Sung and Yuan Paintings*,59页。

丰富的泉州，宗室在城市生活中占据着中心而引人注意的位置，并在繁荣的海外贸易中扮演着复杂的角色。

宗室在地理方面一个无可争议的变化是，河北赵氏的后代成了南方人。事实上，那些从宋元朝代更替中幸存下来、保持了皇家血统纯洁性的支脉不只是南方人，而且主要是东南人。今天的宗室主要以福建、广东那些自称为宋朝皇帝后裔的赵氏为代表。

在宗室制度方面，可以总结出两点。第一，宋王朝在其整个统治时期对宗室制度做了大量改革创新。宋初建立玉牒所、宗正寺等宗室官宅行政机构，还是继承唐代制度。而1036年大宗正司的创立则开辟了新的天地，北宋末期两京宗正司的建立及其南宋后继机构在福州和泉州的建立也是如此。

第二，从历史意识（historical consciousness）的角度，宋朝标志着宗室"观念"（idea）的分水岭。尽管唐朝创立了宗正寺，可以说在中国历史上第一次建立了宗室（与皇亲相区别），但是，开启了宗室话语、将宗室发展成为历史分析的一个类别的，却是宋代。宗室话语源于太祖964年的《大训》，并在以后无数次关于宗室历史的朝廷讨论中、在宣扬本朝宗室独特性的文章和墓志铭中变得越来越明晰。1060年成书的《新唐书》也破天荒地开辟了宗室的世系表和类传。① 这一发展绝非昙花一现。由于《新唐书》的开创，以后的正史遂将宗室传作为一个标准部分。宗室话语的发展使宗室成为常见的分析单元，并且是能够表现王朝最好一面的分析单元。因此，我们看到赵与㣉在1263年所作的族谱序中宣称："这种对宗族之义的尊崇甚至在远古也不存在。……宗室敦厚了

---

① 见欧阳修《新唐书》，卷70上、卷70下为《宗室世系表》，卷131为《宗室宰相传》。我在 Sung Discourse on the History of Chinese Imperial Kin and Clans 中以较长的篇幅论述了这一看法。

第十章 结论：中国历史上的宋代宗室

风俗,使人们不忘根本。"①不管人们是否接受这样的概括,但是,宗室作为中国思想风景中的社会与制度存在却是宋朝的创造,并且毫无疑问是一项重要发展。

高雅文化与宗室

本书对高雅文化在宗室生活中的作用的论述没有平均用墨,第三章讨论仁宗朝的宗室时给予了极大的关注,但此后便几乎没再谈到这个问题。原因是,在北宋,诸如经学教育、诗歌写作等文化追求对于宗室的自我定位来说至关重要,因此对于我们的故事也便是至关重要的。在南宋,许多宗室显然文化水平极高,是诗歌、学术和艺术的创造者和消费者,也是科举制度的参与者,而文化在科举中是相当吃重的。但是,因为他们有着现成的入仕途径,因此同士大夫相比,宗室对利用文化成就维持社会地位的要求较低。而大多数并不追求（或者至少没得到）士大夫地位的宗室,文化水平和教育水平都非常低。如此说来,南宋宗室的文化成就还是相当可观,至少值得稍加注意。

几乎没有宗室可以算作第一流的思想家、学者或诗人（至少是同历史上所公认的经典作家一样）,这也没什么值得大惊小怪的,从来杰出的成就就很少集中在一家一姓。如果说有哪个宗室在思想文化上具有较大的重要性的话,那就是赵汝愚(BAAKFBDAA,1140—1196)。除了做过宰相以外,赵汝愚还是150卷本里程碑式的《皇朝诸臣奏议》和已经遗失的《太祖实录举要》的作者,是12世纪晚期许多大思想家,特别是朱熹的朋友和

---

① 赵思濂:《山阴华舍赵氏宗谱》,卷1,1a—b。

通信对象。① 朱熹与赵汝愚一家有着千丝万缕的联系。朱熹为汝愚的父亲善应(BAAKFBDA,1118—1177)写了墓志铭,其中记载了他的写作,包括一部三十卷的唐代历史著作。② 据载,朱熹还是汝愚长子崇宪(BAAKFBDAAA,1160—1219)的媒人,他还把一部《大学》送给汝愚的第五子崇度。③ 在这样的环境中长大,也无怪乎汝愚家的许多人在文化上表现出色。崇宪和他的长子必愿(BAAKFBDAAAA,1214年进士,1249年卒),还有汝愚的侄子④汝靓(BAAKFBDDA,生卒年不详),都活跃在12世纪晚期到13世纪初的书院运动中。⑤ 至于崇度,第九章曾经谈到他提举市舶司的典型事例,他写了四部书,其中两部为史书,作为诗人,他曾经得到宰相曾从龙(1195年进士)的赞誉。⑥

汝愚的家族集中的优秀人物之多,是独一无二的,但是类似的行为却并非汝愚一家所仅有。南宋初年,有高产作家赵善誉(BCABGHEB,1143—1189),他的《易说》得到程颐弟子郭雍(1091—1187)作序,郭雍表扬他能够融会诸家之说,这部《易说》也受到朱熹的赞誉。善誉还完成了四部历史著作、一部《论语》解

---

① 见 Chaffee, *Chao Ju-yu, Spurious Learning, and Southern Song Political Culture*,36—54 页。汝愚的文字,见 SS,卷 392,11989 页;和 SCHMCM,卷 71,14a—b。
② 名《唐书录遗》。墓志铭见 CWCKCC,卷 92,6b—10a。《宋史》的善应传还记载学者尤袤(1127—1193)赞扬他是"古君子",指出他的墓碣出自大臣陈俊卿(1113—1186)之手。
③ CWCKCC,卷 44,13a—b;卷 43,30b—31a。
④ 据排行字和世系符号,此当为堂兄弟。——译注
⑤ 必愿最著名的是作为官员(他官僚生涯的细节,见 SS,卷 413,12407—12408 页)。他与书院有关的活动发生在湖南,明代的志书《大明一统志》卷 83,10a 有记载。汝靓的书院活动是在江西,见《大明一统志》,卷 49,20b。
⑥ CWCKCC,卷 43,36a。真德秀为崇宪和崇度做了墓志铭,还把自己的女儿嫁给崇度的儿子,这一事实更证明了汝愚家族的与众不同。

释和六十卷诗词。① 与善誉同样以研究《易经》而闻名的,还有赵彦肃(CABDAAKA,1166年进士),他的著作也得到朱熹的赞扬。此外还有赵庚夫(CCABHBACB,1173—1219)和第八章提到过的官至尚书的赵以夫(CECBCCDAD,1189—1256),以夫对星象的解释曾经深深地打动理宗。②

再举几个宗室学者的例子。第六章曾经谈到赵子昼(AAEBFAE,1089—1142)在南宋初年政治中的重要作用,子昼是著名的经学家,高宗曾经表扬他的二十七卷本礼学著作《太常因革礼》。③ 赵汝谈(BCBFAFAAA,1237年卒)也是一位著名的经学家,他的著述遍及六经,还包括荀子、法家(《韩非子》)、道家(《庄子》)和唐代诗人杜甫以及唐代制度概论《通典》。④ 最后,上一章曾经提到,赵汝适(BCBPAAACD,1170—1231)在做提举泉州市舶期间,编写了关于外国地理和贸易的无价论著《诸蕃志》。

宗室的诗歌成就也相当可观。在成书于18世纪的《宋诗纪事》中,第八十二卷全卷所收皆为宗室作品,代表了74名诗人。全书共收诗人3812名,74只占不到2%,这个比例同宗室在南宋官僚中的比例相比非常小,但却仍然给人留下了深刻印象。⑤ 在本书所使用的宗室传记资料中,13%谈到了传主的诗作,有几

---

① KKC,卷102,1428页。
② 方仁荣:《景定严州续志》(1262),卷3,18b—19a。HTHSTCC,卷148,1a—3a;卷142,10a—19b。应当指出的是,以夫曾经作为历史学家在史馆中扮演了重要而有争议的角色。
③ SS,卷247,8746页。
④ SS,卷413,12396页。潜说友《咸淳临安志》的汝谈传列举了他的朋友和学侣,阵容强大,包括朱熹、蔡元定(1135—1198)、吕祖谦(1196年卒)、柴中行(1190年进士)、项安世(1208年卒)、陈孔硕(1172年进士)、黄榦(1152—1221),在卷67,16b—18b。
⑤ 《宋诗纪事》。作者总数引自 Nienhauser, *Indiana Companion to Traditional Chinese Literature*,378页。

则还提到他们作品的崇拜者。早期的例子比如太祖、太宗的侄子赵德文(CG,975—1046)可能是第一代宗室中最有才华的,据说,他的诗才和学问为他带来了一大圈文人朋友,还赢得了仁宗的倾情赞美。① 在南宋,赵充夫(CCAAAABAA,1134—1218)不仅是一位能干的地方官和方面大员,还著有诗一卷。充夫是南宋最伟大的诗人杨万里(1127—1206)是密友,②他的墓志铭并未引用杨万里的话来赞美他的诗,但是可以推想,对诗歌的共同热爱理当在二人友谊中起了重要作用。上文曾经谈到赵汝谈的学术,他弟弟汝说(BCBFAFAAB,1208年进士)的诗据说受到大臣、哲学家叶适(1150—1223)的赞赏。③ 而叶适的学生吴子良(1197年生)收集了赵必健(BCABDAAAAD,1193—1262)的诗。④ 最后,需要指出,有两位宗室的诗受到了传记作者刘克庄(1187—1269)的称赞。而刘克庄本人既是高产作家,又是理宗朝廷的重要人物。刘克庄写道,赵彦侯(CDCKGACA,活跃于13世纪早期)是一位杰出诗人,留下五十卷诗,曾经同张栻和朱熹的学生陈孔硕(1172年进士)唱和。⑤ 刘克庄也把赵汝鐩(BCBGNAGCC,1172—1246)描述成一个有名的诗人,说他的诗集《野谷集》非常受欢迎。⑥

我非常清楚上面这些信息和分析的局限性,它们充其量只能说明宗室确实积极参与了士大夫的学术和文化活动。遗憾的是,

---

① SS,卷244,8674—8675页。德文的友人中特别值得一提的是学者和大臣杨亿(974—1020)。
② HCC,卷18,308页。
③ 潜说友:《咸淳临安志》,卷67,19a—b。
④ HTHSTCC,卷160,21a。
⑤ HTHSTCC,卷169,14a。
⑥ 同上书,卷152,4a。

第十章 结论：中国历史上的宋代宗室

如何衡量宗室在宋代思想、学术和诗歌领域的影响，已经不在本书的研究范围之内。但是，绘画就是另外一回事了，因为人们早就认识到了宗室在宋代绘画方面的重要性。

奥斯瓦尔德·塞壬(Osvald Siren)在他关于中国绘画的划时代研究中，指出："宋代皇室比中国其他任何家族都更为直接地影响了绘画的发展"。① 在他看来，这主要是几位北宋皇帝，特别是徽宗高超的绘画技艺和扶植保护绘画的结果。但是，塞壬也提到了12位著名的宗室画家，他们主要来自北宋。再有，至少9位宗室有画作流传至今，在宋朝有作品存世的画家中占到了令人瞩目的5%。②

比数字更重要的是有3名宗室画家被公认为艺术大家。赵令穰(见上文)出生在开封的宫宅之中，是11世纪最后几十年中最活跃的画家，艺术史家更熟知的是他的字大年。赵大年善画以南方农村为题材的写意山水，他的画在当时深受欢迎，并在中国南方风格的山水画发展过程中占有重要地位。③ 上文曾经提到，身为宗室，令穰被限制在开封、所有的旅行只是偶尔到京东西路的皇陵去一趟，从未有机会目睹他常常描摹的江南风物。因此，在他的画作，特别是他的杰作《清夏江乡图》中，用冯文(Wen Fong)的话来说，我们所看到的是"一个城市艺术家浪漫的梦幻

---

① Siren, *Chinese Painting*, 69页。
② Siren,(*Chinese Painting*, 35—36页)列举了174名有作品存世的宋代画家，9名宗室构成了总数的5.2%。James Cahill(索引，第四章)所列的范围更广的名单中共有205名画家，9名为宗室(其中一人与Siren所列不同)，占4.4%。二者都提到了徽宗和高宗有画作存世。
③ 关于令穰艺术的评价，见Siren, *Chinese Painting*, 71—74页；Loehr, *Great Painters of China*, 151—158页；以及Fong, *Sung and Yuan Paintings*, 59—61页。关于赵大年受欢迎的程度，Siren(72页)写道哲宗因他的画而褒奖他，还有那些求画的人逼得他心烦意乱。

世界",这是一种即将兴盛于南宋的审美情趣。①

另外两位宗室画家都是南宋人,他们的生活环境和画风却大不相同。赵伯驹(AADDFEBB,卒于约1162年)、伯骕(AADDFEBE,生卒年不详)兄弟是画家令晙(AADDFE)的孙子。也许是因为令晙的伯爵头衔,两兄弟在开封长大,伯驹在徽宗时成为一名画院画家。② 南宋初年,两兄弟到达杭州,担任高宗的宫廷画家。伯驹在两兄弟中名气更大,他的绘画技艺,特别是青绿派绘画技巧,以及《汉宫》等工笔画卷受到高度评价。在《汉宫》中,伯驹将在宫墙内散步的宫女与聚集在宫墙外的普通人的车马生动地并列在一起,尽管与汉代景致、人物在时间与空间上都相隔遥远,但却体现了画家对宫廷生活的第一手认识。不管其准确性如何,《汉宫》却是唯一一幅存世的出自宗室之手的宫廷生活画卷。

同赵伯驹相比,生活在宋朝晚期的赵孟坚(AABCDBADBEAA,1199—约1267)却是不折不扣的文人画家和诗人。孟坚于1226年进士及第,官至严州(两浙)知州、翰林学士,但是,人们印象中的孟坚却是一位大雅之人,他乘坐船屋四处旅行,与朋友畅饮,高唱屈原的《离骚》。③ 孟坚最著名的作品是《水仙》,这是一幅长达12英尺的长卷,所画的却只有互相缠绕的水仙。用冯文的话来说,"中国人高度评价这幅画,因为它体现了中国文人画家高尚而

---

① Fong,*Sung and Yuan Paintings*,61页。
② Siren,*Chinese Painting*,106页;James Cahill,Index,65—68页。Cahill 误将令晙当作赵令穰的兄弟。根据《宋史》宗室族谱和YSC(卷24,474—477页)伯骕之子赵师嶧(AADDFEBEA;1149—1217)墓志铭,可以清楚地知道他是伯驹、伯骕兄弟的父亲(译注:似乎应当是祖父),与令穰的血缘关系相当疏远。
③《宋诗纪事》,卷72,12a—b(1900—1901页)。又见 Siren,*Chinese Painting*,158—159页;以及 Fong,*Sung and Yuan Paintings*,70页。

第十章 结论：中国历史上的宋代宗室

优雅的特质。"①

值得一提的还有存在于赵令穰、赵伯驹与赵孟坚之间的差异，令穰和伯驹同宫廷和皇帝都保持着密切关系，而孟坚则在社会关系和地理关系上远离宫廷。这种差异是一面镜子，它反映了宗室从以首都为基地向高度认同于文人的大转型。还有一个更大的问题需要回答，这就是，为什么宗室在绘画方面的成就明显要高于他们的学术和诗歌成就？我以为，答案在于皇帝在绘画发展中的突出作用。北宋后期的皇帝积极扶植保护绘画艺术，开创了画院，南宋坚持了保护绘画的态度，因此宋朝的绘画趋向于集中在宫廷和首都。同皇帝和宫廷保持着密切关系的宗室有着优越的条件，容易在绘画方面超过普通士人。从这个角度看，大批著名的宗室画家都出自北宋和南宋初，并同朝廷和首都关系密切，实非巧合。只有孟坚跳出了这一模式，但是，他的事迹的唯一性，还有他清晰的文人-诗人的自我定位，都表明孟坚只是一个例外。②

宋朝宗室的遗产

最后要提出的问题有关宗室在宋代以后的意义，一方面，是作为（诸多）血亲集团的榜样；另外一方面，则是作为后代宗室的榜样。

正如第九章所论，宋代宗室家族向宋以后宗族转变的过程可

---

① Fong, *Sung and Yuan Paintings*, 68 页。
② 我要补充一点，在我所读过的南宋宗室的传记资料中，只有赵必健一人善画，而根据传记记载，他的善画是少年人的行为，而不是成年人的成就（HTHSTCC, 卷160, 16a）。

以是漫长而曲折的。在一些个案中,宗族意识从南宋晚期就已经开始建立;而在另外一些个案中,宗室后裔却要等到明代初期才重新改姓赵,建立正式的宗族组织。我所看到的二十多份宗室后裔的族谱只能代表南宋后期曾经繁盛一时的宗室家族的一小部分,但是,即便如此,二十多个族系一直存续到现代,并且全都自称是宋代皇帝的后裔,就我看来也着实了不起。

更为令人惊讶的是,最近,全世界的赵氏族人对他们的皇家先祖爆发出极大兴趣,举行了许多活动。例如,1965年,旧金山印行了一本有关宋代宗室的双语简史;①1971年,台湾赵氏宗亲会出版了一册宋代皇帝和皇后的画像,其中包括一首赵氏宗亲歌;②最重要的是,泉州建立了赵氏研究协会,在过去的十年里,组织会议、出版通讯、杂志,1994年,更复制出版了一部编辑精良的早期族谱,还附有一批补充文献,价值非常高。③ 这些活动似乎与姓氏组织兴趣在中国的普遍复兴相互呼应,它的意义我们留给人类学家来解释。但是很显然,今天相当数量的人从自己是宋代皇帝或宗室的后裔这一想法中得到了巨大的现实满足。

在历史学上更有意义的问题是宋代宗室模式对后代的影响。简单地说,它在元朝的作用微不足道,在明朝相当重要,在清朝具有一定的重要性。蒙古对帝室宗亲的政策主要由游牧风俗所决定,社会和政治地位取决于同统治者的血缘关系,因此典型的做法是统治者的儿子会分封到自己的土地。元帝国的特点是亲王

---

① 赵英俊,*Brief History of the Chiu Clan*。又见 Jennifer Jay(*Change in Dynasties*,86—87 页)所记她与赵氏后裔的交往,和她所了解的赵氏宗亲在温哥华和香港的活动。
② 赵恒恕:《赵氏大宋皇帝皇后像记》。
③ 机构名称为泉州赵宋南外宗正司研究会。其出版物有不同的名称,宗谱就是这里所引用的 NWTYCSTP。

第十章 结论：中国历史上的宋代宗室

都有大块的封地，中央政府对这些封地的控制权则非常有争议。①

明朝的缔造者太祖(在位期间，1368—1398)也将封地当作安置他 24 个儿子的办法。他们主要被分封到帝国西、北边境地区的领土上。诸王拥有相当高的自治权力，掌控着大量的卫队，受到父亲的高度信任。太祖依靠他们作为边境的第一道防线。这个分封体系直到 1398 年太祖驾崩为止总体运行良好。② 然而，当太祖的孙子建文帝(在位期间，1398—1402)即位之后，内战随即爆发，结果他的儿子夺取皇位成为永乐帝(在位期间，1402—1424)。这表明赋予诸王领土权的内在危险。永乐皇帝严厉中止了诸王的权力，但是，又过了一百年，经历了两场诸王叛乱，诸王机构才完全丧失权力。③

与我们的目的关系更大的，是指导大宗室生活的各种细致规定。根据《明史》，王爵的传承严格遵循嫡长子继承制，其他人的爵位按照世系递降，这同宋代把爵位传给现存行辈最高、年纪最长者的做法大相径庭。但是，诸王的第六代及以下后裔也可以得到"奉国中尉"的头衔。④ 这样看来，在这个重要的问题上，明朝承袭了宋代的做法，也就是说，不计距离皇帝的辈分远近，所有帝室后裔均被视为宗室成员。

明代宗室不同于宋代的是另外几方面。第一，同 1070 年以前的宋代宗室一样，明代宗室也被排斥在科举考试和所有公共职

---

① Endicott-West, *Mongolian Rule in China*。
② 见 Farmer, *Early Ming Government*, 73—79 页。
③ Dreyer, *Early Ming China*, 148—152 页、186—187 页；Wakeman, *Great Enterprise*, 1 册, 335 页。
④ 张廷玉主编:《明史》(北京：中华书局，1974)，卷 116, 3557 页。

位之外；与宋朝不同的是，当明代的宗室同皇帝的关系已经远出了五服，这一状况也不会发生改变。1595年，就在王朝灭亡五十年以前，宗室获准参加科举考试，但是无人通过。① 第二，明朝初期，政府将宗王派往他们在乡间的领地，他们后来便在乡间长住，这些分散在帝国各地的几十个地方，成了宗室的居住中心。王朝希望保持对宗室的控制，因此没有皇帝的明令批准，他们不能离开居住地。② 第三，明朝并未遭遇北宋末年那样的灾难，因此宗室的发育毫无阻碍，不断膨胀，1594年，它的规模到达62 000人，1600年代，更超过80 000人。要维持这样一个庞大的集团，消耗了国家的大量资源。1562年，一位御史指出，诸王机构每年需要850万石谷物，而相比之下，首都一年只需400万石。当然，也正像魏克曼（Frederic Wakeman）指出的，这并未避免大量宗室负债、穷困潦倒。③

比之宋朝，明代进一步验证了用国家资源养活所有宗室只会造成生命和金钱的浪费的说法。这正是顾炎武在清初所作文章"宗室"的核心论题。尽管"废物"一词出自宋代的宋祁，但在顾炎武看来，它用在明代宗室头上再合适不过了，因为他们是如此彻头彻尾地被排斥在任何政府角色之外。④

在清朝，宗室——爱新觉罗宗族的角色是复杂的。它是更大范围的满洲集团的一部分，而满洲八旗构成了王朝的军事骨干

---

① Wakeman, *Great Enterprise*, 1册, 334页。
② Ray Huang, 1587, *A Year of No Significance*, 18页。
③ Wakeman, *Great Enterprise*, 1册, 332—333页。还有一个可能的差异是宗室婚姻。Ellen Soulliere ("Imperial Marriages")旁征博引，证明明代的政策是从"没有任何社会势力的家族"中选择宗王和公主的婚姻对象，以便确保他们不会成为政治权力的竞争者。尽管就我所知，还没有任何有关明代宗室婚姻的研究（Soulliere的研究焦点是皇帝的近亲家族），但是如果他们没有受到同样的限制，恐怕令人惊讶。
④ 顾炎武：《日知录》，卷9，24a—b。

第十章　结论：中国历史上的宋代宗室

(至少起初如此)，满洲人构成了与人口众多的汉人相对立的一个超级政治、社会阶层。入关以前，满洲首领皇太极(1592—1643)将爱新觉罗宗族分为"上三旗"。他们是特权阶层中的特权阶层，得到特殊的教育、信任和支持。① 同普通满洲人一样，皇帝的家族与宗族只同满洲人通婚。② 然而，在几个重要方面，爱新觉罗宗族却继承了前代，特别是宋朝的做法。同宋明两代的宗室一样，清代的宗室也开始断裂、高度分化，③但所有的后代都记入了皇家的族谱。宗室人数在1660年为378人，到清朝灭亡之后，已经增长到29 000多人。④ 同宋代宗室一样，清代宗室可以参加科举考试，早在1697年，就获得了有限额参加"宗室会试"的特权，但是，只有在1801年宗室乡试建立之后，宗室的科举人数才变得可观起来。结果有288名宗室通过科举取得了入仕资格。这个数字同宋代相比要小得多，但仍然大大超过明朝那几个宗室毕业生。⑤ 此外，爱新觉罗家族成员有着重要的军事功能，即使是在整个18世纪和19世纪初受到严密审查的宗王，到了19世纪晚期也在政府中担任了主要角色。⑥

从以上简短的历史回顾中，可以得到如下结论，宋代宗室的主要遗产是观念方面的。如本章前文所指出的，必须把宗室看做范围更广的政体的一部分，无限大的宗室概念已经被接受，也就

---

① Crossley，*The Manchus*，30—31、55、79页。
② Rawski，*The Last Emperor*，130—131页。
③ 见郭松义：《清宗室的等级结构及经济地位》；郭松义的论文载在李中青(James Lee)、郭松义主编的清代宗室人口学研究论文集《清代皇族人口行为和社会环境》。
④ Evelyn Rawski，*Ch'ing Imperial Marriage and Problems of Rulership*，172—173页。
⑤ 赖惠民：《清代皇族的封爵与任官研究》，138—139页。具体地说，有228名举人，104名进士，翻译乡试举人44名，翻译进士14名。
⑥ Evelyn Rawski，*Ch'ing Imperial Marriage and Problems of Rulership*，197页。

是说,宗室包括开国皇帝的所有男性后裔和他们的妻子、女儿,不管他们与开国皇帝和现任皇帝的服属关系有多么疏远。这样一种观念一旦确立,便在明清两代产生了较大的影响。

最后,最突出的还是宋代宗室的独特性。没有其他任何一个朝代,皇帝后裔的赡养维持、控制和使用是如此成功,阴谋、争位和叛乱几乎从未发生。这部分是历史性事故的结果:北方的丧失,以及因此而发生的大量宗室遭到"清除",保证了宗室永远也无法增长到明、清宗室的规模。但更重要的却是宋朝对待宗室和宗子的政策,它值得历史学家加以关注,也值得任何有兴趣探讨君主制度如何对待君主亲戚的人去了解,去思考。

附 录

A 有传记资料的宗室名单

下表根据谱系顺序,排列了有传记资料可寻的宗子、宗女名单。谱系顺序的排列方法,我在《谱牒编码说明》已经加以解释。资料为真正传记者,在第四栏中标记为 B。皇帝的儿子排在太祖一系、太宗一系的最末。如某人不见于《宋史》宗室表,而他的部分或全部祖先却在,则以 X、Y、Z 补足其世系编码。最后所列为那些完全无法确定谱系地位的宗室。

名字后所附问号表示我完全无法在任何中文字典中找到这个字。谱系编码后的"-d"表示编码所指宗室的女儿;"-w"表示斯人之妻。资料来源栏中使用的简称意义如下:

EL　　1148 和 1256 年的进士登科录

GEN　　族谱,包括宋代的《仙源类谱》和其他赵氏族谱

LH　　地方志

MCM　　墓志铭

O　　其他

最后,需要指出,魏王一系第五、第六代的排行字"之""夫"是名字中的第二个字,而不是第一个。

宋史世系编码	名字及生卒年	资料来源	作 者
	太祖一系		
AA	德昭（979 年卒）	B SS	
AAA	惟正	SS	
AAAA	从谠	B SS	
AAAACCI	子褫（1089—1157）	B GEN	
AAAACCIACYX	与霪（1237—1317）	B GEN	
AAAACEBB	伯璟（1135—1202）	B MCM	周必大
AAAACJ	令矼（1066—1136）	B SS	
AAAFUO	令德（活跃期，1132—1165）	B SS	
	* * *		
AAB	惟吉（966—1010）	B SS	
AAB-d	赵氏（1009—1068）	B MCM	郑獬
AABA	守节	SS	
AABAA	世永	B MCM, SS	郑獬
AABAACAAAAB	与昉（活跃期，1235—1262）	B GEN	
AABAAEAAAAB	与篯（1179—1260）	B SS, LH	
AABAB	世延（1022—1065）	B MCM	王珪
AABACABC	伯泽（活跃期，1215）	SS	
AABACB	令邦（1051—1069）	B MCM	司马光
AABB	守约	SS	
AABBA	世静	SS	
AABBABDCA	师龙（1143—1194）	B MCM	楼钥
AABBABE	子栋（1173 年卒）	SS	
AABBAX	令^a（1052—1056）	B MCM	王珪
AABBDE	子觊（活跃期，1202）	SS	
AABBC	世长	SS	
AABBCDABBC	希哲（活跃期，1255）	B O	
AABC	守巽（活跃期，1044）	SS	
AABCA	世清（活跃期，1068—1085）	B SS	
AABCAB	令廊（活跃期，1080）	SS	
AABCAEAAB	师孟（1109—1172）	EL, O	
AABEBBAAEABA	孟俨（1256 年进士）	EL	
AABCDBADAAA	与时（1175—1231）	B MCM	赵孟坚

续 表

宋史世系编码	名字及生卒年	资料来源	作 者
AABCDBADECE	与檠(活跃期,1276)	B SS	
AABD	守度	SS	
AABDCCABB	师奭	O	
AABDDABAAA	希旦(1190年进士)	LH	
AABDEAEABBAA	孟棨(活跃期,1270年代)	B SS	
AABDEAEABBAX	祺(1240—1274)度宗	B SS	
AABDEAEABBX	贵诚[b](1205—1264)更名昀,即理宗	B SS	
AABDEFBA	伯淮(1120—1177)	B MCM	孙应时
AABDEFBAA	世渊(1172年进士)	LH, O	
AABDEFBAA-d	希怡(1177—1235)	B MCM	袁甫
AABDEFBAD	师夏(1190年进士)	LH, O	
AABDEFBADD	希侘(活跃期,1265)	B LH	
AABDEFBADE	希悦	LH, O	
AABDEFBBAD	希亮	LH	
AABDEFBBB	师端	B LH, O	
AABDEFBBBD	希廙(1211年进士)	LH	
AABDEFBC	伯洙(1157年进士)	B LH	
AABDEFBCA	师雍(1187年进士)	B LH, O	
AABDEFBD	伯湢(1157年进士)	LH	
AABDEFBDA	师开(1199年进士)	LH	
AABDEFBDB	师羽(1199年进士)	LH	
AABDEFBFB	师耕(1214年进士)	LH	
AABDEFBG	伯浒(1190年进士)	LH	
AABE	守廉	SS	
AABEABG	子镠(1130年进士)	B GEN	
AABEABGCCCA	与藩(活跃期,1276)	B GEN	
AABEABGCCCAXX	由璃(活跃期,1270)	B GEN	
AABEABGCCCAY	由腾	B GEN	
AABF	守康	SS	

* * * * * * * * * * * * * * * * *

| AAC | 惟固(活跃期,983) | SS | |

续 表

宋史世系编码	名字及生卒年	资料来源	作者
*****************			
AAD	惟忠（活跃期,983—1015）	SS	
AADA	从恪	SS	
AADA-w	米氏	MCM	欧阳修
AADAAB-w	潘氏（1046—1069）	MCM	司马光
AADAB	世融（1016—1055）	B MCM	欧阳修
AADAC	世昌（1020—1061）	B MCM	王 珪
AADAD	世规	SS	
AADAF	世衡（1020—1059）	B MCM	欧阳修
AADB	从蔼（活跃期,1044）	SS	
AADBA	世丰	SS	
AADBB	世宣（1023—1058）	B MCM	欧阳修
AADBBEEBBFCA	孟鑽（1256年进士）	EL	
AADBEFBCBA	与东（1256年进士）	EL	
AADBBEGADA	希錧（1176—1233）	B MCM, SS	魏了翁
AADBC	世潍（活跃期,1071）	B SS	
AADBCCAAABAB	孟熄（1256年进士）	EL	
AADBD	世雄（活跃期,1071）	B SS	
AADBDAD	子渲（活跃期,1127—1131）	B SS	
AADBDDBAAAA	与龄（1214年进士）	LH	
AADBDDC	子嶙（1103年进士）	B GEN	
AADBDDCAFBAX	孟泾（活跃期,1280年代）	B GEN	
AADBDEB	子砥（1128年卒）	B SS	
AADBDFA	子崧（1132年卒）	B SS	
AADBACABC	希恪（1214年进士）	LH	
AADBFAB	子佣（活跃期,1130年代）	B GEN	
AADBFABB	伯详	B GEN	
AADBFABBA	师琪	B GEN	
AADBFABBAA	希陕	B GEN	
AADBFABBAAA	与音	B GEN	
AADBFABBAAAA	孟隶	B GEN	
AADBFABBAAAAX	由馥（1270年生）	B GEN	
AADBFABGA	师玖	B GEN	

续表

宋史世系编码	名字及生卒年	资料来源	作者
AADBFABGAXXXX	由潔	B GEN	
AADBG	世岳	B MCM	王安礼
AADBHD	令崴ᶜ	B SS	
AADBHF	令衿(1158年卒)	B SS	
AADBIABBAEA	与参(1256年进士)	EL	
AADC	从颖	SS	
AADCBGB	子瀹(活跃期,1151)	B GEN	
AADCBK	令误(活跃期,1111—1162)	B SS	
AADD	从谨	SS	
AADDA	世崇(1021—1052)	B MCM	王 珪
AADDAA	令螾(1049—1082)	B MCM	杨 傑
AADDCIAA	伯栩(活跃期,1211)	SS	
AADDEC	令時(1061—1134)	B SS	
AADDECCA	伯枳(活跃期,1208)	SS	
AADDFEBEA	师羣(1149—1217)	B MCM, SS	叶 适
AADDGADA	伯摅(1116—1168)	B MCM	楼 钥
AADE	从质(1010—1052)	B MCM, SS	王 珪
AADEAAAAEAAB	孟锦(1276卒)	B SS	
AADEAAACFA	希瑀(1217年进士)	LH	
AADEAAEAC	师浔(1148—1199)	B MCM	楼 钥
AADEBCGBAXX-w	黄昇(1227—1243)	B MCM	赵师恕
AADEGABA	伯直(1103—1167)	B MCM	楼 钥
AADEGABAD	师郑(1190年进士)	LH	
AADEHAF	子潚(1102—1167)	B MCM, SS	胡 铨
AADF	从信(1010—1060)	B MCM, SS	王 珪
AADFABFB	伯术(1121—1188)	BMCM, EL	赵善括
AADFBAAAACX	与梼(1256年进士)	EL	
AADFBAAAACY	与樀(1256年进士)	EL	
AADFCH	令廛(1069—1143)	B SS	
AADFCHA	子游(活跃期,1162)	B SS, SHY	
AADFCHAGBX	希言(1164—1224)	B SS	
AADFCHAGBXA	与懂(1214年进士)	B SS	
AADFCHAHACAB	孟佥(1256年进士)	EL	

续 表

宋史世系编码	名字及生卒年	资料来源	作 者
AADFCHAIC	师召(活跃期,1190年代)	O	
AADFD	世護(活跃期,1050年代)	B MCM	胡　宿
AADFFCDA	伯玖(见高—B)		
AADFFDAB	伯清(1133—1166)	B MCM	陆增祥
AADFFDBCA	师雩(活跃期,1218)	O	
AADFK	世福	SS	
AADFNA	令话(1132卒)	B SS	
AADFNAFAAAAA	孟鐇(1256年进士)	EL	
AADFNL	令愭(活跃期,1172)	B SS	
AADFNM	令擡(活跃期,1172)	SS	
AADFOAAAA	师誉(1172年进士)	LH	
AADFOAAAB	师癹(1175年进士)	LH	
AADFOBA	子肜(1191卒)	SS	
AADFUGC	子恭(1209卒)	SS	
AADFUSD	子修(1148年进士)	EL	
AADX	从秉	SS	
	＊＊＊＊＊＊＊＊＊＊＊		
AAE	惟和(988—1013)	B SS	
AAE-w	冯氏(987—1053)	BMCM	欧阳修
AAEA	从海	SS	
AAEAC	世开	B SS	
AAEB	从审(1006—1051)	B MCM,SS	王　珪
AAEBA	世英(1028—1063)	B MCM	王　珪
AAEBB	世坚(1048卒)	B MCM	胡　宿
AAEBEACGBFA	与溥(1256年进士)	EL	
AAEBFAE	子昼(1089—1142)	B MCM,SS	程　俱
AAEBFAECAB	希澓(1194—1251)	B MCM	刘克庄
AAEBH	世仍(1047—1068)	B MCM	王安礼
	＊＊＊＊＊＊＊＊＊＊＊		
AB	德芳(959—981)	B SS	
ABA	惟叙(977—1011)	SS	

续表

宋史世系编码	名字及生卒年	资料来源	作者
ABAA	从溥	SS	
ABAAACBAAC	希瞿(见孝—BBA)		
ABAB	从照	SS	
ABABADBAA	师葴(1205年进士)	LH	
ABABAHDA	伯述	GEN	
ABABAHDAA	师诰	B GEN	
ABABAHDAAD	希庠(1199年进士)	B GEN	
ABABAHDAADC	与昉(1219—1292)	B GEN	
ABABAHDAADCA	孟浬(1256年进士)	EL	
ABABAHDAADCX	孟模(1255—1302)	B GEN	
ABABAIAB	伯浩(活跃期,1140年代)	SS	
	＊＊＊＊＊＊＊＊＊＊＊＊		
ABB	惟宪(979—1016)	B SS	
ABBA	从郁(993—1041)	B MCM	宋祁
ABBAACCCEAB	与諲(1256年进士)	EL	
ABBAACED	伯茂(1148年进士)	EL	
ABBAB	世褒(1019—1041)	B MCM	张方平
ABBACEA	子偁(1144卒)	B SS	
ABBACEAA	伯圭(1125—1202)	B MCM, SS	楼钥
ABBACEAAA	师夔(1142—1202) 后改名眘,即孝宗	B SS	
ABBACEAAB	师揆(1214卒)	B SS	
ABBACEAAD	师禹	SS	
ABBACEAB	伯琮(1127—1194)	B SS	
ABBB	从式(1007—1071)	B MCM, SS	韩维
ABBBBGBBBA	希洎(1278卒)	B SS	
ABBBC	世恩	SS	
ABBBCDACA	师棨(活跃期,1270年代)	B SS	
ABBC	从湜	SS	
ABBCCBAAABBC	孟壘(1259年进士)	B SS	
ABBD	从贲(活跃期,1070年代)	B SS, HCP	
ABBX	从演	SS	

续 表

宋史世系编码	名字及生卒年	资料来源	作 者
ABBY	从戎	SS	
ABBZ	从戒	SS	
****************			
ABC	惟能(979—1008)	SS	
ABCA	从古(活跃期,1060)	SS	
ABCAA	世迈(1026—1049)	B MCM	王　珪
ABCACAFBAAB	与种(1256 年进士)	EL	
ABCC	从赟(1007—1050)	B MCM, SS	王　珪
ABCCDACB	伯瑗(1148 年进士)	EL	
ABCCX	世居(1075 卒)	B HCP	
****************			
孝—A	愭(1144—1167)	B SS	
孝—AA	挺(1169 卒)	SS	
孝—AB	揩(活跃期,1206—1215)	SS	
孝—B	恺(1146—1180)	B SS	
孝—BA	摅	SS	
孝—BB	抦(1206 卒)	SS	
孝—BBA	均,本 ABAAACBAAC,希瞿	SS	
孝—BBAA	贵和,见 宁—I,竑,本名与愿,AAXXXXXXXX		
宁—I	竑(1225 年卒)	B SS	
宁—H	询(1192—1220)	B SS	
太宗一系			
BA	元佐(962—1023)	B SS	
BAA	允升(1035 卒)	B SS	
BAAA	宗礼	B SS	
BAABAAAABA	崇礼(1217 年进士)	LH	
BAAC	宗旦(活跃期,1064—1080)	B SS, SHY	
BAACAABAA	汝翼(1166 年进士)	LH	
BAACACCAC	汝简(1190 年进士)	LH	

续 表

宋史世系编码	名字及生卒年	资料来源	作 者
BAACFCCACBC	必䏁(活跃期,1279)	B GEN	
BAADADA	不弃	B SS	
BAADB	仲侔(1039—1081)	B MCM	王安礼
BAAF	宗回(1017—1066)	B MCM	张方平
BAAFBDADAC	崇琰(1211年进士)	LH	
BAAFBDAGBB	崇淯(1256年进士)	EL	
BAAG	宗悌	B SS	
BAAH	宗默(1018—1054)	B MCM	王 珪
BAAHBEAAC	汝谟(活跃期,1202)	O	
BAAJE	仲考(1051—1067)	B MCM	张方平
BAAK	宗惠(活跃期,1060—1080年代)	SS, SHY	
BAAKBCBCBDC	必珪(1256年进士)	EL	
BAAKF	仲企(1055—1088)	MCM	范祖禹
BAAKFBDA	善应(1118—1177)	B MCM, SS	朱 熹
BAAKFBDAA	汝愚(1140—1196)	B MCM, SS	
		O	刘光祖
BAAKFBDAAA	崇宪(1160—1219)	B MCM, O	真德秀
BAAKFBDAAAA	必愿(1249卒)	B SS	
BAAKFDBAAD	崇模	B O	
BAAKFBDAAE	崇度(1175—1230)	B MCM	真德秀
BAAKFBDAAEAA	良淳(活跃期,1270年代)	B SS	
BAAKFBDAAFA	必揆(1256年进士)	EL	
BAAKFDAAG	崇实	SYHA	
BAAKFBDDA	汝靓	B SYHA	
BAAKLCC	不试(1217卒)	B SS	
BAAM	宗辩(1023—1068)	B MCM	王安石
BAAMBBGBBDB	必棍(1256年进士)	EL	
BAAMBCBABCC	必噩(1256年进士)	EL	
BAAMHIABB	汝澋(1256年进士)	EL	
BAANBE	士㽎(1080—1131)	B SS	
BAANDBABAAX	必聪(1256年进士)	EL	

续 表

宋史世系编码	名字及生卒年	资料来源	作 者
*******			
BAB	允言(1029卒)	B SS	
BABA	宗说(活跃期,1033—1053)	B SS	
BABAB	仲郢(1025—1047)	B MCM	张方平
BABACEAD	善珏(1148年进士)	EL	
BABAFBAABBC	必玶(1256年进士)	EL	
BABAFF	士遒(1135卒)	B SS	
BABAG	仲夔	MCM	王安石
BABAH	仲旻	B SS	
BABAJDFA	善屾(1148年进士)	EL	
BABAKBBBCAAA	良珤(1256年进士)	EL	
BABAVAABXX	崇墿(1256年进士)	EL	
BABB	宗立	B SS	
BABBBAB	不侮	B MCM	刘一止
BABBBAB-d	赵紫真(1097—1140)	B MCM	孙 逖
BABBBACA-d	赵氏(1170卒)	B MCM	罗 愿
BABBE	仲来	SS	
		MCM	王安礼
BABBEAA	不觉	SS	
BABBEABDAA	崇悉(1164—1228)	B MCM, SHY	刘 宰
BABCE	仲行(1067卒)	MCM	王安石
BABD	宗育(1012—1041)	B MCM	张方平
***************			
BAC	允成	SS	
BACA	宗颜(1008—1055)	B MCM	欧阳修
BACAA	仲连(1034—1069)	B MCM	司马光
BACB	宗讷(1009—1054)	B MCM	欧阳修
BACDAA	士弇(1060—1063)	B MCM	王 珪
BACE	宗严(1013—1065)	B MCM	王 珪
BACHDBBABEA	必瀸(1256年进士)	EL	
BACHFD-d	赵氏(1121—1158)	B MCM	洪 适

续　表

宋史世系编码	名字及生卒年	资料来源	作　者
＊＊＊＊＊＊＊＊＊＊＊＊＊＊＊			
BB	元僖(992卒)	B SS	
BBAA	宗保(1074卒)	B SS	
＊＊＊＊＊＊＊＊＊＊＊＊＊＊＊			
BC	元份(968—1004)	B SS, GEN	
BCA	允宁(1034卒)	B SS	
BCAA	宗谔(1082卒)	B SS	
BCAACDAABA	崇岊(1196年进士)	LH	
BCAACDABAF	崇中(1214年进士)	LH	
BCAAEADBBA	崇铬(1256年进士)	EL	
BCAAEEB	不衰(1107—1079)	B MCM	朱　熹
BCAAEEBA	善俊(1157年进士)	B SS	
BCAAEEBB	善仪(1134—1185)	B MCM	朱　熹
BCAAHA	士彩(1095—1160)	B MCM	孙　逖
BCAB	宗敏	B SS	
BCABACA	不尤(活跃期,1120年代)	B SS	
BCABACAA	善悉(1141—1198)	B MCM	叶　适
BCABCBACBCAX	良铨(1256年进士)	EL	
BCABDAAAAAD	必健(1193—1262)	B MCM	刘克庄
BCABEADBAA	崇昰(1199年进士)	LH	
BCABEAFA	善济	O	
BCABEBCCAEG	必逫(1256年进士)	EL	
BCABEIB	不敘(1148年进士)	EL	
BCABGBEBACB	必铮(1256年进士)	EL	
BCABGGAACCB	必寰(1256年进士)	EL	
BCABGGCCBAA	必淦(1256年进士)	EL	
BCABGHEB	善誉(1143—1189)	B MCM, SS	楼　钥
BCABGLDA	善择(1169年进士)	B LH	
BCAD	宗肃(1082卒)	B SS	
BCADACBBB	汝盟(1172—1230)	B MCM	陈　宓
BCADE	仲朐(1061—1081)	MCM	王安礼

续 表

宋史世系编码	名字及生卒年	资料来源	作 者
BCAEBCCDA	汝珽(1256年进士)	EL	
**************			
BCB	允让(995—1059)	B GEN, SS	赵锡年
BCBA	宗懿	SS	
BCBAAKA	不群(活跃期,1120年代)	B SS	
BCBAD	仲鸾	B SS	
BCBAEAADACB	必脙(1256年进士)	EL	
BCBAF	仲汾	B SS	
BCBAFGF	不凌(1224卒)	SS	
BCBB	宗朴(活跃期,1060年代)	B SS	
BCBBADABAB	必汴(1256年进士)	EL	
BCBBFG-d	赵氏(1153—1190)	B MCM	杨万里
BCBBC	仲庞(1045—1068)	B MCM	王安石
BCBBDD	士俭(1157卒)	B SS	
BCBBDE	士轕(1180卒)	SS	
BCBBDED	不熄(活跃期,1213)	B SHY	
BCBC	宗谊	SS	
BCBE	宗师(1028—1056)	B MCM	欧阳修
BCBF	宗晖(1024—1094)	B SS	
BCBFAFA	不息(1121—1187)	B MCM, SS	叶适
BCBFAFAAA	汝谈(1237卒)	B LH, SS	
BCBFAFAAB	汝觉(1208卒)	B LH, SS	
BCBFB	仲爰(1054—1123)	SS, SHY	
BCBFCBABAAA	必咸(1256年进士)	EL	
BCBFD	仲璲(活跃期,1070年代)	B SS	
BCBFDBAAAX	崇回(1256年进士)	EL	
BCBGCB	士跂(1126卒)	B SS	
BCBGF	仲浞(1137卒)	B SS	
BCBGFA	士从(活跃期,1126—1134)	B SS	
BCBGFC	士街(1160卒)	B SS	
BCBGFCJA	善湘(1242卒)	B SS	

续 表

宋史世系编码	名字及生卒年	资料来源	作 者
BCBGFE	士篯(活跃期,1163)	B SS	
BCBGFF	士衍(活跃期,1163—1164)	B SS	
BCBGFIB	不嫖(1219 卒)	SS	
BCBGFJ	士歆(1196 卒)	SS	
BCBGL	仲增(1115 卒)	SS	
BCBFMCC	不秅(1199 卒)	B SS	
BCBGDCCAA	崇铤(1256 年进士)	IL	
BCBGN	仲理(活跃期,1126)	SS	
BCBGNAGC	善坚(活跃期,1190 年代)	O	
BCBGNAGCC	汝鐩(1172—1246)	B MCM	刘克庄
BCBI	宗晟(1031—1095)	B SS, SHY	
BCBIA	仲御(1052—1122)	B SS	
BCBIAG	士儴(1084—1153)	B SS	
BCBIAGA	不凡(活跃期,1120 年代)	B SS	
BCBIAGBGAA	崇讵(1187 年进士)	LH	
BCBIAGBHF	汝俞(1187 年进士)	LH	
BCBIAGHGA	崇禹(1214 年进士)	LH	
BCBIAGBIAB	崇迈(1220 年进士)	LH	
BCBIAMDCEA	崇珅(1256 年进士)	EL	
BCBIAMJ	不拙	B O	
BCBIAMJ-d	赵氏(1158—1213)	B MCM	袁燮
BCBIBH	士崿(1151 卒)	B SS	
BCBJAAAAAC	崇正(1217 年进士)	LH	
BCBKCKCBA	汝稟(1193—1267)	B MCM	刘克庄
BCBL	宗愈(1031—1095)	B SS	
BCBLFD	士剀(1108—1162)	B MCM	不著撰人
BCBLHE	士靖(活跃期,1127)	B SS	
BCBMAAA	不独(1106—1176)	B MCM	杨万里
BCBN	宗沔(1050 年代卒)	B MCM	欧阳修
BCBO	宗绰(1096 卒)	SS	
BCBOBDACB	汝历(活跃期,1251)	B LH	
BCBP	宗治(1036—1091)	GEN	赵锡年
BCBPAAAC	善待(1138—1188)	B MCM	袁燮

续 表

宋史世系编码	名字及生卒年	资料来源	作 者
BCBPAAACA	汝述(1184年进士)	B SS	
BCBPAAACD	汝括(1170—1231)	B O	
BCBPAM	士珞(1108—1153)	B SS	
BCBPAM-w	蔡氏(1134—1161)	B O	
BCBPAME	不廛(1151生)	O	
BCBPAME-d	赵氏(1216—1243)	B MCM	刘克庄
BCBPAMF	不劢(1151—1197)	O	
BCBPAMF-d	赵必善(1188—1260)	B MCM	刘克庄
BCBPAMGA	善兰	GEN	
BCBPAMGA-d	赵汝借(1199—1249)	B MCM	刘克庄
BCBPC	仲湬(1070—1109)	GEN	赵锡年
BCBPCA	士㒟(1090—1140)	B GEN	赵锡年
BCBPCAB	不缩(1110—1157)	GEN	赵锡年
BCBPCABBBCB	必樫(1256年进士)	EL	
BCBPCABBBCBX	良聆(活跃期,1283)	B GEN	赵锡年
BCBPCABC	善宾(1110—1157)	B GEN	赵锡年
BCBPCABCA	汝固(1181—1248)	B GEN	赵锡年
BCBPCABCAA	崇橐(1200—1276)	B GEN	赵锡年
BCBPCABCAAA	必迎(1225—1289)	B GEN	赵锡年
BCBPCABCAAAA	良韶(1286—1332)	B GEN	赵锡年
BCBPCABCAAAAD	友寿^d(1312—1364)	GEN	赵锡年
BCBPCABCAAAAE	友贤(1312—1369)	GEN	赵锡年
BCBQ	宗苰(1039—1080)	B MCM	王安礼
BCBQCABBC	汝滕(1261卒)	B SS, O	
BCBQCABBCA	崇堂(1230—1244)	B MCM	赵汝滕
BCBQCAE	不泯(12世纪)	B MCM	刘光照
BCBQDCDDBAA	必璩(1245—1295)	B MCM	陈纪状
BCBS	宗楚(1097卒)	B SS	
BCBT	宗祐(1098卒)	B SS	
BCBTGDΛ	不渗(1144—1181)	B MCM	杨兴宗
BCBU	宗汉(1109卒)	B SS	
BCBUBCC	不傅(1217卒)	SS	
BCBUBDAABFX	必畔(1256年进士)	EL	

续 表

宋史世系编码	名字及生卒年	资料来源	作 者
BCBUI	仲儡(1139卒)	B SS	
BCBX[e]	宗实(1032—1067)后更名曙,即英宗	B SS	
BCBYYYY	不壆(活跃期,1205—1208)	SS	
* *			
BD	元傑(972—1003)	B SS	
BDAA(b. BACF)	宗望(1020—1063)	B MCM	王 珪
BDAAAD	士蚪(1058—1069)	B MCM	司马光
* * * * * * * * * * * * * *			
BE	元偓(997—1018)	B SS	
BEA	允弼(1008—1070)	B MCM, SS, SHY	王 珪
BEAA	宗述(1023—1068)	B MCM	王安石
BEAB	宗艺(1029—1065)	B MCM	王 珪
BEABB	仲颀(1055—1080)	B MCM	王安礼
BEAC	宗缋	SS	
BEACCEA	不愧(1148年进士)	EL	
BEACCEB	不悔(1148年进士)	EL	
BEAD	宗景(1032—1097)	B SS	
BEAD-w	李氏(1030—1081)	B MCM	王安礼
BEAGFEAC	善恭(1148—1217)	B MCM	卫 泾
* * * * * * * * * * * * * * * * * * *			
BF	允俰(981—1014)	B SS	
* * * * * * * * * * * * * * * * *			
BG	元俨(987—1044)	B MCM, SS	宋 祁
BGB	允良(1013—1067)	B SS, MCM	张方平
BGBAKA	士翻(1087—1174)	B GEN	
BGBAKAB	不玷(1123—1214)	B GEN	
BGBAKAC	不瑜	B GEN	

续 表

宋史世系编码	名字及生卒年	资料来源	作 者
BGBAKACX	善调(1166年进士)	B GEN	
BGBAKACXX	汝邠	B GEN	
BGBAKACXY	汝邻(元初)	B GEN	
BGBBACDEAA	崇誉(1217年进士)	LH	
* * * * * * * * * * * * * * * * * *			
BGC	允迪(1014—1048)	B SS	
* * * * * * * * * * * * * * * *			
BGD	允初(1064卒)	B MCM, SS	王 珪
* * * * * * * * * * * *			
真—A	祐(995—1003)	MCM, SS	杨 亿
英—S	颢(活跃期,1060—1086)	B SS	
英—B	頵(1056—1088)	B SS, MCM	范祖禹
神—A	伱(1106卒)	B SS	
神—B	俣(1127卒)	B SS	
神—C	似(1127卒)	B SS	
哲—A	茂(1101卒)	B SS	
徽—B	楷(活跃期,1118—1126)	B SS	
徽—D	枢(活跃期,1126)	B SS	
徽—E	杞(活跃期,1127)	B SS	
徽—F	栩(活跃期,1127)		
徽—L	棣(活跃期,1127)	B SS	
徽—M	樗(活跃期,1127)	B SS	
徽—O	㭭(活跃期,1127)	B SS	
徽—P	榛(活跃期,1127)	B SS	
钦—A	谌(1117生)	B SS	
钦—B	训(活跃期,1140)	B SS	
高—A	旉(1127生)	B SS	
高—B	璩(1130—1188)	B SS	
	(本 AADFFCDA,伯玖)	B SS	

续表

宋史世系编码	名字及生卒年	资料来源	作者
	魏王一系		
C	廷美(947—984)	B SS	
CA	德恭(962—1006)	B SS	
CAA	承庆(1039卒)	B MCM	杨傑
CAAB	克继(1090卒)	B SS	
CAABA	叔藻(1074卒)	B MCM	沈括
CAABBB	徽之(1103卒)	B MCM	慕容彦逢
CAACD	叔萧(1051—1055)	MCM	刘敞
CAACE	叔礟(1055—1059)	B MCM	刘敞
CAACF-w	翁氏(1058—1079)	B MCM	王安礼
CAADAAGB	彦恂(1148年进士)	EL	
CAADAAGBBA	时侃(1196年进士)	B LH	
CAADAAGBBAX	若珪(1214年进士)	B LH, MCM	刘宰
CAADAAGBBB	时佐(1181—1233)	B MCM	刘宰
CAADAAGBBXX	若琪(1214年进士)	LH	
CAADDBBMAA	时贯(1256年进士)	EL	
CAAE	克萧(1030—1057)	B MCM	刘敞
CAAAFA	叔僧(1047—1055)	MCM	刘敞
CAAFBAAA-w	王惠真(1150—1223)	B MCM	陈宓
CAAFBAAAEA	若珒(1256年进士)	EL	
CAAFBAAAEB	若陫(1256年进士)	EL	
	＊＊＊＊＊＊＊＊＊＊＊＊		
CABA	克己(1044卒)	B MCM, SS	宋祁
CABA-w	武氏(1004—1075)	B MCM	沈括
CABAA	叔韶(活跃期,1046—1055)	B SS	
CABAAAX	季培(1059—1059) 未获赐名	B MCM	刘敞
CABABA	化之ᶠ(1050—1051)	B MCM	刘敞
CABBD	叔亶(1043—1053)	B MCM	刘敞

续表

宋史世系编码	名字及生卒年	资料来源	作者
CABBEBACAA	时瑜(1256年进士)	EL	
CABBFH	训之(1129卒)	B SS	
CABBFHBA	彦樯(1148—1218)	B MCM, SS	叶适
CABC	克修	B SS	
CABCA	叔允	B SS	
CABCAA	抚之	B SS	
CABCAGC	公迈(1115—1179)	B MCM	陈宓
CABCAJAADD	时洮(1256年进士)	EL	
CABCBCCBE	伸夫(1162—1222)	B MCM	袁燮
CABDAAKA	彦肃(1166年进士)	BLH	
* * * * * * * * * * * * *			
CB	德隆(964—986)	B SS	
CBA	承训	SS	
CBA-w	张氏(994—1059)	B MCM	刘敞
CBAA	克勤(1030—1079)	B MCM	王安礼
CBAAAEBA	彦堪(1119—1161)	B MCM	韩元吉
CBABBCAAAB	时通(1161—1221)	B MCM	真德秀
CBABBCBACA	时恭(1223年进士)	LH	
CBADCB	田之(1065—1106)	B MCM	慕容彦逢
CBADE	叔乐(1052—1102)	B MCM	慕容彦逢
CBADIAAACBAX	嗣德	B GEN	
CBADIACAAAA	若栖(南宋晚期)	B GEN	
CBAECAAA	彦端(1121—1175)	B MCM	韩元吉
CBAECFB	公迥(1151年进士)	B GEN	
CBAECGCD	彦敏(1166年进士)	LH	
* * * * * * * * * * * * * * *			
CC	德彝(967—1015)	B SS	
CCA	承矩	SS	
CCAAAABAA	充夫(1134—1218)	B MCM	袁燮
CCAAACBBBB	时著(1214年进士)	LH	
CCAAACBC	彦龄(1148年进士)	EL	

续 表

宋史世系编码	名字及生卒年	资料来源	作 者
CCAADEAAADA	若鲁(1256年进士)	EL	
CCAADEAACAA	若硅(1256年进士)	EL	
CCAAF	叔疾(1049—1053)	MCM	刘 敞
CCABF	叔尊(1055—1103)	MCM	慕容彦逢
CCABH	叔峙(1058—1104)	B MCM	慕容彦逢
CCABHBACB	庚夫(1173—1219)	B MCM	刘克庄
CCACCBAB	彦逾(1130—1225)	B SS, LH	
CCADB	叔罕(1045—1050)	GEN B MCM	刘 敞
CCADECBBCAA	若祺(1256年进士)	EL	
CCADF	叔趾(1051—1069)	B MCM	苏 颂
	＊＊＊＊＊＊＊＊＊＊＊＊＊		
CCBA	克构(1015—1056)	B MCM	刘 敞
CCBAAA	持之[g](1055—1058)	B MCM	刘 敞
	＊＊＊＊＊＊＊＊＊＊＊＊＊		
CCC	承范	SS	
CCCAHABAAA	时贤(1186—1225)	B MCM	戴 栩
CCCAHFAA	彦瑗(1163年进士)	LH	
CCCCCFAE	彦呐(1238卒)	B SS	
CCCCEBAA	彦倍(1137—1201)	B MCM	周必大
	＊＊＊＊＊＊＊＊＊＊＊＊＊＊＊		
CCD	承拱	SS	
	＊＊＊＊＊＊＊＊＊＊＊＊＊＊		
CCE	承衍	SS	
CCEBA	叔间[h](1053—1054)	B MCM	刘 敞
CCECA	叔郑(1064—1104)	B MCM	慕容彦逢
	＊＊＊＊＊＊＊＊＊＊＊＊＊＊		
CCF	承锡	SS	

续 表

宋史世系编码	名字及生卒年	资料来源	作 者
CCFAE	叔瑨(1070—1103)	B MCM	慕容彦逢
CCFAFCB	公预(1135—1212)	B LH	
CCFAFCC	公升(1143—1216)	B MCM	袁 燮
CCFB	克阐(1036—1063)	MCM	郑 獬
CCFBA	叔舍(1056—1059)	B MCM	刘 敞
CCFDE	叔篆(1087—1106)	MCM	慕容彦逢
CCFDFAACX	艮夫(1256年进士)	EL	
CCFGB	叔悲(1085—1106)	MCM	慕容彦逢
CCFHA	叔宫(1086—1105)	MCM	慕容彦逢
CCFHD	叔珪(1095—1103)	MCM	慕容彦逢
CCFHIA	像之(1128—1202)	B MCM, EL	杨万里
CCFHIB	俨之(1148年进士)	EL	
	* * * * * * * * * * * *		
CCX	承勖	SS	
	* * * * * * * * * * * *		
CD	德雍	SS	
CDA	承睦	MCM	宋 祁
CDAB-w	李氏(1021—1055)	B MCM	刘 敞
CDABG	叔忞(1068—1103)	B MCM	慕容彦逢
CDABGBABCAA	若福(1256年进士)	EL	
CDAC	克协(1022—1048)	B MCM	刘 敞
CDAD	克凝(1075卒)	B MCM	沈 括
CDADA	叔淡(1051—1103)	B MCM	慕容彦逢
CDACADBFBA	时焕(1201—1257)	B MCM	刘克庄
CDADAFA	公懋(1148年进士)	EL	
CDADAFAB	彦真(1143—1196)	B MCM	陆 游
CDAFB	叔纳(1053—1104)	B MCM	慕容彦逢
	* * * * * * * * * * * *		
CDBBAFAAA	性夫(1176—1252)	B MCM	刘克庄
CDBCF	叔俌(活跃期,1058—1100)	B MCM	慕容彦逢

续 表

宋史世系编码	名字及生卒年	资料来源	作 者
* * * * * * * * * * * * * *			
CDCABA	矢之(1063—1105)	B MCM	慕容彦逢
CDCABGCCAX	时赛(1256年进士)	EL	
CDCABOABDX	时锜(1210—1268)	B MCM	刘克庄
CDCACA	昇之(1072—1105)	B MCM	慕容彦逢
CDCACJ	暴之(1094—1105)	MCM	慕容彦逢
CDCAEA	翙之(1078—1105)	B MCM	慕容彦逢
CDCBE	叔绀(1053—1106)	B MCM	慕容彦逢
CDCBEBADB	俾夫(1179—1234)	B MCM	袁 甫
CDCBGCACXX	时㚻(1256年进士)	EL	
CDCFIDB	公衡(1138—1196)	B MCM	周必大
		MCM	杨万里
CDCG	克播(1038—1056)	B MCM	刘 敞
CDCHA	叔耘(1058—1106)	B MCM	慕容彦逢
CDCI	克壮(1043—1059)	B MCM	刘 敞
CDCKG	叔近(1128卒)	B SS	
CDCKGACA	彦侯(活跃期,1190年代—1230年代)	B MCM	刘克庄
* * * * * * * * * * * * * *			
CDD	承操(1022—1058)	B MCM	刘 敞
CDDBAX	安之(1098—1106)	MCM	慕容彦逢
* * * * * * * * * * * * * *			
CDEEAAD	公斌(1148年进士)	EL	
* * * * * * * * * * * * * *			
CE	德钧(1007卒)	B SS	
CEA	承震	SS	
CEAAB	叔詹(1034—1058)	B MCM	刘 敞
* * * * * * * * * * * * * *			
CEB	承简	SS	

续 表

宋史世系编码	名字及生卒年	资料来源	作 者
***********			
CEC	承幹	SS	
CECA	克敦(1022—1090)	B SS	
CECBCCDAD	以夫(1189—1256)	B MCM,SS	刘克庄
*************			
CED	承伟	SS	
CEDA	克温(1018—1053)	B MCM	刘 敞
CEDB-w	王氏(1024—1050)	B MCM	刘 敞
CEDBBA	聿之(活跃期,1127—1130)	B SS	
CEDBBF	垒之(活跃期,1127卒)	B SS	
**************			
CEE	承雅	SS	
CEEADCECAAX	若祖(1276卒)	B GEN	
*************			
CEF	承裔(997—1053)	B SS, MCM	刘 敞
CEFCBCB	公育(1136—1203)	B MCM	周必大
CEFCBDBB	彦倓(1155—1218)	B MCM	叶 适
CEFEACCXX	宸夫(1256年进士)	EL	
CEFX	赵公(1030—1034)	B MCM	宋 庠
***********			
CEG	承鑑	SS	
CEGX	克威(1034卒)	B MCM	宋 庠
**********			
CEI	承裕	SS	
CEIAA-w	王氏(1056卒)	MCM	刘 敞
************			
CEJ	承朔	SS	
CEJA-w	李氏(1035—1052)	B MCM	刘 敞

续　表

宋史世系编码	名字及生卒年	资料来源	作　者
CEJB	克贤(1043—1063)	MCM	郑獬
CEJEAAAAAAAX	嗣渭(1256年进士)	EL	
CEJEAAAAAAAY	嗣恩(1256年进士)	EL	
	＊＊＊＊＊＊＊＊＊＊＊＊		
CEX	承苟	SS	
	＊＊＊＊＊＊＊＊＊＊＊＊		
CF	德钦(974—1004)	SS	
CFA	承遵	SS	
CFAABB	爵之(1061—1105)	B MCM	慕容彦逢
CFABBDBAAXX	若琩(1256年进士)	EL	
CFABBDBAAXY	若瑊(1256年进士)	EL	
CFABBDBBBB	时呆(1220年进士)	LH	
CFABBDBBBBX	若焯(1256年进士)	EL	
CFABBDBBC	淑夫(1202年进士)	LH	
CFACB	叔前(1054—1106)	B MCM	慕容彦逢
CFACBACB	彦矗(1169年进士)	LH	
CFACBACBB	允夫(1205年进士)	LH	
CFACBACBX	潜夫(1223年进士)	LH	
	＊＊＊＊＊＊＊＊＊＊		
CG	德文(975—1046)	B SS	
CGA	承显	SS	
CGAAJBAEXX	时溱(1256年进士)	EL	
CGABCAAABAXX	嗣樟(1256年进士)	EL	
CGBB-w	卢氏(1027—1055)	MCM	刘敞
CGBBBA-d	赵氏(1091—1166)	B MCM	吴恝
CGCBDCAAABX	若和(1267—1330)	B GEN	
	＊＊＊＊＊＊＊＊＊＊＊＊		
CH	德存(982—1011)	B SS	
CHA	承衍	SS	

续　表

宋史世系编码	名字及生卒年	资料来源	作　者
CHABEF	睦之(1101—1159)	B MCM	胡　宏
CHAECAAAXX	时垦(1256年进士)	EL	
CHAIDBEXX	珍夫(1256年进士)	EL	
CHAJB	叔漼(1082—1106)	B MCM	慕容彦逢
	位置不确定的宗室		
AAXXXXX	子栎(1139卒)	SS	
AAXXXXXXXX	希怿(1155—1212)	B MCM, SS	真德秀
AXXXXX	令矞(1058—1100)	B MCM	许景衡
AYYYYYYY	伯深(活跃期,1128—1151)	B SS	
BX	元亿(活跃期,1064—1068)	SS	
BXXXXX	士医(1130卒)	B SS	
BXXXXXX-d	赵氏(12世纪)	B MCM	陈　亮
BXXXXXXXX-d	赵汝议(1183—1221)	B MCM	叶　适
BXXXXXXXXXX	必哗	B GEN	
BYYYYYYYYY	崇械	O	
BZZZZZZZZZZ	崇学(1223年进士)	O	
CX	德润(965—1003)	LH	
CXXXX	叔向(活跃期,1220年代)	SS	
CXXXXXXXXX	时赏(1265年进士)	B SS	
CXXXXXXXXXX	嗣助(1265—约1308)	B SS	
CY	德愿(976—999)	B LH	
CYYYY	叔皎(1128卒)	B SS	
CZZZZ	叔懑 (1127—1130卒)	B SS	

　　a. 墓志铭没有给出名字,但指出他出自令字辈。

　　b. 贵诚是他入宫后所得赐名,贵是光宗孙辈(亲生及收养)的排行字。根据丁传靖的记载,他本名与莒,但《宋史》没有提到这一点(SS,卷41,783—784页)。

　　c. 此类字,字典或者没有收录,或者没有注音。

　　d. 友寿、友贤兄弟生活在元朝,《宋史》宗室表当然没有他们的记录。但是,族谱却表明他们是良韶的弟四、第五子,我据此为他们编码。

　　e. 宗实实际上是允让(BCB)的第十三子,但他后来作了皇帝。因此,《宋史》没有把他列为允让的儿子。

　　f. 化之因是长子而在襁褓中得到赐名授官。KSC,卷54,652页。

　　g. 持之因是长子而在襁褓中得到赐名授官。KSC,卷54,651页。

　　h. 按照惯例,叔间出生十天就得到赐名授官,第二年夭折。

B 宗室谱牒机构

宋代宗室谱牒的编纂经历了三个阶段：北宋谱牒的不断增订，南宋初年在南方重建谱牒记录，王朝的最后几十年特定宗支族谱的出现。本附录将简单介绍这三个阶段的特点。

同它所记录的宗室一样，北宋的宗室谱牒机构也是逐渐发展的。它为宗室生产了令人眼花缭乱的各种谱牒记录。根据1123年杨时（1053—1135）为宗室谱牒所做的序言，宗室谱牒机构玉牒所保持着五种功能各异的谱牒记录：《玉牒》《宗藩庆系录》《宗支属籍》《天源类谱》和《仙源积庆图》。①

《玉牒》收录了关于谱牒各方面，包括宗室命名的诏书和训令。最早的记载为995年，当时玉牒所奉命编纂《皇宋玉牒》，是否修成则不得而知。② 1015年，玉牒所迁入新址，《皇宋玉牒》和《宗支属籍》的记录将存放在那里，这一次，我们也没有看到修订谱牒的记录。③ 1039年，两卷本的《皇帝玉牒》成书，第二年，重修《祖宗玉牒》成书，同时宣布每年增补、每十年重定玉牒的政策。④ 11世纪晚期的资料表明，十年重定的规定并未严格遵守，但是，北宋却留下了许多关于修订《玉牒》的相关记载。⑤

《宗支属籍》是皇帝五服以内宗亲的族谱，当然，只有在11世

---

① 《玉牒纂修序》，CSTP，卷1，12a—b。除了几个名词术语有所不同以外，这个名单与SS，卷164，3890—3891页所列基本相同。后者是汪圣铎《宋朝宗室制度考》174—175页分析的主要依据。
② SS，卷164，3890页。
③ SHY：CK，20，3b。
④ HCP，卷124，2935页；127，3006页。
⑤ SS，卷164（3890页）记载，神宗时期没有修订《玉牒》。汪圣铎（《宋代宗室制度考》，174页）提到1068年仁宗、英宗两朝曾修订《玉牒》。

纪中期无服宗亲开始出生以后,这种界限才成立。① 998年,皇帝首次命人编纂《宗支属籍》。1101年编成进献给皇帝,共33卷。②《宗支属籍》也和《玉牒》一样,应当每十年修订一次。③

根据记载,《宗藩庆系录》按照顺序记载了皇家子子孙孙的名字和官衔。④ 它的名称本来是《宗藩庆绪录》。1091年,有官员指出,"庆绪"是唐朝叛将安禄山之子的名字,认为用它来命名宗室族谱实在是南辕北辙、荒谬之极。⑤ 最后,"绪"改为"系"。

《天源类谱》是1123年序言的名称,更常用的名称是《仙源类谱》。根据序言,它记载了所有宗子、宗女的官爵、成就和婚姻关系。⑥ 1040年,张方平(1007—1091)开始编纂,但到1078年尚未完成。⑦ 汪圣铎指出,《类谱》相当不受重视,在北宋,人们并不把它当作正经的宗室族谱,南宋也没有进一步修订它。⑧ 下文将要讨论这一话题。

最后,《仙源积庆图》清晰地保留着宗室的行辈顺序,以及各系、各支脉的相互关系。⑨《积庆图》始建于1018年⑩,是较早出现的宗室谱牒之一,是应宗司官员赵安仁(958—1018,非宗室)的建议,仿照唐朝的《天潢源派谱》建立的。⑪ 此后,《积庆图》不常

---

① CSTP,卷1,12b。
② 998年开始编纂的命令,见 SS,卷164,3890页;该书宣告修竣,见 HCP,卷48,1044页。
③ SHY:CK,20之56a。
④ CSTP,卷1,12b。
⑤ SHY:CK,20之6b。
⑥ CSTP,卷1,12b。
⑦ 汪圣铎:《宋代宗室制度考》,175页引 SHY:CK,20之6;但是,我在没有找到他的引文。
⑧ 汪圣铎:《宋代宗室制度考》,175页。
⑨ CSTP,卷1,12b。
⑩ 赵安仁的建议在大中祥符九年,即1016年。
⑪ HCP,卷86,1980页。

见于记载,但是,1070年的一项对于宗室未来至关重要的法令却同时提到了《积庆图》和《庆绪录》。1070年夏历六月,宗正司上奏指出每年正月一日,将新写就的《仙源积庆图》和《宗藩庆绪录》送往龙图、天章、宝文三阁。问题是,既然无服宗亲已经不再赐名授官,而是完全依照外官的规定做官,那么,是否还应把他们包括在《积庆图》和《庆绪录》当中呢?经过讨论、征引相关的历史前例之后,朝廷作出决定,仍然在两部谱牒中收录无服宗亲。① 1014年的一则记载又提到了这两部谱牒,决定《积庆图》每三年更新一次,而《庆系录》仍旧每年重订。②

北方失守、大批宗室沦为女真俘虏之后,在南方,高宗朝的宗司官员失去了上面所描述的所有谱牒。这是一个极其严肃的问题,如果没有什么方法来甄别宗室成员资格,那么,宗室将无法存在。从1132年起,谱牒开始逐步重建,第六章对此已有叙述,这里不再重复。值得一提的是,第一项成果《祖宗庆系录》问世以后,就开始为它插缺补漏(在皇后和宗女的信息方面,缺漏尤其多),悬赏访求谱牒信息。③

1140年,发生了一件关系重建谱牒记录的大事,宋朝朝廷从开封得到了一部《宗藩庆绪录》。岳飞推进到开封市郊,才使得这一收获成为可能。它为宗室提供了15卷、2000多页有关宗子、宗女、宗妇的信息。宗室的谱牒问题看起来就此得到了解决,此后重建谱牒的议题基本从官方记录中消失。④

在南宋,玉牒所一直都在临安,生产出各种各样有关宗室的

---

① HCP,卷212,5153—5154页。
② SHY:CK,20之8a。
③ 同上书,12b—13a。
④ 同上书,13b—14a。这项收获使用了1091年之前的名称《宗藩庆绪录》,很有意思。

记录,很像北宋的玉牒所。历史学家李心传(1167—1244)在《建炎以来朝野杂记》的自序中回忆,他少年时陪侍父亲在宗正寺主簿任上,曾经窥见"秘藏在石室金匮中的玉牒"。①

更重要的是,北京国家图书馆善本室保留着两部宋代宗室谱牒的抄本残卷,1991年,我曾经有幸对它们进行研究。它们是22卷《庆系录》、30卷《仙源类谱》(HYLP)——《天源类谱》的异文。前者只给出了名字、官阶和宗子的谱系位置,很难确定年代,因此价值有限。相比之下,HYLP在宗子之外,还包括宗女、宗妇,许多人的生卒年代,宗子的官阶履历。政治家史浩(1106—1194)名列编者之列,因此HYLP毫无疑问是南宋作品;但其中的卒年有迟至1204年的,看来史浩只是众多编者之一。这部《仙源类谱》表明,在南宋,宗室谱牒仍然受到关注,这就否定了汪圣铎关于南宋没有修订HYLP的说法。

至于南宋晚期特定宗支独立谱牒的发展,第九章曾详细考论,这里不再赘述。我想引用熊大章为1243年《鄱阳赵氏续修谱》所作序言中的看法,玉牒不足以展示各支脉祖先中那些美好而辉煌的名字。② 宗室支脉众多、分布又是如此分散,族谱的维护已经成了地方宗族集团的责任。

---

① CYTC,序,1页。
② CSTP,卷1,89a—b。

引用论著目录

本目录使用以下缩略语

SKCS 四库全书
SKCSCP 四库全书珍本
SPTK 四部丛刊
TSCC 丛书集成

墓志铭资料及出处

不著撰人:《闽中金石略》,上海:中华书局,1934。

　　卷9,1a—4a：士劃,BCBLFD

张方平:《乐全集》。SKCSCP,初集。

　　卷38,17b—18b：世褒,ABBAB

　　卷38,12a—14a：宗回,BAAF

　　卷38,15a—16a：仲考,BAAJE

　　卷38,16a—17b：仲郢,BABAB

　　卷38,14a—15a：宗愈,BABD

　　卷38,5a—9a：允良,BGB

赵锡年:《赵氏族谱》,广东,1902。

卷2,6a—7a:允让,BCB

卷2,7b:宗治,BCBP

卷2,7b:仲溱,BCBPC

卷2,8a—b:士伸,BCBPCA

卷2,8b—9a:不缁,BCBPCAB

卷2,9b:善宾,BCBPCABC

卷2,11a:良騺,BCBPCABBBCBX

卷2,9b—10a:汝固,BCBPCABCA

卷2,10a—b:崇橐,BCBPCABCAA

卷2,10b—12a:必迎,BCBPCABCAAA

卷2,12a—13a:良韶,BCBPCABCAAAA

卷2,13a:友寿,元—D

卷2,13a—b:友贤,元—E

赵汝滕:《庸斋集》,SKCSCP,初集。

卷6,20b—22a:崇堂,BCBQCABBCA

赵孟坚:《彝斋文编》,SKCS。

卷4,43a—44b:与时,AABCDBADAAA

赵善括:《应斋杂著》,SKCSCP。

卷4,9b—11b:伯术,AADFABFB

赵师恕,载福建省博物馆编:《福州南宋黄昇墓》,1982。

82—83页:黄昇,与俊之妻,AADEBCGBAXX

赵德懋:《清漳银塘赵氏族谱》。抄本影印件,Hugh Clark提供。

34页:伯述,ABABAHDA

34页:师诰,ABABAHDAA

34页：希庠，ABABAHDAAD

34页：与昉，ABABAHDAADC

34页：孟模，ABABAHDAADCX

真德秀：《西山先生真文忠公全集》，SPTK。

卷45,1a—9b：希怿，AAXXXXXXXX

卷44,6b—14b：崇宪，BAAKFBDAAA

卷43,30b—36b：崇度，BAAKFBDAAE

卷44,26a—29b：时通，CBABBCAAAB

陈纪状，赵必璩：《秋晓先生覆瓿集》，SKCSCP,8。

卷6,2b—7a：必璩，BCBQDCDDBAA

陈亮：《陈亮集》，北京：中华书局校点本。

卷29,431页：太宗七世孙某之女

陈宓：《复斋先生龙图陈公文集》，静嘉堂文库。

卷22,31b—35b：汝盥，BCADACBBB

卷21,25b—27b：王惠真，彦骙之妻，CAAFBAAA

卷21,9a—12b：公迈，CABCAGC

郑獬：《陨溪集》，SKCSCP,3。

卷21,16a—13a：惟吉之女，AAB

卷20,1a—3b：师雍，AABAA

卷21,15b—16a：克阘，CCFB

卷21,15a—b：克贤，CEJB

程俱：《北山小集》，SPTK。

卷33,17a—21a：子昼，AAEBFAE

周必大：《文忠集》，SKCSCP,2。

卷74,9b—11a：伯琭，AAAACEBB

卷74,7b—9a：彦倍，CCCCEBAA

卷 71,12b—14b：公衡,CDCFIDB

卷 75,6a—8b：公育,CEFCBCB

朱熹:《朱文公文集》,SPTK。

卷 92,6b—10a(1627—1629 页)：善应,BAAKFBDA

卷 91,24a—25b(1616—1617 页)：不衰,BCAAEEB

卷 92,25b—28a(1632—1634 页)：善仪,BCAAEEBB

范祖禹:《范太史集》,SKCSCP,初集。

卷 51,11b：仲企,BAAKF

卷 53,1a—3b：頵,英—B

韩维:《南阳集》,SKCH。

卷 29,1a—3b：从式,ABBB

韩元吉:《南涧甲乙稿》,TSCC。

卷 22,465—467 页：彦堪,CBAAAEBA

卷 21,426—429 页：彦端,CBAECAAA

许景衡:《衡塘集》,SKCS。

卷 20,6a—8a：令矞,AXXXXX

胡铨:《胡淡庵先生文集》,影印道光版,台北：中华文化事业公司,1970。

卷 24,9a—18b：子潇,AADEHAF

胡宏:《五峰集》,SKCSCP,初集。

卷 3,41a—42b：睦之,CHABEF

胡宿:《文恭集》,TSCC。

卷 35,429 页：世護,AADFD

卷 38,457—458 页：世坚,AAEBB

洪适:《盤洲文集》,SPTK。

卷 75,6a—7b：师择之女,BACHFD

林光朝:《艾轩集》,SKCSCP,初集。

卷9,10b—12a:不敏,BCBQCAE

刘敞:《公是集》,TSCC。

卷54,653页:叔鼐,CAACD

卷54,651—653页:叔翳,CAACE

卷52,631页:克萧,CAAE

卷54,654页:叔僧,CAAFA

卷54,651页:季培,CABAAX

卷54,652页:化之,CABABA

卷54,652—653页:叔亶,CABBD

卷52,633—634页:承训之妻,CBA

卷54,650页:叔疾,CCAAF

卷54,650页:叔罕,CCADB

卷52,630—631页:克构,CCBA

卷54,651页:持之,CCBAAA

卷54,653页:叔间,CCEBA

卷54,649页:叔舍,CCFBA

卷52,634—635页:克持之妻,CDAB

卷52,632页:克协,CDAC

卷54,649—650页:克壮,CDCI

卷52,629—630页:承操,CDD

卷52,632—633页:叔詹,CEAAB

卷52,628—629页:克温,CEDA

卷52,634页:克周之妻,CEDB

卷52,627—628页:承裔,CEF

卷54,654页:叔择之妻,CEIAA

卷52,635页:克群之妻,CEJA

卷52,635—636页:克昌之妻,CGBB

刘一止:《苕溪集》,SKCSCP,2集。

卷51,15b—18b:不侮,BABBBAB

刘克庄:《后村先生大全集》,SPTK。

卷155,7b—13b:希瀺,AAEBFAECAB

卷160,15b—22a:必健,BCABDAAAAAD

卷152,1b—5a:汝鐩,BCBGNAGCC

卷165,14a—16a:汝稟,BCBKCKCBA

卷150,17b—19a:不麕之女,BCBPAME

卷158,13b—15a:士琯之女,BCBPAMF

卷154,4b—5b:善兰之女,BCBPAMGA

卷148,1a—3a:庚夫,CCABHBACB

卷158,1a—5a:时焕,CDADADBFBA

卷142,1a—4b:性夫,CDBBAFAAA

卷165,16a—17a:矢之,CDCABOABDX

卷169,11b—14b:彦侯,CDCKGACA

卷142,10a—19b:以夫,CECBCCDAD

刘光祖:《宋丞相忠定赵公墓志铭》,载傅增湘辑《宋代蜀文辑存》,1943。

卷71,1a—15b:汝愚,BAAKFBDAA

刘宰:《漫塘文集》,SKCSCP,9。

卷31,1a—3b:崇悉,BABBEABDAA

卷31,3b—6b:若珪,CAADAAGBBAX

卷32,1a—3b:时佐,CAADAAGBBB

罗愿:《鄂州小集》,SKCSCP,12。

卷4,5b—6b:善良之女,BABBBACA

楼钥:《攻媿集》,TSCC。

卷102,1423—1426页:士隆,AABBABDCA

卷102,1436—1439页:伯摅,AADDGADA

卷104,1468—1470页:士歆,AADEAAEAC

卷103,1451—1453页:伯直,AADEGABA

卷86,1167—1176页:伯圭,ABBACEAA

卷102,1425—1429页:善誉,BCABGHEB

陆增祥:《八琼金石补正》,1925;台北文海重印,1967。

卷114,20a—b:伯清,AADFFDAB

陆游:《渭南集》,SPTK。

卷34,304—306页:彦真,CDADAFAB

慕容彦逢:《摛文堂集》,漳州先生遗书,I。

卷14,3a:徽之,CAABBB

卷14,8b—9a:田之,CBADCB

卷14,1b—2a:叔乐,CBADE

卷14,3a—b:叔峙,CCABH

卷14,14a—b:叔郑,CCECA

卷14,3b—4a:叔璘,CCFAE

卷14,8b:叔篆,CCFDE

卷14,9b—10a:叔悲,CCFGB

卷14,6a:叔宫,CCFHA

卷14,4a:叔珪,CCFHD

卷14,2b:叔忞,CDABG

卷14,2a—b:叔淡,CDADA

卷14,4b—5a:叔纳,CDAFB

卷14,9a—b：叔俏,CDBCF

卷14,8a：矢之,CDCABA

卷14,5b—6a：升之,CDCACA

卷14,5b：像之,CDCACJ

卷14,7a—b：翊之,CDCAEA

卷14,10a—b：叔绀,CDCBE

卷14,6b—7a：叔耘：CDCHA

卷14,9a：安之,CDDBAX

卷14,6a—b：爵之,CFAABB

卷14,7a—b：叔前,CFACB

卷14,8a—b：叔澥,CHAJB

欧阳修：《欧阳文忠文集》,SPTK。

卷37,8b—9a(285—286页)：从恪之妻,AADA

卷37,3a—4a(283)：世融,AADAB

卷37,5b—6a(284)：世衡,AADAF

卷37,6b—7a(284—285)：世宣,AADBB

卷37,7a—8a(285)：惟和之妻,AAE

卷37,1a—2a(282)：宗颜,BACA

卷37,2a—3a(282—283)：宗讷,BACB

卷37,4a—b(283)：宗师,BCBE

卷37,5a—b(284)：宗泂,BCBN

沈遘、沈括、沈辽：《沈氏三先生文集》,SPTK。

卷37,50b—51b：叔藻,CAABA

卷37,51b—52b：克己之妻,CABA

卷37,52b—54a：克凝,CDAD

司马光：《温国文正司马公文集》,SPTK。

360

卷 78,2a—b(561)：令邦,AABACB

卷 78,2b—3a(561—562)：令照之妻,AADAAB

卷 78,1a—2a(561)：仲连,BACAA

卷 78,3a—b(562)：师玖,BDAAAD

苏颂:《苏魏公文集》,SKCS。

卷 60,21b—22b：叔趾,CCADF

孙觌:《鸿庆居士文集》,SKCSCP,12。

卷 41,1a—6b：不侮之妻,BABBBAB

卷 38,22a—27b：士彭,BCAAHA

孙应时:《烛湖集》,SKCSCP,4。

卷 11,1a—5a：伯淮,AABDEFBA

宋祁:《景文集》,TSCC。

卷 58,770：宗愈,ABBA

卷 58,767—769：元俨,BG

卷 58,770—771：克己,CABA

卷 58,771—772：承睦,CDA

宋庠:《元宪集》,TSCC。

卷 34,362：赵公,CEFX

卷 34,361—362：克威,CEGX

戴栩:《浣川集》,敬乡楼丛书。

卷 10,4b—5b：时贤,CCCAHABAAA

王安礼:《王魏公集》,豫章丛书,台北：商务,1975。

卷 7,17a—18a：世岳,AADBG

卷 7,15a—16a：仲侔,BAADB

卷 7,16a—b：仲来,BABBE

卷 7,14b—15a：仲胸,BCADE

卷7,12b—14a：宗荩,BCBQ

卷7,4a—5a：宗景之妻,BEAD

卷7,5a—b：叔羁之妻,CAACF

卷7,10b—12b：克勤,CBAA

王安石：《临川先生集》,SPTK。

卷98,13b—14a(617—618)：世仍,AAEBH

卷98,10b—11b(616)：宗辩,BAAM

卷98,13a—b(617)：仲爕,BABAG

卷98,11b—12a(616—617)：仲行,BABCE

卷98,12a—b(617)：仲庬,BCBBC

卷98,12b—13a(617)：宗述,BEAA

王珪：《华阳集》,TSCC。

卷39,543—544：世延,AABAB

卷39,549—550：庆庆(善源),AABBAX

卷39,538—539：世昌,AADAC

卷39,533—535：从质,AADE

卷39,536—538：从信,AADF

卷39,532—533：从审,AAEB

卷39,539—540：世英,AAEBA

卷39,529—530：世迈,ABCAA

卷39,531—532：从赟,ABCC

卷39,530：宗默,BAAH

卷39,550—551：士弇,BACDAA

卷39,544—545：宗严,BACE

卷39,540—541：宗望,BDAA

卷39,546—549：允弼,BEA

卷 39,543：宗艺，BEAB

卷 39,541—543：允初，BGD

卫泾：《后乐集》，SKCSCP,初集。

卷 18,5b—10a：善恭，BEAGFEAC

魏了翁：《重校鹤山先生大全集》，SPTK。

卷 73,14b—20a(597—600)：希舘，AADBBEGADA

吴恝,载罗振玉：《芒洛冢墓遗文四编》,《石刻史料新编》第19种,新文丰出版社。

卷 6,47a：述之之女，CGBBBA

杨傑：《无为集》，SKCSCP,5。

卷 14,14a—16a：令蠙，AADDAA

卷 12,1a—8a：承庆，CAA

杨兴宗：《江苏金石志》,1927。

卷 13,16a—18a：不渗，BCBTGDA

杨亿：《武夷新集》，SKCSCP,8。

卷 11,12a—14b：祐,真—A

杨万里：《诚斋集》，SPTK。

卷 129,10b—12a：不忙之女，BCBBBFG

卷 128,1a—3a：不独，BCBMAAA

卷 119,33a—40a：像之，CCFHIA

卷 122,4a—6b：公衡，CDCFIDB

叶适：《叶适集》,北京：中华书局,1961。

卷 24,474—477：师嶧，AADDFEBEA

卷 21,418—420：善悉，BCABACAA

卷 26,512—518：不息，BCBFAFA

卷 23,449—453：彦蕭，CABBFHBA

卷 23,446—449：彦倓,CEFCBDBB

卷 25,500—501：BXXXXXXXX 之女

袁甫：《蒙斋集》,TSCC。

卷 18,256—257：师端之女,AABDEFBAA

卷 17,251—252：俾夫,CDCBEBADB

袁燮：《絜斋集》,TSCC 辑。

卷 21,17b—18b：不拙之女,BCBIAMJ(武英殿丛书)

卷 17,284—287：善待,BCBPAAAC

卷 17,287—292：伸夫,CABCBCCBE

卷 18,306—109：充夫,CCAAAABAA

卷 17,292—294：公升,CCFAFCC

其他论著(按姓氏拼音排列)

Abu-Lughod, Janet. *Before European Hegemony: The Worm System*, AD 1250—1350. (《欧洲霸权之前的世界体系》) Oxford: Oxford University Press, 1989.

Bielenstein, Hans. "The Institutions of Later Han," (《汉代制度》) In Danis Twitchett and Michael Loewe, eds., *The Cambridge History of China* (《剑桥中国史》), vol. 1, *The Ch'in and Hah Empires*, 221 B.C.—A.D. 220, pp. 491—519. Cambridge, Eng.: Cambridge University Press, 1986.

——. *The Restoration of the Han Dynasty, with Prolegomena on the Historiography of the "Hou Han Shu."* [《汉代的中兴(附关于〈后汉书〉的长序)》] Stockholm: Goteborg, 1953.

——. "Wang Mang, the Restoration of the Han Dynasty, and

Later Han."(《王莽、汉室中兴与后汉》) In Denis Twitchett and Michael Loewe, eds., *The Cambridge History of China* (《剑桥中国史》), vol. 1, *The Ch'in and Han Empires, 221 B.C.—A.D. 220*, pp. 223—290. Cambridge, Eng.: Cambridge University Press, 1986.

Birge, Bettine (柏清韵). *Holding Her Own: Women, Property, and Confucian Reaction in Sung and Yuan China (960—1368)* (《宋元时代的女性、财产与儒家观念的相互激荡》). Cambridge, Eng.: Cambridge University Press, forthcoming.

Bodman, Peter. Biography of Cheng Ch'ing-chih. (《郑清之传》) In Herbert Franke, *Sung Biographies* (《宋人传记》), pp. 156—163. Wiesbaden: Franz Stein Verlag, 1976.

Bol, Peter (包弼德). *"This Culture of Ours": Intellectual Transitions in Tang and Sung China*. (《斯文》) Stanford: Stanford University Press, 1992.

Bossler, Beverly Jo (柏文莉). *Powerful Relations: Kinship, Status, and the State in Sung China (960—1279)*. (《权势: 宋代中国的宗族、地位与国家》) Cambridge, Mass.: Harvard University, Council on East Asian Studies, 1998.

Cahill, James. *An Index of Early Chinese Painters and Paintings: T'ang, Sung, and Yuan*. (《唐宋元三朝中国画家、画作目录》) Berkeley: University of California Press, 1980.

Cahill, Suzanne E. "Taoism at the Sung Court: The Heavenly Text Affair of 1008."(《从1008年的天书事件看宋代朝廷中的道教》) *Bulletin of Sung Yuan Studies* 16 (1980):

23—44.

Chaffee, John(贾志扬). "Chao Ju-yu, Spurious Learning, and Southern Sung Political Culture."(《赵汝愚、伪学与南宋政治文化》)*Journal of Sung Yuan Studies* 22(1990—1992):23—61.

——. "Civilizing the Emperor's Family: Marriage and the Sung Imperial Clan."(《教化皇家:婚姻与宋朝宗室》)Paper presented at the annual meeting of the Association for Asian Studies, Boston, 1994.

——. "From Capital to Countryside: Changing Residency Patterns of the Sung Imperial Clan."(《从首都到农村:宋朝宗室居住类型的转变》)In *Proceedings of the International Symposium on Sung History*, pp. 986—987. Taipei: Chinese Culture University, 1988; also published in Chinese Culture 30 (1989): 23—24.

——. "The Historian as Critic: Li Hsin-Ch'uan and the Dilemmas of Statecraft in Southern Sung China."(《历史学家的评论:李心传与南宋政治窘境》)In Robert Hymes and Conrad Schirokauer, eds., *Ordering the World: Approaches to State and Society in Sung Dynaty China*, pp. 310—335. Berkeley: University of Califonia Press, 1993.

——. "The Marrriage of Sung Imperial Clanswomen."(《宋朝宗女的婚姻》)In Rubie Watson and Patricia Ebrey, eds., Marriage and Inequality in Chinese Society, pp. 133—169. Berkeley: University of Califonia Press, 1991.

——. "The Political Roles of the Sung Imperial Clan."(《宋朝

宗室的政治角色》）Paper presented at the annual meeting of the New York Conference on Asian Studies, New Paltz, 1993.

——. "Sung Discourse on the History of Chinese Imperial Kin and Clans."（《中国皇亲宗室发展史中的宋朝话语》）Paper presented at the Conference on Sung Historical Thinking. Bahamas, Jan. 1997.

——. *The Thorny Gates of Learning in Sung China: A Social History of Examinations*. （《棘闱：宋代科举的社会史》）Cambridge, Eng.: Cambridge University Press, 1985; reprinted — State University of New York Press, 1994.

——. "Two Sung Imperial Clan Genealogies: Preliminary Findings and Questions."（《两则宋代宗室谱牒：发现与问题》）Journal of Sung Yuan Studies 23 (1993): 99—109.

Chan, Hok-lam（陈学霖）. Legitimation in Imperial China: Discussions Under the Jurchen-Chin Dynasty (1115—1234). （《中华帝国的正统问题：金朝》）Seattle: University of Washington Press, 1984.

Chan, Wing-tsit（陈荣捷）. Biography of Chu Hsi. （《朱熹传》）In Herbert Franke, ed., Sung Biographies, I: 287. Wiesbaden: Franz Stein Verlag, 1967.

Chang, Kwang-chih（张光直）, Early Chinese Civilization: Anthropological Perspectives. （《考古学视角中的中华早期文明》）Cambridge, Mass., Harvard University Press, 1976.

Chikusa Masaaki（竺沙雅章）. Biography of Chao T'ing-mei. （《赵廷美传》）In Herbert Franke, *Sung Biographies*, I:

83—84. Wiesbaden: Franz Stein Verlag, 1976.

Ching Chung, Priscilla. *Palace Women in the Northern Sung* (《北宋的宫廷妇女》), 960—1126. Leiden: E. J. Brill, 1981.

Clark, Hugh R. *Community, Trade, and Network: Southern Fujian Province from the Third to the Thirteenth Century.* (《三至十三世纪的福建南部的社区、商业和网络》), Cambridge, Eng.: Cambridge University Press, 1991.

Creel, Herlee. *The Origins of Statecraft in China*, (《中国治国方略诸起源》) vol. 1, *The Western Chou Empire*. Chicago: University of Chicago Press, 1970.

Crossley, Pamela Kyle. *The Manchus.* (《满洲》) Oxford: Blackwell Publishers, 1997.

——. "The rulerships of China." (《中国的统治术》) American Historical Review 97 (1992): 1468—83.

Davis, Richard L (戴仁柱). *Court and Family in Sung China, 960—1279: BureauCratic Success and Kinship Fortunes for the Shih of Ming-chou.* (《宋代中国的朝与家: 明州史氏的仕途成功与家族命运》) Durham, N.C.: Duke University Press, 1986.

——. "Ventrures Foiled and Opportunities Missed: The Times of Li-tsung (1224—1264)." (《失败的冒险与失去的机遇: 理宗时代》) Draft chapter for the Cambridge History of China.

——. *Wind Against the Mountain: The Crisis of Politics and Culture in Thirteenth Century China.* (《山下有风: 十三世纪中国的政治与文化危机》) Cambridge, Mass.: Harvard

University, Council on East Asian Studies, 1996.

de Bary, Wm. Theodore（狄百芮）, and John Chaffee（贾志扬）, eds. *Neo-Confucian Education: The Formative Stage*.（《新儒家教育：筚路蓝缕》）Berkeley: University of California Press, 1989.

de Pee, Christian. "Negotiating Marriage: Weddings, Text, and Ritual in Song and Yuan China."（《谈婚论嫁：宋元的婚礼、婚书与婚仪》）Ph. D. diss., Columbia University, 1997.

Dreyer, Edward L. *Early Ming China: A Political History, 1355—1435*.（《明初中国政治史：1355—1435》）Stanford: Standford University Press, 1982.

Ebrey, Patricia（伊霈霞）. "Conceptions of the Family in the Sung Dynasty."（《宋代的家庭观念》）*Journal of Asian Studies* 43 (1984): 219—245.

——. *Family and Property in Sung China: Yuan Ts'ai's Precepts for Social Life*.（《宋代中国的家庭与财产：袁采〈世范〉中的社会生活》）Princeton: Princeton University Press, 1984.

——. *The Inner Quarters: Marriage and the Lives of Chinese Women in the Sung Period*.（《闺阁：宋代妇女的婚姻与生活》）Berkeley: University of California Press, 1993.

——. "Portrait Sculptures in Imperial Ancestral Rites in Song China."（《宋代中国的"御容"》）*T'oung Pao* 83 (1997): 42—92.

Eisenberg, Andrew. "Kingship, Power and the Hsuan-wu Men Incident of the T'ang."（《王位、权力与唐代的玄武门之变》）

T'oung Pao 80 (1994): 223—259.

Eisenstadt, S. N. *The Political Systems of Empires: The Rise and Fall of the Historical Bureaucratic Societies*. (《帝国的政治体系：官僚社会的历史兴衰》) New York: Free Press, 1963.

Endicott-West, Elizabeth. *Mogolian Rule in China: Local Administration in the Yuan Dynasty* (《蒙古统治中国：元代的地方行政》). Cambridge, Mass.: Harvard University, Council on East Asian Studies, 1989.

Farmer, Edward L. *Early Ming Government: The Evolution of Dual Capitals*. (《明初政府：两京制的演进》) Cambridge, Mss.: Harvard University, Council on East Asian Studies, 1976.

Fisher, Carney T. "The Ritual Dispute of Sung Ying-tsung." (《宋英宗的礼仪争论》) *Papers on Far Eastern History* 36 (1987): 109—138.

Fong, Wen（冯文）. *Sung and Yuan Paintings*. New York: Metropolitan Museum of Art(《纽约大都会博物馆藏宋元画作》) 1973.

Franke, Herbert. Biography of Chao Ju-yu. (《赵汝愚传》) In Herbert Fanke, ed., *Sung Biographies*, 1: 59—63. Wiesbaden: Fritz Stein Verlag, 1976.

——. "Chia Ssu-tao (1213—1275): A 'Bad Last Minister'?" (《贾似道：最后的奸臣?》) In Arthur F. Wright and Denis Twitchett, eds., *Confucian Personalities*, (《儒家人物》) pp. 217—234. Standford: Stanford University Press, 1962.

——. "The Chin Dynasty." (《金朝》) In Herbert Franke and Denis Twitchett, eds., *The Cambridge History of China*, vol. 6, *Alien Regimes and Border States*, 907—1368, (《剑桥中国史》第 6 卷《异族政权与边境国家：907—1368》) pp. 215—320. Cambridge, Eng.: Cambridge University Press, 1994.

——. "Seige and Defense of Towns in Medieval China." (《中古中国的围城与守城》) In Frank A. Kierman, Jr., and John K. Fairbank, eds., *Chinese Ways in Warfare*, (《中国的战争之道》) pp. 151—201. Cambridge, Mass.: Harvard University Press, 1974.

Franke, Herbert, ed. *Sung Biographies*. (《宋人传记》) 3 vols. Wiesbaden: Fritz Stein Verlag, 1976.

Green, Jeremy. "The Song Dynasty Shipwreck at Quanzhou, Fujian Province, People's Republic of China." (《中国福建省泉州市的宋代沉船》) *International Journal of Nautical Archaeology and Underwater Exploration* 12, no. 3 (1983): 253—261.

Guisso, Richard W. L. "The Reigns of the Empress Wu, Chung-tsung and Jui-tsung (684—712)." (《武后、中宗与睿宗（684—712）》) In Denis Twitchett and Michael Loewe, eds., *The Cambridge History of China*, vol. 3, *Sui and T'ang china*, 589—906, *Part I*, pp. 290—332. (《剑桥中国史》第 3 卷《隋唐》) Cambridge, Eng.: Cambridge University Press, 1979.

Haeger, John W. "1126—1127: Politcal Crises and the Integrity of Culture."(《1126—1127年的政治危机与文化整合》) In Haeger, ed., *Crises and Prosperity in Sung China*,(《宋代中国的危机与繁荣》) pp. 143—162. Tucson: University of Arizona Press, 1975.

Halperin, Mark Robert. "Pieties and Responsibilities: Buddhism and the Chinese Literati, 780—1280."(《虔诚与责任:佛教与中国文人,780—1280》) Ph. D. diss., University of Califonia, Berkeley, 1997.

Hargett, James M. "The Pleasure Parks of Kaifeng and Lin'an During the Sung Dynasty (960—1279)."(《宋朝开封与临安的园林》) In *Proceedings of the International Symposium on Sung History*,(《宋史国际研讨会论文集》) pp. 17—36. Taipei: Chinese Culture University, 1988.

Hartwell, Robert M. "The Imperial Treasuries: Finance and Power in Song China."(《帝国财富:宋代中国的财政与权力》) *Bulletin of Sung Yuan Studies* 20 (1988): 18—89.

Hirth, Friederich, and W. W. Rockhill, trans. *Chau Ju-kua: His Work on the Chinese and Arab Trade in the Twelfth and Thirteenth Centuries*, Entitled "*Chu-fan-chi.*"(《诸蕃志》英译本) St. Peterburg: Imperial Academy of Sciences, 1911; reprinted-Taipei: Ch'eng Wen, 1970.

Holmgren, Jennifer. "Imperial Marriage in the Native Chinese and Non-Han State, Han to Ming."(《从汉代到明朝中国与夷狄间的和亲》) In Rubie S. Watson and Patricia Ebrey, eds., *Marriage and Inequality in Chinese Society*,(《中国社会中的婚姻与不平等》) pp. 58—96. Berkeley: University of California Press，1991.

Hsu，Cho-yun（许倬云）. *Ancient China in Transition: An Analysis of Social Mobility*，722—222 B. C.（《变迁中的古代中国：公元前 722—222 年间社会流动研究》）Standford：Standford University Press，1965.

Huang，Ray（黄仁宇）. *1587, a Year of No Significance: The Ming Dynasty in Decline*.（《万历十五年》）New Haven：Yale University Press，1981.

Hucker, Charles O. "Confucianism and the Chinese Censorial System."（《儒学与中国的监察系统》）In David S. Nivison and Arthur F. Wright，eds. , *Confucianism in Action*，（《行动的儒家》）pp. 182—208. Standford：Standford University Press，1959.

——. *A Dictionary of Official Titles in Imperial China*.（《中华帝国官名辞典》）Standford：Standford University Press，1985.

Hurst，G. Cameron. "Minamoto Family."（《源氏家族》）In *Kodansha Encyclopedia of Japan*，5：176—178.

Hymes，Robert P（韩明士）. "Marriage, Descent Groups and the Localist Strategy in Sung and Yuan Fu-chou."（《宋元抚州的婚姻、父系血亲集团与地方主义策略》）In Patricia Buckley Ebrey and James L. Watson，eds. , *Kinship Organization in Late Imperial China*，（《中华帝国晚期的家族组织》）pp. 95—136. Berkeley：University of California Press，1986.

——. *Statesmen and Gentlemen: The Elite of Fu-chou*,

Chiang-His, in Northern and Southern Sung.*（《政治家与绅士：两宋江西抚州的精英》）Cambridge, Eng.：Cambridge University Press, 1986.

Jay, Jeffifer W. *A Change in Dynasties: Loyalism in Thirteenth-Century China.*（《改朝换代：十三世纪中国的忠义观》）Bellingham, Wash.：Western Washington University, Center for East Asian Studies, 1991.

Kracke, Edward（柯睿格）. *Civil Service in Early Sung China, 960—1067.*（《宋初文官制度》）Cambridge, Mass.：Harvard University Press, 1953.

Lam, Joseph S. C. "Musical Relics and Cultural Expressions: State Sacrifical Songs from the Southern Song Court."（《音乐遗俗与文化内涵：南宋朝廷的祭祀歌曲》）*Journal of Sung Yuan Studies* 25（1995）：1—27.

Lee, Thomas H. C（李弘祺）. *Government Education and Examinations in Sung China.*（《宋代中国的官学教育与科举》）Hong Kong：Chinese University Press, 1986.

Lewis, Andrew W. *Royal Succession in Capetian France: Studies on Familial Order and the State.*（《法国卡佩王朝的王位继承》）Cambridge, Mass.：Harvard University Press, 1981.

Liu, James T. C（刘子健）. "China's Imperial Power in Mid-dynastic Crises: The Case in 1127—30."（《1127—1130 年间中国皇权的存续危机》）Paper presented to the Columbia University Traditional China Seminar, 1982.

——. *China Turning Inward: Intellectual Changes in the Ear-*

ly Twelfth Century. (《中国转向内在：两宋之际的文化内向》) Cambridge Mass.：Cambridge University, Council on East Asian Studies, 1988.

——. "How Did a New-Confucian School Become the State Orthodoxy?" (《新儒家是如何转变为国家正统的?》) *Philosophy East and West* 23 (1973)：483—505.

——. *Reform in Sung China: Wang An-shih（1021—1086）and His New Policies*. (《宋代中国的改革：王安石及其新政》) Cambridge, Mass.：Cambridge University Press, 1959.

——. "The Sung Emperors and the *Ming-T'ang* or Hall of Enlightenment." (《宋朝皇帝与明堂》) In Francoise Aubin, ed., *Etudes in memorium Etienne Balazs*, Serie II, pp. 45—58. Paris：Mouton, 1973.

Lo Jung-pang. "The Emergence of China as a Seapower During the Late Sung and Early Yuan Periods. (《宋末元初中国海洋力量的崛起》) *Far Eastern Quarterly* II (1952). Reprinted in John A. Harrison, ed., *Enduring Scholarship Selected from the "Far Eastern Quarterly" — the "Journal of Asian Studies,"* 1941—1971, pp. 91—105. Tucson：University of Arizona Press, 1972.

Lo, Winston W. (罗文) *An Introduction to the Civil Service of Sung China, with Emphasis on Its Personnel Administration*. (《宋代中国文官制度介绍：以人事管理制度为主》) Honolulu：University of Hawaii Press, 1987.

——. "A New Perspective on the Sung Civil Service."(《宋代

文官制度研究的新视角》）*Journal of Asian Studies* 17 (1982): 121—135.

Loehr, Max. *The Great Paintings of China*. (《中国名画》) Oxford: Phaidon Press, 1980.

Loewe, Michael. "The Former Han Dynasty." (《西汉》) In Denis Twitchett and Michael Loewe, eds., *The Cambridge History of China*, vol. 1, *The Ch'in and Han Empire*, 221 B. C.—A. D. 220, (《剑桥中国史》第 1 卷《秦汉帝国》) pp. 103—222. Cambridge, Eng.: Cambridge University Press, 1986.

——. "The Structure and Practice of Government." (《政府的结构与运转》) *The Cambridge History of China*, vol. I, *The Ch'in and Han Empire*, 221 B. C.—A. D. 220, (《剑桥中国史》第 1 卷《秦汉帝国》) pp. 463—90. Cambridge, Eng.: Cambridge University Press, 1986.

McKnight, Brain E (马伯良). *Law and Order in Sung China*. (《宋代中国的法律与秩序》) Cambridge, Eng.: Cambridge University Press, 1992.

——. *Village and Bureaucracy in Southern Sung China*. (《南宋的乡村与官僚制》) Chicago: University of Chicago Press, 1971.

McKnight, Brain (马伯良), and James T. C. Liu (刘子健). *Ch'ing-ming Chi, the Sung Dynasty Work: A Collection*. (《清明集》英译本) Albany: State University of New York Press, 1999.

Mote, Frederick (牟复礼). "Confucian Eremitism in the Yuan

Period."(《元代的博学鸿儒》) In Arthur Wright, ed., *Confucianism and Chinese Civilization*,(《儒家与中国文化》) pp. 252—90. Standford: Standford University Press, 1964.

Murray, Julia. "Sung Kao-tsung, Ma Ho-chih, and the *Mao-shih* Scrolls." Ph. D. diss., Princeton University, 1981.

Nienhauser, William H., Jr., ed. *The Indiana Companion to Traditional Chinese Literature*.(《印第安纳大学中国传统文献学习手册》) Bloomington: Indiana University Press, 1986.

Peirce, Leslie P. *The Imperial Harem: Women and Sovereignty in the Ottoman Empire*.(《帝国的后宫：奥斯曼帝国的女性与君权》) Oxford: Oxford University Press, 1993.

Peterson, Charles A. "Old Illusions and New Realities: Sung Foreign Policy, 1217—1234."(《老梦想与新现实：1217—1234 年间宋代的外交策略》) In Morris Rossabi, ed., *China Among Equals: The Middle Kingdom and Its Neighbors, 10th—14th Centuries*,(《平等中的中国：十至十四世纪的中央王国与它的四邻》) pp. 204—39. Berkeley: University of California Press, 1983.

Rawski, Evelyn Sakakida, "Ch'lng Imperial Marriage and Problems of Rulership."(《清朝的皇室婚姻与皇位问题》) In Rubie Watson and Patricia Ebrey, eds., *Marriage and Inequality in Chinese Society*,(《中国社会中的婚姻与不平等》) pp. 170—203. Berkeley: Universiy of California Press, 1991.

——. *The Last Emperors: A Social History of Qing Imperial*

Institutions. (《末代皇帝：清皇室的社会史》) Berkeley：Univeristy of California Press，1998.

Rossabi，Morris. *Khubilai Khan: His Life and Times*. (《忽必烈汗的生平及其时代》) Berkeley：University of California Press，1988.

Sariti，Anthony. Biography of Lü Hui-ch'ing. (《吕惠卿传》) In Herbert Franke, ed., *Sung Biographies*，2：707—12.

Schirokauer，Conrad（谢康伦）."Neo-Confucians Under Attack：The Condemnation of Wei-hsueh."(《遭受打击的新儒学：伪学之禁》) In John Haeger，ed.，*Crisis and Prosperity in Sung China*. (《宋代中国的危机与繁盛》) Tucson：University of Arizona Press，1975.

Schneider，Laurence A. *A Madman of Ch'u: The Chinese Myth of Loyalty and Dissent*. (《楚狂：忠诚与异义的中国迷思》) Berkely：University of California Press，1980.

Schottenhammer，Angela. "Characteristics of Song Epitaphs."(《宋朝墓志铭的特点》) In Dieter Kuhn, ed., *Burial in Song China*，(《宋代中国的葬俗》) pp. 253—306. Ed. Forum. Wurzburg：Wurzburger Sinologische Schriften，1994.

Scogin，Hugh. "Poor Relief in Northern Sung China."(《北宋中国的贫困救济》) *Oriens Extremus* 25，no. 1（1978）：30—46.

Shiba，Yoshinobu（斯波义信）. Biography of P'u Shou-keng. (《蒲寿庚传》) In Herbert Franke, ed., *Sung Biographies*，2：839—42. Wiesbaden：Fritz Stein Verlag，1976.

——. "Sung Foreign Trade：Its Scope and Organization."(《宋

代海外贸易的范围与组织》) In Morris Rossabi, ed., *China Among Equals: The Middle Kingdom and Its Neighbours, 10th—14th Centuries*, (《平等中的中国: 十至十四世纪的中央王国与它的四邻》) pp. 89—115. Berkeley: University of California Press, 1983.

Siren, Osvald, *Chinese Painting: Leaving Masters and Principles*, Part I, *The First Millennium*, vol. 2, *The Sung Period*. (《中国绘画: 离经叛道》第 1 部分《第一个千年》卷 2《宋代》) London: Percy Lund, Humphries & Co., 1956.

Smith, Paul (史乐民). "Shen-tsung's Reign (1068—1085)." (《神宗朝》) Draft chapter for the *Cambridge History of China*, vol. 5, *The Sung*. (《剑桥中国史》卷 5《宋代》)

——. "State Power and Economic Activisim During the New Policies, 1068—1085: The Tea and Horse Trade and the 'Green Sprouts' Loan Policy." (《1068—1086 年新政中的国家权力与经济干预主义: 茶马贸易与青苗法》) In Rober Hymes and Conrad Schirokauer, eds., *Ordering the World: Views of State and Society in Sung China*, (《建立秩序: 宋代中国的国家与社会》) pp. 76—127. Berkeley: University of California Press, 1993.

——. *Taxing Heaven's Storehouse: Horse, Bureaucrats, and the Destruction of the Sichuan Tea Industry, 1074—1224.* (《向天府征税: 1074—1224 年间的马、官僚和四川茶业的破坏》) Cambridge, Mass.: Harvard University, Council on East Asian Studies, 1991.

So, Kee-long (see also Su Chi-lang, 苏基朗). "Finacial Crisis

and Local Economy: Ch'uan-chou in the Thirteenth Century."(《十三世纪泉州的财政危机和地方经济》)*T'oung Pao* 77 (1991): 119—137.

Souliere, Ellen. "The Imperial Marriages of the Ming Dynasty."(《明代的皇室婚姻》)*Paper on Far Eastern History* 37 (1988): 15—42.

——. "Palace Women in the Ming Dynasty."(《明代的宫廷妇女》) Ph. D. diss., Princeton University, 1987.

——. "Reflections on Chinese Despotism and the Power of the Inner Court."(《中国专制主义的影响与后宫的权力》)*Asian Profile* 12, no. 2 (1984): 129—45.

Sung Ch'ang-lien and Miyazake Ichisada. Biography of T'ai-tsung.(《太宗传》) In Herbert Franke, ed., *Sung Biographies*, 3: 992—95. Wiesbaden: Franz Steiner Berlag, 1976.

Tilhnan, Hoyt Cleveland（田浩）. *Confucian Discourse and Chu Hsi's Ascendency*.(《儒家话语与朱熹地位的上升》) Honolulu: University of Hawaii Press, 1992.

——. "Southern Sung Confucianism: The *Tao-hsueh* Fellowship."(《南宋的儒家：道学群体》) Draft chapter for the *Cambridge History of China*, vol. 5.

——. *Utilitarian Confucianism: Ch'eh Liang's Challenge to Chu Hsi*.(《实用主义儒家：陈亮对朱熹的挑战》) Cambridge, Mass.: Harvard University, Council on East Asian Studies, 1982.

Ting Ch'uan-ching.（丁传靖）*A Compilation of Anecdotes of Sung Personalities*.(《宋人逸事汇编》英文节译本) Selected and trans. by Chu Djang and Jane C. Djang. New York: St. John's University Press, 1989.

Twitchett, Denis.（杜希德）"The Fan Clan's Charitable Estate, 1050—1760."（《1050—1860年间的范氏义庄》）In David S. Nivison, ed., *Confuciansim in Action*, pp. 97—133. Standford: Standford University Press, 1959.

——. "Hsuan-tsung（reign 712—56）."（《玄宗》）In Denis Twitchett, ed., *The Cambridge History of China*, vol. 3, *Sui and T'ang China*, 589—906,（《剑桥中国史》第3卷《隋唐》）Part I, pp. 333—463. Cambridge, Eng.: Cambridge University Press, 1979.

——. "The T'ang lmperial Family."（《唐朝皇室》）*Asia Major*, 3d series, 7, no. 2 (1994): 1—61.

Umehara Kaoru.（梅原郁）"Civil and Military Officials in the Sung: The *Chi-lu-kuan* System."（《宋代文武官员的寄禄官制度》）*Acta Asiatica* 50 (1986): 1—30.

Wakeman, Frederic, Jr. *The Great Enterprise: The Manchu Reconstruction of Imperial Order in Seventeenth Century China*.（《洪业：十七世纪中国满洲对帝国秩序的重建》）2 vols. Berkeley: University of California Press, 1985.

Walton, Linda A（万安玲）. *Academies and Society in Southern Sung China*.（《南宋的学院与社会》）Honolulu: University of Hawaii Press, 1999.

——. "The Institutional Context of Neo-Confucianism: Scholars, Schools, and *Shu-yuan* in Sung-Yuan China."（《宋元新儒家学者、学校和书院的制度背景》）In Wm. Theodore de

Bary and John Chaffee, eds., *Neo-Confucian Education: The Formative Stage*, pp. 457—92. Berkeley: University of California Press, 1989.

Wang Gungwu（王赓武）. "Feng Tao: An Essay on Confucian Loyalty."（《冯道：关于儒家的忠诚之道》）In Arthur Wright, ed., *Confucianism and Chinese Civilization*, pp. 188—210. Standford: Standford University Press, 1964.

——. "The Rhetoric of Lesser Empire: Early Sung Relations with Its Neighbours."（《小帝国的辞令：宋初与邻邦的关系》）In Morris Rossabi, ed., *China Among Equals: The Middle Kingdom and Its Neighbors, 10th—14th Centuries*, pp. 47—65. Berkeley: University of California Press, 1983.

——. *The Structure of Power in North China During the Five Dynasties*.（《五代时期中国北方的权力结构》）Standford: Standford University Press, 1963.

Wechsler, Howard. *Offerings of Jade and Silk: Ritual and Symbol in the Legitimation of the T'ang Dynasty*.（《玉帛之献：唐王朝合法性的仪式与象征》）New Haven: Yale University Press, 1985.

Wilhelm, Helmut. "From Myth to Myth: The Case of Yueh Fei's Biography."（《岳飞传：从迷思到迷思》）In Arthur F. Wright, ed., *Neo-Confucianism and Chinese Civilization*, pp. 211—26. Standford: University of Standford Press, 1975.

Wilson, Thomas A（魏伟森）. *Genealogy of the Way: The Construction and Uses of the Confucian Tradition in Late*

Imperial China.(《道统：中华帝国晚期儒家传统的建立与应用》）Standford：Standford University Press，1995.

Worthy, Edmund H. "The Founding of Sung China, 950—1000: Integrative Changes in Military and Political Institutions."（《宋朝的建立：950—1000 年间的军事、政治机构整合》）Ph. D. diss.，Princeton University，1975.

——. "Regional Control in the Southern Sung Salt Administration."（《南宋盐政中的区域控制》）In John Haeger, ed., *Crisis and Prosperity in Sung China*, pp. 101—42. Tucson：University of Arizona Press，1976.

班固：《汉书》，北京：中华书局，1962。

毕沅：《续资治通鉴》，北京：中华书局，1988。

昌彼得、王德毅、程元敏、侯俊德：《宋人传记资料索引》，6卷，台北：鼎文书局，1974—1976。

陈均：《皇朝编年纲目备要》，台北：正文出版社，1966。

《大明一统志》，1461 年。

邓广铭：《岳飞传》，北京：新华书局，1963。

范镇：《东斋记事》，北京：中华书局，1980。

方豪：《宋史》，台北：华康书局，1968。

方仁荣：《景定严州续志》，1262。

方大琮：《铁庵集》，SKCS。

傅金星：《赵汝适》，《泉州史之通讯》，1992，第 1 期，36 页。

——《略谈南外宗对泉州的影响》，《泉州赵宋南外宗研究》，1993 年第 1 期，41—46 页。

傅宗文：《后渚古船：宋季南外宗室海外经常的物证》，《海外交通研究》，2(1989)：77—83。

葛胜仲:《丹阳集》,常州先哲遗书本。

顾炎武:《日知录》,台北:明林,1970。

郭松义:《清宗室的等级结构及经济地位》,李中清、郭松义:《清代皇族人口行为和社会环境》,116—133页,北京:北京大学出版社,1994。

《韩区赵氏族谱》,1908年。

洪迈:《容斋三笔》,笔记小说。

黄宽重:《郦琼兵变与南宋初期的政局》,《南宋军政与文献》,51—104页,台北:新文丰,1990。

黄宗羲:《宋元学案》,北京:中华书局,1989。

江少虞:《宋朝事实类苑》,台北:源流出版社,1982。

杰勤米、格林:《泉州宋代古船》,《海交史研究》,2(1989):84—87。

赖惠民:《清代皇族的封爵与任官研究》,李中清、郭松义:《清代皇族人口行为和社会环境》,134—153页,北京:北京大学出版社,1994。

李中清、王豐:《两种不同的死亡限制机制:皇族人口中的婴儿和儿童的死亡率》。

李中清、郭松义:《清代皇族人口行为和社会环境》,39—59页,北京:北京大学出版社,1994。

李心传:《建炎以来朝野杂记》,台北:文海,1968。

——《建炎以来系年要录》,台北:文海,1968。

——《道命录》。

李焘:《续资治通鉴长编》,北京:中华书局。

李东华:《泉州与我国中古的海上交通》,台北:学生书局,1986。

李玉昆:《泉州海外交通史略》,厦门:厦门大学出版社,1992。第 13 章《赵宋南外宗子与泉州海外交通》又见《泉州赵宋南外宗研究》,1993 年第 1 期,48—55 页。

刘馨珺:《南宋荆湖南路的变乱之研究》,台北:台湾大学文学院,1994。

刘一清:《钱塘遗史》,南京:江苏广陵古籍扩印社,1990。

罗浚:《宝应四明志》,1227,宋元四明六集本。

马端临:《文献通考》,台北:新兴书局,1964。

《闽中金石略》,上海:中华书局,1934。

《名公书判清明集》,北京:中华书局,1987。

欧阳修:《新唐书》,北京:中华书局,1987。

漆侠:《宋代经济史》,2 卷,上海:上海人民出版社,1988。

潜说友:《咸淳临安志》,1268。

确庵、耐庵:《靖康稗史笺证》,北京:中华书局,1988。

沈其心:《中华姓氏通书:赵姓》,长沙:三桓,1991。

史浩:《仙源类谱》,存 30 卷,12 世纪,藏北京国家图书馆善本室。

《宋会要辑稿》职官、崇儒、选举、帝系,台北:时间书局,1964。

《宋会要辑稿补编》,北京:全国图书馆文献缩微复制中心,1988。

《宋史记事》,1746 年,台北 1968 年重印。

苏基朗:《唐宋时代闽南泉州史地论稿》,台北:商务,1992。

孙彦民:《宋代书院制度之研究》,台北:政治大学硕士论文,1963。

脱脱:《宋史》,北京:中华书局,1977。

王称:《东都事略》,台北:文化,1967。

王濂茂:《蒲寿庚屠杀南外宗子考》,《泉州文史》12卷4期(1980),75—82页。

王明清:《挥麈三录》,TSCC。

王溥:《唐会要》,台北:时间书局,1968。

汪圣铎:《宋朝宗室制度考》,《文史》33卷(1990),171—200页。

王应麟:《玉海》,台北:华文书局,1967。

徐梦莘:《三朝北盟会编》,台北:文化书局,1962。

徐乃昌:《宋元科举三录》,1929。

叶德辉:《宋忠定赵周王别录》,8卷,长沙,1908。

——《宋赵忠定奏议》,3卷,长沙,1910。

张邦炜:《宋代的婚姻与社会》,成都:四川人民出版社,1989。

——《宋代皇亲与政治》,成都:四川人民出版社,1993。

张端义:《贵耳集》,TSCC。

《赵家堡资料汇编》,福建省漳浦县文化局,1988。

赵横恳:《赵氏大宋皇帝皇后像纪》,琴鹤堂丛书,台北:赵氏宗亲会,1971。

赵诒□:《赵氏家乘》,1919(哥伦比亚大学藏)。

赵汝愚:《宋名臣奏议》(本名《国朝诸臣奏议》),1186,SPTK。

赵氏族谱编纂委员会:《赵氏族谱》,彰化:新生出版社,1973。

赵世通:《南外天源赵氏族谱》,1724年辑。泉州:泉州印刷广告公司,1994。

赵思濂:《续修山阴华舍赵氏宗谱》,又名《山阴华舍赵氏谱》或《华舍赵氏宗谱》,随后堂,1916。

赵廷芝:《大港赵氏宗谱》,1809。

赵英荣:《赵族简史》,英文名:A Brief History of the Chiu Clan. San Francisco 旧金山:赵家公所,1965。

真德秀:《真文忠公文集》,SPTK。

周城:《宋东京考》,北京:中华书局,1988。

周宝珠、陈振:《简明宋史》,北京:人民,1985。

朱熹:《朱子语类》,黎靖德编,北京:中华书局,1986。

朱彧:《萍洲可谈》,SKCS。

伊原弘:《南宋四川における吴曦の乱后の政治动向》《史学》,5(1980):105—28。

衣川强:《开禧用兵をめぎつて》,《东洋研究》36卷3期(1977):128—51。

竺沙雅章:《宋の太祖と太宗》,东京:清水书院,1975。

诸户立雄:《宋代の對宗室策について》,《文学》,22(1958):623—40。

梅原郁:《中国近世の都市と文化》,京都:同朋舍,1984。

索 引

A

爱新觉罗 322,323
安定王 266
安吉州 291,292
安郡王 278
安禄山 9,10,134
安平桥 280
安庆府 250
奥斯曼帝国 8

B

八旗 322
白身人 65,66
保义郎 202,204
北朝 275
北宅 39,50,51,57,94
辟雍 126
编户齐民 309
兵案 124
兵马都监 2,147,223
伯颜 288
博士 189,197,198,299
不成文理者 90
不厘务 76,130
不限世数 174

C

蔡京 91,114—123,125,127,128,
   130,131,140,252
蔡絛 140
蔡元定 315
策问 90,91
差役法 116
柴中行 240,315
长江三角洲 136,187,266,288,
   291
常平司 120
常山县 200
常熟县 187
常州 186,288
晁补之 223
朝散大夫 263
澶渊之盟 42
潮州（广东南） 205,296,300
车辂院 178
郴州 146
陈傅良 200,228
陈晈 2
陈贵谊 240
陈俊卿 272,314
陈孔硕 316

陈宿 272
陈棠 197
陈通 152
陈宜中 300
陈增 271,272
陈州（京西北） 24,106,146
陈卓 259
陈自仁 160
成都府 231
成吉思汗 307
承奉大夫 252
承节郎 174,202—204
承信郎 202—204
程珌 240
程桂 264,265
程颐 85,290,314
池州 249,291
崇宁 115,130
除名 70,84,107,156
楚州 237
《吹剑录》 234
《春秋》 58,201,251
淳熙 204,206,273
词臣 74,220
慈福太后 233
磁州 147
刺史 10,24,53,59,235
赐名授官 18,52,63,64,91,92,124

D

大港镇 263
大观 46,130
大礼 53,54,64,70
大理寺 235

大庆殿 55
大赦 40,151,154
大使臣 156
《大学》 314
《大训》 26,27,31,35,81,267,312
大元帅 151
大中祥符 50
大宗正司 15,49,53,58,64,79,85,86,92—95,99,101—103,108,123,124,142,143,145,156,174,176,178,180,182,197,199,221,235,258,260,312
党项 80
岛夷 282
道学 222,229,242,243
德州 147
邓绾 104,105,108
邓友龙 233
帝昺 289
棣萼会 110
棣州 143
殿直 99
丁进 149
鼎州 146
定制 82
东莞 294
董令升 186
都省 198,258
独裁 11,49,222
《读易通终篇》 251
杜范 246,255
杜甫 107,315
杜让 24
杜太后 24,26,30,31
度牒 180

389

度支郎中　220,243

度宗　286,288,293

端平　244

端王　115

端宗　288

敦宗院　118—125,127,131,132,172,176,183,263,266,311

E

恶逆　98,111

二帝御容　160

F

翻译进士　323

翻译乡试　323

蕃坊（广州）　111,142,143,176,275,294,295

范百禄　104

范如圭　181

范文虎　292,293

范仲淹　58,60,79

方大琮　175,246

芳林苑　51,94

防御使　53,92,147,264

非士族之家　97

非祖免以下亲　124,260

非洲　281

分封　4—6,9,27,320,321

奉国中尉　321

佛子　185,245

夫子庙　195

福善坊　48

抚州　189,191,218,234

副率　92,96,119

傅伯成　240

傅金星　281,284

傅宗文　14,278

富弼　83

G

改革派　60,83

高邮军　142

高宗　21,49,79,125,136,137,140—143,150—152,154,156—164,170,171,173,177—179,196,197,203,210—213,217,220,221,224—226,229,231,238,253,254,272,282,288,315,317,318

葛洪　240

工案　124

工部　76,227,233,235,243

工匠　94,98

公田法　287

攻守图术　104

宫学　67,125,127,196—199

恭帝　288

巩县　72,267

孤遗钱米　124,257—259

古君子　314

固始县　247

顾炎武　7,9,75,76,322

关礼　227

观察使　53,235

官田　118

光禄大夫　252

《光宁二朝宝训》　251

光州　247

光宗　21,28,198,208,221,224—226,238,253,254,257

广亲宅 50,120,122
广州 111,142,143,176,275,294,295
郭皋 227
郭雍 314
国体 112
国子监 59,90,91,116,117,126,198,205,217
国子学 126,239

H

海陵王 212,213
海神 282,283
海外贸易 22,181,182,268,275—279,283,284,312
《韩非子》 315
韩绛 83
韩琦 73,77—79
韩侂胄 224,227—234,237,242,286
汉成帝 78
《汉宫》 318
翰林侍读学士 251
翰林院 89
杭州 116,136,137,142,145,152,156—159,161,163,223,318
何瑾 135
何溥 181
和买 280
河南府 20,72,118
黑风洞叛乱 236
横渠 267
衡山县 185
衡州 229
洪迈 50,174,204

洪州 143,159,184,199,206
后庙 47
后唐 24
后渚 278,279
胡宏 185,228
胡纮 228,229
胡茂老 186
胡文修 144
湖州 143,171,241,266,291,295
户案 123,124
华舍 26,265,266,313
譁局 261
画院 318,319
淮南 129,141,142,148,149,151,159,189,217,232,237,241,245,247,250,292,297
环卫官 53,54,86,142,143,164,308
宦官 7—9,12,14,29,39,43,48,50,116,134,135,139,140,156,157,227,244,309
皇伯 79,282
《皇朝诸臣奏议》 313
皇城司 124,128
皇帝制度 12—14
皇太极 323
黄帝 23,54
黄榦 284,315
黄朴 284
黄洽 220,221
黄琼 181,182
黄昇 284
黄岩县 187
黄州 149
徽州 185,186,188—190,221

徽宗　20,36,51,59,114,115,119,
　　　120,123—125,127—132,134—
　　　136,139,140,151,158,160,161,
　　　163,252,308,317,318
惠州　289,294

J

吉水县　184
吉州　143,159,160,184,187—
　　　189,191,201,232,235,248
记室　39,101
济南府　146
济王　241
祭文　216
家庙　56,265
家人卦　251
家塾　199—201
《家训》　72
嘉泰　175,221,270
嘉王　105,226,227
嘉兴府　179,219,263
贾似道　286—288,292,293
假山　41
监当官　93,129,130
蹇周辅　104
建康府　205,247
建文帝(明)　321
建炎　144,154,186
《建炎以来朝野杂记》　15,175
《建炎以来系年要录》　15,173
建州　163
江宁府　141—143,158
江少虞　46
江阴军　170
江州　149,220

将仕郎　174
将作监　104,228
讲书　51,101
教授　12,39,49,51,57—60,101,
　　　117,120,125,182,184,195—
　　　199,229,272
节度观察留后　53
节度使　24—26,53,54,149,235
节度使兼侍中　53
节度使同中书门下平章事　53
解试　174,195,205,206,214,261
金华县　263
金陵　105,248
晋王　27,29—31
缙绅　244
京东(西,东)　129,146,149,162,
　　　190,317
京口镇　263
京兆府(永兴军路)　29,31,150
景灵宫　56
景王　139
景炎　298
璟卿　246
净慈寺　239
九江　148,149,187
九日山　282,283
筠州　40,200
浚仪赵氏　265—267

K

开封　21,29,31,33,34,48,51,58,
　　　72,73,94,104—106,108,109,
　　　116,118—122,124,125,129,
　　　130,132—139,141,144,147,
　　　150—152,156,159,176,179,

183,198,210,231,265,266,270,288,307,309,311,317,318
开府仪同三司 163,253
开元寺 278,279
开元乡 187
康王 136,151,159
考选法 125
柯宋英 182
科举 13,19—21,46,57,58,61,65,84,85,88—92,117,124,126—128,132,148,154,155,166,168,169,171,185,188,190,195,197,199,202—204,206,208,213,214,222,229,235,268,272—275,285,308,313,321—323
夔州 235

L

兰溪 295
乐善书院 200
《离骚》 318
礼部 87,90,95,124,162,172,198,203,215,216,243,251,252
李成 148,149,161,186
李焘 15,30,55,103,106
李东华 268,269,276,277
李昉 34,223
李逢 103—106,108,262
李纲 134
李汉斌 38
李林甫 10,229
李沐 228,229
李谦溥 37
李全 236,241,247,248

李士宁 105—108
李世民 8
李适之 10
李田 49
李心传 15,51,69,135,144,162,166,174,178,182,197,206,207,221,257
李玉昆 181,279,280,282
李元砺 219
李宗政 240
理宗 21,97,132,168,178,231,235,238—243,245—249,251—255,285,286,288,290,295,315,316
郦琼 146
良家女 70
梁县 72
两制官 48
量试 117,124,146,202—204,207,208,213
林光山 303
临安府 159,178,233,246
临安诸司审计院 291
临江军 186,190
领地 27,307,322
刘邦 5
刘病已 8
刘敞 62,66,67,73—75
刘德秀 215
刘光祖 223,228
刘汉弼 246,255
刘贺 8
刘瑾 105
刘克庄 3,162,250,252,253,272,316

刘庆福 247
刘屈氂 229
刘述 111,112
刘向 255
刘秀 7
刘玄 7
刘彦文 140
刘育 104,105,107
刘豫 149
刘正彦 157
刘子健 80,140
留正 226,227
六部 229
六事 250,251
六艺 60
隆兴 182,197
隆祐皇太后 156,157
楼钥 198,215,240,282
卢多逊 33
庐陵县 184,188
庐山 234
庐州 146,151,237
陆游 85,218
录事参军 189,218
吕诲 78
吕惠卿 106
吕蒙正 34
吕颐浩 158
吕造 58
吕祖谦 201,315
率府副率 53,54
轮对 235,244
《论语》 72,89,91,197,314
洛阳 20,33,72,83,118,134,151,185,311

M

马端临 15,144
马进 148,149
蒙哥汗 287
蒙古 11,22,236,242,250,251,285,287,288,290,291,293,295,297—299,302,320
孟后 159,160,190
孟氏 157,159,190
《孟子》 59,89,91,197
密州 162
苗昌裔 151
苗傅 157,158
闽 182,266,268,274,297,299
《名公书判清明集》 260
明庆寺 177
明堂 54,55
明州 2,105,184,188—190,199,208,214,215,217,231,243,247,281,282,291
洺州 147
墓志铭 16,38,51,54—59,61,62,66—68,70,74—76,92,107,109,126,162,163,166—168,181,182,184—195,198,206,215,216,220,222—224,231—234,250—253,262,270,272,280,284,310,312,314,316,318
睦亲宅 50,51,73,106,145,172,176,177,186,270
睦宗院 270,272,298
慕容彦逢 74,109

N

纳合买住 248

奈良后期 11
南安县 282
南澳 300
南班官 36,53,89,92,93,123,142,145,164,176,177,219,249
南宫 40
南家 278
南家记号 278
南京 20,105,118—120,125,126,132,135,136,141—143,154,176,183,263,266
《南外天源赵氏族谱》 19
南外宗司 274,275,278,279,282
南雄州 143,151
南阳刘氏 6
南宅 39,50
内臣之家 98
内殿承班 92
内东门司 156
内郡 291
内库 96
内侍省 99
倪思 270
宁国府 214
宁宗 12,21,198,225,227—231,235,238—240,254,256,295,309
女奴 38,68—70

O

欧阳修 10,59,74,79,85,312

P

潘畤 200
彭龟年 228
彭汝励 111,112

平江县 264
平江知府 220
《鄱阳赵氏续修谱》 264
蒲寿庚 264,296—299,305
蒲田县 272
濮州 190
浦江 263,300
濮王 79,82,87,88,140,141,144,173,179,181,272

Q

签厅 261
虔州 142,143,159,160
乔行简 240
钦宗 114,135—137,139,140,160,163
亲道 87
亲民 129,130,132,214
秦彪 104,107
秦桧 137,162—164,186,220,225,280
秦王 27,31,33
勤王军 157
青绿派 318
《清夏江乡图》 317
庆元 249,250,276
庆元府 2,249,250
屈原 318
衢州 157,158,187,200,266
取应 204,205,208
全太后 288
泉州 14,19,21,22,111,121,122,142,143,145,163,164,167—169,175,180—182,188,198,258,264,267—285,296—300,

302—305,307,310—312,315,320

泉州赵宋南外宗正司研究会 320

R

饶州 183,223,261
仁宗 1,2,20,28,42,44—46,48,49,53—55,59—62,65,66,71—74,76—80,83,88,89,94,96,102,106,109,127,212,240,313,316
任汝昔 261
日食 245,254,255
荣王 238
汝州 72,146,161
乳母 40,41
瑞安府 292
润王府 261

S

三班奉职 97
三班官 99
三江岛 301
三舍法 116,121,126,127,204
沙钱 160
山阴县 239
陕州 150
商人 14,98,160,181,234,269,277,280—282
商汤 250
上清宫 50,51
上饶 223
少府监 129,130
绍定 268
绍兴府 145,172,176,201,212,239,265,266,293,311
射箭 43—45,61,136
申王 115
神御库 48
神宗 51,59,64,70,80—85,89—95,97,99—103,105—107,109,110,115,117,118,123—125,131,132,139,201,308—310
沈晦 204
沈括 104
沈其新 170
省试 90,91,124,126,201,205—207,224
诗赋 202
石鼓书院 200
史馆 166,251,252,315
史浩 200,201,212,230
史弥远 11,230,234,239,240,243,244,248,252
史嵩之 243,245,246
史宅之 252
始祖 18,263—266,301
士案 123
士大夫 13,14,104,109,111,132,162,165,194,200,225,242,244,254,263,264,286,287,297,309,310,313,316
世宗（后周） 25,47
市舶司 273,275—277,279—284,297,299,314
侍从 40,43,44,53,135,162,164,215,220,221,226,235,252,300
侍郎 33,162,233,235,243,250,253
书法 41,44,45,59,61,211,295

枢密都承旨 162,250,253
枢密使 152,153,219,227,229,253
枢密院 83,84,86,88,92,93,97,138,215,225,252,253
庶姓法 97,98
司马光 29,30,31,78,83—85,91,104—106,115
司天监 104,151
司宗寺 9
缌麻 93,98,164,173
四川 144,145,148,162,168,169,180,185,214,215,223,228,231,235,236,245,287,288
宋祁 45,53,75,76,309,322
宋琪 34
苏基朗 268,277,297,299
苏轼 129
苏洵 85
苏州 187—189,220
肃宗（唐） 134
《涑水纪闻》 30,105
孙觌 128,149,161,162,186
孙复 58,59
孙傅 138
孙由馥 298,304
孙沔 9
锁厅试 90,91,117,204,205,249

T

台谏 120,152,215
太常丞 92
太府少卿 221
太府寺 243
太和殿 67

太庙 47
太清楼 45
太学 126,138,197,198,234,246,304
太子右内率府副率 53,54
太子中允 92
太宗 8,12,13,18—20,23,24,29—42,44,50—52,55,57,69,72,84,103,107,121,210,225,293,307,308,316
太宗一系 49,69,103,121,173,210,308
太祖 12,17—20,23—32,35—37,39,42,47—50,52,55,69,72,81,84,87,93,103,104,106,107,121,151,189,199,210,211,231,238,263,266,267,293,296,306,307,309,312,316,321
太祖后府君 263
《太祖皇帝玉牒大训》 26
《太祖实录举要》 313
太祖一系 36,49,69,179,210,272,293
泰山 42,44
泰州 142,187,188,189
潭州 150,185
祖免亲 84,88,92,95,97—100,111,112,164,173,205
禫祭 226
《唐书录遗》 314
特奏名 90,117,201—203
滕甫 105
天书 23,42
添差官 129,154,155
田真子 297—299,305

397

汀州 219,235,236,273

《通典》 315

同文馆 177

童贯 116,134

图谶 104,108

团练使 53,101

W

外官 12,76,93,94,97,124,129,240

外官法 88

外宗正司 118—120,143—145,156,161,163,172,175,180—182,185,195,196,198,210,212,216,258,261,264,268,270,271,275,277—279,284,320

汪圣铎 14,18,52,54,73,78,83,85,89,91—93,204

汪义端 225,228,229

王安礼 64,67,83,93

王安石 71,80,82—85,93,99—101,105—107,110,115

王旦 200

王府教授 49,51

王宫大小学 197

王巩 107

王珪 51,74,107

王淮 54,218

王继恩 39

王继隆 29—31

王猎 58

王莽 6,7,78

王明清 10,152,210,211

王钦若 50

王镕 24

王奭 197

王庭筠 103,104,108

王羲之 211

王淹 200

王彦超 25

王谊 162

王渊 152,153

王曾 71,226

王宅 9,82

围棋 2

卫将军 47,52,53

伪齐 149

伪学 228—230,233

伪学逆党 229

魏了翁 5,200,219,235,240,242

魏王 20,24,32,36,43,50,52,72,84,92,152,214,261,296,307

魏王一系 36,52,88,95,121,151,249,300

温州 136,188,190,200,288

文璧 294

文天祥 292—296

文彦博 83

文资 204

吴国定 292

吴琚 226

吴猎 228

吴曦 231

吴兴王 226

吴屿 300

吴雨岩 261

吴越 68,266

吴子良 316

五等 9,10

五服 9,11,20,26,28,64,81,84,

173,174,309,322
武功郡王 31
武官 52,65,66,111,148,150,177,192—194,207,208,236,296,308,310
武后(唐) 9,10
武举 201—203
武举进士 202
武学 234,246
婺源县 185
婺州 190,247,263,295

X

西安 236,266
西湖 286
西京 20,33,118,120,127,132,141—143,176,183,223
西头供奉官 92
西宅 50
夏震 240
仙露寺 140
《仙源积庆图》 101
《仙源类谱》 18,36,63,69,193,194,208,265,310
袄妄书 104
县学 126,199
相州 147
向太后 115
向子諲 150
项安世 315
萧燧 216
小使臣 156
小学 84,125,196,197
小学教授 51
孝道 55,71,72,296,304

《孝经》 43
孝宗 21,79,132,168,171,179,182,191,203,204,210,212—218,220—222,224—226,230,232,234,238,254,282,295,309
谢克家 180
谢深甫 215
谢太后 288
辛道宗 152
新安 162
新城 94
新法 80,106
新会县 300
新儒家 229
信安郡公 235
信王 139,150,151
信州 142,190,235
兴化军 115,272—274,276
兴圣寺 179
兴元府 29
星变 245,246
《星辰行度图》 104
刑案 124
刑部 163,218,231,243,250,251
邢州 140
行司 179
熊大章 264,265
熊飞 294
修职郎 204
秀山 289
秀水 263
秀王 292
秀州 152,153,220,232
徐谊 200
徐元傑 246,255

徐州 103,104
酗酒 71,224
宣帝(汉) 8
宣和 130,221
宣州 214
《璿源图谱》 303
选人 79,207,211
学士院 61
训名 259

Y

亚洲 18,275,281
延宁宫 67
严州 188,315,318
沿海制置使 2,231,236,247,249
兖王 238
燕京 134,135,140
燕山 140
燕王(赵德昭) 40,139,238,266
《燕云录》 141
扬州 136,141,142,237,248
杨简 240
杨亮节 292
杨太后 240,292
杨万里 188,316
杨亿 316
杨中和 58
姚坦 40,41
遥郡刺史 53
遥郡团练使 53
《野谷集》 316
叶梦得 152
叶适 163,217,221,222,231—233,316
衣冠士族 65

仪案 124
沂王 140
沂州 103
宜兴县 186
《易经》 45,59,219,251,252,255,267,315
《易说》 314
翊善 39,51
鄞县 2,184
应举 14,15,27,88,90,91,204,205,208,220
应天府 20,118,311
英宗 36,51,58,77—83,106,212,240,272
郢州 216
永安县 72
永乐皇帝(明帝) 321
永兴军 29,150
永业田 95
永州 229
幽州 32,33
尤袤 314
游仲鸿 228
右班殿直 52,92
右监门卫大将军 53
右千牛卫将军 53
右侍禁 52
于涣 152
余干县 183,223
俞文豹 234
馀姚县 103
虞永兴 59
玉牒 20,27,48,84,101,168,178,251,260,264,265,298,303
玉牒所 17,18,46,84,86,178,

259,312
玉清昭应宫 50
玉山县 150,235
谕德 40,41,57
御容 56,160,180
御史台 104,105,153
《御制玉牒派序》 27
元丰 47,54,81,92
元祐皇后 159
元祐叛党 116
岳飞 137,148,149,162,163,190
越州 145

Z

杂犯 203
杂类 65,97,98
曾从龙 314
曾公亮 83
曾巩 81
曾慥 144
长史 51,214
张邦昌 151,159
张邦炜 14,65
张端义 211,248,249
张方平 74—76
张光直 4
张淏 207,223
张靖 104,107
张俊 152,153,158,159
张世杰 288,296,297
张栻 197,316
张希清 14,90,205,208
章惇 115,116
章丘县(济南府) 146
昭帝(汉) 8

赵安仁 52
赵必璙 294
赵必辥(BAACFCCACBC) 294,296
赵必健(BCABDAAAAAD) 316,319
赵必向 293
赵必迎(BCBPCABCAAA) 26,301,302,304
赵必愿(BAAKFBDAAAA) 243,244,273,314
赵昺(帝昺) 288,289
赵伯琮(ABBACEAB) 179,211
赵伯圭(ABBAECAA) 179,198—200,224,281
赵伯浩(ABABAIAB) 211
赵伯淮(AABDEFBA) 187,188
赵伯玖(AADFFCDA) 211
赵伯驹(AADDFEBB) 318,319
赵伯璩(AAAACEBB) 183,184
赵伯深 143
赵伯摅(AADDGADA) 185
赵伯术(AADFABFB) 184,199,206
赵伯骠(AADDFEBE) 318
赵伯直(AADEGABA) 188
赵不尘 196
赵不廙(BCBPAME) 272
赵不汮(BCBTGDA) 186—188
赵不弃(BAADADA) 162
赵不求(BAAKFBD) 223
赵不群(BCBAAKA) 146,161
赵不试(BAAKLCC) 147
赵不息(BCBFAFA) 178,179,184,185,196,197,217,230,280

赵不尤(BCABCA) 162
赵不凡(BCBIAGA) 158
赵偲(神C) 139
赵谌(钦A) 138,139
赵承操(CDD) 55
赵承庆(CAA) 43,44,72
赵承训(CBA) 67
赵承裔(CEF) 43
赵充夫(CCAAAABAA) 190,200,316
赵崇度(BAAKFBDAAE) 235,279,280
赵崇济 47
赵崇宪(BAAKFBDAAA) 230,231,314
赵从古(ABCA) 49
赵从式(ABBB) 1,62
赵从说(BABA) 69,70
赵从倪(AAAA) 70
赵从信(AADF) 54,58,69
赵从郁(ABBA) 45
赵从质(AADE) 71
赵从贽(ABCC) 56
赵大年,即赵令穰 311,317,318,319
赵德芳(AB) 30,32
赵德恭(CA) 32,34,45,110,243,303,315
赵德隆(CB) 32,34
赵德文(CG) 32,316
赵德昭(AA;燕王) 29,32,40,139,238,266
赵鼎 163,177
赵惇,见光宗 224
赵范 248

赵汾 163
赵勇 210
赵庚夫(CCABHBACB) 219,315
赵公衡(CDCFIDB) 187,189,201
赵公迈(CABCAGC) 92,185
赵公育(CEFCBCB) 189,191
赵构见高宗 136
赵贵诚(AABDEAEABBX) 239
赵贵和(赵立太) 238,239,241
赵弘殷 26,86
赵竑(赵贵和;济王) 238,239,241
赵化之(CABABA) 72
赵颢(英A) 94
赵桓见钦宗 135
赵恒见真宗 20,23,32,34,35,38,39,41—47,52,55,57,60,72,79,88
赵愕(徽;沂王) 140
赵佶,见徽宗 114
赵家堡 300,301
赵敬 24,26,48
赵恺(孝B;魏王) 214
赵楷(徽B) 128,135
赵克敦(CECA) 61
赵克构(CCBA) 45,67
赵克继(CAAB) 61
赵克杰(CDAB) 51
赵克温(CEDA) 67,75
赵克周 64
赵克壮(CDCI) 55
赵匡胤见太祖 23,24,86
赵葵 248
赵扩见宁宗 226
赵良淳(BAAKFBDAAEAA) 291

赵良骖(BCBPCABBCBX) 301,
303
赵令崴(AADBHD) 149
赵令儦(AADBHC) 151
赵令蟥(AADDAA) 59
赵令詪(AADCBK) 128,179,
215,265
赵令衿(AADBHF) 128,163,
180,280
赵令畯(AADDFE) 318
赵令廌(AADFCH) 210
赵令穰(ABCBBA;字大年) 311,
317—319
赵令时(AADDEC) 210
赵孟垒(ABBCCBAAABBC) 291
赵孟坚(AABCDBADBEAA)
179,318,319
赵孟锦(AADEAAAAEAAB)
291
赵孟爽(AABDEAEABACF) 293
赵孟頫(ABBACEAACAAG)
295,296,301
赵孟淛(AADBDDCAFBAX) 265
赵睦之(CHABEF) 185
赵普 26,27,30,33,34
赵禥(度宗) 255,285,286,288,
293
赵杞(徽D;景王) 139
赵潜夫 2
赵汝谠(BCBFAFAAB) 230,279,
316
赵汝盟(BCADACBBB) 236
赵汝偖(BCBPAMGA) 271,272
赵汝靓(BAAKFBDDA) 314
赵汝括(BCBPAAACD) 279,

281,315
赵汝述(BCBPAAACA) 220
赵汝鐩(BCBGNAGCC) 62,201,
236,316
赵汝腾(BCBQCABBC) 243
赵汝谈(BCBFAFAAA) 230,240,
243,315,316
赵汝昔 261
赵汝愚(BAAKFBDAA) 21,98,
111,112,183,213,214,222—
227,229—232,235,243,253,
254,270,280,308,313,314
赵若梧(CBADIACAAAA) 296
赵若和(CGCBDCAAABX) 300,
301,305
赵若陋 261,262
赵若祖(CEEADCECAAX) 291
赵善菜 261
赵善待(BCBPAAAC) 189,219,
220,281
赵善恭(BEAGFEAC) 183
赵善时(BABAVAAB) 204
赵善悉(BCABACAA) 163,190,
220,222
赵善湘(BCBGFCJA) 2,247—249
赵善应(BAAKFBDA) 223,314
赵善誉(BCABGHEB) 218,314
赵伸夫(CABCBCCBE) 235,237
赵眘见孝宗 212
赵师耕(AABDEFBFB) 279
赵师罴(AADDFEBEA) 185,
231,233—237
赵师玖(AADBFABGA) 264
赵师龙(AABBABDCA) 201
赵师恕 284

403

赵师浔（AADEAAEAC） 184,
189,215

赵师召 229,231

赵时焕（CDADADBFBA） 254,
255

赵时赏（CXXXXXXXX） 292

赵时通（CBABBCAAAB） 234

赵士彭（BCAAHA） 128,149,
161,162,186

赵士㔶（BCBLDF） 181,277

赵士儴（BCBIAG） 141,158,159,
161,163

赵士崢（BCBIBH） 160,161

赵士从（BCBGFA） 142

赵士轕（BCBBDE） 179

赵士篯（BCBGFE） 182,213

赵士衎（BCBGFF） 181,182,213,
277

赵士㒟（BAANBE） 148,149

赵士跂（BCBGCB） 140

赵士靖（BCBLHE） 139

赵士遒（BABAFF） 149

赵士琞（BCBPAM） 146,147,272

赵士崪（BEAGFE） 183

赵氏宗亲会 320

赵氏宗族 26,263,290,296,306,
307

《赵氏族谱》 19,23,24,26－28,
38,264,289,304

赵世褒（ABBAB） 76

赵士夸（BCBMCB）178

赵世昌（AADAC） 59

赵世崇（AADDA） 58

赵世翻（BGBAKA） 263

赵世衡（AADAF） 59

赵世居（ABCCX） 103,104,106—
109,262

赵世开（AAEAC） 110

赵世仍（AAEBH） 71

赵世融（AADAB） 1,62

赵世雄（AADBD,淄王） 266,267

赵世延（AABAB） 45

赵世永（AABAA） 1,43,58,62,
71

赵世岳（AADBG） 70

赵昰见端宗 288

赵守节（AABA） 49

赵守之（CEFCBC） 160

赵叔漺（CHAJB） 92

赵叔淡（CDADA） 129

赵叔皎（CYYYY） 147

赵叔近（CDCKG） 152,153

赵叔凭（CZZZZ） 150

赵叔韶（CABAA） 61

赵叔舍（CCFBA） 62

赵叔向（CXXXX） 151,152

赵叔詹（CEAAB） 74

赵曙见英宗 36,51,58,77－83,
106,212,240,272

赵廷美,见魏王 20,24,31,32,
36,40,43,50,52,72,84,92,152,
214,261,296,307

赵廷芝 263

赵万 151

赵惟吉（AAB） 39,49

赵惟正（AAA） 50

赵希瞿（ABAAACBAAC） 238

赵希道 179

赵希錧（AADBBEGADA） 199,
218,235,236,254

赵希洎(ABBBBGBBBA) 293

赵希瀞（AAEBFAECAB） 162,243

赵希怿（AAXXXXXXXX） 189,230,236

赵希瞿（ABAAACBAAC） 238

赵锡年 19,264,289

赵像之（CCFHIA） 195,216

赵性夫（CDBBAFAAA） 243

赵训之（CABBFH） 128,160

赵彦端（CBAECAAA） 216,220,254

赵彦侯（CDCKGACA） 279,280,316

赵彦孟（CCAAAABA） 190

赵彦佼（CEFCBDBB） 188,189

赵彦侸（CCCCEBAA） 184,189

赵彦萧（CABBFHBA） 235

赵彦逾（CCACCBAB） 205,227,228,231

赵彦真（CDADAFAB） 218

赵以夫（CECBCCDAD） 2,249,253,315

赵由馥（AADBFABBAAAAX） 297,298,302,304

赵由洁（AADBFABGAXXXX） 264,303,304

赵与藩（AABEABGCCC） 296

赵与昉（AABAACAAAAB） 296

赵与傲（ABABAHDAADA） 302

赵与憻（AADFCHAGBXA） 245,246,249

赵与骏（AADEBCGBAXX） 284

赵与芮（AABDEAEABBA） 285,293

赵与藩（AABEABGCCC） 296

赵与櫸（AABCDBADECE） 292

赵与伺（AADBDDCAFBA） 265,266,299,312

赵与愿 238

赵俣(神B) 139

赵聿之(CEDBBA) 150

赵元份(BC) 32,38

赵元杰(BD) 32,40,41

赵元偓(BE) 32,35,43

赵元僖(BB) 1,32,34,37,38,62,69,70

赵元俨(BG) 32,53,55

赵元佐(BA) 32,34,40

赵允弼(BEA) 43,49,103

赵允迪(BGC) 68

赵允良(BGB) 58

赵允让(BCB;濮王) 49,58,79,82,87,88,103,140,141,144,173,179,181,272

赵榛(徽O;信王) 139,150,151

赵仲琮 142

赵仲考(BAAJE) 75

赵仲理(BCBGN;濮王) 79,82,87,88,140,141,144,173,179,181,272

赵仲旻(BABAH) 70

赵仲倖(BAADB) 93

赵仲企(BAAKF) 222

赵仲湜(BCBGF) 144,145

赵子俌（ABBACEA） 128,171,172,211,295

赵子渲（AADBDAD） 129,130,132,161

赵子砥（AADBDEB） 140,141

405

赵子栎(AAXXXXX) 146,161
赵子嶙(AADBDDC) 266
赵颢(英B,嘉王) 94,105,226,
 227
赵子佽(AADBFAB) 264
赵子褫(AAAACCI) 263
赵子崧(AADBDFA) 127,151
赵子潚(AABEHAF) 128,157,
 158,164,215,217
赵子瀹(AADCBGB) 265
赵子昼(AAEBFAE) 126,127,
 161,162,187,315
赵宗辩(BAAM) 61
赵宗旦(BAAC) 51,94,102,108
赵宗谔(BCAA) 110
赵宗惠(BAAK) 102,108
赵宗景(BEAD) 64,70,102
赵宗敏(BCAB) 70
赵宗朴(BCBB) 78
赵宗晟(BCBI) 102
赵宗实(BCBX),见英宗 36,51,
 58,77—83,106,212,240,272
赵宗望(BDAA) 46,59
赵宗颜(BACA) 45
赵宗立(BAAA) 45
赵宗辩(BAAM) 61
赵宗肃(BCAD) 110
哲宗(赵煦) 91,92,100,103,
 109—111,113—115,125,130,
 131,158,159,308,310,317
真德秀 231,234,240,242,269,
 276,277,280,284,314
真定府(河北西) 48,139
真州(淮南东) 142,188,189,291
真宗 20,23,32,34,35,38,39,

41—47,52,55,57,60,72,79,88
镇江府(润州,两浙) 141,151,
 248,263
郑刚中 162
郑清之 239,243,252
政事堂 48
知大宗正事 108,142,158,163,
 178,184,197,210,215,217
知州 34,35,105,129,130,146,
 147,149,150,152,153,160,162,
 163,180,181,186,199,208,215,
 217—221,225,228,231,232,
 237,245,257,261,266,270,272,
 273,276,280,281,291,292,295,
 297,299,302,303,308,318
执政 163,224,225
制科 202
制置使 2,158,217,231,236,237,
 247,248,249
中国仁政 281,282
中书 33,48,53,83,84,86,88,92,
 93,97,102,144,177,246
忠义运动 296
重文轻武 11
州学 126,127,171,195—200,
 206,280
周必大 160,184,188,200,219
周代(西周,东周) 3—5,58,85,
 200
周孟阳 49
周氏 152,153,184
周世宗 25,30
朱苇 152
朱胜非 157
朱唐 103

朱熹 6,138,150,181,197,201,206,208,209,222—224,227—229,240,242,243,257,258,284,290,313—316
朱彧 111
朱著 240
《诸蕃志》 281,315
诸户立雄 14,135,163,221,253
诸暨县 265
诸司副使 92
烛影斧声 30
主簿 48,100,103,104,112,119,129,130,174,185,259
主婚宗室 99
《庄子》 315
涿州 24
淄州 149
谘议 40,51,57
谘议参军 51
自讼斋 196,197
宗学 15,120,125,126,195—199,224,246
宗正卿 48,100
宗正少卿 47
宗正寺 9,15,17,42,47—49,52,59,78,80,85—87,100,145,178,243,259,312
宗令 86
宗姓 47,229,235,271
宗法制 4,5
《宗藩庆系录》 18,265
宗妇 145,170,172,173,268,283
宗室官员 54,128—130,133,154—156,164,165,182,184,207,215,217,218,220,221,224,230,236,237,241,243,247,253—256,270,278—280,282,284,296,308
宗室官庄 118
宗室会试 323
宗室家族 13,21,73,188,189,191,193,194,208,249,259,262—264,266,270,273,278,294,296,302,304,310,319,320
宗室乡试 323
宗室族谱 15,26,87,88,101,155,156,264,303,318
宗子过礼 207
宗子试法 90
尊长 86,92,127,171,259
左班殿直 111
左右卫上将军 53

"海外中国研究丛书"书目

1. 中国的现代化 [美]吉尔伯特·罗兹曼 主编 国家社会科学基金"比较现代化"课题组 译 沈宗美 校
2. 寻求富强:严复与西方 [美]本杰明·史华兹 著 叶凤美 译
3. 中国现代思想中的唯科学主义(1900—1950) [美]郭颖颐 著 雷颐 译
4. 台湾:走向工业化社会 [美]吴元黎 著
5. 中国思想传统的现代诠释 余英时 著
6. 胡适与中国的文艺复兴:中国革命中的自由主义,1917—1937 [美]格里德 著 鲁奇 译
7. 德国思想家论中国 [德]夏瑞春 编 陈爱政 等译
8. 摆脱困境:新儒学与中国政治文化的演进 [美]墨子刻 著 颜世安 高华 黄东兰 译
9. 儒家思想新论:创造性转换的自我 [美]杜维明 著 曹幼华 单丁 译 周文彰 等校
10. 洪业:清朝开国史 [美]魏斐德 著 陈苏镇 薄小莹 包伟民 陈晓燕 牛朴 谭天星 译 阎步克 等校
11. 走向21世纪:中国经济的现状、问题和前景 [美]D. H. 帕金斯 著 陈志标 编译
12. 中国:传统与变革 [美]费正清 赖肖尔 主编 陈仲丹 潘兴明 庞朝阳 译 吴世民 张子清 洪邮生 校
13. 中华帝国的法律 [美]D. 布朗 C. 莫里斯 著 朱勇 译 梁治平 校
14. 梁启超与中国思想的过渡(1890—1907) [美]张灏 著 崔志海 葛夫平 译
15. 儒教与道教 [德]马克斯·韦伯 著 洪天富 译
16. 中国政治 [美]詹姆斯·R. 汤森 布兰特利·沃马克 著 顾速 董方 译
17. 文化、权力与国家:1900—1942年的华北农村 [美]杜赞奇 著 王福明 译
18. 义和团运动的起源 [美]周锡瑞 著 张俊义 王栋 译
19. 在传统与现代性之间:王韬与晚清革命 [美]柯文 著 雷颐 罗检秋 译
20. 最后的儒家:梁漱溟与中国现代化的两难 [美]艾恺 著 王宗昱 冀建中 译
21. 蒙元入侵前夜的中国日常生活 [法]谢和耐 著 刘东 译
22. 东亚之锋 [美]小R. 霍夫亨兹 K. E. 柯德尔 著 黎鸣 译
23. 中国社会史 [法]谢和耐 著 黄建华 黄迅余 译
24. 从理学到朴学:中华帝国晚期思想与社会变化面面观 [美]艾尔曼 著 赵刚 译
25. 孔子哲学思微 [美]郝大维 安乐哲 著 蒋弋为 李志林 译
26. 北美中国古典文学研究名家十年文选 乐黛云 陈珏 编选
27. 东亚文明:五个阶段的对话 [美]狄百瑞 著 何兆武 何冰 译
28. 五四运动:现代中国的思想革命 [美]周策纵 著 周子平 等译
29. 近代中国与新世界:康有为变法与大同思想研究 [美]萧公权 著 汪荣祖 译
30. 功利主义儒家:陈亮对朱熹的挑战 [美]田浩 著 姜长苏 译
31. 莱布尼兹和儒学 [美]孟德卫 著 张学智 译
32. 佛教征服中国:佛教在中国中古早期的传播与适应 [荷兰]许理和 著 李四龙 裴勇 等译
33. 新政革命与日本:中国,1898—1912 [美]任达 著 李仲贤 译
34. 经学、政治和宗族:中华帝国晚期常州今文学派研究 [美]艾尔曼 著 赵刚 译
35. 中国制度史研究 [美]杨联陞 著 彭刚 程钢 译

36. 汉代农业:早期中国农业经济的形成　[美]许倬云 著　程农 张鸣 译　邓正来 校
37. 转变的中国:历史变迁与欧洲经验的局限　[美]王国斌 著　李伯重 连玲玲 译
38. 欧洲中国古典文学研究名家十年文选　乐黛云 陈珏 龚刚 编选
39. 中国农民经济:河北和山东的农民发展,1890—1949　[美]马若孟 著　史建云 译
40. 汉哲学思维的文化探源　[美]郝大维 安乐哲 著　施忠连 译
41. 近代中国之种族观念　[英]冯客 著　杨立华 译
42. 血路:革命中国中的沈定一(玄庐)传奇　[美]萧邦奇 著　周武彪 译
43. 历史三调:作为事件、经历和神话的义和团　[美]柯文 著　杜继东 译
44. 斯文:唐宋思想的转型　[美]包弼德 著　刘宁 译
45. 宋代江南经济史研究　[日]斯波义信 著　方健 何忠礼 译
46. 一个中国村庄:山东台头　杨懋春 著　张雄 沈炜 秦美珠 译
47. 现实主义的限制:革命时代的中国小说　[美]安敏成 著　姜涛 译
48. 上海罢工:中国工人政治研究　[美]裴宜理 著　刘平 译
49. 中国转向内在:两宋之际的文化转向　[美]刘子健 著　赵冬梅 译
50. 孔子:即凡而圣　[美]赫伯特·芬格莱特 著　彭国翔 张华 译
51. 18世纪中国的官僚制度与荒政　[法]魏丕信 著　徐建青 译
52. 他山的石头记:宇文所安自选集　[美]宇文所安 著　田晓菲 编译
53. 危险的愉悦:20世纪上海的娼妓问题与现代性　[美]贺萧 著　韩敏中 盛宁 译
54. 中国食物　[美]尤金·N.安德森 著　马孆 刘东 译　刘东 审校
55. 大分流:欧洲、中国及现代世界经济的发展　[美]彭慕兰 著　史建云 译
56. 古代中国的思想世界　[美]本杰明·史华兹 著　程钢 译　刘东 校
57. 内闱:宋代的婚姻和妇女生活　[美]伊沛霞 著　胡志宏 译
58. 中国北方村落的社会性别与权力　[加]朱爱岚 著　胡玉坤 译
59. 先贤的民主:杜威、孔子与中国民主之希望　[美]郝大维 安乐哲 著　何刚强 译
60. 向往心灵转化的庄子:内篇分析　[美]爱莲心 著　周炽成 译
61. 中国人的幸福观　[德]鲍吾刚 著　严蓓雯 韩雪临 吴德祖 译
62. 闺塾师:明末清初江南的才女文化　[美]高彦颐 著　李志生 译
63. 缀珍录:十八世纪及其前后的中国妇女　[美]曼素恩 著　定宜庄 颜宜葳 译
64. 革命与历史:中国马克思主义历史学的起源,1919—1937　[美]德里克 著　翁贺凯 译
65. 竞争的话语:明清小说中的正统性、本真性及所生成之意义　[美]艾梅兰 著　罗琳 译
66. 中国妇女与农村发展:云南禄村六十年的变迁　[加]宝森 著　胡玉坤 译
67. 中国近代思维的挫折　[日]岛田虔次 著　甘万萍 译
68. 中国的亚洲内陆边疆　[美]拉铁摩尔 著　唐晓峰 译
69. 为权力祈祷:佛教与晚明中国士绅社会的形成　[加]卜正民 著　张华 译
70. 天潢贵胄:宋代宗室史　[美]贾志扬 著　赵冬梅 译
71. 儒家之道:中国哲学之探讨　[美]倪德卫 著　[美]万白安 编 周炽成 译
72. 都市里的农家女:性别、流动与社会变迁　[澳]杰华 著　吴小英 译
73. 另类的现代性:改革开放时代中国性别化的渴望　[美]罗丽莎 著　黄新 译
74. 近代中国的知识分子与文明　[日]佐藤慎一 著　刘岳兵 译
75. 繁盛之阴:中国医学史中的性(960—1665)　[美]费侠莉 著　甄橙 主译　吴朝霞 主校
76. 中国大众宗教　[美]韦思谛 编 陈仲丹 译
77. 中国诗画语言研究　[法]程抱一 著　涂卫群 译
78. 中国的思维世界　[日]沟口雄三 小岛毅 著　孙歌 等译

79. 德国与中华民国 [美]柯伟林 著 陈谦平 陈红民 武菁 申晓云 译 钱乘旦 校
80. 中国近代经济史研究:清末海关财政与通商口岸市场圈 [日]滨下武志 著 高淑娟 孙彬 译
81. 回应革命与改革:皖北李村的社会变迁与延续 韩敏 著 陆益龙 徐新玉 译
82. 中国现代文学与电影中的城市:空间、时间与性别构形 [美]张英进 著 秦立彦 译
83. 现代的诱惑:书写半殖民地中国的现代主义(1917—1937) [美]史书美 著 何恬 译
84. 开放的帝国:1600年前的中国历史 [美]芮乐伟·韩森 著 梁侃 邹劲风 译
85. 改良与革命:辛亥革命在两湖 [美]周锡瑞 著 杨慎之 译
86. 章学诚的生平与思想 [美]倪德卫 著 杨立华 译
87. 卫生的现代性:中国通商口岸健康与疾病的意义 [美]罗芙芸 著 向磊 译
88. 道与庶道:宋代以来的道教、民间信仰和神灵模式 [美]韩明士 著 皮庆生 译
89. 间谍王:戴笠与中国特工 [美]魏斐德 著 梁禾 译
90. 中国的女性与性相:1949年以来的性别话语 [英]艾华 著 施施 译
91. 近代中国的犯罪、惩罚与监狱 [荷]冯客 著 徐有威 等译 潘兴明 校
92. 帝国的隐喻:中国民间宗教 [英]王斯福 著 赵旭东 译
93. 王弼《老子注》研究 [德]瓦格纳 著 杨立华 译
94. 寻求正义:1905—1906年的抵制美货运动 [美]王冠华 著 刘甜甜 译
95. 传统中国日常生活中的协商:中古契约研究 [美]韩森 著 鲁西奇 译
96. 从民族国家拯救历史:民族主义话语与中国现代史研究 [美]杜赞奇 著 王宪明 高继美 李海燕 李点 译
97. 欧几里得在中国:汉译《几何原本》的源流与影响 [荷]安国风 著 纪志刚 郑诚 郑方磊 译
98. 十八世纪中国社会 [美]韩书瑞 罗友枝 著 陈仲丹 译
99. 中国与达尔文 [美]浦嘉珉 著 钟永强 译
100. 私人领域的变形:唐宋诗词中的园林与玩好 [美]杨晓山 著 文韬 译
101. 理解农民中国:社会科学哲学的案例研究 [美]李丹 著 张天虹 张洪云 张胜波 译
102. 山东叛乱:1774年的王伦起义 [美]韩书瑞 著 刘平 唐雁超 译
103. 毁灭的种子:战争与革命中的国民党中国(1937—1949) [美]易劳逸 著 王建朗 王贤知 贾维 译
104. 缠足:"金莲崇拜"盛极而衰的演变 [美]高彦颐 著 苗延威 译
105. 饕餮之欲:当代中国的食与色 [美]冯珠娣 著 郭乙瑶 马磊 江素侠 译
106. 翻译的传说:中国新女性的形成(1898—1918) 胡缨 著 龙瑜宬 彭珊珊 译
107. 中国的经济革命:20世纪的乡村工业 [日]顾琳 著 王玉茹 张玮 李进霞 译
108. 礼物、关系学与国家:中国人际关系与主体性建构 杨美惠 著 赵旭东 孙珉 译 张跃宏 译校
109. 朱熹的思维世界 [美]田浩 著
110. 皇帝和祖宗:华南的国家与宗族 [英]科大卫 著 卜永坚 译
111. 明清时代东亚海域的文化交流 [日]松浦章 著 郑洁西 等译
112. 中国美学问题 [美]苏源熙 著 卞东波 译 张强强 朱霞欢 校
113. 清代内河水运史研究 [日]松浦章 著 董科 译
114. 大萧条时期的中国:市场、国家与世界经济 [日]城山智子 著 孟凡礼 尚国敏 译 唐磊 校
115. 美国的中国形象(1931—1949) [美]T.克里斯托弗·杰斯普森 著 姜智芹 译
116. 技术与性别:晚期帝制中国的权力经纬 [英]白馥兰 著 江湄 邓京力 译

117. 中国善书研究　[日]酒井忠夫 著　刘岳兵 何英莺 孙雪梅 译
118. 千年末世之乱:1813年八卦教起义　[美]韩书瑞 著　陈仲丹 译
119. 西学东渐与中国事情　[日]增田涉 著　由其民 周启乾 译
120. 六朝精神史研究　[日]吉川忠夫 著　王启发 译
121. 矢志不渝:明清时期的贞女现象　[美]卢苇菁 著　秦立彦 译
122. 明代乡村纠纷与秩序:以徽州文书为中心　[日]中岛乐章 著　郭万平 高飞 译
123. 中华帝国晚期的欲望与小说叙述　[美]黄卫总 著　张蕴爽 译
124. 虎、米、丝、泥:帝制晚期华南的环境与经济　[美]马立博 著　王玉茹 关永强 译
125. 一江黑水:中国未来的环境挑战　[美]易明 著　姜智芹 译
126. 《诗经》原意研究　[日]家井真 著　陆越 译
127. 施剑翘复仇案:民国时期公众同情的兴起与影响　[美]林郁沁 著　陈湘静 译
128. 华北的暴力和恐慌:义和团运动前夕基督教传播和社会冲突　[德]狄德满 著　崔华杰 译
129. 铁泪图:19世纪中国对于饥馑的文化反应　[美]艾志端 著　曹曦 译
130. 饶家驹安全区:战时上海的难民　[美]阮玛霞 著　白华山 译
131. 危险的边疆:游牧帝国与中国　[美]巴菲尔德 著　袁剑 译
132. 工程国家:民国时期(1927—1937)的淮河治理及国家建设　[美]戴维·艾伦·佩兹 著　姜智芹 译
133. 历史宝筏:过去、西方与中国妇女问题　[美]季家珍 著　杨可 译
134. 姐妹们与陌生人:上海棉纱厂女工,1919—1949　[美]韩起澜 著　韩慈 译
135. 银线:19世纪的世界与中国　林满红 著　詹庆华 林满红 译
136. 寻求中国民主　[澳]冯兆基 著　刘悦斌 徐硙 译
137. 墨梅　[美]毕嘉珍 著　陆敏珍 译
138. 清代上海沙船航运业史研究　[日]松浦章 著　杨蕾 王亦诤 董科 译
139. 男性特质论:中国的社会与性别　[澳]雷金庆 著　[澳]刘婷 译
140. 重读中国女性生命故事　游鉴明 胡缨 季家珍 主编
141. 跨太平洋位移:20世纪美国文学中的民族志、翻译和文本间旅行　黄运特 著　陈倩 译
142. 认知诸形式:反思人类精神的统一性与多样性　[英]G.E.R.劳埃德 著　池志培 译
143. 中国乡村的基督教:1860—1900江西省的冲突与适应　[美]史维东 著　吴薇 译
144. 假想的"满大人":同情、现代性与中国疼痛　[美]韩瑞 著　袁剑 译
145. 中国的捐纳制度与社会　伍跃 著
146. 文书行政的汉帝国　[日]富谷至 著　刘恒武 孔李波 译
147. 城市里的陌生人:中国流动人口的空间、权力与社会网络的重构　[美]张骊 著　袁长庚 译
148. 性别、政治与民主:近代中国的妇女参政　[澳]李木兰 著　方小平 译
149. 近代日本的中国认识　[日]野村浩一 著　张学锋 译
150. 狮龙共舞:一个英国人笔下的威海卫与中国传统文化　[英]庄士敦 著　刘本森 译　威海市博物馆 郭大松 校
151. 人物、角色与心灵:《牡丹亭》与《桃花扇》中的身份认同　[美]吕立亭 著　白华山 译
152. 中国社会中的宗教与仪式　[美]武雅士 著　彭泽安 邵铁峰 译　郭潇威 校
153. 自贡商人:近代早期中国的企业家　[美]曾小萍 著　董建中 译
154. 大象的退却:一部中国环境史　[英]伊懋可 著　梅雪芹 毛利霞 王玉山 译
155. 明代江南土地制度研究　[日]森正夫 著　伍跃 张学锋 等译　范金民 夏维中 审校
156. 儒学与女性　[美]罗莎莉 著　丁佳伟 曹秀娟 译

157. 行善的艺术:晚明中国的慈善事业(新译本)　[美]韩德玲 著　曹晔 译
158. 近代中国的渔业战争和环境变化　[美]穆盛博 著　胡文亮 译
159. 权力关系:宋代中国的家族、地位与国家　[美]柏文莉 著　刘云军 译
160. 权力源自地位:北京大学、知识分子与中国政治文化,1898—1929　[美]魏定熙 著　张蒙 译
161. 工开万物:17世纪中国的知识与技术　[德]薛凤 著　吴秀杰 白岚玲 译
162. 忠贞不贰:辽代的越境之举　[英]史怀梅 著　曹流 译
163. 内藤湖南:政治与汉学(1866—1934)　[美]傅佛果 著　陶德民 何英莺 译
164. 他者中的华人:中国近现代移民史　[美]孔飞力 著　李明欢 译　黄鸣奋 校
165. 古代中国的动物与灵异　[英]胡司德 著　蓝旭 译
166. 两访中国茶乡　[英]罗伯特·福琼 著　敖雪岗 译
167. 缔造选本:《花间集》的文化语境与诗学实践　[美]田安 著　马强才 译
168. 扬州评话探讨　[丹麦]易德波 著　米锋 易德波 译　李今芸 校译
169. 《左传》的书写与解读　李惠仪 著　文韬 许明德 译
170. 以竹为生:一个四川手工造纸村的20世纪社会史　[德]艾约博 著　韩巍 译　吴秀杰 校
171. 东方之旅:1579—1724耶稣会传教团在中国　[美]柏理安 著　毛瑞方 译
172. "地域社会"视野下的明清史研究:以江南和福建为中心　[日]森正夫 著　于志嘉 马一虹 黄东兰 阿风 等译
173. 技术、性别、历史:重新审视帝制中国的大转型　[英]白馥兰 著　吴秀杰 白岚玲 译
174. 中国小说戏曲史　[日]狩野直喜 张真 译
175. 历史上的黑暗一页:英国外交文件与英美海军档案中的南京大屠杀　[美]陆束屏 编著/翻译
176. 罗马与中国:比较视野下的古代世界帝国　[奥]沃尔特·施德尔 主编　李平 译
177. 矛与盾的共存:明清时期江西社会研究　[韩]吴金成 著　崔荣根 译　薛戈 校译
178. 唯一的希望:在中国独生子女政策下成年　[美]冯文 著　常姝 译
179. 国之枭雄:曹操传　[澳]张磊夫 著　方笑天 译
180. 汉帝国的日常生活　[英]鲁惟一 著　刘洁 余霄 译
181. 大分流之外:中国和欧洲经济变迁的政治　[美]王国斌 罗森塔尔 著　周琳 译　王国斌 张萌 审校
182. 中正之笔:颜真卿书法与宋代文人政治　[美]倪雅梅 著　杨简茹 译　祝帅 校译
183. 江南三角洲市镇研究　[日]森正夫 编　丁韵 胡婧 等译　范金民 审校
184. 忍辱负重的使命:美国外交官记载的南京大屠杀与劫后的社会状况　[美]陆束屏 编著/翻译
185. 修仙:古代中国的修行与社会记忆　[美]康儒博 著　顾漩 译
186. 烧钱:中国人生活世界中的物质精神　[美]柏桦 著　袁剑 刘玺鸿 译
187. 话语的长城:文化中国历险记　[美]苏源熙 著　盛珂 译
188. 诸葛武侯　[日]内藤湖南 著　张真 译
189. 盟友背信:一战中的中国　[英]吴芳思 克里斯托弗·阿南德尔 著　张宇扬 译
190. 亚里士多德在中国:语言、范畴和翻译　[英]罗伯特·沃迪 著　韩小强 译
191. 马背上的朝廷:巡幸与清朝统治的建构,1680—1785　[美]张勉治 著　董建中 译
192. 申不害:公元前四世纪中国的政治哲学家　[美]顾立雅 著　马腾 译
193. 晋武帝司马炎　[日]福原启郎 著　陆帅 译
194. 唐人如何吟诗:带你走进汉语音韵学　[日]大岛正二 著　柳悦 译

195. 古代中国的宇宙论　［日］浅野裕一 著　吴昊阳 译
196. 中国思想的道家之论：一种哲学解释　［美］陈汉生 著　周景松 谢尔逊 等译　张丰乾 校译
197. 诗歌之力：袁枚女弟子屈秉筠(1767—1810)　［加］孟留喜 著　吴夏平 译
198. 中国逻辑的发现　［德］顾有信 著　陈志伟 译
199. 高丽时代宋商往来研究　［韩］李镇汉 著　李廷青 戴琳剑 译　楼正豪 校
200. 中国近世财政史研究　［日］岩井茂树 著　付勇 译　范金民 审校
201. 魏晋政治社会史研究　［日］福原启郎 著　陆帅 刘萃峰 张紫毫 译
202. 宋帝国的危机与维系：信息、领土与人际网络　［比利时］魏希德 著　刘云军 译
203. 中国精英与政治变迁：20世纪初的浙江　［美］萧邦奇 著　徐立望 杨涛羽 译　李齐 校
204. 北京的人力车夫：1920年代的市民与政治　［美］史谦德 著　周书垚 袁剑 译　周育民 校
205. 1901—1909年的门户开放政策：西奥多·罗斯福与中国　［美］格雷戈里·摩尔 著　赵嘉玉 译
206. 清帝国之乱：义和团运动与八国联军之役　［美］明恩溥 著　郭大松 刘本森 译
207. 宋代文人的精神生活(960—1279)　［美］何复平 著　叶树勋 单虹泽 译
208. 梅兰芳与20世纪国际舞台：中国戏剧的定位与置换　［美］田民 著　何恬 译
209. 郭店楚简《老子》新研究　［日］池田知久 著　曹峰 孙佩霞 译
210. 德与礼——亚洲人对领导能力与公众利益的理想　［美］狄培理 著　闵锐武 闵月 译
211. 棘闱：宋代科举与社会　［美］贾志扬 著